外国法学精品译丛

主编 李昊

德国侵权法

侵权行为、损害赔偿及痛苦抚慰金

（第6版）

［德］ 埃尔温·多伊奇（Erwin Deutsch）
汉斯-于尔根·阿伦斯（Hans-Jürgen Ahrens） 著

叶名怡 温大军 译
刘志阳 校
傅宇 校译

Deliktsrecht

Unerlaubte Handlungen·Schadensersatz·Schmerzensgeld

(6. Auflage)

中国人民大学出版社
·北京·

　　李昊，北京大学法学学士、民商法学硕士，清华大学民商法学博士，中国社会科学院法学所博士后。现任中南财经政法大学法学院教授、博士生导师。曾任北京航空航天大学人文社会科学高等研究院副院长、北京航空航天大学法学院教授（院聘）、博士生导师。德国慕尼黑大学、明斯特大学、奥地利科学院欧洲损害赔偿法研究所访问学者。兼任德国奥格斯堡大学法学院客座教授、中国网络与信息法学研究会理事、北京市法学会理事、北京市物权法学研究会常务理事兼副秘书长、北京中周法律应用研究院理事兼秘书长、北京法律谈判研究会常务理事、北京市金融服务法学会理事、北京市海淀区法学会理事，《燕大法学教室》和《北航法律评论》主编、《月旦法学杂志》副主编、《中德私法研究》和《法治研究》编委。著有《纯经济上损失赔偿制度研究》、《交易安全义务论——德国侵权行为结构变迁的一种解读》、《危险责任的动态体系论》、《不动产登记程序的制度建构》（合著）、《中国民法典侵权行为编规则》（合著）等多部书稿。在《法学研究》《清华法学》《法学》《比较法研究》《环球法律评论》等期刊和集刊发表论文五十余篇。主持"侵权法与保险法译丛""侵权法人文译丛""外国法学精品译丛""法律人进阶译丛""欧洲法与比较法前沿译丛"等多部法学译丛。

什么是理想的法学教科书

李　昊

2009 年上半年，我曾受《法治周末》之约，撰写过一篇小文《德国法学教科书漫谈》，择拾如下。

每一个初入德国法学之门者，必读之书定为德国教授所著教科书。笔者读硕士之时，梅迪库斯教授所著《德国民法总论》方由邵建东教授译成中文引入国内，一时洛阳纸贵。然当时习德文的法学者颇少，德文法学教科书更为罕见。及笔者 2004 年负笈德国，方得于慕尼黑大学图书馆大快朵颐，每日图书馆阅读疲倦之暇，便至图书馆楼下的小书店，翻阅新近出版的德国法学著作，耳濡目染，逐渐得窥德国法学教科书之堂奥。

德国的法学教科书通常可分为两类，即小型教科书（Kurzlehrbuch）与大型教科书（Großlehrbuch）。

Brox（布洛克斯）教授所著《民法总论》《债法总论/各论》，梅迪库斯教授所著《民法》《债法总论/各论》即属前者。该类教科书以篇幅简短、内容扼要著称（当然，我们看到梅迪库斯教授所著的《债法总论/各论》译成中文时已成大部头著作），多集中于对德国民法基本概念和制度的介绍和阐述。小型教科书最大的优势就是时效强、更新快。由于近年来德国民法修订频繁，民法教科书往往未过一两年即出新版，以 2002 年德国债法以及损害赔偿法修订前后为甚。另外，小型教科书价格也非常便宜，新书多为 20 欧元左右（不要换算成人民币，否则仍显昂贵）。而且这些教科书多是一两年便修订一次，每年在图书馆淘汰旧书时购买，往往仅需 0.5 至 1 欧元，这也让囊中羞涩的中国留学生得以保有一些原版的德文法学教科书。

后者中经典的如德国贝克出版社所出的绿皮书系列，包括拉伦茨教授所著的《德国民法通论》《债法总论/各论》，鲍尔/施蒂尔纳教授所著的《物权法》，以及德国 Springer 出版社出版的"法学与政治学百科全书"中属于法学部分的著作，如弗卢梅教授（已于 2009

年 1 月 28 日仙逝）所著的民法总论三部曲、拉伦茨教授所著的《法学方法论》等等。大型教科书多奠基于作者自己的理论体系，借以对相关领域阐幽发微，因而部头颇为庞大。以译成中文的鲍尔/施蒂尔纳教授所著的《物权法》为例，竟然煌煌两大巨册。这种以理论体系建构为特色的教科书不讲求时效性，这也导致它的修订过程比较漫长。以拉伦茨教授的《债法总论》为例，至今使用的仍是 1987 年出版的第 14 版。

如果仔细翻阅德国法学教科书，无论是大型的还是小型的，均具有如下特点。

1. 由名家撰写

德国法学教科书多由各大学成名的法学教授撰写，偶尔可以见到由律师撰写的教科书。这与德国的法学教育体制有关，在各大学法学院，大课通常只能由教授讲授，因而，与之配套的教科书也多由教授基于其讲义撰写而成。而且德国大多数法学教科书都是教授独著而成的，不像国内的教科书多采主编制。

如果在翻阅德国民法教科书后，我们还会发现，德国教授撰写的民法教科书中以民法总论最为常见，似乎没有写过民法总论就不能称其写过民法教科书，可见德国法学抽象思维已经深入德国法学家的骨子里了。

2. 通常附有缩略语表和参考文献

如果翻阅德国法学教科书会发现大多数教科书在目录后都会有一个缩略语表，各教科书所附缩略语表内容则略有不同，其中部分为各种法学期刊或者经典教科书的缩略语，如德国常见的法学杂志 NJW、JuS、JZ 等，部分为德国法学专有名词的缩略语，如无因管理即可略为 GoA。这可谓德国法学教科书的一个特色。同时，多数教科书在每章或重要的节次前会提供一个主要参考文献的目录，这可以引导学生在从事研究时有针对性地去查找阅读资料。对于中国留学生而言，查找资料最方便的途径莫过于此。

3. 多援引判例并常常通过小的案例来阐释具体的问题

德国法学教科书最大的特点就是与实务结合紧密。各种教科书中必然会援引重要的法院判例，并加以归类。而小型教科书在阐述具体问题时，也会结合判例设计小的案型帮助初学者来理解复杂的法律制度。这是由于德国法科学生最终的目标是通过国家考试，而国家考试的主要内容即是案例分析，在日常的教科书中结合判例加以阐述，有助于学生掌握判例的基本观点，并加以运用。与此相配套，德国还出版有大量的案例练习书和判例汇编书，而评注书也多是对法院判例的分析整理，目的都在于帮助学生掌握案例分析的基本工具。

4. 师承修订

德国的法学教科书虽然种类繁多，但生命力最长的是那些被奉为经典的教科书。在最初的作者去世后，这些经典教科书便多由其后人或学生修订。如鲍尔（Fritz Baur）教授所著的《物权法》其后便由教授之子 Jürgen Fritz 和学生 Rolf Stürner 教授（弗里茨·鲍尔和罗尔夫·施蒂尔纳教授）续订，韦斯特曼（Harry Westermann）教授所著的《德国民法的基本概念》和《物权法》也由其子 Harm Peter Westermann 教授续订。当然，也存在一些经典教科书并非由原作者的后人或学生修订的情况，如拉伦茨教授的《德国民法通论》后来便由与其并无师承关系的 Manfred Wolf 教授（曼弗雷德·沃尔夫教授，其《物权法》已由吴越和李大雪教授译成中文）续订。续订后，教科书的书名页便会写明本教科书由谁奠基，由谁修订，作者一栏也随着时间越变越长。

反观国内的法学教科书，是否也有很多可以向德国学习之处呢？

历时十年，该文反映的德国法学教科书的外在特征仍不过时，缺憾的是，没有进一步揭示出德国法学教科书与其法教义学及法典化的关系。就民法而言，可以说，作为 19 世纪民法法典化典范的《德国民法典》的五编制体系即奠基于该世纪萨维尼、普赫塔和温德沙伊德等法学大家基于对古罗马《学说汇纂》进行研究而形成的潘德克顿教科书及由此演化出的近代民法的概念体系之上。法典化之后的法学教科书则要进一步关注法典的解释和适用，促进法教义学的形成和发展。在此，小型/基础教科书和大型教科书/体系书发挥着不同的作用。德国小型/基础法学教科书最重要的作用就是以通说为基础，借助最精炼准确的语言来表达最为复杂的概念，并借助案例的导入和判例的引入，让抽象概念具象化，奠定学生的基础法学知识体系。而大型教科书/体系书则是在小型/基础教科书的体系之上凝聚作者的学术睿见和思想体系，通过对关键问题的深入分析促进法教义学的发展，进而开拓学生的思维和视野，使其形成更广博的知识结构。

早在 2001 年，谢怀栻先生就在其讲座《民法学习当中的方法问题》中提到了在专与博的基础上来学习民法。[①] 2019 年 8 月 15 日，在谢怀栻先生诞辰 100 周年纪念日之际，该讲座稿又以《谢怀栻先生谈民法的学习与研究》为题在微信朋友圈广泛传播，今日读来仍振聋发聩。

我看到有一些民法书，总觉得他们介绍民事权利，不是整体地从体系上介绍，而是零零碎碎地遇到一点介绍一点。我觉得这样不好。我认为学习民法要首先了解民法的全貌，然后对于民法的基础知识要有一个大概的认识：民法讲权利，什么是权利；民法讲义务，什么是义务；民法讲法律关系，什么是法律关系。当然这些东西你要彻底地搞清楚，不是一开始就行的。但是大体上是可以知道的。比如说我们民法学界直到最近还存在这种情况：讨论这样的问题，讨论民法讲的权利关系。特别是最近制定物权法，所以引起争论：物权法讲的是人与人的关系，还是人与物的关系？**这样的问题在西方国家一百年以前就透透彻彻地解决了，现在我们中国还有人又提出来。**现在还有很有名的法学家提出这个问题：物权究竟是人与人的关系还是人与物的关系？法律关系都是人与人的关系，怎么会有人与物的关系呢？所以这就说明开始学民法就应该把基础概念给学生讲清楚。法律就是解决人的关系，哪里有解决人与物的关系的呢？至于说法律牵涉到物，这是必然的，它是涉及到物，但是它主要的目的不是解决人与物的关系。……所以我就觉得很奇怪的是，有人

---

① 参见谢怀栻：《民法学习当中的方法问题》，载王利明主编：《民商法前沿论坛》（第 1 辑），北京，人民法院出版社 2004 年版，第 39 - 41 页。

现在还提物权是人与物的关系。这就是最初学民法时没有把民法学清楚。

那么最初应该怎么样弄清楚这些基本的知识呢？从学生学习方面来说，开始学的时候绝对不能把学习面搞得太广了，**应该抓住一两本书认真地读**（介绍书是导师的责任了）。先不要看外面有这么多民法书，本本都买来看，这样用不着。有的书里面甚至有错误的东西，你学了错误的东西将来就很麻烦了。开始抓住比较好的书，好好地研究透，脑子里有了民法的全貌、基本理论、基本知识，然后再去看别的书都可以。

这就是说看书应该越多越好还是少而精好？学的范围应该多好还是少好？这就是一个博与专的关系，我们做学问都会遇到这样的问题。我很赞成胡适讲的一句话："为学要如金字塔。"**做学问要像建金字塔一样，基础要广，而且要高。**高和广是一对辩证关系，基础越广才能越高，基础小而要建一个高建筑那是不可能的。但是高与广又不是我们一下子就能决定的，我们为了广，什么书都拿来读，那也是不可能的。我一定要把所有的书都读完，再来建高，那也不可能。**高与广是相互循环的，先高一下，就感觉我的基础不行了，就扩大基础，然后再高一下，如此循环。**所以，读书不要一开始就把所有的书都拿来读，先还是少一点、精一点，等到基础需要的时候，再扩大一下基础。

从谢老的文字中也可以看出，一本经典的法学教科书对于法科学生的基础概念的正确养成具有多么重要的地位，而且谢老提出的质疑也让人反思，作为法律继受国，法学教科书究竟应该怎么写。

德国作为近现代民法理论的滥觞国，其法教义学的理论架构已臻完善，理论和实践互动产生的通说已然形成，民法教科书的撰写和修订则可按部就班进行。反观中国近现代，作为民法继受国，清末民律继受自日本，民国民法则主要继受自德国，并参酌瑞士民法、日本民法、法国民法和苏联民法等。民法理论的继受则与民法典的继受相辅相成。教科书也有着内容和形式上的渐进转型过程，从早先的单纯照搬外国理论，进行简要的法条释义，到逐步有意识地由日入德，建构自己的体系。作为这一时期转型的代表性民法教科书可举例有三：一则为梅仲协先生之《民法要义》。作为概要性的民法教科书，梅先生有意识地追溯到民国民法的源头——德瑞民法进行理论阐述，不局限于民国民法体例，而以体系性为标称。该书亦借鉴德国法学教科书的体例，采用段码体系并提供了法条索引。梅先生还借助执掌台大法律系之便严限学生修习德文，实现了民法理论由日转德。① 二则为民国民法五立委之一的史尚宽先生所著之六卷本的民法全书。其特点为取材广泛，涉猎德日法英诸国法律，注重探本溯源，并结合参与立法之便，阐幽发微，该全书可谓有民法体系书之实。三则为王泽鉴先生所著之八册民法教科书，堪称华文世界民法教科书之典范。该系列教材奠基于先生一贯所倡的民法学说与判例的互动研究以及比较民法的研究，教材内容以德国法为根基，并广泛征引日本法和英美法，同时注重示例的导入和判例的引入，致力于台湾地区民法通说的形成，颇具德国基础法学教科书之神，而又不像德国教科书那样

---

① 参见谢怀栻先生为梅先生的《民法要义》所撰序言。

囿于一国。三位先生均具有留学欧陆背景，梅仲协先生留学法国，史尚宽先生遍历日德法，王泽鉴先生则留学德国，三者均精通德日英三国语言，其所撰教科书之厚重和旁征博引自有由来。

中华人民共和国成立后，我国曾经历了数十年的法律空窗期。自 1986 年《民法通则》颁布以来，我国民商事法律体系重现生机，日趋完善，2020 年民法典正式颁行。伴随着法律的发展，我国的民商事审判实践也日渐丰富，网络与大数据技术也进一步推动着民事司法和案例研究的转型。虽然此间我们的民商法教科书在借鉴我国台湾地区，以及日本、德国甚或英美私法理论的基础上层出不穷，也不乏偶见的精品，但与德国、日本乃至我国台湾地区的民商法教科书相比，我们所缺乏的仍是能够为广大法科生奠定准确的概念体系，并与审判实践互动，致力于形成通说的法学教科书。既有的民商法教科书或者局限于对法条的罗列和简要阐述，或者作者基于不同的学术背景和留学经历而阐发自己独特的学术观点，在基础概念的分析和外国法例的介绍上也存在诸多错讹，抑或人云亦云，对审判案例的关注也远未达到理想状态，学生并不能有效地借助阅读教科书形成准确的概念体系，并将之加以妥当运用，这也直接造成各地司法实践的差异化。究其成因，除我国现行立法粗疏，缺乏体系考量，并且立法理由无法有效呈现外，现有民法理论和清末民国时期的民法传统出现割裂，学术界对国外尤其是继受母国的基础民法理论不够熟稔及与现今民法学说发展无法有效接续也是重要原因，诸如法律行为的普适性和适法性之争、债与责任的关系之争以及物权行为与债权形式主义之争等等皆因此而来，而民法理论、民事立法和民事司法实践之间的疏离感及相互角力，也造成了我国现有法学教科书无法有效承载法教义学的重任。

正是基于自己对德国和中国民法教科书的阅读体验，我希冀能够回到中国民法理论的源头去探寻民法概念体系的原貌，梳其枝蔓、现其筋骨，促进中国民商法教科书的转型。2009 年，甫入教职的我就在人大社启动了"外国民商法教科书译丛"的翻译计划，第一批曾设想择取德国、日本、法国和意大利诸国的经典民法教材，邀请国外留学的民法才俊译介引入。当时留学海外的民法人才尚不如今日之繁盛，最后仅推出德国民法教科书 4 本和日本民法教科书 1 本。自 2012 年始，陆续出版了布洛克斯和瓦尔克的《德国民法总论》（第 33 版）、韦斯特曼的《德国民法基本概念》（第 16 版）（增订版）、吉村良一的《日本侵权行为法》（第 4 版）、罗歇尔德斯的《德国债法总论》（第 7 版）以及多伊奇和阿伦斯的《德国侵权法》（第 5 版）。参与的译者中除 2018 年年初不幸罹难的大军外，其他诸位今日已成为各自领域的翘楚。第一批中还有两本经典作品迟至今日尚未最终完成出版（比得林斯基的《私法的体系和原则》以及《日本民法争点》）。

第一批译著的推出恰逢其时。鉴于德国债法在 2002 年进行了大幅修订，国内尚无最新的德国民法教科书译作跟进，本译丛中的多部译著受到广泛欢迎，尤其是《德国民法总论》多次加印，部分译作甚至因为断货而在旧书市场上被炒作到数百元不等。译丛的装帧设计也从最初的大 32 开变为 16 开本。

市场对译丛的积极反响也催生了本译丛第二批书目的诞生。第二批遴选的书目中除第一批未及纳入的传统合同法、亲属法和继承法教材外，侧重选择了国内尚不熟悉的德国商法教材。译丛的译者也更新为20世纪80年代中后期甚至90年代出生的新一批中国留德法科生。该批译著最早问世的为2016年出版的慕斯拉克与豪的《德国民法概论》（第14版），2019年又推出了莱特的《德国著作权法》（第2版）。而第一批书目也将根据最新版次修订后陆续推出，2019年即更新了布洛克斯和瓦尔克的《德国民法总论》（第41版）。借2019年改版之机，本译丛采用了更为精致的封面设计和更为精良的纸品。现负笈德国波恩大学的焕然君在网络媒体——微信公众号上对本译丛也进行了图文并茂的推送[①]，使其为更多的学子所知悉。

由于本译丛所选书目以德国基础民商法教科书为主，读者阅读时自当手边备有《德国民法典》[②]和《德国商法典》等法律的条文参照阅读，对于中国法无规定或有不同规定者，自当斟酌差异及其理由，对于相似规定，则可比较有无细微差异，甚或是否为形似而实非，更重要的是要体悟民商法的重要基础概念之内涵及其体系以及司法之运用，以便形成个人体悟之架构。而欲深入学习者，尚可借助译著所附之参考文献，按图索骥，进行深入的专题阅读。对德国民法脉络的掌握也有助于对其历史渊源罗马法的学习，并可以以其为参照促进对属于德国法系的奥地利、瑞士、希腊乃至受到德国民法或多或少影响的日本、韩国、意大利、法国和俄罗斯诸法域民法的理解。

这套译丛是我所主持的数部外国法译丛的"头生子"，虽然自策划起算来已逾十年，拖延久许，但作为我初入法学出版领域的敲门砖，有着别样的意义！译丛得以推出要真诚地感谢人大社法律分社的杜宇峰女士，无论是选题的报送还是版权的联系，她都不辞辛劳！感谢施洋等诸位编辑的辛勤耕作，为译丛的及时出版和质量完善提供了有效的保障！感谢诸位年轻译者一直以来的支持，能够忍受我的催稿督促！

借助两批书目的译介，本译丛将基本完成德国民商法基础教科书的体系化引入。我期待能够通过对国外尤其是德国和日本最新的经典基础民商法教科书的引介，回到我国民法体系的理论源头去探寻准确的民法概念体系，为学生学习民商法和学者进一步深入研究提供更为准确的参照，同时为我们形成自己的民商法教科书体系迈出第一步。如有所成，当幸甚焉！

[①]　即"杰然不瞳"于2017年5月30日发布的《德国民法教科书中译本：书目概览》。

[②]　北大出版社的台译本采中德对照方式，有德语基础者可参照双语阅读。

校译说明 ◀

2016 年 4 月，多伊奇教授与阿伦斯教授合著的《德国侵权法》一书经叶名怡教授与温大军博士翻译，刘志阳博士校对，最终作为中国人民大学出版社"外国法学精品译丛"的一本与我国读者见面。2016 年版译著主要基于 2009 年原书第 5 版译出，其封面也明确注明了《德国侵权法》第 5 版。在 2015 年多伊奇教授与阿伦斯教授对原书第 5 版进行了更新，继而推出了第 6 版。刘志阳博士在校对之余又根据原书第 6 版的新增内容对译文作了补充，并对新增部分以译者注的形式作了标明。所以实质上，2016 年版译著为原书第 5 版与第 6 版之间的过渡形态。本次校订与补译工作之主要目的为，在 2016 年版的基础上对译文重新进行梳理，以尊重原译文为前提查漏补缺，使原书第 6 版新增与修改的内容完全融入 2022 年版译著之中，将更为完整的《德国侵权法》第 6 版敬献给诸位读者。

校译者十分荣幸能够继诸位师长之后承担本次校译工作。特别要感谢该译丛主编李昊教授所给予的信任以及中国人民大学出版社编辑老师的支持。"外国法学精品译丛"在校译者求学与科研之路上已是不可或缺的一部分。从上海到德国明斯特，再到杭州，该套译丛为校译者打开了一扇接触比较法经典书目的窗户，也直接影响了校译者学习德语并研习德国法的决定。《德国侵权法》一书在德国法学界的地位已毋庸赘言。2016 年版译著一经出版，受到了我国学界与实务界的广泛关注。希望本次校译工作能使原著成为中国侵权法研究路上的一盏路灯，更好地照亮我辈前进之路。

时值壬寅年清明。在作为二十四节气之一的清明，我国素有礼敬先贤、慎终追远的传统。《德国侵权法》一书的奠基人多伊奇教授已于 2016 年 3 月过世。而作为译者之一的温大军博士也已于 2018 年 2 月英年早逝。请允许校译者于此对二位师长寄以最诚恳的哀思与敬意！

傅 宇

壬寅年清明

于杭州月轮山

序

本书前一版名为《侵权行为、损害赔偿及痛苦抚慰金》。它首先适用于学生。学说上对于"债法分则"的最后部分在法律生活中的重大意义常常未能给予必要的关注。本书适用于这些学生的理由在于，非合同责任已成为民法上一个有必要专门研究的部分。较之于大学的日常教学，非合同责任在律师、保险公司及法院的日常实践中出现得更为频繁。实践家们对本书也十分关注。

责任基础和责任范围分别规定于（民法典）完全不同的地方。责任构成要件依据侵权行为法以及有关危险责任的特别法而确定；若涉及归责，则依据过错的相关规定予以处理。与此同时，法律对于违法性及危险的责任前提根本没有加以规定，相反，对有关损害及其赔偿规则的表述过于笼统，从而使得基于非合同责任的特殊要求必须对此类规则通过制定法加以调整。在这一分散立法状态之下，还存在大量的法官法，后者进一步发展了责任和损害赔偿制度。这就确定了在非合同责任法上法律获取的现代方法。从利益法学到评价法学的转变在规范的保护领域表现得非常明显。利益探究、法律适用时的目的理性以及法律的远距效力（Fernwirkung），这些交织成了一套复杂的制度设计。此点已获共识。

从本书第 5 版面世至今，责任法进一步地受到判决的影响。本书整体更新版本所关注的法律发展主要截止到 2013 年 10 月底。

本书的前半部分（截止到边码 327）仍由本书的奠基者多伊奇（Deutsch）教授修改，后半部分由阿伦斯（Ahrens）教授进行完善。

埃尔温·多伊奇

汉斯-于尔根·阿伦斯

2013 年 11 月

于哥廷根/奥斯纳布吕克

缩略语表

德文缩写	德文全称	中文含义
aA	andere Ansicht	其他见解
Abs	Absatz	（法律条文中的）款
A. C	Appeal Cases	上诉案例
AcP	Archiv für die civilistische Praxis（Zeitschrift）	《民法实务档案》（期刊）
Ad Legendum	Studentische Zeitschrift der Universität Köln	科隆大学的学生期刊
AEUV	Vertrag über die Arbeitsweise der Europäischen Union	《欧盟运作条约》
aF	alter Fassung	旧版
AG	Amtsgericht	基层法院
AGB	Allgemeine Geschäftsbedingungen	格式条款/一般交易条款
AMG	Arzneimittelgesetz	《德国药品管理法》
AP	Arbeitsrechtliche Praxis（Zeitschrift）	《劳动法实践》（期刊）
AN	Arbeitnehmer	雇员
AnfG	Anfechtungsgesetz	撤销破产程序之外的债务人行为的法
ArbeitsG	Arbeitsgericht	劳动法院
Art	Artikel	章，条
AtomG	Atomgesetz	《德国原子能法》
ArztRecht	ArztRecht（Zeitschrift）	《医生法》（期刊）
BAG	Bundesarbeitsgericht	联邦劳动法院
BayObLG	Bayerisches Oberstes Landesgericht	巴伐利亚州最高法院
BB	Betriebsberater（Zeitschrift）	《企业咨询》（期刊）
BBergG	Bundesberggesetz	《德国联邦矿业法》
BBG	Bundesbeamtengesetz	《德国联邦公务员法》
Bd	Band	卷
BDSG	Bundesdatenschutzgesetz	《德国联邦数据保护法》
BBodSchG	Bundesbodenschutzgesetz	《德国联邦土地保护法》
betr	betreffend	有关
BeamtenG	Beamtengesetz（e）	公务员法
BeamtVG	Beamtenversorgungsgesetz	《德国公务员保障法》
BewG	Bewertungsgesetz	《德国估值法》

续表

德文缩写	德文全称	中文含义
BGB	Bürgerliches Gesetzbuch	《德国民法典》
BGE	Entscheidungssammlung des Schweizerischen Bundesgerichts	《瑞士联邦法院判例集》
BGH	Bundesgerichtshof	德国联邦最高法院
BGHSt	Entscheidungen des Bundesgerichtshofs in Strafsachen（Amtliche Sammlung）	《德国联邦最高法院刑事判例集》（官方汇编）
BGHZ	Entscheidungen des Bundesgerichtshofs in Zivilsachen（Amtliche Sammlung）	《德国联邦最高法院民事判例集》（官方汇编）
BImSchG	Bundes-Immissionsschutzgesetz	《德国联邦防止有害物侵入法》
BJagdG	Bundesjagdgesetz	《德国联邦狩猎法》
BlfZürRspr	Blätter für Zürcherische Rechtsprechung	《苏黎世裁判公报》
BNotO	Bundesnotarordnung	《德国联邦公证员条例》
BSG	Bundessozialgericht	德国联邦社会福利法院
BT-Drs	Bundestags-Drucksache	联邦议会文件
BVerfG	Bundesverfassungsgericht	德国联邦宪法法院
BVerfGE	Entscheidungen des Bundesverfassungsgerichts	德国联邦宪法法院判例
CDU	Christlich Demokratische Union Deutschlands	德国基督教民主联盟
CFR	Common Frame of Reference	《欧洲示范民法典》
D	Digesten	《学说汇纂》
DAR	Deutsches Autorecht（Zeitschrift）	《德国汽车法》（期刊）
DB	Der Betrieb（Zeitschrift）	《企业》（期刊）
DDR	Deutsche Demokratische Republik	德意志民主共和国
DFB	Deutscher Fußballbund	德国足球协会
dh	das heißt	也就是说
DIN	Deutsche Industrienorm	德国工业标准
DJT	Deutscher Juristentag（	德国法学家大会
DRiZ	Deutsche Richterzeitung	《德国法官报》
DVB1	Deutsche Verwaltungsblätter（Zeitschrift）	《德国行政公报》（期刊）
EFZG	Gesetz über die Zahlung des Arbeitsentgelts an Feiertagen und im Krankheitsfall（zuvor：LohnfortZG）	《假期与病期劳动报酬继续支付法》（薪酬继续支付法）
EG	Europäische Gemeinschaft	欧洲共同体
EGBGB	Einführungsgesetz zum Bürgerlichen Gesetzbuch	《〈德国民法典〉适用法》
EGMR	Europäischer Gerichtshof für Menschenrechte	欧洲人权法院

续表

德文缩写	德文全称	中文含义
EMRK	Konvention zum Schutz der Menschenrechte und Grundfreiheiten	保护人权与基本自由公约
EU	Europäische Union	欧盟
EuGH	Europäischer Gerichtshof	欧盟终审法院
EuZP	Zeitschrift für Europäisches Privatrecht	《欧洲私法杂志》
EuZW	Europäische Zeitschrift für Wirtschaftsrecht	《欧洲经济法杂志》
evtl	eventuell	也许，可能
f. /ff	folgend/fortfolgend	下一处（下几处）
FamRZ	Zeitschrift für das gesamte Familienrecht	《整体家庭法杂志》
FS	Festschrift	纪念文集
GazPal	Gazette du Palais（Zeitschrift）	《万国宫公报》（期刊）
GebrMG	Gebrauchsmustergesetz	《德国实用新型法》
GEMA	Gesellschaft für musikalische Aufführungs-und mechanische Ver vielfältigungsrechte	音乐演出和作品复制权协会
GenTG	Gentechnikgesetz	《德国基因工程法》
GeschmMG	Geschmacksmustergesetz	《德国外观设计法》
GesR	Gesundheitsrecht（Zeitschrift）	《卫生法》（期刊）
GG	Grundgesetz	《德意志联邦共和国基本法》
GmbH	Gesellschaft mit beschränkter Haftung	有限责任公司
GmbHG	Gesetz betreffend die Gesellschaften mit beschränkter Haftung	《德国有限责任公司法》
GoA	Geschäftsführung ohne Auftrag	无因管理
GPSG	Geräte-und Produktsicherheitsgesetz	《德国设备与产品安全法》
GRUR	Gewerblicher Rechtsschutz und Urheberrecht（Zeitschrift）	《工业产权保护与著作权》（期刊）
GRURInt	Gewerblicher Rechtsschutz und Urheberrecht Internationaler Teil（Zeitschrift）	《工业产权保护与著作权·国际部分》（期刊）
GSG	Gerätesicherheitsgesetz	《德国设备安全法》
GVG	Gerichtsverfassungsgesetz	《德国法院宪法法》
GWB	Gesetz gegen Wettbewerbsbeschränkungen	《德国反限制竞争法》
Hess	Hessen	黑森州
HGB	Handelsgesetzbuch	《德国商法典》
hL	herrschende Lehre	通说
hM	herrschende Meinung	主流观点

续表

德文缩写	德文全称	中文含义
HNO	Hals-Nasen-Ohren	耳鼻喉科
HpflG	Haftpflichtgesetz	《德国责任法》
HWS	Halswirbelsäule	颈部脊骨
ICE	InterCityExpress	城际特快列车
idF	in der Fassung	在该版本中
IntEncCompL	International Encyclopedia of Comparative Law	《国际比较法百科全书》
iSd	im Sinne des/der	在……的意义上
iVm	in Verbindung mit	与……相关
JA	Juristische Arbeitsblätter （Zeitschrift）	《法学工作公报》（期刊）
JB1	Juristische Blätter （Zeitschrift）	《法学公报》（期刊）
JJ	Jherings Jahrbücher für Dogmatik des Rechts.	《耶林法教义学年刊》
JR	Juristische Rundschau （Zeitschrift）	《法学综评》（期刊）
Jura	Juristische Ausbildung （Zeitschrift）	《法学教育》（期刊）
JurJB	Juristenjahrbuch	《法学家年刊》
JuS	Juristische Schulung （Zeitschrift）	《法学训练》（期刊）
JW	Juristische Wochenschrift	《法学周刊》
JZ	Juristenzeitung	《法学家报》
Kfz	Kraftfahrzeug	机动车
KG	Kammergericht/Kommanditgesellschaft	柏林高等法院/有限合伙企业
KUG	Gesetz betreffend das Urheberrecht an Werken der bildenden Künste und der Photographie	《德国关于肖像艺术和摄影作品著作权的法律》
KWG	Kreditwesengesetz	《德国信贷法》
LG	Landgericht	州普通法院
Lkw	Lastkraftwagen	卡车/载重汽车
LM	Lindenmaier/Möhring u. a.；Nachschlagewerk des Bundes-gerichtshofs	林登迈尔/莫林等；联邦最高法院检索材料
LFGB	Lebensmittel-und Futtermittelgesetzbuch	《德国食品与饲料法典》
LohnfortZG	Lohnfortzahlungsgesetz	《德国薪酬继续支付法》
LuftVG	Luftverkehrsgesetz	《德国航空法》
LZ	Leipziger Zeitschrift für Handels-，Konkurs- und Versicherungs-recht	《莱比锡商业、竞争与保险法杂志》
MarkenG	Markengesetz	《德国商标法》
MDR	Monatsschrift für Deutsches Recht （Zeitschrift）	《德国法月刊》（期刊）
MedR	Medizinrecht （Zeitschrift）	《医药法》（期刊）

续表

德文缩写	德文全称	中文含义
MMR	MultiMedia und Recht（Zeitschrift）	《多媒体与法》（期刊）
MÜ	Montrealer Übereinkommen.	《蒙特利尔公约》
MuW	Markenschutz und Wettbewerb（Zeitschrift）	《商标保护与竞争》（期刊）
mwN	mit weiteren Nachweisen	具有其他的说明/佐证
NdsStrG	Niedersächsisches Straßengesetz	《下萨克森州街道法》
nF	neue Fassung	新版
NJW	Neue Juristische Wochenschrift	《新法学周刊》
NJW-RR	NJW-Rechtsprechungs-Report（Zeitschrift）	《新发现周刊-判例报导》（期刊）
NZV	Neue Zeitschrift für Verkehrsrecht	《新劳动法杂志》
OEG	Opferentschädigungsgesetz	《德国受害人赔偿法》
ÖJZ	Österreichische Juristen-Zeitung	《奥地利法律人报》
Österr.	Österreichisch	奥地利的
OG	Obergericht（Schweiz）	州法院（瑞士）
OGH	Oberster Gerichtshof（Österreich）	最高法院（奥地利）
OGHZ	Entscheidungen des Obersten Gerichtshofs für die Britische Zone in Zivilsachen	《最高法院对英管地区的民事判例集》（奥地利）
OLG	Oberlandesgericht	州高等法院
PatG	Patentgesetz	《德国专利法》
PharmaR	Pharma Recht（Zeitschrift）	《制药法》（期刊）
PflVG	Pflichtversicherungsgesetz	《德国强制保险法》
PHi	Haftpflicht international（Zeitschrift）	《国际赔偿义务》（期刊）
Pkw	Personenkraftwagen	客车/轿车
ProdHaftG	Produkthaftungsgesetz	《产品责任法》
ProdSG	Produktsicherungsgesetz	《产品安全法》
PÜ	Pariser Atomhaftungs-Übereinkommen	《巴黎核责任公约》
Q. B	The Law Reports，Queen's Bench Division	法律报告，王座法庭决议
RabelsZ	Rabels Zeitschrift für ausländisches und internationales Privatrecht*	《拉贝尔外国私法与国际私法杂志》
RdW	Österreichisches Recht der Wirstchaft	奥地利经济法
Rec. Dal. Sir	Recueil Dallöz-Sirey	《达洛兹·西里汇编》
Recht	Das Recht（Zeitschrift）	《法律》（期刊）
RG	Reichsgericht	帝国法院
RGSt	Entscheidungen des Reichsgerichts in Strafsachen（Amtliche Sammlung）	《帝国法院刑事判例集》（官方汇编）

---

* 原文有误。原文为 Provatrecht，应为 Privatrecht。——译者注

续表

德文缩写	德文全称	中文含义
RGZ	Entscheidungen des Reichsgerichts in Zivilsachen（Amtliche Sammlung）	《帝国法院民事判例集》（官方汇编）
RHpflG	Reichshaftpflichtgesetz	《帝国赔偿义务法》
Rn	Randnummer	边码
Rspr	Rechtsprechung	判决
RVgl HWB	Rechtsvergleichendes Handwörterbuch für das Zivil-und Handels recht des In-und Auslands	《国内外民商比较法便携词典》
RVO	Reichsversicherungsordnung	《帝国保险条例》
s	siehe	见
S	Satz/Seite	句/页
SchÄndG	Schadensersatzänderungsgesetz von 2002	2002 年损害赔偿变动法
SchlH	Schleswig-Holstein	石勒苏益格-荷尔斯泰因
Schweiz. BGE	Entscheidungssammlung des Schweizerischen Bundesgerichts	《瑞士联邦法院判例集》
Schweiz. O. R	Schweizerisches Obligationenrecht	《瑞士债法典》
Seuff Arch	Seufferts Archiv für Entscheidungen der obersten Gerichte in den deutschen Staaten	《赛孚特档案》
SGB	Sozialgesetzbuch	《德国社会法典》
Sifa	Sicherheitsfahrschaltung	安全行驶控制器
SJZ	Schweizerische Juristenzeitung	《瑞士法学家报》
sog	sogenannt	所谓的
SortSchG	Sortenschutzgesetz	《植物品种保护法》
SPD	Sozialdemokratische Partei Deutschlands	德国社会民主党
SpuRt	Sport und Recht（Zeitschrift）	《体育与法律》（期刊）
st	ständiger	长期的
StGB	Strafgesetzbuch	《德国刑法典》
StPO	Strafprozessordnung	《德国刑事诉讼法》
StVG	Straßenverkehrsgesetz	《德国道路交通法》
StVO	Straßenverkehrsordnung	《德国道路交通规章》
StVZO	Straßenverkehrs-Zulassungs-Ordnung	《德国道路交通牌照条例》
SZR	Schweizer Franken	瑞士法郎
TDG	Teledienstegesetz	《德国电信服务法》
TEE	Trans-Europ（a）-Express	环欧列车
TMG	Telemediengesetz	《德国电信媒体法》

续表

德文缩写	德文全称	中文含义
UmweltHG	Umwelthaftungsgesetz	《德国环境责任法》
UrhG	Urheberrechtsgesetz	《德国著作权法》
USchadG	Umweltschadensgesetz	《德国环境损害法》
usw	und so weiter	等等
uU	unter Umständen	一定情况下
UWG	Gesetz gegen den unlauteren Wettbewerb	《德国反不正当竞争法》
v	versus/vor/vom/von	与/之前/从/从
VersR	Versicherungsrecht（Zeitschrift）	《保险法》（期刊）
vgl	vergleiche	比较
VGH	Verwaltungsgerichtshof	行政法院
VO	Verordnung	规定
VVG	Versicherungsvertragsgesetz	《德国保险合同法》
VW	Versicherungswirtschaft（Zeitschrift）	《保险经济》（期刊）
Warn. Rspr.	Warneyer，Die Rechtsprechung des Reichsgerichts	沃尼尔，帝国法院判决
WHG	Wasserhaushaltsgesetz	《德国水体保持法》
W. L. R	Weekly Law Reports	《法律周报》
WpHG	Wertpapierhandelsgesetz	《德国有价证券交易法》
WRP	Wettbewerb in Recht und Praxis（Zeitschrift）	《法律、实践与竞争》（期刊）
zB	zum Beispiel	例如
ZEuP	Zeitschrift für Europäisches Privatrecht	《欧洲私法杂志》
ZfRV	Zeitschrift für Europarecht，Internationales Privatrecht und Rechts vergleichung	《欧洲法、国际私法与比较法杂志》
ZGR	Zeitschrift für Unternehmens-und Gesellschaftsrecht	《企业与公司法杂志》
ZHR	Zeitschrift für das gesamte Handelsrecht und Wirtschaftsrecht	《整体商法与竞争法杂志》
ZIP	Zeitschrift für Wirtschaftsrecht	《经济法杂志》
ZRP	Zeitschrift für Rechtspolitik	《法律政策杂志》
ZStW	Zeitschrift für die gesamte Strafrechtswissenschaft	《整体刑法学杂志》
ZürchRspr	Blätter für Zürcherische Rechtsprechung	《苏黎世裁判公报》
ZPO	Zivilprozessordnung	《民事诉讼法》
ZSchwR	Zeitschrift für Schweizerisches Recht	《瑞士法杂志》
ZVersWiss	Zeitschrift für die gesamte Versicherungswissenschaft	《整体保险理论杂志》
zT	zum Teil	部分地

简 目

第一部分 一般理论

第二部分 责任构成要件

第一编 过错责任

第二编　危险责任

第三编　客观上的担保责任

第三部分　责任的法律后果

第一编　对财产损害和非物质损害的赔偿

第二编　防卫请求权：不作为及排除妨害之诉

第三编　诉讼及追索

$\text{目}\atop{Contents}$ 录

第一部分　一般理论

第二部分　责任构成要件

第一编　过错责任

第十四章　对法益与权利的侵害：第 823 条第 1 款 …………… 93

第二编　危险责任

第三编　客观上的担保责任

第三部分　责任的法律后果

第一编　对财产损害和非物质损害的赔偿

第一部分
一般理论

第一章

损害承担与损害责任

一、损害承担的种类

1. 原则：法益所有者损害自负

应从如下原则出发：即法益所有者应自己承担该法益上的损害（casum sentit dominus）。一般情况下，损害由法益所有者来负担，至少其应作为第一承担者，这符合事物的本质。谁获得利益，谁就要（首先）承受损害。与该损害承担一般规则相对应的例外规则是，由他人来承担自己的损害。这被定性为例外就已经表明，承担损害需要具备一个特别理由。人们将该理由称作"归责"（Zurechnung）。

2. 作为责任依据的归责

归责或可归责性（Zurechenbarkeit）是将所遭受的损害转嫁给他人的法律理由的总称。其前提首先是存在一项损害。其后，归责发挥作用，使得他人承受该项损害。可归责性原则上只针对人的行为而产生。因而，责任法上的损害承担与对个体上的人及其行为的归责相关。这一责任的依据不是财产差距、保险抵偿或一般性的社会考量。归责涉及的毋宁是人的行为。

损害责任原则上是行为责任。只有那些由人的意志支配的行为引发的损害才能被转移分担。没有任何一种责任会建立于自然事件或非意志支配的行为之上，如人的条件反射或是未被人类饲养之野兽的侵犯。因此，德国联邦最高法院（BGH）认为，玩保龄球时原因不明的受伤并不构成一项责任基础。虽然某人的脸被扔出的保龄球击中，但不能确定的是：该保龄球是被人有意掷出，还是当球手遭受胃部击打后作为反射动作不得不扔出的。联邦最高法院认为，赔偿请求权的首要前提是存在一项人的行为（Tun），且该行为要受人的意识控制和引导。法院进一步指出，在物理强制下实施

1

2

3

的或是经由外在作用而引发的反射性动作，根本不是一种行为（Handlung）。法院认定：受害人仍须承担下列证明责任，即其所受伤害是因他人的某项行为（Handlung）引起的（BGHZ 39，103；BGH VersR 1986，1241：根据外在原因和内在原因而有所区别）。然而，练就的或自动实施的进攻性或防御性动作是一个行为（Handlung）。因而，联邦最高法院在 BGH VersR 1968，175 这一判决中认为：向后方未加控制的击打是一种受意志决定的防御性行为，而不是一种无意识的（willenlos）反射性动作。

3. 主观归责与客观归责

4　　当行为（Tat）和行为后果（Tatfolgen）可归咎于行为人个人时，便构成主观归责。在故意和可指责的过失（verwerfbare Fahrlässigkeit）时，存在主观归责。这对痛苦抚慰金以及与有过错（Mitverschulden）意义重大。另外，责任能力（Zurechnungsfähigkeit）一般与主观归责相关。

当一个事件（Geschehen）或后果（Erfolg）通过某种方式可归因于（zurückgeführt）某个人的意志时，该行为（Tat）就是客观上可归责的。只要后果与行为人的意志存在一般性联系即为已足。存在许多客观归责情形：其从客观类型化过失开始、横跨危险责任，直至相当因果关系。

二、损害赔偿责任的基础

5　　作为所有权人对物之损失自负其责（Sachzuständigkeit）原则①的例外，损害赔偿义务需要特别的法律依据。该类所谓的责任基础（Haftungsgründe）或基于历史发展而来，或为实证法所构建。责任基础分为一般性的责任基础和补充性的责任基础。过错原则（Verschuldensprinzip）表明，行为人始终仅因故意和过失而负责，而不必为偶然事件（Zufall）负责。因而，补充性的危险责任总是以特别的法律规定为前提条件，例如机动车持有人或药品生产者的责任。

1. 过错责任

6　　罗马侵权法已经发展出了过错责任。因循古罗马（altrömisch）规则的范式，《十二表法》已经区分蓄意行为（überlegte Tat）和非故意行为（unvorsätzliche Tat）。这在财产损害法上得以进一步发展。公元前 286 年《阿奎利亚法》（lex Aquilia）确立了对物的不法侵害（damnum iniuria datum）的前提条件，这在解释时被理解为：损害必是某个有过错的（schuldhaft）行为而导致。过错（culpa）在此处第一次涵盖了故意

---

① 德语中 Zuständigkeit 在实体法与诉讼法中都有涉及，其中在民法中意为所有权人作为该物的主管人，对物的毁损灭失自己承担责任。——译者注

第一章 损害承担与损害责任 ·5·

（dolus malus）和过失（neglegentia）。偶然事件（casus）不会引发责任。

在现行法上，过错责任（Schuldhaftung）已经增强为过错原则（verschuldensprinzip）。过错原则有两方面的功能。其积极方面的作用在于：对于过错，也就是故意和过失，行为人始终需要负责。过错原则消极方面的意义在于：行为人仅需要对于过错、而非对已有的不利后果或违法性承担责任。过错原则明文规定在《德国民法典》第 276 条、第 823 条及其以下诸条。

过错原则蕴含着这样一个基本价值：在法律地位之维系（Erhaltung der Rechtsposition）和行为自由二者之间的利益冲突中，行为自由（Handlungsfreiheit）居于优先地位。行为自由对于人和物的价值的创设不可或缺。这是正在成长中的演进改变（Werdenden）之于停滞现存（Bestehenden）的优位。人需要自由来发挥其个性，特别是从事其职业实践。年轻人需要活动空间来谋求其发展。自由的优位并非单方面实现的：对个人而言，在利益方面被收走的那部分，恰好在行为方面得到了返还（zurückgeben）。

过错责任（Schuldhaftung）总是以违法行为为前提。勿害他人（alterum non laedere）的基本原则，通过赔偿请求权在对因致害而违法的行为进行归责中得以实现。

2. 危险责任

危险责任也意味着对某个责任范围的归责。人们对于为了自身利益而制造、保有或控制的危险源负有责任，这是就该危险造成了损害而言。前提是存在一个过度危险（übermäßige Gefahr），诸如特别因现代科技在高速、能源的生产和运输以及工业的环境损害（Umweltbelastung）中产生的危险。

因此，危险责任是法律对工业社会所致危险的一种反应。它涉及一种针对控制和利用特定危险领域而增加的社会责任。同时，借助营运成本（Betriebskosten）可取得预防效果：对于第三人具有危险性的设备，只有当危险给其造成的损害能够得到赔偿时才能运行。因而，要驾驶机动车的人必须能够为责任保险（Haftpflichtversicherung）缴纳保险费。任何人都不应以牺牲他人为代价来利用某一重大危险。

危险责任非系对不法（Unrecht）的责任。铁路和机动车的营运本身并不违法。虽然某些特定的营运事件，诸如超速驾驶，可能会被认定为具有违法性，但危险责任本身是没有违法性的。尽管有《德国民法典》第 833 条的规定，蜜蜂飞行（Bienenflug）仍非违法（不同意见，BGHZ 117，110）。

依据通说，危险责任作为一般过错责任的例外，置于法律保留（Gesetzesvorbehalt）之下。针对最新危险而引入危险责任，例如基因技术的危险、环境污染以及产品危险，都需要特别的立法。这是对 1861 年慕尼黑高等上诉法院所作裁决的后续应对（SeuffArch. 14 Nr. 228）。在法律中引入铁路危险责任之前，该法院已经令铁路公司对于火花飞溅导致的火灾后果承担责任，因为"通过机车牵引的火车营运，必然且不可分离地伴随一种有过失的（kulpose）的行为方式"。这句话中表达出来的过错拟制

(Verschuldensfiktion) 显得令人难以接受。不过，特别法上规定的危险责任始终滞后于现实发展，一如煤气管道的例子所表明的那样。在 1943 年成文法规制责任之前，只有当煤气公司因过失而未发现煤气泄漏点时才承担煤气泄漏的责任（RGZ 63，374）。

3. 公平责任

8　　　如果行为人缺乏（主观）可归责能力，那么根据《德国民法典》第 827 条第 1款，其原则上是没有责任的。不过，基于特别的理由，他也可能负有责任，即依据《德国民法典》第 829 条出现所谓的公平责任的情形。为此，一般来说，除了要满足违法性构成要件之外，要么要求财产上存在差距，要么要求行为人享有保险。公平责任并不要求客观可归责性。例如，当机动车驾驶员在驾驶中突然罹患脑中风，机动车冲上人行道并碾压到一个行人，根据《德国民法典》第 829 条其将承担公平责任（甚至包括痛苦抚慰金）。即使中风不仅排除了责任能力，而且排除了对行为的意志控制性，上述结论亦可适用（BGHZ 23，90）。

4. 牺牲

9　　　当对（例外）所允许的侵犯（Eingriff）支付某种金钱对价（Entgelt）时，我们称之为牺牲责任（Aufopferungshaftung）。如果基于利益衡量或者某种更高位阶的利益的理由允许侵害他人利益，那么侵权人实施的行为就不具有违法性。然而，行为人一般也必须事后对被牺牲的他人利益给予补偿（Schadloshaltung）。法益享有者（Rechtsgutträger）也被赋予牺牲请求权，以作为其不作为请求权（Unter-lassungsanspruch）因特别理由而被否定时的一种平衡：例如在进攻性紧急避险（《德国民法典》第 904 条第 2 句）时对物的毁损，或者在私的利益让位于公共利益时。后者业已获得人们认同：例如当年国际法上通过协议扩建摩泽尔河（Mosel）作为通航水道，因扩建产生的噪音如此巨大，以至于一家旅店不得不关门。在本案中，由于旅店业主（Inhaber）根据《德国民法典》第 1004 条享有的防卫请求权被否定，他可以就其牺牲请求获得补偿（Schadloshaltung）（BGH LM § 906 Nr. 22）。

5. 自我牺牲

10　　　自我牺牲（Selbstopferung），最主要出现在道路交通领域，系无因管理法上的现象。根据司法判决，当行为人不存在躲避责任，为了避免他人受损而自我牺牲时，属于管理他人事务。例如一位驾车者在一名突然跳到行车道上的孩童前猛打方向盘而撞向一棵树，根据旧的《道路交通法》第 7 条，他可以基于《德国民法典》第 683 条和第 670 条之规定就自我牺牲导致的损害向该孩童请求补偿。然而他应考虑到机动车行驶的抽象危险，从而只能就其一半的损害作为费用获得赔偿（BGHZ 38，270）。最新的法律状况，参见边码 611。

第二章 ◀

过错责任的构成

一、法律规范与构成模式

1. 构成要件规范（Tatbestandsnorm）与法律后果规范（Rechtsfolgenorm）

过错责任受两类规范规制，该两类规范相互作用而构筑起责任。法律后果规范 11通常明确规定在成文法中，此类规范在确定的、有责的违法行为情形下确立损害赔偿。所谓的构成要件规范在《德国民法典》中被认为是默示前提而未作规定，但在诸如《道路交通管理法》（StVO）中的保护性法律中经常有明文规定。构成要件规范要么是通过损害赔偿的规定间接地禁止（untersagen）诸如过失损坏物的行为，要么明确禁止，比如通过《道路交通管理法》的规定禁止右侧超车。构成要件规范旨在阻止法益受侵害。因此，它不仅禁止（verbieten）具体的危险，并且有时候还通过保护性法律（例如《道路交通管理法》）来禁止某种抽象的危险。构成要件规范具有法益维护（rechtsguterhaltende）这一首要功能。

相反，只有当他人有责地违反构成要件规范时，才会适用法律后果规范。因而相对于构成要件规范，法律后果规范执行的是第二层次的功能。当构成要件规范被他人以可归责的方式违反时，法律后果规范通过承担损害之规定，使财产回复到先前状态。人身伤害（民法典第823条第1款）中的损害赔偿义务既包括构成要件规范，即不得给他人身体带来过分的危险；也包括法律后果规范，即对于因不法（normwidrig）侵害产生的损害必须给予赔偿。

2. 构成的构建

责任规范包含很多要素（Merkmalen）。这些要素粗略可以分为两组：一组是 12构成责任基础的要素，另一组是责任范围的要素。我们以侵害身体为例，《德国民法典》第 823 条第 1 款列举了责任成立的要素——身体侵害、违法性、故意或过失。对由此产生的损害进行赔偿则作为法律后果而存在。

人们一般按照地质学常用的阶层图来划分编排责任成立的要素。事实构成（Tatbestand）居于底层，其上是违法性，而过错，即故意和过失，则几乎位于顶端，属于这一阶层的尚应列入过错能力。这样一个垂直的阶层结构可使单个要素得到呈现，并使更加精准的涵摄成为可能，还使不同评价要素愈发清晰。

这种阶层结构本身只具有认识论上的功能。在这一阶层结构中所使用的或于某处看到的那些组成部分首先只代表该要素自身。人们不应从上述组成部分的归类中得出适用规范的任何结论。该阶层结构虽由责任规范事先规定，但是个别要素的归类遵循目的理性，这一归类本身仅具有有限的说明价值（Aussagenwert）。将行为的目的性（Finalität der Handlung）归类于构成要件的阶层抑或过错（故意）的阶层，从中我们也不能推导出有关行为理论的任何结论。同样，对过失而言，将遵守的外在或内在的注意归入违法性抑或过错，其说明价值同样匮乏。

二、责任基础的构造

1. 事实构成（Tatbestand）①

13　　事实构成（Tatbestand）处于责任构成阶层中的最底层。它通过对那些可能已在法律上预先规定之特征的描述，表达了对私法上重要事实情况（Sachverhalts）的强调（Heraushebung）。侵害身体（Körperverletzung）的责任即建立在《德国民法典》第 823 条第 1 款规定的，"对他人身体的侵害"这一事实构成基础上。事实构成的构建包括对具体事件的抽象：从故意的刺伤到造成人身损害的机动车事故，所有这一切均可为符合事实构成的身体侵害（Körperverletzung）这一概念所涵盖。

2. 违法性

14　　违法性位于构成要件基础之上。处于阶层结构的第二阶层；在事实构成实现（Tatbestandsverwirklichung）的基础上，人们会论及法律上的价值判断。这一事实部分（Sachverhaltsausschnitt）被赋予了否定性评价。因而，违法性和事实构成相

---

① 这里是 Deutsch 教授的用法。德国法中有的区分 Gesamttatbestand（全部构成要件）与 Tatbestand im engeren Sinn（狭义上的构成要件），而全部构成要件包括 haftungsbegründender Tatbestand（责任成立上的构成要件）和 haftungsfüllender Tatbestand（责任范围上的构成要件）。责任成立上的构成要件包括狭义上的构成要件（即事实构成）、违法性与过错（Spickhoff in Soerger，§823）。此处的构成要件即为狭义上的构成要件。而德国学者 Fuchs 的《侵权法》中将此称为构成要件上的条件（Tatbestandliche Voraussetzung），但在过错责任中其上位概念是基本构成要件（Grundtatbestand）（Maximilian Fuchs：Deliktsrecht）。而 Kötz 与 Wagner 著的《侵权法》中则并未有此处意义上的构成要件概念，只是在过错责任上有一个基本构成要件（Grundtatbestand）这一概念（Kötz/Wagner：Deliktsrecht, Auflage 12.）。——译者注

关。反过来，违法性也会从一些事实构成中获得评价指引，因为此类构成要件通常是在否定性评价的角度被塑造的。

事实构成是评价的对象，违法性是对这一对象的评价。此外，一个被充分界分的事实构成还征引着违法性，并使证明责任倒置。某人若是实施了一项被界定过的事实构成，例如对他人身体上的侵害，则必须证明其行为的正当性。如果他没有这样做，那么违法性即告确立。另外，事实构成和违法性还经常处于因果关系之中：事实构成作为具体违法性的有规律性的类型（regelmäßige Vertypung），指示了合乎构成要件行为的违法性。身体侵害的赔偿义务意味着，身体侵害通常被禁止。

3. 过错

过错作为第三个要素位于违法性阶层之上。在这阶层结构的最后一级将决定是否将被否定性评价的行为归责为行为人的责任。过错同样是相对的：它涉及事实构成要件和违法性，并不存在孤立自洽的过错。　15

过错有一个前提，即责任能力（Zurechnungsfähigkeit）：例如幼童和精神病人没有责任能力（《德国民法典》第 827 条以下）。过错有两种表现形式：故意和过失，这两种形式分别跟有意识的、无意识的事实构成要件实现相关。　16

过错同样受到前两个阶层的推动。基于事实构成层面行为的必要性，人们可以对故意进行探讨；同样，基于违法性，也可提出"必须知道"（Wissenmüssen）这一问题。事实构成的不同，决定了过错是否当包含法益侵害（Rechtsgutverletzung）（第 823 条第 1 款的情形），抑或不包括（第 823 条第 2 款结合抽象的保护规范的情形）。当《道路交通管理法》禁止在路口超车时，那么过失地违反该规范即为已足，哪怕事故（Unfall）的发生是意料之外的（BGH LM § 823［Bf.］Nr. 10）。故意和过失与违法性的关联决定了不法意识（Unrechtsbewusstsein）的要求，并区别于认识错误。根据规范性前提要件（Normvoraussetzung）的不同，在民法中或通常适用"故意说（Vorsatztheorie）"，或在例外情形适用"限制性的责任说（eingeschränkte Schuldtheorie）"。

过错只涉及事实构成要素，因而一般不涉及损害，后者只是法律后果的客观前提。此点对于损害上的因果关系（Schadenskausalität）和损害范围而言同样适用。因此，一个漆匠使用不带排气装置的焦煤炉供其学徒取暖（Warmhaltung），其认识到煤气可以造成健康损害即足矣。作为损害后果的致人死亡，并不需要因过失而导致，而只需要在行为与后果之间具有相当因果关系即可（RGZ 69，340）。

三、构成模式之例外

1. 作为构成要件的损害

《德国民法典》第 826 条将悖俗的故意加害行为（Schadenszufügung）定为责　17

任基础。在此，造成损害的行为成为构成要件。虽然损害在其他场合下被视为法律后果的客观前提条件，但在《德国民法典》第 826 条的框架下，损害则是依赖于故意的事实构成要素（vorsatzabhängiges Tatbestandsmerkmal）。在就自身损害具有与有过错的范围内亦如此（第 254 条）。此处的过错（故意或过失）应涉及违反不真正义务（obliegenheitswidrige）的加害行为。因此，如果受害人没有护理其伤口并由此导致伤口恶化，那么其应自行承担他的部分损害。

2. 未界定的构成要件：事实构成与违法性的趋同（Verschleifung）

18　　分离式的阶层结构使违法性可以通过已界定过的事实构成的实现来征引，如通过身体侵害（Körperverletzung）或物的损坏（Sachbeschädigung）来征引违法性。但当构成要件过于概括或过于模糊时，构成要件和违法性之间的差异则退居其次。这存在两种类型：其一，它可能涉及必要的、未被界定的构成要件，诸如在意志控制（Willensbetätigung）的限制场合，如悖俗的胁迫或强制（Nötigung）。其二，构成要件仍待发展，尚未达到区分事实构成和违法性的必要程度。例如在一般人格权以及对经营权实施侵害的场合即是如此（BGHZ（GS）164，1（3 f.））。对此应对行为予以通盘考量，并进行利益衡量，而后者可能导致违法性的积极认定。因此，一个未被界定的事实构成不会征引违法性；事实构成符合性并不导致违法性证明责任的倒置。例如某人通过在毗邻的房屋中设立并经营竞争性企业来干涉他人的经营，此举并不违法，行为人也无须自证清白。

四、责任范围的构成

1. 损害

19　　基本的责任后果是损害赔偿义务。赔偿的决定性要素是损害、损害的范围以及因果关系（Verursachung）。损害本身是一个不确定的法律概念，或为财产损害（Vermögensschaden），或为可能导致痛苦抚慰金的非财产损害（immaterieller Schaden）。什么可被理解为损害，总是根据特别的责任规范来确定。它的范围从纯粹物的损害（Sachschaden）到财产支出（Vermögensaufwendung），直至痛苦抚慰金。不过，损害必须可以归因于侵害和行为。

2. 保护范围（Schutzbereich）

20　　对于损害，存在规范的保护范围问题。只有那些属于针对侵害的规范的保护范围内的损害，才会获得赔偿。借此，行为人无须对其违法行为的所有损害后果承担责任，即排除"自陷禁区"（versari in re illicita）规则的适用。如果行政机关对一条索道进行验收时违反了职责（amtspflichtwidrig），后来缆车轿厢坠落，那么行政机关须向旅客承担责任，但不必对企业营业损失（Betriebsausfallschaden）承担责任（BGH NJW 1965，200）。保护范围涉及构成要件规范，但也会包含法律后果规范。

3. 相当性

只有具相当因果关系（adäquat kausal）的损害才可赔偿。相当性构成了一个 *21* 规范性要素，因为唯有从有经验的观察者的立场观察，通常可增加损害发生几率的事件才构成相当性原因。反之，异常的、在正常视角下不可预期的因果进程则表现为非相当性（inadäquat）。被我们称为相当性的一般可预见性（allgemeine Vorhersehbarkeit），首先针对的是损害因果关系（Schadenskausalität），不过在有些场合下还涉及规范的保护范围。如果保护范围不具有可预见性，譬如交通规则出乎意料地是为了保护沿街居民而设立，那么违法者也无须对这些居民承担责任。

五、与有过错

受害人倘若以过错的方式（schuldhafterweise）共同导致或扩大了自身的损害，*22* 则不能获得完全赔偿（第254条）。在与有过错的情形也可以进行上述阶层结构的划分。但是，在只存在两个构成要素的情况下，即：一是自行促成或扩大的损害，二是受害人对其自身的过错，不能进行阶层结构的划分。自从与违法性并列的违反不真正义务（Obliegenheitsverletzung）作为缺失的部分（Bindeglied）得到认可以来，在与有过错中进行三阶层构造（Dreieraufbau）也成为可能。事实构成是受害人自身的损害；违反不真正义务导致自身损害替代了违法性，这里不真正义务意味着对某一为自身利益的、同时亦为他人利益之要求的违反。过错则还是指故意或过失，二者都是指向受害人自身。

第三章

事实构成

一、意义与起源

1. 作为不法类型化（Unrechtstypisierung）的事实构成

23   我们把责任基础的事实类型（Vertypung），诸如侵害所有权、违反速度限定一类的保护性法律，称作事实构成（Tatbestand）。[①] 事实构成这一语词是人有意发明的，并未进入口语。倘若人们从责任要件（Haftungsvoraussetzungen）中删掉过错、违法性以及损害，那么就剩下事实构成。它是责任之事实上前提条件的总和（Bestand tatsächlicher Voraussetzungen der Haftung），因而是一个不可再进行抽象的、责任基础的典型事实内核。作为这样一个内核，它主要用于如下的归类（Einordnung）：某一实际发生的事实（tatsächliches Geschehen）应被朝着可能的法律后果加以检查，这样，构成要件就形成了一条从具体事件（konkreter Vorgang）到抽象法律规范的通道。如果某人痛打了他人，或者车轧他人，或是作为精神病院负责人没有阻止病人逃脱以及攻击他人，则人身侵害的事实构成要件已然符合。

2. 事实构成理论的发展

24   事实构成是从"犯罪事实"（corpus delicti）的概念发展而来。从肉眼看到的对象，到抽象的犯罪，犯罪事实被赋予了精神实质，并孕育了新的概念——事实构成。如果人们减去违法性和过错，则还剩下（狭义的）事实构成。因而，事实构成是违法性和过错等其他要素的平台。人们也把它称为构成要素（Konstitutions-

---

①　本书将 Tatbestand 翻译为"事实构成"，而不是"构成要件"，主要是为了避免与中文语境下侵权责任构成要件（过错、因果关系、损害等）相混淆。——译者注

element）。作为这一意义的事实构成，已从刑法扩展到侵权法。从民法典第 823 条第 1 款的原文，可以清楚地推知它的存在。

二、事实构成之要素

1. 一般性要素

作为责任雏形（Haftungstypus）的事实构成指示出一般性要素（generelle Merkmale），即在任何一种责任场合下都必定存在的要素。在这里涉及构成要件的基本要素（Grundelemente）。属于基本要素的有：人的行为、因果关系以及侵害（Verletzung）。事实构成以此表明了它与归责之间的联系。只有人的行为才能被归责。行为导致侵害，并因此引发相应的赔偿责任；行为与侵害之间的联系被称作因果关系。一般性要素中的行为和因果关系将在本书总论部分被论及。而侵害通常被分为多种情形，以致形成了许多特殊事实构成（Sondertatbeständen）。

2. 侵害构成（Verletzungstatbestand）与行为构成（Verhaltenstatbestand）

责任的基本模式是作为原因的行为导致了损害，其重点要么放在侵害上，要么放在行为上。《德国民法典》同时强调了两方面：第 823 条第 1 款重点针对侵害，第 2 款则针对行为。侵害构成的范围显得更加宽泛：任何一个导致侵害的行为原则上都符合事实构成。相反，行为构成则表现得更加具体：只有对使得承担责任的行为在空间与时间上作出具体详细的描述，才能借此从诸多的行为方式中突出该行为。这样，第 823 条第 1 款提及对生命的侵害，也就包含了对导致死亡具有因果关系的一切行为方式。相比之下，第 823 条第 2 款只针对了违反保护性法律的行为，该情形下保护性法律经常会对行为进行详细的描述，例如通过停车标记（Stoppschild）要求机动车停下。

区分强调结果的事实构成与强调行为的事实构成要件并非只是纯粹的技巧（Kunstgriff）。有时候由于不存在一些特别法益，从而诸如在第 826 条和第 823 条第 2 款中只能针对个别的行为予以规制以保护财产。通常，从涉及结果的事实构成过渡到涉及行为的事实构成，意味着法律通过具体化获得了发展。这也体现在有关事实构成的违法性和过错中。如果某人有意（bewußt）超速，则他已经故意（vorsätzlich）违反一项保护性法律。假使他在超速过程中又撞到一个出人意料地（unvorhergesehen）跑到街道上的孩子，那么他又另外地过失侵害了他人身体，即可适用第 823 条第 1 款。不过，他已经因为故意的事实构成要件实现（vorsätzliche Tatbestandsverwirklichung）而应承担责任。另外，诸如职业责任强制保险（Berufshaftpflichtversicherung）一类新的保险形式的出现也表明了一种朝行为构成要件方向发展的趋势。

3. 特殊的事实构成要素 （spezifische Tatbestandsmerkmale）

27 构成要件具有不同的形态（Ausgestaltung）。尤其可能出现如下类型的事实构成要素：

——描述性事实构成要素（deskriptive Tatbestandsmerkmale），例如对身体或健康的侵害，第 823 条第 1 款；

——规范性事实构成要素（normative Tatbestandsmerkmale），例如对所有权或保护性法律的侵害，第 823 条第 1 款和第 2 款；

——指引性的事实构成要素（verweisende Tatbestandsmerkmale），即引向该法的另外一个领域，在那里获得其内容上的填充（inhaltliche Auffüllung），例如对所有权或其他权利的侵害，第 823 条第 1 款；

——全面指引性事实构成要素（umfassend verweisende Tatbestandsmerkmale），它完全导向一个不同的法律领域（Rechtsgebiet）并在那儿获得其内容上的形态，例如空白构成要件（Blankettatbestände），正如违反保护性法律或公职义务，第 823 条第 2 款和第 839 条。

4. 被界定的和开放的事实构成 （abgrenzte und offene Tatbestände）

28 责任的事实构成（Haftungstatbestand）可以详尽地被描述，或者被称为概括性的框架事实构成（Rahmentatbestand）。这一形态一方面可以来自于事物的本质（Natur der Sache），另一方面可源于法律演进（Rechtsentwicklung），最后还可以来自于立法者的具体工作（Einzelarbeit）。存在尚未被界定的事实构成，尤其是某类对意志控制的侵犯（Eingriff in die Willensbetätigung）。例如强制（Nötigung）、敲诈（Erpressung）以及恶意欺诈（arglistige Täuschung）。其他的事实构成，例如一般人格权，亦未被界定；但它却一再发展出体现封闭性事实构成（geschlossene Tatbestände）的特别人格权，譬如未经许可的录像或录音。未被界定的事实构成具有重要功能，因为法律生活（Rechtsleben）会导致新的令人惊讶的形态，而事实构成的界定对此并无助益。当然，有时候立法者会放弃对事实构成进行封闭性建构（abschließende Gestaltung）这一必要工作，或者审判实践也没有这样做。区分被界定的事实构成与开放的事实构成，对于违法性的征引意义重大。

三、事实构成符合性的征引作用

1. 违法性的征引 （Indizierung）

29 一个被界定的事实构成，例如对身体或所有权的侵害，会导致所谓的违法性的征引（Indizierung der Rechtswidrigkeit）：事实构成的实现（Verwirklichung des Tatbestandes）暗示存在一个违法行为。这反过来也意味着，侵权人必须推翻这一违法性推定（Rechtswidrigkeitsvermutung）。如果侵害所有权或身体的构成要件得以确定，那么侵权人应当阐明诸如正当防卫或紧急避险之类的违法性阻却事由（Rechtsfertigungsgrund）。依据私法关于请求权基础和抗辩（Einwendung）的规则，事实构成的实现为请求权基础，而违法性阻却事由为抗辩。因为请求权人对于请求权基础承担证明责任，而被请求人则对抗辩负有证明责任，所以，侵害人须对违法阻却事由承担证明责任。

对于违法阻却事由的证明责任在诉讼中经常具有决定性意义。倘若某人用手枪向与其一道饮酒的同伴射击，打中了头部，其后主张正当防卫，那么他必须证明存在紧急状况（Notlage），尤其是证明受到了攻击。如果他不能证明，那么他要承担责任（RGZ 159，235）。同样，进行手术的医生对于患者的知情和同意负有证明责任。手术侵犯（operativer Eingriff）是一个符合事实构成的身体侵害，需要给出已经说明并获得病人同意的违法阻却事由。这是一个抗辩，医生对此承担证明责任（RGZ 68，431）。

开放性事实构成，尤其是侵害框架性权利，如一般人格权以及经营权的事实构成，则有所不同。这些事实构成一般未被界定，也就是说是开放性的，故而这种事实构成的实现并不展现违法行为的外部特征（Anzeichen）。某位教师给一学生打了低分，抑或某个商人的广告营销减少了竞争对手一半的营业额，则分别涉及一般人格权和营业权。但是，从这些侵害（Verletzungen）中，并不能当然地推出违法性，因为在人与人之间的交往以及商业交往中需要接受和容忍适当的侵害。

2. 过错的征引

同样重要的是行为构成要件对征引过错（Schuld）所具有的效力。依据长期的审判实践，对于《德国民法典》第823条第2款规定的保护性法律而言，适用如下规则：即违反规定某特定行为的保护性法律会导致如下推定，即该行为是有过错地（schuldhaft）发生的（BGHZ 51，91）。这不仅适用于民法典第823条第2款的行为规范（Verhaltensnormen），而且同样适用于违反已发展出行为规范的交往义务（Verkehrspflicht）或公职义务（Amtspflicht）的情形。

过失理论（Fahrlässigkeitstheorie）为过错的征引提供了依据。这一理论区分外在注意（äußere Sorgfalt）和内在注意（innere Sorgfalt）。只有当同时未尽到这两种注意时，行为才有过失。如果行为人没有尽到外在的注意，那么他必须主张，他至少尽到了内在的注意。如果机动车驾驶者开车速度过快，那么他可以证明，由于足部痉挛，他没能松开油门。当事实构成（如行为构成），使得未尽到外在注意（如违反了一项保护性法律），满足了事实构成的要素（Tatbestandsmerkmal），那么，这类事实构成的实现即征引了过错的剩余部分。通过行为规范的违反而构成的外在注意之缺失，同时也推导出，行为人内在注意之缺失。无论如何，在无法查明（Unaufklärbarkeit）的情形中，行为人会设法阐明自己的内心历程（Aufklärung eines innerpersönlichen Vorgangs）。

如果一个建筑法令规定，在挖土机作业之前必须保护好相关的线缆，但行为人没有进行这样的预先防护，导致挖掘机切断了线缆，那么，这种场合下，内在注意的违反即获得了征引。"在这里，对保护性规范的客观违反如果被确证，那么就会存在这样一项推定：这种保护性法律的客观违犯亦属有过错地违反（schuldhaft verletzt）。"按照法院的观点，挖掘机经营者只有在证明了他对该建筑法令不知情，并且他对该不知情也没有过错时，才可以免责（BGH NJW 1968，1279）。另外一个例子涉及健康法（Gesundheitsrecht）的规定。如果一个疫苗工厂在违反行政规定（behördliche Vorschriften）的情况下提供了不洁的疫苗，并导致了鸡群死亡，则该药品制造者基于过错推定而承担责任。"违反保护性法律者必须说明情况，并证明推翻对其过错的推测是恰当的。（BGHZ 51，91）"抽象的保护性法律不会产生任何征引效力，例如《食品与生活用品法》（LMBG）第 8 条第 1 项仅仅规定，禁止有害健康的食品的生产和流通。倘若在一场婚宴中宾客们因沙门氏菌中毒而生病，那么关于尽到内在注意的证明责任不会因为违反保护性法律而发生倒置。因为该保护性法律局限于禁止特定的行为后果（Verhaltenserfolg）（BGH NJW 1992，1042）。

第四章 ◀

行为：作为与不作为

一、作为事实构成基本表现形式（Grunderscheinung）的行为

1. 行为与归责

责任意味着将事件归责为人的意志。而一个人的意志一般会表现在其行为中。行为由此构成了责任的起因（Urgrund），并成为一般性的事实构成要素。"行为"这个谓项只能归属于人。人能够将这一根据交往观念之可称之为作为（Handlung）的东西作用于社会关系。行为表现为两种形式：作为（Handlung）可能是有意识且有目的指向的行为（bewußtes und zweckgerichtetes Verhalten），也可能是无目的但可引起某种后果的行为（unzweckhaftes, aber erfolgswirksames Verhalten）。以射击侵害（Schussverletzung）为例：侵权人可能原本就意在拿着武器对准着被侵权人，但也有可能原本只是想射向一只动物，但因枪走火而打中了某个人。另一方面，可能该人针对侵害并未采取任何措施或特别措施，这被称为"不作为"（Unterlassung）。不作为的重点在于之前没有做某些事情，而这些事情却为法律所期待或规定。如果某人将他的武器随便放置，并落入未经其许可的人手中，那么他对安全保管存在不作为。

2. 行为的类型

人的行为可为运动或非运动（Nichtbewegung），物理的或心理的活动（Unternehmen），做或不做（Nichttun）。我们暂时不考虑内心的活动（innermenschliche Gegebenheiten），将行为分为作为（Handlung）和不作为（Unterlassung）。作为作用于社会关系：作为是运动（Bewegung）、改变（Veränderung）、改造（Umgestaltung）、革新（Erneuerung）；它可能是改善（Verbesserung），也可能是恶化

31
32

（Verschlechterung）。驾车之人、施行医疗手术之人、交付物之人、摄影之人，都是一个作为者。

与之相对的是不作为。一方面，不作为表现为绝对的形式（in absoluter Form），即不做（Nichtstun）。如果某人自身不运动，也不施动，他即属无所作为（handelt nicht）；更确切地说，他处于静止和克制中（unterlässen）。另一方面，与这种完全无行为（Überhaupt-nicht-Handeln）不同，我们区分无行为（Nichthandeln）的另外一种形式，即其他行为（Andershandeln）：某人做了一些非被期待的事情，他虽然作为（handeln），但同时也不作为（unterlassen）。因而，不作为也可以是有目的指向的（zielgerichtet）。以法律视角观之，决定性的并非不做本身（Nichtstun an sich），而是不做某些事情（Nicht-etwas-Tun）。某机动车驾驶者驾驶一辆刹车存在缺陷的车，因此在发生危险情况时不能及时刹车，并碾压到他人：从驾驶的角度言，他在作出行为（handeln）；而从他未维护刹车的角度言，他属不作为。因此，不是行为的外在目的性（die äußere Finalität des Verhaltens），而是在责任的法律视角下的结果相关性（Erfolgsbezogenheit），这造成了对某行为难以区分作为抑或不作为。

33　　　　但是，人们也不应该过分强调作为和不作为之间的差异。由于侵害性的作为通常被视为违法，相反不作为的归责则要求违反作为义务，因而就有如下情况：人们更愿意将难以判断的行为方式归入不作为而非作为，以便使责任取决于某种法律义务的违反。因而，以前人们始终将医疗缺陷（ärztliche Kunstfehler）称作不作为（Eberhard Schmidt）。同样，人们也更喜欢将拔掉一个脑死亡患者的呼吸器的行为看成是不作为，而不是作为。这样的手法，实际上是从义务存在的角度，操纵了作为与不作为之间的区分。归入作为和不作为的类别虽然应首先根据外在表象（äußere Erscheinung）来判断，但随后应按照交往观念，最后是从特殊构成要件的角度来进行。

二、作为

1. 作为的理论

34　　　　法学所面对的是一个先法律的作为概念（vorrechtlicher Handlungsbegriff）。作为概念是一个目的性概念（finale）：人类行为中的"作为"，系从目的出发而有意识地实施的，于此，确定或者可能产生附带后果（Nebenfolgen）。这种人类学上的作为概念虽然在法律上一般说来是权威的，但是在具体行为方式导致的责任视角下，上述概念可能会有所变化：在过失侵权中，行为目的（die Finalität des Ver- haltens）在法律上是无关紧要的。某人进行体育锻炼，此间由于忽略了照管其幼儿以致后者受到侵害，那么我们不是从目的性的体育锻炼（finale Sportausübung）的角度下对他加以评价，而是从过失的角度对他进行法律上的评价。

私法以当事人的利益等值（Gleichwertigkeit）为出发点。为实现平等对待，在很大范围内忽略"作为之目的相关性"（die Finalbezogenheit der Handlung）是必要的。在私法上，这已然清晰体现于组织体说（Organtheorie），即具有行为能力（handlungsfähig）的法人性质中。忽略目的性（Finalismus）在法律行为理论中也有明显体现。意思表示，即旨在获得法效果的私的意思表示（Privatwillensäußerung）在如下情形受到压制：在效果意思根本不存在或因错误而被阻碍的情形下，诸如在意思瑕疵、权利外观（Rechtsschein）、商事性公告（handelsübliche Bekanntmachung）、商业确认函场合下的沉默等。此点同样适用于存在作为概念的责任法，后者是以对他人法益或被保护利益的侵害作为责任基础。

2. 法律上的作为概念

对于责任法而言，只有当作为概念（Handlungsbegriff）是为了对违法的且符合事实构成的行为进行归责而设置（zuschneiden）时，该概念才恰当。为此，这一概念首先必须包含意志要素（Willensmoment），否则无法体现对意志的可归责性（Zurechenbarkeit zum Willen）。其次，这一概念应作概括理解，以便它堪当指涉所有形式的违法性（alle Formen der Widerrechtlichkeit）之对象（Bezugsgegenstand）。因此，作为概念应当包括故意加害（vorsätzliche Schadenszufügungen）、过失加害，甚至还应涵盖危险迫近（gefährliche Annäherungen），这种危险迫近使得受此威胁者可以采取正当防卫。最后，这一概念必须与不作为概念进行足够清晰的区分。因此，与事实构成相关（tatbesandsbezogen）的作为概念应被专门表述如下：作为是一种行为人趋近事实构成实现的行为。该趋近（Nähebeziehung）最好用危险来表述。无论是谁，只要其行动（Tun）造成了一种事实构成实现的危险——这一事实构成或为对法益的侵害，或为对规范的违反——他就是在作为。所有其他的行为都是不作为。据此，责任法上的作为概念与表示目的的、人类学上的作为概念相比，可谓相去甚远。通过行动而使事实构成实现的危险，具有决定性意义。驾驶刹车有缺陷的车辆，与抽取伪劣注射剂给病人注射，或是制作不准确的资产负债表等行为，在性质上完全一样，均系责任法上的作为。

三、不作为

1. 不作为的表现形式

乍看上去，不作为构成了作为的对立面。但是，二者之间不仅仅是不做

（Untätigkeit）与做（Tätigkeit）的简单对立。它们之间的差异超越了事实层面（Tatsächlichkeit），而延伸至价值领域。某人什么也没做，把手放在膝盖上或是把车放置于车库，这些都不会对他人构成任何危险。但是，当某人做了他应该做的之外的事情，相对于他应该做的那些而言，他仍然是在不作为。例如，不可以将手放在膝盖上，而忽视了安全。再如，虽然他本应当确保其将要倾塌之屋顶的安全，但他仍然外出旅行。

2. 不作为与作为的同等地位

38　　作为人（Handelnde）是引起了针对法益的危险，而不作为人（Unterlassende）则是没有防范针对法益的危险。危险可能源于自然，也可能源自第三人。前者如雪崩殃及道路，后者如幼童在街道上奔跑。最后，危险也可能系当下不作为人在先前所引起，例如他挖了一个深坑却没有随后将其填盖。

　　不作为并非总是或并非原则上与作为受到同等对待。在作为场合，我们认为：如果作为人为了谋求自身利益，并因此给第三人造成了危险，则可能一开始就要承担责任。不作为的情形则有所不同。某人完全没有做或是做了某些不危险的事，只有当他违反了作为义务时，才因不作为而承担责任。

　　在此，私法上的作为义务并非必须是法律义务（Rechtspflicht）。而刑法上的不作为之所以有法律义务的要求，是因为宪法规定了刑罚的确定性原则，所以仅当存在法律义务时，不作为才和作为同等对待。而在私法上，只要业已存在旨在预防结果的（Erfolgsabwendung）法律的或近似于法律的伦理义务，即为已足。首先，作为义务可能在一般的规范或特别的规范（如行业法 Standesrecht）① 中列出，或基于某种身份（Status）——如父母对孩子、雇主对雇工而产生。作为义务还可能产生于危险担保（Gefahrsicherung），这常被称为担保人地位（Garantenstellung），尽管这里并不涉及任何保证（Garantie）。此类义务之渊源有成文法、习惯法、职业共同体法、德国工业标准规范（DIN-Normen）、合同或者某种信赖关系。当某人没有和受害人在一起时，合同也可以成为前者具有侵权法上担保人地位的基础（BGH NJW 2000, 2741：因分派值守的住院医生不在场，婴儿分娩过程中由于呼吸迟滞以致大脑受损）。决定性的是，交往（Verkehr）设定了作为义务。

39　　这种所谓的先前行为（vorangegangen Tun）或先前危险行为（Ingerenz）而产生的义务——这一义务也为担保人地位提供了正当性理据，带来了一个难题。这个难题由过错关联（Verschuldenszusammenhang）而引发。某人先前实施了一项作为

---

　　① 即某职业共同体的法，该行业自负其责地行使国家赋予的自治权，这首先涉及自由职业的法律，如医生、律师等。法律对该领域只作原则性规定，基本上该领域都是涉及习惯法（如行业规则）。行业法主要由该行业设立的名誉法庭执行。原则上每个公法上的行业实体（如律师公会、专利律师公会、税务师公会、医生公会、牙医公会、兽医公会、工商业公会、手工业公会等）都会设立该型法庭。从法律上看，被委托的自治是国家行为。——译者注

（Handlung），该作为看上去导致损害（schadensträchtig）；当该行为之于随后的侵害（Verletzung）显得有责（schuldhaft）时，则行为人须承担责任。唯当行为和侵害二者之间的关联或因时间流逝不复存在，或最终不能证明时，才踏上了不作为责任的这条另外的弯道。如果某人之前制造了一项危险，那么他从现在起就有义务消除该危险。如果他不这么做，则要因其可归责的不作为而承担责任。由此，不作为成了承载先前行动与嗣后侵害之间过错关联的因素（tragendes Element）。以受挑衅而进行正当防卫为例：某人制造了受到他人攻击的某种情势，他在正当防卫中合法地侵害了攻击者；该正当防卫者有义务让该受害人接受医疗帮助。因此，当无须探究违法性关系和过错关系，因为接连引发的合法的正当防卫之情势（auslösende Situation der rechtsmäßigen Notwehr）和最终后果之间的桥梁已被击断。人们也不可忘记：就此而言，证明责任扮演了重要角色，因为在此期间的事件（Geschehen）可能是不可查明的。无论如何，应慎重地接受先前作为，因为在先前危险行为（Ingerenz）——即先前制造了一个危险的视角下，不作为人（Nichthandelnder）更容易负有责任。

3. 作为与不作为的区分

人们多次尝试对作为和不作为加以区分。但没有一种尝试是具有最终说服力 40的。在对作为和不作为区分时，显然应当注意：原则上作为的责任要比不作为的责任更加严厉，因为不作为仅当存在作为义务时才会产生责任。但这不适用于作为。当人们强调作为时，便会扩张责任；当人们在有疑义的情形认可存在不作为时，即会限缩责任。

这种区分作为和不作为的尝试，始终是在某种特定的视角下进行的，即行为（Handeln）的目的性或社交性（Sozialität）角度。对于责任法而言，在我看来，只有一个角度是有意义的，即危险的视角（Gesichtspunkt der Gefahr），它原则上贯穿于整个责任法。如果人们想避免在归类于作为抑或不作为的角度下的人为操纵，那么人们应当从责任的基本要素着手，即从危险着手。所有的行为（Verhalten），只要是增大了事实构成的实现危险，亦即制造了针对法益的危险或提高了违反规范的可能性的，都可以被看作是作为（Handlung）。所有缺乏这种属性的行为，亦即不会提高（erhöhen）事实构成实现或规范违反的现存危险，都是不作为。在此，我意识到，提高（Erhöhen）这个概念也已是一个规范性（normativ）的概念。

在这种视角下，作为和不作为对于责任法来说可以得到相对令人满意的区分。一个危险的行动（gefährdendes Vorgehen）被看成是作为。不做（Nichtstun）或者不会带来危险的行为（das nicht gefährendes Verhalten）是不作为。因而，一人驾驶一辆有刹车缺陷的机动车，是作为，因为他危及到了第三人。某人没有将其土

　　地上一个意外形成的坑洞盖上，虽然可能危及第三人，但是他并没有朝危及第三人的方向上做任何事。因此这是不作为。医生关掉了呼吸器，首先看起来既像作为也像不作为：从该行为阻碍了氧气供给的角度说，他在作为；从他不再供给氧气的角度说，他又是在不作为。实际上，他的行为危及患者的生命。如果患者应该已经死亡或者不存在任何抢救希望，那么此时或是欠缺事实构成（侵害生命）的实现，或是存在违法性阻却事由（利益衡量，例如器官移植）。在危险的视角下，医生首先是在作为。

第五章
因果关系与相当性

一、因果关系（Kausalität）：界定与适用形式

1. 原因关联（Ursachenzusammenhang）的概念

不利益（Nachteil）的任一条件都被视为原因（Heck 的观点）。自然法则 *41*
（Naturgesetz）奠定了此中的基础，对自然法则而言，事件（Vorgang）的可重复
性（Wiederholbarkeit）是决定性的。对自然科学来说，如果在同等情形下（unter
gleichbleibenden Umständen），某事件必定导致某一不利益的后果，那么这便是原
因性的（ursächlich）。因此，检测因果关系在于将实际发生过程与一系列假想的、
外在相同的事件链条（äußerlich identisch gedachte Geschehensketten）进行的比
较。为了认清真正的因果关系（wirkliche Kausalzusammenhänge），我们虚构了不
真正的因果关系（unwirkliche Kausalzusammenhänge）（Max Weber）。如果始终出
现同一个结果，那么原因性（Ursächlichkeit）就确定了。在科学理论上，人们称之
为演绎—规律（deduktiv-nomologischen）解释，简称 D—N 解释。[①]

2. 因果关系的简单检测：不可忽略的条件（nicht wegdenkbare Bedingung）

践行自然科学上的因果关系证明，代价过于昂贵。因而，在实践中，人们一般 *42*
满足于采用简化的检测。在简化的检测中，确定可重复性限于如下两个因果组
（Kausalreihe）：从第一组中我们抽出责任成立的事件，而在另一组中则保留这一事

---

① 亦称为 D—N 模型，该模型为 Carl Gustav Hempel 和 Paul Oppenheim 于 1948 年在其论文 "Studies in the
Logic of Explanation" 中提出。对于"为什么会出现该现象"这一命题，应转化为"依据哪——般性的规律和哪些一
般性的条件出现了该现象"。依据该模型，一个事件可以从一个一般规律和某些初始条件中经过演绎而得到说明，而说
明就是把事件纳入一般规律，或用一般规律覆盖这个事件，因此，被说明事件就包含在规律的条件句中。——译者注

件。在假设的抽去了责任成立事件的链条中，如果不会导致不利的后果，那么该事件即为条件（Bedingung）。我们结合这两个因果组并追问，是否该行为或侵害被忽略时，结果就不会发生（conditio sine qua non）。如果人们能够忽略某一行为或侵害，而损害同样发生，那么该行为或侵害就不是损害的原因。如果某人开枪射击，另外一人倒地，则人们应该忽略射击行为。若该人仍旧倒地，却是因为诸如心肌梗塞发作，那么该射击行为就并非原因（ursächlich）。

在不作为的场合，我们要反过来追问：是否即使作出了被期待的行为，该结果仍然会发生。这里适用的是双重否定等于肯定（duplex negatio est affirmatio）规则。

43 　　作为自然法则（Naturgesetzlichkeit）简化版本的"无此条件，则无彼后果"（condicio sine qua non）规则仅仅在因果关系的一般范围（Normalbereich）内产生作用。它对于保留原因（Reserveursache）并不适用，该保留原因取代被抽掉的原因而出现；它也不适用于心理的因果关系（psychische Kausalität）领域，在这一领域人们仅可论及期望（Erwartungen），而非确定性（Sicherheiten）。保留因果关系归因于自然法则上的联系（naturgesetzliche Verbindung）原则，而心理因果关系则是源于期望或可能性（Wahrscheinlichkeiten）。保留原因曾在士兵案件中发挥了作用。一名士兵开一辆吉普载两名战友去参加一个进修课程。该名士兵的驾车行为违背了一项驾驶指令，在该指令中他的两名战友分别被指定为司机和副驾驶（Auswechselfahrer）。由于突如其来的、不可预见的路面结冰，车辆侧翻。如果人们不加考虑士兵的驾车行为，假设他的两名战友其中一个驾驶吉普车，该车还是会倾覆。这些保留原因使得不可能以"抽掉导致责任成立的事件"的考察模式来判断因果关系。在这里，该士兵具有原因性（ursächlich），因为按照自然法则，其行为已经造成了损害（Hess VGH JZ 1966，576）。

另一起案例（BGHZ 93，351）则指出了心理过程的不确定性（Unsicherheit）：在一起汽车碰撞之后，一名孕妇的丈夫失去意识达三周。妊娠过程直到事故发生前仍然是正常的；但当时出现了疼痛，继而产下了一名脑损伤的婴儿。在此应肯定因果关系的存在，因为对其丈夫事故的焦虑可能是导致妊娠负面发展的原因。

二、因果关系的特殊表现形式

1. 不作为的原因性

44 　　在因果关系中，人们首先想到的是作为（Handeln）的影响。作为（Handlung）引起因果链条（Ursachenkette），或者对其继续推动。根据通说，不作为也能成为原因。该点符合交往观念（Verkehrsauffassung）：根据这一观念，街道上敞开的坑洞未予处理，或者对他人托付的婴儿未予照料，由此给路人带来人身损害，或是造成婴儿死亡，这些场合下，前者都被看作是后者的原因。

根据少数观点，不作为严格地说不能成为原因，因为它不会导致什么结果。但是，这样的理解是将"力的概念"（Kraftvorstellung）引入因果概念（Kausalbegriff）中来。

将不作为视为原因（ursächlich）的困难还在于：不作为人（Nichthandelnde）的范围不可预见。我们以在薄冰上跌倒的情形为例。所有人均没有在该处撒沙防滑；周围的居民本来至少有通过撒沙来避免不利后果的客观可能性。而只有个别的附近居民有这样的义务。人们只能把以下这些人的不作为看作具有原因性：他们至少存在避免不利后果的客观可能性。此外有争议的是：避免损害后果的义务是额外地构成了不作为的因果关系，抑或是仅在不作为的违法性中才对该义务进行考察。

2. 心理因果关系（Psychische Kausalität）

行为（Verhalten）是一回事，而侵害（Verletzung）或损害（Schaden）则是 *45* 另一回事，二者也可以经由人的心理而相互连接在一起。心理上的连接可能存在于行为人，也可能存在于受害人或第三人。某人怂恿他人拔枪向鸟群射击，此间有人被射中（RGZ 166，61）；在教唆者和被教唆者之间存在双重心理因果关系（doppelte psychische Kausalität）。告知一位近亲属的死讯引发了惊吓侵害（Schockverletzung）（BGHZ 93，351）；此时心理因果关系只存在于受害人一方。如果一名孩童突然闯入车道跑向一位汽车司机，该司机猛打方向盘而撞到了一堵墙上（LG Bückeburg DAR 1954，297），那么心理因果关系存在于汽车司机一方。

人们认识到，存在心理传导的因果关系。教唆的、间接的侵权（mittelbare Täterschaft）以及心理上的帮助（psychische Beihilfe），都是以上述认识为基础。不过，心理因素会导向一个独特的因果过程，因为在心理领域人们不能归因于自然法则，亦即既不能取决于同等条件下的可重复性之上，也不能取决于不予考虑的决定性条件之上。因此，人们求助于经验价值（Erfahrungswert）以及概然性（Wahrscheinlichkeit）。于是，某些时候心理因果关系的确偶尔变成了一个如此纤细薄弱的联结关系，以至于可能导致因果关系的中断（参见下文边码64）。

三、责任的原因

1. 侵害（Verletzung）的因果关系与损害（Schädigung）的因果关系

责任法的运行存在多重构成要件（mehraktige Tatbestände）。第823条第1款 *46* 规定了在过错侵害法益时的损害赔偿。其中隐藏着两种因果关系，即责任成立因果关系（haftungsbegründende Kausalität）和责任范围因果关系（haftungsaufüllende Kausalität）。行为首先必须造成了侵害：即所谓的责任成立上的因果关系。其次，侵害必须造成了损害：即所谓的损害成立上的因果关系（schadensbegründende Kausalität）或责任范围上的因果关系。两种因果关系的差异是显著的。责任成立因果关系属于责任的事实构成要件，而责任范围因果关系归属于损害。

2. 责任成立因果关系

47　　责任的第一个前提是：在可归责的行为和侵害之间存在因果关系，该侵害或为法益侵害，或为对保护性法律的侵害。责任成立因果关系属于事实构成要件，并且其本身在规范性层面受到另外两个条件即违法性和过错的限制。尤其是对于谨慎的行为（sorgfältiges Verhalten），因果性的构成要件实现（kausale Tatbestandsver-wirklichung）必须是可预见的。基于此我们在这里可以使用依据自然科学规则确立的一般性原因关联（Ursachenzusammenhang）。诸如相当性因果关系所采取的规范性限制，对于责任成立因果关系而言，既无必要又非适当。无论如何，归责的实现需要过错，而过失的范围较相当性更窄。

　　学生和实务人员经常会认为，在私法中相当因果关系始终应被适用。就责任成立因果关系而言，这并不正确，尽管这种误解可能亦属无害（unschädlich）。如果事态令人讶异地发展，诸如电火花飞溅到贵宾的讲台上并烧伤了贵宾，或者一个原本温顺的动物突然恢复了其野兽的本性，那么在这些场合下其实不存在过失。在此需要补充的是，按照一般的可预见性，即适合于对普通人的判断，这里至少意味着一种双重性（Doppelung）。学生们始终应思考，他们是否因为有了责任成立因果关系的相当性标准而使用了最好的论据，这种论据对他们来说，将在后面的过错判断时被忽略。

3. 责任范围因果关系

48　　如果某个行为造成了有因果关系的权利侵害（kausale Rechtsverletzung），则在权利侵害与损害之间还需要具有因果关系。此处所指的是责任范围因果关系。责任填补（Haftungsausfüllung）的特殊性在于，它未被并入构成要件的结构中（事实构成、违法性和过错）。责任范围因果关系虽然处于规范保护范围的保留之下，但在评价上不会被过错（Verschulden）修改。如果人们严格地对待它，那么责任人必须就受侵害者由于该侵害而实际发生的一切后果承担责任，但在实践中，也许会产生出人意料的损害。坚持一切皆须赔偿，这似乎太过分（Übermaß），且似乎是在适用一种长期以来已被抛弃的规则，即自陷禁区原则（versari in re illici-ta）。基于这一理由，在责任范围因果关系领域需要相当性因果关系。相当性在此恰恰意味着，剔除出人意料的进程，只有那些基于一个常人的预见，可被预期出现的损害，才应作为侵害后果。

4. 先在的因果关系（bevorstehende Kausalität）

如果人们把因果关系（Ursachenzusammenhang）理解成一种作用结果 *49*
（Wirkungsfolge），那么先在因果关系这种表达就似乎显得自相矛盾。不过，我们
还是以该表达来指称那些考虑到可能出现侵害而在侵害发生前所投入的费用，该投
入费用可因侵害而发生并由侵权人承担。大型运输企业（große Transportunterneh-
men）的预置成本（Vorhaltekosten）便属其例；此类企业如同城市的全部车辆一
样，一定要考虑到交通事故导致车辆不够用的情况，因此需要为此预留储备车辆。
再如德国"音乐作品表演权与机械复制权协会"（GEMA, Gesellschaft für
musikalische Aufführungs-und mechanische Vervielfältigungsrechte）维持监控机构
（Überwachungsorganisation）的运转，以便发现侵害表演权的行为。还如店家设立
抓获悬赏金（Fangprämien），来阻止商店偷窃（Ladendiebstähle）。从责任成立的
预期和责任成立的可能性的角度，如果该先在因果关系是具体实际的，则应被肯
定。对于存在多种可能性的抽象的投入费用（abstrakte Aufwendungen）并不存在
针对行为人的特定化（Individualisierung）。由于缺乏分配标准，抽象费用也不能按
照份额加以归责。一般性的防卫成本（allgemeine Abwehrkosten），例如警报装置
的设立或监控人员的雇佣，对于该因果关系而言并不足够具体。

审判实践对于作为费用归责前提的具体性要求，根据不同的案例类型采取了区
别对待的立场。因此有轨电车的预置成本（Vorhaltekosten）可按照份额转嫁给嗣
后的侵权人（BGHZ 32，280）。如果"音乐作品表演权与机械复制权协会"逮到一
名非法的音乐使用者，那么它可以请求支付双倍的音乐使用许可费（Tarifgebühr）。

联邦最高法院认为（BGHZ 59，286），对于组织监控所支出的费用无疑属于抽
象的损害（ein eindeutig abstrakter Schaden）。只有在商店偷窃场合，联邦最高法院
（BGHZ 75，230）才认为可能存在具体的费用。但唯有抓获奖金（Fangprämien），行
为人才有义务赔偿，而诸如安装远程监控摄像一类的费用，则行为人没有义务
赔偿。

四、相当因果关系

1. 等值理论（Äquivalenztheorie）

一般说来，侵害与损害发生（Schadenseintritt）有多重原因（Ursache）。原则 *50*
上，所有的原因都应当被同等对待。人们谈及等值理论，是因为人们将其作为平等
对待所有原因要素的基础。以自然科学观之，等值理论系既定的。原则上，导致效

果发生的所有原因都是同等重要的。在法学上，人们却一直尝试在归责视角下区分本质原因（wesentliche Ursache）和非本质原因。例如，在外国界分直接条件（unmittelbare Bedingung）和间接条件（mittelbare Bedingung），而在社会保险法（Sozialversicherungsrecht）和公务员事故法（Beamtenunfallrecht）上，本质条件说（Theorie der wesentlichen Bedingung）居统治地位。同时，相当因果关系强调对原因的价值性分析（wertende Heraushebung）。

2. 相当性理论（Adäquanztheorie）

51　　相当因果关系系于 19 世纪末前后由心理学家冯·克里斯（v. Kries）首先阐发的，用以限缩所谓的结果加重的犯罪构成（erfolgsqualifizierte Straftatbestände）。当时故意伤人致死，至少要判处三年徒刑（德国旧刑法典第 226 条）。按照该规定的原文，任何伤人致死的情形，即便是完全不可能的伤人致死情形都将导致刑罚加重（Strafverschärfung）；而按照相当性理论，只有当从行为人的立场观之，侵害一般倾向于引发该后果时，才导致刑罚加重。如今，结果加重（Erfolgsqualifikation）仅出现在过失的场合，现行刑法典第 18 条对此作了规定。

　　不无讽刺的是，相当因果关系学说旋即在私法中得以贯行，但在刑事法院裁判中却一直未能获得成功。私法中，相当因果关系说在如下情形获得了意义：即当纯粹的因果关系会导致巨大的意外负担（Zufallsbelastung）时，也就是那些不具有过错关联（Verschuldensnexus）的损害。

52　　相当因果关系学说确定的适用范围在于责任范围因果关系领域。如果某行为有责地、违法地导致了某项侵害，那么只有由此相当地引发的损害才当获得赔偿。存在两个相当性公式（Formel der Adäquanz）：一为积极公式，另一为消极公式。在积极公式中，以升高的可能性（erhöhte Möglichkeit）为前提条件；在消极公式中，则以降低的可能性（verringerte Möglichkeit）为排除理由（Ausschlussgrund）。对此，理论和实践有时持相对的立场：审判实践偶尔采用高度理论化的公式，而学说反而会依据一般的生活经验（allgemeine Lebenserfahrung）。所以诸如人们会读到，赔偿义务人针对由其引起的、非无过错的后果（nicht verschuldete fernere Folge）所承担的责任将于此处终结，即该后果是如此不同寻常或者如此遥远（entfernt）以至于根据人类的一般生活经验不可能虑及之（拉伦茨）。在联邦法院一则判决中（BGHZ 3, 261）如是写道，"如果某给定事实（Begebenheit）以并非无足轻重的方式（in nicht unerheblicher Weise）一般性地提高了此类后果的客观可能性（objektive Möglichkeit），那么该给定事实就是该后果的相当性条件（adäquate Bedingung）。在进一步的评价中仅需考虑如下因素：

a）给定事实发生时一个最佳观察者可知悉的一切情况；

b）条件确立者（Setzer der Bedingung）另外所知的情况。这一审查应当在援引评价时所有可供支配的经验知识的前提下进行。"（Lindenmaier 的原话）。

相当性实质上包含了一个概然性判断（Wahrscheinlichkeitsurteil）。因而这取决于：损害出现（Schadenseintritt）是因侵害而提高了该概然性的结果。简言之，行为和侵害不得因为不现实（unpraktisch）而排除该损害结果，或行为和损害不得导致该损害结果完全不可能出现。相当性是一个诊断，更准确地说是事后的诊断（nachträgliche Prognose）。作为一般的可预见性，其属于客观归责形式的一种。关于预见，涉及的是普通人的判断，异乎寻常的或者过分遥远的结果都不予考虑。

3. 相当性学说的个别效果

v. Caemmerer 业已指出，在帝国法院公开出版的判例集中否认相当因果关系的不到 10 例。即使如此，人们仍然把相当因果关系称作一个已经进入衰退中的"空白公式"（Leerformel）。如今正确的是：对于审判实践来说，通过相当因果关系而实现责任限制的可能性被高估了。然而，如果回到相当因果关系的核心——责任范围因果关系之评价限制（wertende Beschränkung），那么相当因果关系仍一如既往地发挥富有意义的功能。 53

典型的相当性存在于损害后果与侵害的发展方向一致时。如此这般，便不会出现意外（Überraschung）。下面将列举一些在司法实践中肯定和否定相当因果关系的典型事例。在帝国法院审理的一个案件中，一名男子从有轨电车下车时被一颗子弹击中手臂，该子弹原系一名警察向一个逃犯射出。该男子被送往医院，感染上了正肆行于医院的流感，并死于随流感出现的胸腔化脓（Brusthöhlenvereiterung）。此案中存在相当因果关系，因为在诊室中受害人"更易遭受现于该处的疾病所致感染的危险"（RGZ 105，264）。在帝国法院审理的另外一个案件中，一名男子在 11 年前被火车所伤而截肢。现受害人跌倒，并摔断了右侧肩胛骨。这一后续事故（Folgeunfall）也具有相当性，"因为按照一般的人类生活经验，应考虑到如下（即便不是显而易得的）可能性：原告因安装义肢具有一定的、较低的站立安全性（Standsicherheit），是以较之于他人更易严重跌跤并导致新的伤害（RGZ 119，204）"。 54

相比较而言，明确否定相当因果关系的判决殊为少见。一般说来，作为侵害后果的损害都是可预见的。若要否定相当因果关系，应涉及一个异乎寻常的因果进程（Kausalverlauf），这一因果进程要么是过分遥远的（entfernt），要么是令人讶异的（überraschend）或偏离正轨的（abweichend）。诸如在治疗伤口时的医疗缺陷（ärztliche Kunstfehler）被视为侵害的相当性后果，除非该缺陷如此严重以致它的出现未被期待。审判实践仅仅偶尔拒绝相当性。缺乏相当性的一些事例或可阐明之。如果一名女士因有轨电车而受伤，后医生手术错误地造成了子宫移位（Gebärmutterverlagerung），那么电车企业需承担该手术及后续治疗的费用。换 55

言之，人们也要对错误诊断或不正确治疗导致的损害承担责任，只要不涉及特别严重的医疗缺陷 (RG JW 13，322)。如果一名"救护医生" (Durchgangsarzt) 不正确地接合了一例手指骨折，那么在手外科的后续手术 (handchirurgische Nachoperation) 中剪断曲腱仍为相当性的后果 (adäquate Folge)。仅当 (前一手术和剪断曲腱之间) 不存在任何内在联系 (innerer Zusammenhang)，或 (剪断曲腱) 存在重大过失以致违反了所有的医疗规则和经验时，才会否定上句所论 (BGH NJW 1989，767)。单单存在一项重大医疗差错 (grober Fehler) 并不导致否定相当因果关系，或者导致因果关系的中断。更确切地说，(仅在具备如下情形之一时，后续手术才非属相当性结果) 严重违规可与第一次治疗机会不存在内在联系，以及对医疗行为提出的要求须被弃之不顾以致该损害在评价上仅应被归责于第二位医生 (OLG Köln VersR 1994，987)。然而，和事故不相关的医疗行为以及该行为的糟糕后果则被视为不具有相当性 (inadäquat)。例如如果某人因交通事故受伤而接受手术，手术中他的一个畸形物 (Anomalie) 也被切除，此举导致了患者死亡，那么交通事故仅仅是一个不具相当性的偶发原因 (Gelegenheitsursache) (BGH NJW 1957，1475)。如在治疗无破伤风嫌疑的额头伤口时附带进行了疫苗注射以预防日后感染，则对疫苗的过敏反应也不具有相当性 (BGH LM § 823 [C] Nr. 28)。

4. 相当性与规范的保护范围

56
　　相当性与规范的保护范围二者之间的关系是有争议的。根据稍前的观点，规范的保护范围不起任何作用，因果关系问题完全取决于相当性。一种较现代的观点主张，规范的保护范围代替了相当性。另一种折中的、可能也是居于支配地位的见解则同时运用相当性和规范的保护范围。笔者同意最后一种观点。相当性判断 (Adäquanzurteil) 系以经验知识 (Erfahrungswissen) 为支撑，并建立在常人 (normaler Menschen) 对损害后果 (Schadensfolgen) 的一般可预见性基础之上。相反，规范的保护范围则从立法者的特定先见 (Voraussicht) 出发，因为立法者创制某个规范目的在于阻止特定损害。所以，这涉及不同的视角。对此，相当性可能越过 (规范的) 保护范围，但也有可能居于其后。因此，通常需要检视：损害与侵害之间是否有相当因果关系，以及，损害是否属于规范的保护范围之内。一般说来，保护范围限制对相当性损害的赔偿义务 (Ersatzpflicht für adäquate Schäden)。不过，规范的保护范围也可能例外地如此宽泛，以致甚至包含了非相当性的损害。例如被窃贼侵害的所有权的保护范围就是如此：按照主流观点，民法典第848条使得窃贼对于非相当性损害也要承担责任。因而，当被盗窃并被停放在某处的汽车以不太可能的方式被毁损时，只要相同的情况本不会发生于所有权人，窃贼就必须对该损失负责。当一起碰撞事故造成非相当性的精神障碍时，因为受害人自早先孩童时起就存在神经发育不良，侵权人们需对该后果负责 (BGH VersR 1983，750)。

5. 相当性与行为规范的违反

相当因果关系涉及损害。损害通常存在于被侵害的法益之上，比如在被损害的　*57*
物上。对法益的侵害使得法益损害本身与为了消除损害而投入的费用关联起来
（naheliegend），并因此而具有相当性。不过，当涉及一个被《德国民法典》第 823
条第 2 款视为保护性法律的行为规范时，如果人们还要额外地要求相当因果关系，
则该规范的保护范围就可能会被过分限缩。因而当一名汽车司机在城市中驾车违反
"限速 50 公里"的规范并因此而伤及一名突然地、不可预见地跑到马路中的行人
时，驾车人需因为违反保护性法律而承担责任。不过，受害人的损害可能不具有相
当性，因为这一事故过程毋宁显得不太可能（unwahrscheinlich）。但是考虑到在违
反保护性法律时规范保护范围的扩张，就此相当因果关系的限制功能就不可发生效
用。只要损害属于行为规范的保护范围，亦即损害本应为限速规定所避免即可。这
是"限速 50 千米"所表达的目的所在。

6. 相当性与危险责任

长期以来，被视为确定无疑的是，在危险责任领域同样只有相当因果引发的侵　*58*
害以及如此造成的损害才能获得赔偿。不过，对基于一般生活经验来判断概然性所
产生的怀疑很快便变得高涨起来。在动物致害或机动车致害的场合，二者都取决于
一个特殊的被课以危险责任的危险。因此，实际上具有决定性意义的是：侵害和损
害是否属于因为危险责任所针对的此类危险的实现而引发的。

根据联邦最高法院的一项判决（BGHZ 79，259），今后危险责任根本不应再取
决于相当性。或许，这一判决的转向过于激进。在我看来，在危险责任的框架下也
应当区分责任成立因果关系和责任范围因果关系。在责任成立因果关系中，重要的
是，侵害是因危险责任所针对的特殊危险的实现而造成的。必须是动物的特殊危
险——例如狗咬或马踩踏——变成现实从而形成了侵害。

就危险责任中应被检验的责任范围因果关系而言，一如在过错责任的情形，此
处也需援用相当因果关系。如果侵害是由特殊危险的实现造成的，那么从这一刻
起，重要的是，损害的引发是否存在相当因果关系，以及该损害是否属于规范的保
护范围。在判断是否在相当因果关系上被引发时，我们必须再次以基于常人生活经
验的一般可预见性为准；而对于规范的保护范围的判断，危险责任的目的则具有决
定性。如果某青年所放风筝飞到电线上，并因此触及输电导线而受伤，则唯针对电
力输送的危险责任保护范围具有决定性（§2 HpflG）。反之，若是该青年遭受到一
个绝对非概然性的损害，则此时不再有相当因果关系，赔偿义务（Ersatzpflicht）
也将不复存在。

7. 受害人特殊体质与相当性因果关系

59 　　根据长期的审判实践，受害人特殊的、致使损害扩大的体质，如单薄的颅盖、玻璃骨头 (Glasknochen) 或特殊的过敏体质，具有相当性。如某人弄倒了一位骑手，该骑手因其特别单薄的骨头而罹受重大伤害，该人要对此负责。判例和通说甚至将发生几率不到十万分之一的侵害也视为具有相当性，这违背了相当因果关系的一般可预见性这一基本理念。常人不会将此类罕见的结果考虑进去；因而该结果不具有一般可预见性，所以不存在相当因果关系。然而这类结果似乎应当由行为人赔偿。按照 Kegel 的话来说就是，对受害人的同情超过了对行为人的同情。此外，人们还可以补充说：行为人一般具有保险，而受害人则很少具有保险。[①] 据此，德国法认定：规范的保护范围也包含了受害人因其特殊体质而产生的、不具有相当性的损害。因此，当身体侵害之受害人罹患特殊的皮肤病体质而由此长期不能工作，那么，即使这种特殊体质极其罕见，行为人也必须赔偿这种损害。故而规范的保护范围优先于相当性。立法者的预见 (Voraussicht) 所及要远于常人的一般可预见性。

---

① 对此可参见边码 214 末尾处。——译者注

第六章

因果关系的特殊形式：多重因果关系、因果关系中断、超越因果关系、合法的替代行为

一、多重因果关系

1. 累积因果关系（Kumulative Kausalität）

一起事件通常可以追溯至多个原因（Ursache）。可能是多人共同导致侵害或损害，而其中每个人均存在完整的因果关系（voll kausal）。这种因果关系某种程度上可能前后依次发生，例如某人提供武器，而另一人用该武器射击。但也可能是两个行为人自身均构成了可以独立导致侵害发生的条件。对此可举的事例是：两个企业向同一条河排放非常多的致害物（Schadstoffe），这导致该条河中鱼类灭绝，其中每家企业所排放的均足以造成该损害结果。在此类情形下，两个因果关系均应被完整考虑，每个行为人都具有完整的因果关系；第二个因果关系不排斥第一个因果关系。

2. 择一因果关系（Alternative Kausalität）

现实事件的发生过程可能如此地不明确，以致此人或彼人都可能造成侵害，但不清楚的是该侵害到底是由谁所造成。在帝国法院的一则案例中（RGZ 58，357），两个行为人向宴会厅内投掷摔炮（Knallerbse），一位来访者被爆炸物（Explosivkörper）伤及眼睛。两个行为人中的任何一个都可能造成了损害的原因。

选择关系（Alternativität）本身非为原因关联的问题，而是原因关联的证明问题。如果不能确定这两人当中何者造成了侵害，那么因果关系就未获证明。这些可能的择一因果关系（die alternativ möglichen Kausalitäten）看起来相互排斥。不过，制定法针对此类多个损害赔偿责任义务人（Haftpflichtiger）的情形创制了一项特殊的责任基础，即择一侵权关系（Alternativtäterschaft）：如果不能确定多人之中何者造成了损害，那么所有的人作为连带债务人承担责任，倘若该损害是由这些人中的任一个人造成的，该人须负完全的责任（民法典第 830 条第 1 款第 2 句）。

3. 叠加性因果关系（Addierte Kausalität）

62

也可能是多个因果关系必须共同作用才能导致后果。这种所谓的叠加性因果关系非指时间上的相继出现，而是在同一时间段的共同作用（gemeinschaftliche Wirkung）。如果多人共同从仓库中盗取物品（OLG Bamberg NJW 1949，225），抑或多家工厂使得致害物排至自然环境中，且多人或多家工厂的联合作用才造成损害的，那么原则上每个行为人仅仅根据自己因果关系的份额（Anteil seiner Kausalität）承担责任。对于这种共犯（Mittäterschaft），无论是参与犯（Teilnahme），还是同时犯（Nebentäterschaft），都需要特别规制，以便产生连带债务。这些规则见于《德国民法典》第 830 条和第 840 条。

二、因果关系的中断

1. 术语与界分

63

存在于原因与结果之间的作用链条是无法中断的。所以，"因果关系中断"（Unterbrechung des Kausalzusammenhangs）这一表述无论如何都是不精确的。然而所谓的"追溯禁止"（Regressverbot）还是被认可的；据此，在因果链框架下的回溯（Zurückgehen）上施以价值限制。实际上，于此所涉的系归责视角下的责任关联（Haftungszusammenhangs）之中断；因果关系是不可能中断的。

但是，存在这样的一种因果关系的断裂（Abbruch des Ursachenzusammenhangs）。当因果链（Kausalkette）变得不再有效时，则会发生因果关系的断裂，因为因果链在结果发生前已经改变方向（umleiten）或是被彻底击断（abbrechen）。这样，某一差错（Fehler）只是静置在可能性之内，最终却没有具体实现（BGH VersR 1986，602）。如果某人给另一个人吃一份毒菜，但在毒药发生效用之前后者就死于一起交通事故，那么，以该份毒菜所生发的原因关联（Ursachenzusammenhang）就并没有达至其结果。至于该原因关联是否在责任法上有某种意义，则应从保留性因果关系或超越性因果关系（der Reseveursache bzw. der überholenden

Kausalität）的角度加以判断。但是，对于因果关系的断裂本身仍应予以重视。

2. 心理因果关系的中断（Unterbrechung der psychischen Kausalität）

责任关联中断（Unterbrechung des Haftungszusammenhangs）的起点是心理媒介的因果关系（psychisch vermittelte Kausalität）。如前所述，心理因果关系并非无足轻重，而仅是和自然法则中的因果关系有所不同而已。基于其特性，其赋予了在特别强烈的介入行为（Dazwischentreten）时对"追溯禁止"确认的可能性。此际，心理传导（psychische Vermittlung）可因受害人自身或行为人之外的其他人而发生。可能是受害人通过其行为给予该因果关系（Kausalzusammenhang）一个特别的助力（Ausrichtung），以致即使计算受害人的与有过错（第 254 条）仍不足以抵偿受害人的罪责。也可能是他人的介入行为（fremdes Dazwischentreten）在因果链条中的作用是如此重要，以致责任只能归结于该介入行为。

来自审判实践的两则案例可对责任关联中断的难题作形象的说明。在一起英国的案例中，某房屋所有权人委托一家企业伐掉其花园中的一株金合欢树。不幸的是，这棵树倒下来砸到了电话线，被扯断的金属线掉落在了街道上。一位好事的旁观者试图把金属线从街道上移走，而这时一辆超速的汽车开了过来。为了避免自己受伤，该人遂扑向街道一旁的绿化带。在此过程中，位于其脊骨内的一个肿块破裂了，他因此而瘫痪。基层法院判令委托人、企业以及机动车驾驶员承担损害赔偿责任。上诉法院驳回了针对委托人的诉请："委托人对此虽构成原因，但他不必对企业的过错承担责任，因为企业并未听从于委托人的指令"（Salsbury v. Woodland [1970] 1 Q. B. 324）。

德国联邦最高法院有一项判决涉及的是：在奥斯纳布吕克的巡逻警察（Polizeistreife）注意到一辆汽车照射牌照的灯光未完全照亮。巡警要求驾驶员停车。因驾驶员的驾照此前已被吊销，所以他担心被控制，于是驾车高速向城外驶去。巡逻车中的警察（Funkstreife）遂追捕逃逸者。在一个 S 形的弯道处，巡逻车撞上了一棵树。法院判令驾车逃逸者承担损害赔偿责任，不过也计入了警员的与有过错。按照德国联邦最高法院的观点，本案中因果性（Ursächlichkeit）并未中断，因为驾驶员的逃逸对于追捕并非全无意义，毕竟警员有权利也有义务抓捕该名驾车者（BGH JZ 1967，639）。法院认为，受害人并没有义务为避免事故而作出特别的努力。如果某位种畜饲养人遭到种畜登记合作社（Herdbuchgenossenschaft）非法除名，在当地引入了牛奶配额制度（Milchquotenregelung）① 后他因此获得较之此前更少的牛奶配额。该饲养人所遭受的加害（Schadenszufügung）并不因如下事实

---

① 1984 年，当时的欧共体（EG），为了限制各成员国的牛奶产量，设定了牛奶配额规定（Quotenregelung）。配给量的依据，亦称牛奶定额（Milchquote）或牛奶份额（Milchkontingent），是该牛奶经济年度（Milchwirtschaftsjahres）（从 1983 年 4 月 1 日至 1984 年 3 月 31 日）的牛奶发货量。——译者注

而中断，即他没有加大对种牛的投资以减少因为牛奶配额的限制而不能提高奶牛数量所带来的损失（BGH VersR 1991，126）。

然而，如受害人招致损害的意思决定（Willensentschluss）远远脱离了侵权人造成的危险状态（Gafahrenlage），且归入了自身的日常生活风险（eigenes Lebensrisiko）领域，则会导致责任关联中断。下例便是如此：某交通事故的受害人彼时更换了职业，并在比先前的职位挣得更多的地方工作了18年，现在他独立开业经营，却在经济上遭到失败（BGH VersR 1991，1293）。

3. 由作为或不作为而导致的中断

65　　通常，归责关联（Zurechnungszusammenhang）会因第三人的介入（Dazwischentreten）而发生中断，而第三人则将责任引向了自己。这一中断典型地是通过作为（Handlung）而发生的。不过，要是受害人使得责任关联（Haftungszusammenhang）中断，则不作为也可能导致归责关联的中断。在联邦最高法院的一起判决中（BGH NJW 1985，671），某孕妇在第一次堕胎因过错而失败后，拒绝进行再次堕胎，这里便出现了因果关系中断的问题。联邦最高法院对此表示否定，其理由是：由于妊娠状态的重大进展，孕妇已经具有不予配合的强大动因（beachtliche Motive）。在一则英国的案件中（Regina v. Blaue（1975，1 W. L. R. 1411））情形则不同。一名女证人Jehovas在肺部被刀刺中后拒绝接受很可能挽救其生命的需要输血的急救手术。该女子后死亡，法院判以谋杀。但该女子出人意料地不接受治疗（Nichtbehandlung）导致因果关系中断。然而，不作为已经在很大程度上将责任归结引向了自己：按照联邦最高法院的一则判决（BGH MDR 1995，268），种畜登记合作社（Herdbuchgenossenschaft）不法开除种畜饲养人，也要对该名饲养人由此缩减的牛奶配额承担责任。饲养人未增加奶牛来扩充牛群并没有中断因果关系。

4. 中断的理论与案例类型

66　　依据判例和通说，第三人或受害人故意的介入行为可能导致责任关联（Haftungszusammenhang）的中断，但动物的行为则不能（BGH VersR 1988，640：牧羊犬从汽车里跳出的行为）。不过，故意介入行为中断责任关联的另一项前提是：该介入非为先行为所激发（拉伦茨）。如果第三人的行为处于第一行为业已铺设的路线上，则存在"激发"（Herausforderung）。如果涉及第一个行为的延续，则不存在中断。依据判例，危险提高（Gefahrerhöhung）也具有作用。如果第一个行为引起了一项尤为危险的干预行为（Intervention），则这一干预行为也应当归结于第一个行为人。危险升高构成了"引起"之变体，它尤其在所谓的"追捕案件"（Verfolgungsfällen）中具有意义。

67　　审判实践业已形成了一系列责任关联中断的案例类型。如果干预者有义务实施其行为，则责任关联并不中断。如果某消防员快速地进入着火的房子并在里面受伤，则纵火者（Brandstifter）应承担责任。如果某神职人员进入一家处于隔离状态的医院——隔离因天花传染实属必需，且他自身也染上天花，则传染者要承担责任，因为该神职人员在履行一个道德义务（BGHSt 17，359）。

在追捕案件中"激发"这一特征并不特别适合。一个逃避警察的罪犯始终激发追捕。而警察通常也存在追捕的义务。但这里应当注意的是：如果对于逃跑本身法律是允许的（die an sich rechtlich zulässige Flucht），那么不得将逃跑者的责任过度提高到这样一种程度，以至于逃跑在实际上变得"不可能"。在晚近时期，有新近的一些判决中，尤其是对于如下情形，法院认为逃跑者不存在过错：逃跑者要么不知道存在该追捕（BGH MDR 1991，232），要么不必然知道可能会给追踪者造成的伤害。这尤其适用于未成年人和那些并未估计到此种情势的人（BGH NJW 1976，568）。当损害源于追捕所增加的危险状态，且此追捕风险并非与追捕目的不相称时，最近的德国联邦最高法院民事判决（BGHZ 132，164）再次认定逃跑者应承担责任。

审判实践中，有三个判决具有指导性。一名 16 岁的少女被警察带进医院检查。她从一片潮湿的草地上逃走，一名追她的警察在草地上摔倒并拉伤了肌肉。该公职机关（Dienstherr）针对该少女的诉讼被驳回。法院认为，该少女并不承担追逐者在草地上追逐所具有的正常风险（das normale Risiko）（BGH NJW 1971，1982）。一个乘车逃票者被检票员抓住，他从台阶上逃跑，检票员在追逐他的时候摔倒。该检票员针对逃票者诉讼基本上获得法院的认可。然而在心理媒介的因果关系（psychisch vermittelte Kausalität）领域，如果受害人或第三人通过自主决定加入进来，他们并非当然对所有该条件下的后果（Bedingungsfolge）承担责任。但如果追捕者碰到了因逃跑而增加的危险，亦不存在责任关联的中断（BGHZ 57，25）。在一则新近的案件中，一名消防员的社会保险人（Sozialversicherer）要求一名过失导致火灾的人承担损害赔偿责任。该消防员在完成工作后把水管卷起来的时候，崴了左脚，并造成先前业已受过伤的左上踝关节扭伤。这一诉讼遭到法院驳回，尽管受害人是由于受到纵火犯的"激发"而实施了一项自主行为；但该消防员的损害毕竟不是该危险升高的结果，虽然消防员陷入这种危险升高的状态是因为前述"激发"而导致的（BGH VersR 1993，843）。

所谓的绿化带案件（Grünstreifenfälle）构成了另一种案件类型，在此类案件中，其他的交通参与者在一起因过错导致的交通事故后并未等到事故地点清理完毕再通行，而是从绿化带上或是以损坏道路设施为代价绕行事故地点。问题是：交通事故责任人是否也要对负有等待义务者的过度行为（Exzess）承担责任。德国联邦最高法院否定其中存在责任关联，因为这些绕行事故地点的行为并没有受到激发。规范的保护范围并没有涵盖后来于自行车道和人行道上产生的损害（BGHZ 58，162）。

三、超越因果关系（保留原因）

1. 问题状态与类型

70　　　　一个原因可能已经导致某一结果，与此同时，另外一个原因却可能对该同一结果处于替补状态。于是提出这一问题：法律意义上，究竟是第一个原因，还是第二个原因，抑或是两个原因都应当被视为可归责的。本质上，这涉及真实原因和假定原因的竞合。举例来说，在一起机动车事故中，汽车的一个挡泥板受损；在去修理厂的途中，另一名司机又一次撞到了该受损的挡泥板。基于正常思维，人们认为，应当仅仅考虑发挥作用的原因。假定的原因并不真实存在，因而不应当考虑。但是，出于照顾受害人的考虑，人们也可能主张，两个"肇因者"应当作为连带债务人承担责任。也可能存在这样的情况：依据交往观念，保留原因已经对受侵害法益产生了较低的影响，例如当涉及一个尚未发作、但是存在重大隐患的疾病时。两则著名的判决让这个问题更为清晰。主导性的判例是在英格兰作出的（Baker v. Willoughby［1970］A. C. 467）：一个行人的左腿被汽车撞伤；在矫治这一损害之前，受害人在工作场所又遭到了一次抢劫，其左腿挨了一枪，导致受害人必须截肢；现在，原告不是拖着行动不便的腿，而是穿戴假肢。保险公司的理由——截肢已经吸收早先的侵害——未被法院认可。在德国联邦最高法院的一则案例（BGHZ 10，6）中，一位食糖工厂的厂长，在纳粹地区领袖（Ortsgruppenleiter）的推动下于 1944 年被免职。不过，由于该厂长作为一名纳粹老党员，无论如何也将于 1945 年被盟军除去职位，所以该厂长针对地区领袖的诉讼有关 1945 年之后的部分被法院驳回了。法院认为，对假设因果关系的考虑是必要的，因为在致害事件发生时它已经存在于受害人身上。

2. 学说与审判实践中的解决

71　　　　在学说中存在多种观点，从忽视假定因果关系直到主张连带债务；但是判例则秉持一种限制性的立场。只有在涉及因人身损害而产生的以定期金形式的持续给付时，才会考虑假设的原因。如一名烟筒清扫工（Kaminfeger）被载重汽车撞到，并由此导致关节病和坐骨神经痛，这种病虽具职业性（anlagebedingt），但却是因事故才引发的，因此原则上损害应当获得赔偿；但是，如果涉及将来的退休金请求权，则要取决于：受害人若无该事故是否也会丧失劳动能力（RGZ 169，117）。在这些所谓的职业案件（Anlagefälle）中，通过可预见的假设原因来减少损害，也具有决定性。不久前联邦最高法院对此作出的判决认为，在合法的替代行为中，只有当实施的违法行为对所指称的损害的原因性被确定时，且赔偿责任原则上因此已经存在时，假定的因果关系才被考虑（BGH NJW 2012，850）。

四、合法的替代行为

1. 类型与界分

人们援引合法的替代行为时会提出：即使该违法行为为合法时，某一损害也会 72
同样发生。这里并不是对因果关系进行质疑，而是认为：违法的加害并不严重，因
为该加害也可能合法地实现。因此，该行为的违法性被认为并不重要。

合法替代行为的案例类型有：对土地占用缺乏必要性的、但在公法上却可能的 73
行政行为；未遵守集体劳动合同（Tarifvertrag）中的等待期（Wartefrist）约定就
径自宣布罢工；没有对患者予以说明就实施手术；不是按规定期限解雇劳动者而是
非法的立刻解雇；以及公证员对提前给付不正确地予以到期确认（OGHZ 1，308；
BAG 6，321；BGH JZ 1959，773；BAG NJW 1984，2846；BGH VersR 1986，
444）。

如今，人们承认：超越性因果关系与合法的替代行为应当被明确区分。保留原 74
因将另一个可能的因果进程牵扯进来，但合法替代行为之抗辩却仅仅意味着，违法
性 是 如 此 无 足 轻 重，以 至 于 根 本 不 取 决 于 它。这 在 所 谓 的 灭 火 水 池 案
（Löschteichfall）（OGHZ 1，308）中有很明确的体现。1944 年，应一位防空负责
人之邀，一家建筑公司在一块废墟上建造了一口灭火水池（Löschteich）。不过，没
有按照《帝国征用法》（Reichsleistungsgesetz）发布官方征用令，虽然这原本是可
以轻易获得的。第二次世界大战结束后，土地所有权人请求消除水池。建筑公司提
出抗辩：倘若通过正规程序获得占用令，即为一种合法的替代行为时，同一损害还
是会发生。

2. 违法性与规范目的

无论如何，只要涉及的是一个未被遵循的、非根本性的次要形式要求，合法的 75
替代行为的抗辩就应当被认可。这种场合下，损害并不在被违反的规范的保护范围
之内。因而，当进行一种药品的临床检验时，虽没有根据《药品法》（AMG）第 40
条的规定获得必需的书面同意，但在加以阐明后获得了受测试者的口头同意，则并
不存在损害赔偿请求权。书面性仅仅用于证明目的。同样，汇票第一付款人违背约
定地填写了汇票，但承兑人在依约核对中负有同样的义务，那么其就不可对第一付
款人提出异议，就如作为出票人的一位两合公司的前股东，其应将他的名字填写在
汇票上，而非写上其公司的名称（否则该票据就不会被公司的现股东承兑——译者
根据案例补充说明）（BGH NJW 1985，1957）。

如果涉及根本性的形式要求，其情形则完全两样：这种形式的目的是促使政府机关或个人作出一个决定，或对那样一种决定产生影响。如果嫌疑人未经出示逮捕令即被拘押，那么他因不法的剥夺自由而享有请求权，即使羁押法官（Haftrichter）正常情况下也会对该嫌疑人签发逮捕令（Österr. OGH JBI 1982，259）。如果医生没有对患者进行说明告知，即使进行告知也本会令患者陷入"真正的决定冲突"中（BGH NJW 1984，1394），那么，患者还是拥有损害赔偿请求权，因为患者应当进行这方面的考虑。因而，不宜以合法的替代行为这种抗辩来排除程序保障和自由决定的空间。如果程序和决策空间没有得到保障，那么由此产生的损害典型地应当归结于侵权人。

3. 证明责任与法律后果

76 　合法替代行为的问题经常被从实体法上转移到程序法上。审判实践有时原则上认可通过合法替代行为而免责的可能性，但主张者要承担证明责任。一般说来，主张者无法对此进行证明，因而这涉及"恶魔式的证明（probatio diabolica）"。相反，在教义学上，恰当的做法是，将合法替代行为视为规范保护范围的问题，并且将其限定于次要的形式要求。当然，在此范围内主张者要承担证明责任，因为这涉及一个抗辩。

　如果合法替代行为的抗辩得以贯行，那么根据司法实践，不存在损害也就不存在损害赔偿请求权。这里适用的是全有或全无原则（Alles-oder-Nichts-Prinzip）。因此，如下模式当然不会被考虑：由于程序保障和自由决定空间应当被保障，所以该抗辩有时可部分地实施。该种情形下，赔偿请求权应当被酌减。但是，此点尚未获得审判实践的认可。

第七章

违法性

一、起源与立法史

1. 发展

违法性这一德国法系特有的概念，由耶林（Jhering）于1867年所创造。以物 *77* 的所有权人针对物的善意无权占有人的请求权，以及从被盗窃者对盗窃者的请求权为例，耶林提出了两类违法性的区分，分别被其称为客观违法性和主观违法性。

2.《德国民法典》立法材料中的违法性

立法预备委员会已经将违法性作为先定的结构性概念（vorgegebener Struktur- *78* begriff）来使用。第一委员会业已区分了三类违法性，即违反绝对禁止性法律的行为、侵犯他人绝对权的行为以及违反善良风俗的行为。从这一前提出发产生了侵权法三个基本构成要件的区分（法益侵害、保护性法律的违反以及悖俗行为）。

二、违法性的定义与渊源

1. 概念确定

违法性似乎是与法（Recht）相对立的东西。这个定义几乎是同义反复，不过， *79* 也仅仅是"几乎"，因为它并没有说，此处涉及的是违反客观的法还是主观的权利。因此，首先如果某一规范旨在禁止特定时间、空间以及对象的（räumlich-zeitlich-gegenständliches）行为，则违反这一规范的行为具有违法性，例如违反最高车速限制，或者在禁行地点行车等。同样，侵害一项为享有者之利益而归属于他的主观权利，也是违法行为，例如侵犯专利或是损坏某物。最后，某一因其主观败俗特征而为法秩序所禁止的行为也表现有违法性，例如在明知上述情境而实施的强迫行为（nötigendes Verhalten）或悖俗行为。

2. 违法性的法源

80　　具有违法性的首先是为制定法宣明为违法性的，例如《德国民法典》第 858 条第 1 款中所禁止的私力。其次，一个规范可以明确地命令或禁止某一指定的行为，如《德国民法典》第 909 条关于禁止深挖土地的禁令，或是《道路交通管理法》（StVO）第 5 条关于左侧超车的要求。另外一个辨识手段是规定于《德国民法典》第 823 条第 1 条的侵权责任构成要件中的违法行为要件。当违法的侵害身体被课以损害赔偿义务时，则侵害身体就被间接地否定。由于某种结果不能被禁止，所以可导致那种结果的人的过度危险行为不被允许。

三、违法性的类型

1. 违法性的客体

81　　法秩序指向人。命令和禁令涉及的是人的行为。因此，可能构成违法的只有人的行为，而不是某个结果或某个自然状态，甚至也不是危险的蜜蜂飞行（Bienenflug）（不同意见：BGHZ 117，110）。一场暴雨，一次交通事故或是一只青肿的眼睛都不具有违法性。但导致此结果或状态的行为，或对其未作出反应的行为却可能是违法的。因此，不仅仅碾轧他人的行为是违法的，而且容忍一个危险状态——例如人们可能跌入的道路上的坑洞，同样是违法的。

2. 结果不法

82　　一个行为可能因其导致损害后果而具有违法性。超速驾车或是未遮盖道路上的坑洞都可能导致身体损害。违法的不是身体损害，而是在此之前存在的危险行为，这种行为或者是作为，或者是不作为。应予以正确指出的是，并非每个与损害结果有关的因果关联都应被判定为具有违法性。与此对立的观点或许意味着：人们似乎需将远在致害行为前产生的事件，例如对于涉事汽车的制造，亦视作是违法的。为了从一开始就撇除过分遥远的行为，晚近的学说已经转为在功能上对结果不法加以限制。据此，如果侵犯是直接和迫在眉睫的，且对于侵犯允许采取正当防卫或实施其他司法上的防卫措施（gerichtliche Abwehrmaßnahmen），那么该侵犯是不法的。此外，仅当未遵守最高谨慎时，远隔的或间接的侵犯才是违法的。如果一辆汽车制造上存在刹车缺陷，或者一名武器商向一个有名的耍刀混混出售了一柄制动刀

(feststellbares Messer)，如果嗣后刹车不灵造成事故或者那把刀被用于扎人时，则制造者和武器商的行为违法。但是始终要注意的是，不是结果，而是危险行为经受违法性的判断。

3. 行为不法

即使不存在对法益的危害，如果某个作为或不作为违反了行为规范，则其同样 *83* 违法。如果法律规定，某人应当作为或不作为，那么相反行为（Zuwiderhandeln）即具有不法性。此时，违反法规范（Widerspruch zur Rechtsordnung）系直接得出的。如果某人在城中驾车时速超过 50 公里，或某人在禁停处停车，或某人右侧超车或是无证驾驶，那么，其行为自动违法。与一些观点正相反，在此并不需要行为人对该规范或其违反有所认识或有认识可能性。行为不法性不涉及任何主观性的要求。有主观性的要求则意味着行为不法性的认定门槛抬高。以通行优先指示牌被家具搬运车遮挡的情形为例，如一名外地人驶入十字路口，没能看见该指示牌，但是该指示牌对其仍然有效。虽然人们会辩解说，只有当人们知道或者至少能够知道规范在适用时，才受到规范的拘束。然而，这一观点并未充分考虑到：违法性的判断同样具有利于第三人的效用。有优先行驶权者合法的行为；而等候义务者倘因不知其等候义务而驶入十字路口，则属违法行为；这是信赖原则对于违法性之影响的结果。

4. 主观色彩的违法性

违法性在狭窄的范围内也可显现主观要素。这样，只有当行为或故意或过失地 *84* 发生，或在明知或应知构成违法性的情境时发生，该行为才是违法的。适用这一标准的例子诸如：（意思表示）因违法胁迫而撤销，对于悖俗行为的损害赔偿以及善意取得。尽管如此，主观色彩的违法性终究属于例外。正如在联邦最高法院的一则判决（BGHZ 25，217）中，银行经理在提示汇票倒卖人（Wechselreiters）① 的妻子其丈夫的行为具有刑事可罚性后，建议该妻子为此汇票签署担保声明，法院就聚焦于：该银行经理是否应当知道其自身行为具有违法性。在因违法胁迫而撤销（第123条）中，应知（Kennenmüssen）是违法性的前提。

5. 各违法性之间的相互关系

结果违法、行为违法以及主观色彩违法相互并存。它们并不彼此排斥。若只承 *85* 认结果违法性或行为违法性——偶见于学说中，则是片面的。该例可予证明：某机动车驾驶员超速驶近十字路口，并酿成交通事故，其行为在多重意义上违法：其

---

① Wechselreiterei 意指两人或多人之间，以通融汇票的方式交换和出卖汇票，常用以骗钱。——译者注

一，其超速驾车违反了诸如市内时速50公里的行为规范；其二，从对具体法益的危险这一角度来看，危险接近他人机动车也是违法的。倘若其中一种违法性不成立，另一种不法性仍存在。

在联邦最高法院一则案例（BGH LM WaldschutzVO Nr. 1）中即是如此：一个农民在其农田里焚烧杂草。大火蔓延到了距离焚烧点115米至160米的一片树林。州高等法院否定成立责任，因为《森林保护法》（WaldschutzVO）关于最小100米的距离已获遵循。但联邦最高法院根据《德国民法典》第823条第1款的规定判定该农民过失侵害所有权。其判决理由是：即便那样的行为符合《森林保护法》禁止在距离森林100米内使用明火之规定，对所有权的侵犯也可能是违法的。

四、违法性与行为理论

1. 作为的违法性

86   作为可因其危及法益，或违反行为规范，或其主观色彩而具有违法性。其作为人的积极主动性的表达，作为也可以从三个不同角度获得否定的评价（negativ qualifiziert）。作为概念适用于所有违法性的类型。

2. 不作为的违法性

87   不作为在民法上具有重要作用。交往安全义务的领域甚至被其所主宰。一般认为，不作为只有在违反行为的义务时（Pflicht zum Tun）才构成不法。据此，对于不作为仅适用行为违法性。这一点常常被信奉"仅存在作为违法性"之学者引作其学说论据，但这点非为其他，恰恰表明：不作为在消极评价中承受特别的要求。

3. 状态违法性

88   结果以及状态，本身是不可能违法的。不过，在审判实践中，由状态导出的行为违法性也扮演了重要角色。危险状态产生消除危险的义务。这不仅适用于未盖上地下窖（Kellerloch）顶盖之人，也同样适用于善意地提出虚假而具侵害性主张之人，对于这一主张他在表述时可能基于维护正当利益（Wahrnehmung berechtigter Interessen）（BGH JZ 1960，701）。二人均负有消除上述状态之义务。不过应予坚持的是：能具有违法性的只能是维系状态的行为（das zustandserhaltende Verhalten），而非状态本身。

五、违法性判断的内容

89   违法性在内容上可表达出不同的意义：它可以被理解为对行为的评价，或可被理解为正确行为的要求，还可以被理解为价值中立的宣示（wertneutrale Deklara-tion）。鉴于违法性跨度（之广），不适宜在违法性中仅仅看到对合乎事理的（sachgemäßes Verhalten）或合乎规范的行为之确定。当人们将违法性视为中性的宣示时，违法性同样未被正确地理解。实际上，它涉及一种消极性评价，但是这一评价在价值理论上不仅包括人的无价值（Personunwert），也包括物的无价值（Sachenwert）。因此，消极性评价并不近乎指责（Vorwurf），而是近乎因致害而降低评价（Abwertung wegen Schädlichkeit）。联邦最高法院一则判决（BGHZ 24，26）中有句话说道：不可以将一个充分考虑交往秩序要求和禁令的交往行为加之以违法性上的消极的价值评断。这句话并没有考虑物的无价值的可能性。

六、证明责任

违法性是侵权责任请求权的前提之一。如果对违法性的有无存有争议，原则上应由提出请求权的一方对违法性加以证明。不过，在不少情形中事实构成要件符合性与违法性如此接近，以致"无违法性（Nicht-Rechtswidrigkeit）"的证明责任由侵权人承担。此时我们称之为违法阻却事由（Rechtfertigungsgrund）：侵害他人者必须要证明，他拥有一项诸如正当防卫、维护正当利益之抗辩事由。在联邦最高法院一则著名的判决（BGHZ 24，21）中也涉及证明责任：一名乘客在想要登上机动车的后登车踏板时，落入开动的有轨电车车身下面。该乘客受伤严重。本案无从查明的是：当乘务员发出开车信号时，他是否已经开始上车；或者他是否在此之后才登踏板。在第一种情形中，乘务员的行为违反了规范，因为只要乘客还在上车，他就不得打铃示意开车。相反，在第二种情形构造中，乘务员正确地作出了发车信号的行为。原告请求铁路公司支付痛苦抚慰金。根据《德国民法典》第 831 条，该请求权取决于列车员违法造成原告的损害。唯在此之后才出现过错推定。州高等法院作出对轨交公司不利的判决，因为其雇员造成了乘客身体上的损害。德国联邦最高法院大民事庭确认了这项判决。联邦最高法院认为：虽然在轨道交通中按规定行为的人的行为并未违法，但此处涉及一项针对侵害的违法阻却事由，对此铁路公司承担证明责任。而在本案中，铁路公司并没有完成该证明责任。

90

第八章 ▶
违法阻却事由

一、违法性与违法阻却事由

1. 原则

91　　违法阻却事由是对暂时认定的违法性（vorläufig angenommene Rechtswid-rigkeit）的反驳。如果某一个行为既没有违反某个规范，也未侵犯他人利益，则既不构成违法，也谈不上有违法阻却事由。它就是一个单纯的合法（rechtmäßig）行为。而违法阻却事由是法律所认可的、针对假定违法性的一个特殊的例外。

　　从逻辑上说，违法性与违法阻却事由的关系就是原则与例外的关系。对于例外存在两种构造形式：一是因更为特殊而成为例外，一是因更为具体而例外。对于违法阻却事由来说亦无外乎这两种形式。要么违法阻却事由表现为违法性的一种更为特殊的情况，即违法阻却事由使得违法性的抽象性变成了其对立面。要么违法阻却事由将暂时的违法性判断变得更加具体，从而使得行为的合法性得到证明。

2. 违法性诸类型下的违法阻却事由

92　　所有形式的违法性均可能存在违法阻却事由。不过，它经常适用于结果不法的场合。其原因在于：结果不法性的判定尤其表现出暂时性，因而显得可推翻。然而，行为不法性也可能有违法阻却事由的存在。一位医生超速驾车，是为了抢救垂危病人，此时，其行为有一种特殊的例外理由（OLG Hamm NJW 1972，1530）。尽管如此，其他交通参与者不能因此而罹受危险（BayObLG VersR 1991，1160）。

　　最后，在某些少见的情形下，主观色彩的行为也可能是合法的。对此人们想到，为了维护正当利益的情形而发表看法来作出一个悖俗的行为，诸如在诉讼中证明材料不连贯时故意提出错误的主张。维护正当利益在两项制定法中被提及：《德国刑法典》第 193 条以及《德国民法典》第 824 条第 2 款。因此应确立如下论点：违法阻却事由涉及一切类型的违法性，即结果违法性、行为违法性以及主观色彩的违法性。

3. 证明责任

违法阻却事由是一项抗辩（Einwendung），因而主张它的人应承担证明责任。 **93** 原则上，应当由行为人负担违法阻却事由之前提条件的证明责任（BGHZ 24，21）。如果侵犯所有权的人主张存在占有人的同意，则侵扰人应证明之（OG Zürich BlfZürRspr 85，234）。然尘世残余仍留待承担。① 如果人们在违法阻却事由场合始终循着从侵害到行为的路径，则会遇有疑虑。一个很好的例子是正当防卫。给他人造成最严重侵害的人通常被要求承担责任。此时，加害人应当证明其防卫的实际背景，即存在正当防卫（Notwehrlage）等情形。

然而，如果不清楚是谁对行为人发动了攻击，那么总是让实施最严重侵害的行为人承担正当防卫的证明责任并不容易让人信服。此时，行为人并非要回顾侵害（是谁造成的），而是要预防自身遭受损害。

同样，在具体的违法阻却事由领域，例如利益衡量中，双方的陈述相互交织，因而并非由一方当事人承担全部的证明责任。主张利益衡量之人，例如对侵犯他人所有权或进行器官移植进行抗辩的人，只需要阐述他可以获得的事实基础。对方同样需要持某种立场。实体层面的公平规则阻止了在程序法上的严法规则（strengrechtliche Regelung）。②

4. 违法阻却事由对其他法领域的延展效力

如果说违法阻却事由表示的是对假定违法性的反驳，那么，在诸如民法之类的 **94** 法域中规定的违法阻却事由应会波及诸如刑法之类的其他法域。法秩序的统一看似需要这种延展效力（übergreifende Wirkung）。但是，法秩序的统一并非全部统一。相反，违法阻却事由的这种延展效力毋宁取决于：某一行为是否特别地受到法秩序的支持。如果涉及一项义务或是如此强大的权限，以至于立法者已经明确将其创设为违法阻却事由，诸如正当防卫或紧急避险，那么它们就会延展到其他法域，如从刑法进入私法。但如果只涉及一种法律上未完全创设的权限，那么，它一般只在其自身法域被遵行。

如果某人未获行政许可，仅经所有权人同意而在其土地上建造，其行为违法但

---

① 原句本为歌德所写《浮士德》，此处用以表示举证人要承担举证不能时的责任。——译者注

② 严法（strenges Recht，拉丁文：ius strictum）即"客观意义上的法"，绝大多数是法规的形式，为明确的事实规定特定的法律后果，在适用时并不考虑具体且特殊个案中的特殊事实，没有衡平规则，又称为"强制法（zwingendes Recht，拉丁文：ius cogens）"，但是强制法可以事先规定衡平规则，比如《德国民法典》第 319 条。——译者注

同时具有正当性：所缺乏的建设局的许可以及所有人的同意其各自效力并不进入另一法领域。如果某位老师在父母同意的情形下对孩子施加体罚（züchtigen），其行为在公法上是违法的，因为老师的体罚权并未获得法律承认；其行为在民法上同样是违法的，因为父母没有可移转于老师的体罚权（《德国民法典》第1631条第2款）。

二、防卫权

1. 正当防卫

95　　罗马法已经承认如下原则：以暴抗暴是被允许的（Vim vi repellere licet）。依据《德国民法典》第227条第2款，正当防卫被界定为"为使自己或他人免于遭受现时的不法攻击而有必要进行的防卫"。如果对法益的具体危害很快就要产生，或者侵害已经产生而尚未结束时，正当防卫情形（Notwehrlage）便已存在。除此之外则不可实施。防卫措施（Notwehrreaktion）存在于一种排除或降低危害的反制措施中。防卫措施必须适当。

　　因此人们不得在无烟车厢（Nichtraucherabteil）殴打吸烟者（LG Berlin NJW 1978，2243）；在其他房客遭受危险时，旅店主应当放弃使用枪支（BGH VersR 1978，1020）。因而，正当防卫应当被客观界定；防卫同样要在客观上据其性质（Eignung）加以判定。对于被挑衅的攻击（provozierter Angriff）、不成比例的防卫（unverhältnismäßige Abwehr）、假想防卫（Putativnotwehr）以及防卫过当（Notwehrexzess）等问题在法律规定上并未涉及。

96　　对被（挑衅）引发的攻击（hervorgerufener Angriff）进行正当防卫，仍然是违法的。尽管如此，责任可能由于缺乏过错而被排除。不成比例的防卫，例如杀害仅仅侵犯被侵权人的所有权而未侵及其人身或人格的人，原则上是不被允许的。人格利益优先于财产利益。不过，当防卫者的人格同时受到危及时，例如在抢劫未遂（versuchter Raub）的情形，人格利益优先于财产利益则并不适用。因此当抢劫者试图从受害人处夺取其手表时，受害人就可以一种可能伤害抢劫者性命的方式来实施防卫。假想防卫涉及过错领域。某人假想了一种正当防卫的情境，但实际上并不存在，则其应承担责任，除非其不存在任何过失（BGH VersR 1987，1133）。将夜间攀窗入屋的租客当做入室窃贼（Einbrecher）来防卫，行为人必须要解释他不存在过错。防卫过当，即超出防卫的边界，同样很少是正当的。不过，防卫者偶尔还是可以被原谅的。但其前提是：超越适度的行为不存在过错。对于侵犯反应过度之人，有时可以不承担责任。被入室窃贼突然吓蒙了的人，可能想不到自己的力量，而抽枪射击。这一行为不具有正当性，但是可以被原谅。

　　也可以为国家利益而实施正当防卫（RGZ 117，138）；但是此时如由私人实施正当防卫则仅当获保护的个人利益受到侵犯时方可，所以面对在火车站书店里兜售色情读物的行为，私人不可以为国家利益而实施正当防卫（BGHZ 64，178）。

2. 防御性紧急避险

根据《德国民法典》第 228 条，在防御性紧急避险下损害他人之物的人，其行为合法。紧急避险情形（Notstandslage）的前提要件是：危险源自该物本身，例如野兽将要咬人或者树木将要倾倒。从而，被允许的避险行为是：毁灭或损坏具有威胁性之物。除此之外，其前提是：预期的损害要非与危险不成比例。因此，倘若一条狗十分贵重，而受其危害的猫却很廉价，则不产生违法阻却事由。就此而言也存在一个针对挑衅（Provokation）的特别规定：依据《德国民法典》第 228 条第 2 句，对紧急避险情形的产生有过错的人，负有赔偿义务。因此，挑逗动物，然后紧急避险中杀死该动物者，须支付损害赔偿金。 97

三、侵犯的义务或权利

1. 侵犯义务

侵犯义务（Eingriffspflicht）一般而言具有公法性质。它使得警察或行政部门有权拘捕（Festnahme）或进行保全（Sicherstellung）。公法义务大多数会被精确规定，故而优先于私法上的权利（privatrechtliche Berechtigungen）；更准确地说，它为侵入私的权利地位（private Rechtsstellung）提供正当性。在法兰克福高等法院作出的一则判决（OLG Frankfurt/M. NJW 2000，875；m. Bespr. Spickhoff NJW 2000，848）中，一位不理性的艾滋病患者，给其生活伴侣带来了危险，医生面对这位生活伴侣，违反了沉默义务，告知了相关病患信息；违反沉默义务是否构成一种（医生的）义务，以及依据《德国刑法典》第 34 条其是否存在违法阻却事由，这些问题引发了讨论。 98

2. 进攻性紧急避险

《德国民法典》第 904 条允许牺牲所有权人较低价值的法益来拯救较高价值的法益。这再次以利益衡量为前提，即被拯救的法益要显得具有明显更高的价值。因此，人们可以物为代价拯救生命或健康；以及以廉价之物为代价来获得特别昂贵之物。遭遇暴风雨的旅者可以强入他人茅屋，为灭火之目的可以使用他人之水。不过，在进攻性紧急避险中为抢救较高价值之法益的人，负有义务补偿被放弃的利益。 99

3. 自助

100　　根据《德国民法典》第 229 条，当自力行为者（der Eigenmächtige）拥有一项司法上可实现的私法请求权，但又不能及时获得官方救济时，就存在自助情形（Selbsthilfelage）。如若没有即刻介入（sofortiges Eingreifen），随即必将存在如下危险：请求权的实现会受阻或者从根本上变得困难。此例诸如：吃白食者远遁的危险，或者给他人造成身体损害的债务人将要退隐国外的危险。自助措施包括扣留某人或拿走某物。因此停车场（Parkplatz）的承租人可以让人拖走擅自停放的车辆，但不得扣留该车（OG Zuerich BlfZürRspr 85，235）。

　　此外，自助者应当立即申请相应的国家行为（staatliche Akt），例如扣押（Arrest）。根据《德国民法典》第 231 条，无论如何，误以为存在自助状态的行为人须承担责任。

4. 维护正当利益

101　　对正当利益的维护明确规定在三部制定法中：即《德国刑法典》第 193 条、《德国民法典》第 824 条第 2 款以及《反不正当竞争法》第 4 条第 8 项。其出发点是名誉保护与人格权：不真实的、贬损性的断言是被允许的，如果它是在"争吵的激动状态下"（im Eifer des Gefechts）被提出，或者并非没有任何理由地被提出。但是人们必须是在追求自身获承认的利益，例如对指责加以辩解，或者作为大众媒体进行报道。另外，主观因素也很重要，因为被许可性取决于业已履行了充分的调查义务。未经核实，人们不得作出有损他人名誉的判断性言论。这里涉及的是一种主观色彩的违法阻却事由，亦即，调查义务在相当大的程度上支配着这种形式的违法阻却事由。

102　　有争议的是，维护正当利益是否已经排除了事实构成、违法性，直至过错。对于这一归类具有决定性的是：维护正当利益涉及何种事实构成。违反保护性法律（《德国民法典》第 823 条第 2 款、《德国刑法典》第 185、186 条）的侮辱（Beleidigung）以及侵害特别人格权可当作被界定的构成要件来考虑。相反，（未被界定的）一般人格权也可能被提及。如果维护正当利益在判断违法性是否成立时没有被运用过，则可用来排除违法性。通常，在事实构成层面适用维护正当利益的空间十分狭小；在过错层面只有那些追求自身正当利益的人才被保护，而发挥共同作用的第三人则不被保护。因此，如以前一样，将维护正当利益主要视为违法阻却事由是恰当的。

5. 同意

103　　同意是一项违法阻却事由：volenti non fit iniuria（经由同意则不是违法）。同意仅仅对那些可由法益持有者支配之法益的侵害发生效力。这里仅涉及私法益。例如所有权，或者（受到受限制的）医疗手术时的身体完整权。《德国刑法典》第 228

条同样为私法划出了一条重要界限：违背善良风俗的同意是不生效的，例如，没有医学适应证时的拔牙（BGH NJW1978，1206）。

尤其有问题的是私法益与公法上利益交错时的同意。这种情况下，只有当私法益更重要时，同意才可作为违法阻却事由。医生沉默义务的免除是其适例。患者对其陈述的私密有重要的人格利益。医生职业（Ärztestand）总体上对于保密同样存在利益，但这一利益是第二位的。 *104*

仅当同意指向法益侵害时，它才发挥正当化的效力；如果同意不针对法益侵害的行为则不生抗辩之效力（BGH NJW-RR 1995，857：玩相互碰撞入水游戏的青年人）。责任法上一个独立的案例类型是参加体育比赛，对此适用旨在保护运动员身体不受伤害设置的约束性规则。 *105*

同意的范围很广，从专利法上的单纯许可，到父母同意孩子去参加医学临床试验中的检查试验小组（Kontrollgruppe）。同意不是法律行为，因为它没有表述任何指向某个法律效果的意思表达（Willensäußerung）。它毋宁仅仅指一种简单的法律行动（Rechtshandlung），对其并不适用法律行为的特别要件；否则人们必须通过解释或者目的论限缩的方式，将那些总论中生效、无效或消灭效力的特别规则人为地变得不可适用。因欺诈或胁迫而发出的同意不生效力。简单的错误并不妨害其自愿性（BGH NJW 1964，1777）。 *106*

四、具体违法阻却事由

1. 利益衡量

结果不法只在利益衡量并不偏离方向的范围内承担对权利和利益的保护。利益衡量的出发点始终是法益和利益的冲突。当对立的法益和利益相互权衡时，更高价值的法益胜出。生命和健康超越财产价值，例如物。在同等价值的法益场合，利益衡量不起作用：不同人的生命和健康是同等价值的。因此，人们不可以强拉拒绝献血之人为一个生命垂危之人献血。 *107*

当利益衡量介入时，那么在私法中牺牲（Aufoperung）的视角下，对失利的一方通常负有补偿的责任。也就是说，利益衡量并非实现了终极效力：虽然较低价值的利益退居其次，但较低价值利益财产之拥有者却享有一项继续拥有其财产的请求权。基于这一理由，因私法上的牺牲存在一项补偿请求权（Ausgleichsanspruch）。例如，立法者在《德国民法典》第904条第2句规定了这一请求权。

2. 一般性的紧急避险

一般性的紧急避险对行为不法性中的利益衡量进行补充。行为规范一开始仅适 *108*

用于立法预先规定的情形。对于异常的状态，行为命令仅仅是有条件地适用。在危险状态下，命令（Gebot）可能退居其次，或是转至其反面。如果医生为救治心肌梗塞患者而在路上超速度行驶，那么其行为没有不法地违反公法上的规范。又如，当别的机动车从对面驶来，则此车不得不在左侧行车来代替右侧行车。制药企业在某个研究项目中为降低儿童洗涤剂中毒的数量，直接向儿科医生免费派送药品，这一派送行为实际上有利于照顾健康；而通过实行药店垄断的药店生存保护命令应退居其次，这一生存保护同样十分抽象地服务于健康保护（vgl. BGH NJW 2000，864 - Giftnotruf-Box）。对于一般紧急避险而言，适用如下规则：事急不认命令（Not kennt kein Gebot）。

3. 社会相当性（Sozialadäquanz）

109

　　如下的行为具有社会相当性，即"完全在历史中形成的共同体（Gemeinschaftswesen）的社会伦理秩序中运行，且被其所许可"的行为（韦策尔（Welzel）语）。直到今天，社会相当性的定位还不确定，存有疑问。人们不仅否定了社会相当性行为的构成要件符合性（Tatbestandsmäßigkeit），同时也否定了社会相当性行为的违法性。

　　在民法中，若干成型的社会相当性，按其重要性位阶（Stellenwert）分别获得了认可或否定。与注意（Sorgfalt）和行为合规性（Verhaltensnormmäßigkeit）相关的社会相当性不应被承认。存在下列已被承认的社会相当性：

　　——微不足道：Minima non curat praetor（法官不过问鸡毛蒜皮之事）。极微小的妨害在法律上是无足轻重的。社会认可的交通工具（如有轨电车或飞机）在行动自由上的限制，并不会被视为对自由的剥夺。对汽车细微的刮痕，职业司机（Chauffeur）无须对雇主承担赔偿之责（ArbeitsG Zürich BlfZürRspr 88，175）。

　　——习俗或传统：对他人微不足道的妨害，例如偷取五月树（Maibaum）[①]，或是在除夕夜（Sylversternacht）燃放焰火而扰及午夜安宁（Nachtruhe）（BGH VersR 1985，1093），均为交往观点（Verkehrsanschauung）所接纳。它们应属合法。

　　——法治国的程序：启动一项旨在保障法治国而构造的司法或行政程序，原则上体现了一种社会相当性，并不违法。长期地、故意地追诉（Verfolgung）他人是为例外，此举构成《德国民法典》第 826 条的悖俗行为。在审判实践中，主要涉及三类程序：经由报案（Strafanzeige）而启动刑事程序，直至强制公诉程序（Klage-

---

① 五月树为德国的浪漫传统：在五月开始的夜晚，年轻小伙会砍伐一棵小树装扮一新后送到心仪姑娘门前。对于此种浪漫的"违法行为"，护林员一般都会睁一只眼闭一只眼。该树会在姑娘门口放置一个月，直到 6 月 1 日的晚上小伙会过来回收。如果两情相悦，在回收日小伙会收到女方的邀请。姑娘的父亲会送上一箱啤酒，母亲会送上自制的蛋糕，而姑娘则会献上香吻。——译者注

erzwingungsverfahren），是被允许的，因为检察院和法院遵循的是法治国家上的考量（BGH NJW 1965，294）。对医生性侵犯（sexueller Missbrauch）作出指控，但该指控未被证实，则女患者无须根据《德国民法典》第 823 条第 2 款、《德国刑法典》第 186 条承担损害赔偿责任（BverfG NJW 1987，1929）。申请破产程序同样很少具有违法性，因为法院构成了一道针对不合法申请的法治国家上的屏障（BGHZ 36，18）。同样，不存在因不正当的专利警告或实用新型警告（Patent-oder Ge-brauchsmusterverwarnung）的损害赔偿之诉，因为此处涉及法治国程序的启动（a. M. BGHZ 38，200）。

4. 善意取得

物权法上关于善意取得的规定包含着主观上特殊的违法阻却事由。因而，土地法中的故意，动产法中还包括重大过失，都会产生有害的法律效果（《德国民法典》第 892 条、第 932 条）。虽法条未赋予善意取得人对他人财产的侵犯权（Eingriffs-recht），但是，立法者对基于权利外观的取得给予了特权。对此重要的是善意信赖的主观特质（vgl. BGH JZ 1956，490）。

110

第九章

规范的保护目的和保护范围

一、历史与术语

1. 相对化（Relativierung）与违法性

111 违法的行为在行为人有过错时会导致赔偿义务。违法性不仅构建了赔偿请求权，而且限定了赔偿请求权的范围。"自陷禁区规则（对违法行为所致的一切后果负责）"（versari in re illicita）这样的表述已经不再适用。违反了某一条规范的人，不再必须对由此导致的一切损害负责。但是，它可以使损害赔偿法与被违反的规范相适应。就此而言，我们称之规范的保护目的和规范的保护范围，偶尔称之违法性关联（Rechtswidrigkeitszusammenhang），今天还称之归责关联（Zurechnungszusammenhang）。

2. 起源

112 规范目的学说（Normzwecklehre）的渊源有二。对《德国民法典》第 823 条第 2 款的适用即已表明：违反保护法时，只对该规范予以保护的损失给予赔偿。对此很著名的例子是保龄球少年事故案（Kegeljungenfall, LG Hannover Recht 1910, 36）。一名未满 14 岁的少年在 20：00 时之后还在捡放保龄球，雇主此举违反了童工禁令（Kinderarbeitsverbot）；其间，一颗提前抛掷的保龄球将该少年砸伤。其针对保龄球馆老板的损害赔偿诉讼被驳回，因为该条童工禁令仅仅在防免因过度疲劳或过度紧张产生的事故，而非在于防免因任何时间都可能存在的危险投掷（gefährliches Spiel）所造成的事故。

113 另一方面，奥地利发展出了规范的保护范围学说，即由 Armin Ehrenzweig 首先在 1920 年提出。该观点不久就被理论界所接受，因为规范的保护目的和保护范围系建立在一个坚实的方法论基础之上：它直接源自法的目的性解释的要求。

3. 保护目的、保护范围及违法性关联

在法学文献中和间或的判例中，这三个词在相同的意义上被使用。但是从教义 114
学的角度而言，赋予每个概念以特别的适用范围似乎才恰当。是以，只有当某个规
范通过损害赔偿义务代表某种民事利益时，才应当提及保护目的这一术语。相反，
保护范围业已以规范的私法上保护目的为前提，并使之更精细。这就进一步要求，
损害处于人的和物的保护范围之内。首先，从人的角度来说，被侵权人应系为该规
范所保护以免于损害。其次，所出现的损害应为该规范所阻止。如果存在保护目的
和保护范围，那么就存在侵害和损害之间的违法性关联。因此，违法性关联是一个
上位概念，既包含保护目的也包含不同的保护范围。

二、规范的保护目的

当其他法领域中的行为规范被转入责任法中时，则有必要确定规范之民法保护 115
目的。尤其属于这一情形的是《德国民法典》第 823 条第 2 款的保护性法律之违
反，以及《德国民法典》第 839 条、《德国基本法》第 34 条规定的国家责任。在如
《德国民法典》第 823 条第 1 款这样原本意义上的责任基础（eigentliche
Haftungsgründe）场合，其私法上的保护目的是显而易见的。不过，附带诉讼费用
（Nebenklagenkosten）则被排除在《德国民法典》第 823 条损害承担规范的保护目
的之外。因此，受害人不得请求补偿之（OLG Schleswig VersR 94，831）。

起决定性的是，规范表明了某种私法上的目的。它必须保护某种私的法益或利 116
益。然而，并不要求，该规范只有这一个目的，或首要目的是这个。毋宁是，该规
范首先实现其公法上的任务，至少在其次，它还展现了私法上的调整，这就足够
了。但是，它必须承担了责任法上的任务。在一个商场内，一台氧焊机未上锁而被
储存放置，此举违反了事故预防法的规定，一名学徒工在清晨擅自开动这台机器，
导致商场发生火灾（BGH VersR 1969，827），在这个案例里，私法保护目的是缺
乏的。下列情形亦同：某建工企业违反道路交通法（Straßenverkehrsordnung）未
在道路施工地点进行围挡隔离，以致当一台输送压力气体的机器的压缩管道破裂
时，一名轻型摩托车驾驶员正好靠近施工地点。因爆裂管道而引发的危险不应当通
过《道路交通法》（StVO）来防范（BGH MDR 1974，745）。在没有交往安全义务
的时候，自然事件不会构成任何责任。例如一位女士在野外丛林中散步时，被掉下
来的一根树枝击中，受了很严重的伤。依据联邦最高法院的观点，森林的所有权人
不用承担责任。森林中典型的风险为自然事件，由此不会产生任何责任。所有权人

对于近郊疗养地中的森林不负交往安全义务。

117　　　同样，一个排他性的特殊规则也可能使得侵权法并不适用。家庭法上的义务仅仅在家庭法上才会被认可，它并非私的责任的保护目的。由此，一位受欺骗的丈夫虽有效地撤销了孩子的婚生性质（Ehelichkeit），但他为此而支出的撤销费用，对孩子生父（Erzeuger）并无侵权请求权（BGHZ 57，229）。

三、规范的保护范围

1. 人的保护范围

118　　　如果一则规范特别具有一个私法上的保护目的，那么还要进一步满足如下条件，即受害人属于受保护的属人范围（geschützter Personenkreis）。只有满足这个条件，受害人才能请求损害赔偿。在《德国民法典》第 823 条第 1 款中，只有在该款中的权利和利益的享有者才属于该规范的属人保护范围。如果立法者没有如同在近亲属损害（Angehörigenschaden）的场合（《德国民法典》第 844 条）那样明文赋予第三人以请求权，那么第三人产生的损失原则上不在规范的属人保护范围之内。在涉及保护性法律的场合下，此点取决于有利于被损害人的行为规范是否业已公布。入口和出口处的禁停规定也旨在保护周围居民（LG München I NJW 1974，2288）。限速规定通常是为了保护行人而颁定（BGH VersR 1972，558）。因股份公司破产拖延行为（Konkursverschleppung）而产生的《德国民法典》第 826 条之侵权责任，并不会涉及在破产拖延期间从第三人处购买之前股票的投资者，但可能涉及购买公司增资而发行的新股票的投资者（BGHZ 96，231）。

119　　　在国家责任的领域（《德国民法典》第 839 条、《德国基本法》第 34 条），规范的个人保护目的有时候为保护国家的财政利益而被否定。所以，过去德国联邦法院将保险监管（Versicherungsaufsicht）仅仅视为公共利益（Allgemeininteresse）（BGHZ 58，96）。在法院将银行监管（Bankenaufsicht）也视为具有个人的保护目的之后（BHG VerR 1984，777），《信贷业法》（Kreditwesengesetz）第 6 条第 3 款却仍指明，联邦监管局（Bundesaufsichtsamt）仅在公共的利益（öffentliche Interesse）中履行其职责。

2. 物的保护范围

120　　　如果规范具有一个私的保护目的且受害人属于被保护的属人范围，那么其损害还需要处于规范的属物（或对象的）保护范围之中。只有当损害体现为规范意欲纳入之风险的实现时，该损害才能得到赔偿。这在《德国民法典》第 823 条第 1 款的框架下不那么重要，因为此时因权利（或法益）侵害的结果损害通常都处于保护范围之内；相比之下，在《德国民法典》第823条第2款以及第839条场合下，由于涉及作为保护性法律的行为规范或公职义务（Amtspflicht），故而属物的保护范围问题更为重要。《德国民法典》第909条禁止过度深挖地基，这样一个保护性法律同样也有利于地理位置较远的邻居。其保护范围限于因地基改变而产生的损害。因而，由于某人深挖自己土地导致其邻人房屋倒塌，而邻人房屋倒塌又使得位置较远的邻居建筑物墙体出现裂缝，这些墙体裂缝不属于第909条上的属物的保护范围（BGHZ 12，75）。另外，刑事程序中附带诉讼的费用也被排除在《德国民法典》第823条损害承担规范的保护目的之外。因此，不得就此费用请求赔偿（OLG Schleswig VersR 1994，831）。

　　另外一个例子是危害铁路运营的行为（《德国刑法典》第315、316条）。这两 *121* 个条文保护乘客的健康和所有权，以及联邦铁路的所有权，但并不保护联邦铁路的一般性财产利益。所以，当一名公司雇员在下班回家途中因汽车驾驶员的过错而被火车撞到，德国联邦铁路局不得请求（汽车驾驶员）赔偿前者向照顾雇员的工伤事故保险联合会（Berufsgenossenschaft）已支出的费用（BGHZ 19，114）。根据《道路交通法》第7条，如果系他人侵犯了优先行驶权引发上述事故，驾驶员在事故后因对其指控过于愤怒而罹患中风，则此时也缺乏与营运危险（Betriebsgefahr）之间的归责关联性（BGH VersR 1989，923）。

四、相当性的保护范围

　　相当性描述的是行为时的概然性判断（Wahrscheinlichkeitsurteil），而规范的 *122* 保护范围则针对立法者事先所作的一般性预见。保护范围和相当性互相关联：只有满足相当性因果关系、且属于规范保护范围的损害才是可赔偿的。保护范围可能对相当因果关系发挥限缩性但也可能是扩张性的作用。根据《德国民法典》第848条，窃贼对于被偷物品损失的责任，也包括不具有相当性的后果。这是规范扩张保护范围的效力（参见边码56）。

第十章

过错：故意和过失

123   如《德国民法典》的立法材料所显示和该法典的体系所确认，债法立足于两种形式的过错，即故意与过失。故意注重意志因素；过失则与违反注意相关。故意没有被定义；过失被描述为对交往中必要注意的忽视（第276条）。

一、故意

1. 故意概念的外延

124   在民事责任法中，故意的范围从故意的一般形式——蓄意（Absicht），扩展到间接故意（bedingten Vorsatz）。蓄意的行为人不仅想要侵害（Verletzung），而且还想要进一步的后果，如损害。Dolus directus（直接故意）是指对行为规范的违反或逾越（übertretung）。间接故意（Eventualdolus）将哪怕是犹豫不决的计划侵害也包括在内。联邦最高法院已经作出判决，对后果至少是容忍的人也是在间接故意地行为（BGH VersR 2013，1062）。

125   与在刑法中不同，民法中故意和过失的区分只扮演次要的角色。因此，只是在很少的场合下，间接故意和有认识的过失（bewussten Fahrlässigkeit）之间的区分才具有意义。《德国民法典》第826条就是一个例外：此处至少需要间接故意，过失加害则不可以。某人在1944年密告其邻居，导致后者被拘留因而不能在盟军轰炸的时候抢救其家具，依据第826条，则只有当该人知道邻居可能丧失该财物，并认可该情形下产生的后果时，他才承担损害赔偿责任（BGH NJW 1951，596）。但是，"如果他认识到该情形中存在悖俗行为，或是当他有可能预见到可能存在该种情况"，则仍不足够（不过相反判例参见 BGHZ 8，393）。

2. 故意的定义

故意是指行为人意识到其行为后果，并认识到其行为的违法性，却在意志上接受 *126*
此后果。故意最低限度的前提是，行为人考虑到其行为有可能产生某后果，但对于此
种情形的出现他持默许的态度。故意包含着对法律秩序的挑战因素；因此原则上，它
本身也反映了违法性。故意是目的性的首要体现。谁要是有意违犯"勿害他人
（alterum non laedere）"这条律法，谁就应当负完全的损害赔偿责任，并承担最高的痛苦
抚慰金。当然，在极少见的情形下，也存在合法行为的不可苛求性这一排除过错的事
由，例如在特殊场合下不为前民主德国国家安全部工作（BGH VerR 1995，99（102））。

3. 故意的基准点

故意是一个相对的概念。不存在作为物自体（或称自在之物）的故意。是否存 *127*
在故意与其涉及的事实构成有关（Tatbestand）。此时，根本上取决于，它是涉及
一项行为规范事实构成（Verhaltensnormtatbestand）还是侵害事实构成（Verlet-
zungstatbestand）。认同的意志是指向身体侵害还是仅仅指向违反限速规定，二者
存在区别。在实务中，相对于对法益故意违反的认定，对行为规范故意违反的认定
要常见得多。谁要是要求警察在未经允许的情况下朝乌鸦群（Krähenschwarm）开
枪，他就必须因故意而负责。警察跌倒，导致他扣动扳机，射中了周围的人（RGZ
166，61）。某警察违反了其明知的公务规范规定而在休息室拆卸弹药，以致射伤其
同僚，则构成故意违反公务规范（BGHZ 34，375）。

不过，故意不仅与事实构成有关，而且它作为一个相对的概念还跟违法性有 *128*
关。只有既认识到事实构成的实现，又认识到违法性，才是故意非法的（dolus ma-
lus）行为。有关违法性的问题在认识错误时有重要意义。责任规范能够最终规定
故意涵括了损害。依《德国民法典》，那就是在第 826 条的场合（可见于 BGH
NJW-RR 2000，393（394）-Programmsperre），并被实际运用于对社会保险追偿权
的限制上。如果一个女学生扯住其男同学的头发穿过教室，那么她不用为赔偿住院
支出负责，因为她虽然伤害了他，但是没想要通过头皮血肿致使其住院［《帝国保
险条例》（RVO）第 640 条，现行规定为《社会法典》第七卷（SGB VII）第 110
条］（BGHZ 75，328）。同样，联邦劳动法院现在已经作出了判决（AP §611
BGB, Haftung des Arbeitnehmers Nr. 122 zu jetzt §110 SGB VII）。该案涉及一个
16 岁的学徒。虽然有禁令，但是其还是驾驶着一个叉车，并撞上了一个并未完全
开启的自动门。两段门片与收卷装置被损坏。该损害计 6 900 马克。依据联邦法院的
观点，只有当损害为故意所涵括时，故意的违反义务行为才会导致该劳动者的全责。

4. 认识错误（Irrtum）

认识错误排除故意的存在，因为认识错误的人并非有认识地（bewusst）行为。 *129*

无论如何，此点适用于对构成要件的认识错误。如果某个人被误以为是一块石头，并被他人子弹射中，则不存在对身体的故意侵害。

130　　　有疑问的是对违法性错误（Verbotsirrtum）的处理。问题在于，对其行为违法性认识错误的人，是否因故意而承担责任。依故意理论，法律认识错误排除故意的存在，依（刑法）罪责理论（Schuldtheorie），过失的禁止性规范认识错误并不改变故意的行为方式，然而，法律上公认的违法阻却理由之要件通常被归入实构成中，此即所谓的限缩的罪责理论。因此，如果医生没有向病人说明手术的风险，因为其过错地认为其没有说明的义务，则依罪责理论他应当对病人的身体伤害具有故意，但是依故意理论他只是具有过失。

131　　　传统民法理论偏爱故意理论的立场（BGH VersR 1984，1071）。最近有一种观点认为，民法应当和刑法第 17 条一样转向罪责理论。实际上，人们应当采用如下的民法方法论来决定故意规范的特殊目的和功能。在如下的法律后果中，仅仅以故意为出发点：

　　　——根据第 276 条第 3 款，债务人的（故意）责任不得被预先免除。其根据在于，债权人不应当遭受债务人的恣意（Willkür）。如果债务人认为其行为是法律上许可的，则不得存在恣意。这样第 276 条第 3 款遵循的是故意理论。

　　　——依据第 393 条，故意违法行为所导致的债权不得被抵销（Aufrechnung）。任何人都不应当能以故意的方式损害他人权利。此条文用于确认该规范；从而，它遵循的是故意理论。

　　　——第 823 条第 2 款将保护性规范引入责任法。如果保护性法律仅可被故意地违反，则仅有故意才可以引起赔偿请求权。不过，我们是从引出保护性规范的责任法中推断出故意的规定。如果它涉及刑法上的保护性规范，则依循罪责理论。也就是说，在过失的违法性错误（Verbotsirrtum）中实施的侵害等同于故意侵害（BGH，NJW 1985，134）。

　　　——第 892 条允许通过善意取得方式非故意地侵害土地所有权。责任法上，它涉及一个主观色彩的违法阻却理由。如果取得人知道事实上的非正确性（Unrichtigkeit），则他属于故意行为。但是如果行为人对法律问题认识错误，则他不是故意；只是他缺乏认识。

二、过失

1. 发展和概念

132　　　过失源自《阿奎利亚法》（lex Aquilia），这是公元前 286 年罗马人的民法。起初是以"不法侵害（damnum iniuria datum）"来指称，后来，人们使用

"neglegentia"，我们将其翻译为过失。善良家父（bonus pater familias）的行为被当做应有注意的标准。故而，《德国民法典第一草案》这样界定过失："当未尽到正直家父的注意时，便存在过失。"后来，人们将正直家父的注意转换成"通常的注意（übliche Sorgfalt）"。不过，更重大的一步是，在最终的咨询时表述被确定为"交往时的必要注意（im Verkehr erforderlichen Sorgfalt）"。这样似乎可避免循规蹈矩，并将注意置于社会现实之中。这明确地贯彻在了联邦最高法院的一个案例中（BGHZ 8，138），该案中，一名牙医使用了一个无保护装置的神经针（Nervnadel）。这根针不慎从医生手指滑落，被患者吞咽。法院基于这样的看法：经验丰富的牙科医生通常的工作方式就是拿着无保护装置的神经针来进行工作的。尽管如此，德国联邦最高法院判定，这需要的不是通常的注意，而是必要的注意，即不得使用无保险装置的细小器具在口腔内进行治疗活动。

不过，审判实践偶尔还是会回到"通常注意"这一标准上来，例如联邦最高法院的一个案件（BGHZ JZ 1971，63）。该案涉及一部医学参考书中的逗号偏差，从而导致一起注射意外事故。法院允许出版社强制要求作者（对文稿）进行校对。法院认为，在交往中必要的注意这一问题上，一般的交易惯例只在其明显被滥用之时才不被考虑。

2. 作为注意违反的过失

在《德国民法典》第276条第2款中，过失被简明地规定为疏于尽交往中的注意。这个定义直到今天仍然有生命力，因为它是不周延的、规范性的，且与社会相关的。过失涉及立法者发现的一个概念，即注意。

3. 外在注意和内在注意

"注意"构建了一个行为计划（Heck语）。它可以分解为内在和外在的要素。如果一个行为或者达到了《德国民法典》第823条第2款、第839条中行为规范的要求，或者一个交易伴有危险时符合了对于第823条第1款法益而言所必要的注意，那么，这样的行为才是妥当的。法律和行政规范在此也可以具体化注意，但它一般却不包含最后的行为计划，而是需要补充的（BGH VersR 1987，102）。克制自己不以最高速度行车，或者盖上窨井的盖子，此时，行为尽到了外在注意。

相反，内在注意描述的是一种智力—情绪的过程，它可能是多个部分组合的结果。内在注意乃建立在对事实构成要件可能成为现实的认识基础上，它与客观的典型化尺度相称。尽管行为人不小心闯了持续亮着的红色交通信号灯继续前行，但其还是应当保持注意，以便发现路牌，观察到或避让路上玩耍的孩子（OLG Hamm VersR 1995，92）。不过，内在注意也会建立在外在注意的保有之上。人们必须调整好自己的状态，可以从事满足外在注意的行为。人们必须注意到诸如疲劳驾驶或

133

134

135

136

无力驾驶（Fahruntüchtigkeit）等情形（BGH VersR 1988，909）。

137　　　　只有当外在的注意和内在的注意均被违反时，才存在过失。邮递员尽管想要努力地快速送信，但还是尽到了外部注意，即在城里勉强以不超过 50 千米每小时地速度骑着电动车（要不然速度会飞快），这种情形下，他并不存在过失。相反，如果行为人没有尽到外在注意，但确实尽到了内在的注意，则同样不存在过失。例如，外科医生尽管内在态度很端正，但在手术时手还是颤抖了，可是他事先既未喝醉，也没有打网球。这同样存在于当被拖的船只钢索断裂后两艘船在夜间相撞的情形。无人驾驶的、被拖动的船有必要安装行驶警示灯，但是这在事故发生时，人们对此还不知情（BGHZ 64，149）。[①]雇员在工会号召下进行罢工，并错误认为该劳动斗争措施是合法的，一般说来，他们已经尽到了内在注意，因为他可以信赖工会提供的答复。

138　　　　如果外在注意未被遵守，则已经存在一个义务违反行为。通常，经验认为内在注意也遭到违反。按照被违反规范的强度，对于内在注意的证明责任可能会被倒置，更准确地说，外部表象同样代表着内在注意。因此，原则上受害人只需要主张和证明加害人违反了外在注意。之后，加害人必须阐明，其行为尽到了内在的谨慎，或者，无论如何必须推翻该缺乏内在注意的外观（BGH VersR 1986，766）。对此加害人通常也具此能力，因为这的确也涉及内心活动过程。一个预先的抗辩理由包括对合议庭判决的特权（Kollegialprivileg）的援引：当合议庭认为某个公务员或者律师的行为是正确的或者合法的（比如在一审程序中），则后者的行为并无过失（BGH VersR 1988，38—强制执行；OLG München VersR 1987，208—律师判定消极证明为错误；OLG Köln VersR 1986，495—交通安全；BGH VersR 2008，503 f.—赌场对赌徒准入限制的判决的改判，可原谅的法律认识错误）。

139　　　　客观类型化的谨慎不仅适用于外在注意场合，同时也适用于内在注意场合。人们必须尽可能地努力，去了解具体案情，并能够评价它。特别是，人们不得将内在注意和主观上可能的谨慎相混淆。这似乎意味着，在应用外在注意之前，必须首先适用过失的客观类型化标准（参见 Wagner，Das neu Schuldrecht in der Praxis，2003，203，222 f.）。

4. 过失的功能性特质

140　　　　作为疏于交往中必要注意的过失概念是不完全的、规范性的和社会相关性的。以下就要对此予以阐释。过失定义之所以是不完全的，是因为必要的注意系于哪一条规范，此问题是开放性的。它涉及事实构成要件规范，按照事实构成要件的措辞，它可能是法益的侵犯，或者是行为禁令的违反。如今，《德国民法典》第 280

[①]　本案是因强风暴而发生了钢索断裂。——译者注

条第 1 款第 1 句，第 823 条第 1 款对此有所表达。外在的注意可能是刚性的也可能是灵活的，通过这种方式，"必要的注意"保持了强大的生命力。

可避免构成过失的注意还是规范性的。能够注意的仅仅是行为，它对应于避免 *141* 损害后果的可期待之标准。由此，注意包括了现代形式的危险克服（Gefahrbekämpfung）。如今，百货公司必须有自动灭火装置；药品必须不仅要效果良好（Fall Vioxx），而且还要对其副作用以及与其他药品的相互作用进行测试（Fall Linday）；为避免汽车紧急刹车时乘客受伤，必须在车窗前安设阻挡装置（LG Göttingen NJW 1960，2242）。

最后，必要注意还具有社会相关性，如"在交往中"这个短语所指称的那样。 *142* 立法者不想要求不可能之事；它只想行为人保持通常的谨慎。联邦最高法院多次判定，任何过分的注意都不会被要求，毋宁是，应当按照实际情境来对行为人作出评价。因此，停战后，在一片废墟下的防空洞内立即进行 X 射线集体体检时出现了混淆差错，并不构成过失（BGH NJW 1961，600）。

5. 客观要求的注意和主观可能的注意（团体过失与个别过失）

与刑法不同，（民事）责任通常不以任何可谴责性（Vorwerfbarkeit）为前提要 *143* 件。在民法上，如果一个行为没有达到必要注意之客观典型化的要求，那么该行为同样被视为有过失。过失大多数情况下是赔偿请求权的关键性要件，其本身是用来恢复加害人与受害人之间的利益平衡的。一般说来，在民法中，团体过失（Gruppenfahrlässigkeit）也可以适用，其中，以在所谓的行为人狭小交往范围内的注意标准作为依据。

客观类型化的过失标准（BGH NJW 2001，1786）源于"客观承担（objektive *144* Übernahme）"原则：每个人原则上都会被期待，其会保持在交往中处于他那个位置所应有的注意。为此，按照职业和危险领域进行分类的所谓的交际圈便构建起来。按照职业形成的交际圈，应当确立一个正直从业者的注意，例如一个正直商人的注意（《德国商法典》第 347 条），一个建筑师的注意，一个专科医生的注意（BGH NJW 2000，2737），一个油罐车驾驶员的注意（BGH NJW 1995，1150）等。然而，所要求的并非总是专业人士在通常情境下被期待的注意，相反，取决于该专业人士在该特殊情形下是如何行为的。例如，在有人窒息的紧急情况下，作为路人的医生用随身携带的小刀施行气管切开术，此时则完全撇开《德国民法典》第680 条，并不要求正常的医疗行为。另外，熟练的交往参加人有违注意义务时，也可能获得宽恕。如果职业司机驾车时突发心脏病，而他并非因为过分疲劳诱发该疾病，同时也不可能预见到此事，那么，其行为便无过失（BAG AP-§611 BGB-AN Nr.16）。交往范围也可以按照特殊危险来构建。点火的人、驾车的人或驾驶飞机的人，应当保持交往中被期待的注意，以便尽可能地控制危险，不会酿成实害或蔓延。这样的话，它始终还是取决于职业圈子中或是某危险情境中的具体情况。被期待的是正常的能力，此外，个人的特别能力也要被纳入考量。如果一名驾驶员想要参与交通，则应当具有正常的视力。未知的眼部问题则不可宽恕（BGH JZ 1968，103）。但如果一个电工住院时带进了一盏有缺陷的台灯，一个病友因此受伤①，则对其并不依据电工的标准来对待；但是的确要考虑到其特别的知识（BGH VersR 1956，618）。不动产所有人必须知道，紫杉木树枝对于邻居的母牛来说是有毒的（OLG Köln VersR 1991，1296）；但是无须知道，向道路上排放废水在下雪时会在冰层下面形成空洞，并致使一辆大卡车陷入其中（BGH LM § 823［Eb］Nr. 1）。不过，纵然没有职业前提或特殊危险，人们也应当保持适度的注意。一个人在从一个常见的楼梯下去时跟跄摔倒，并滚落下去，砸伤了另外一个人，这种情形下，他就没有尽到交往中的必要注意，因为他不是没有尽到必需的注意以调整其步伐，就是没有在摔倒时充分有效地抓住阶梯扶手（OLG Köln MDR1994，561）。

145　　　对于客观上必要的注意也存在例外。老人和青少年并不适用通常的注意要求。人们必须照顾老年人，这在交往中通常被认可。儿童和青少年需要一个活动空间，以便通过尝试和犯错来学习。对于他们，只能要求对青少年的注意承担责任，而不是对成年人的注意承担责任。因此，一名 7 岁孩童虽然有有限的侵权能力（《德国民法典》第 828 条），但是仅仅对与其年龄相称的注意违反承担责任。7 岁的孩童骑自行车时应当注意不要撞到别人（BGH VersR 1970，467）。不过，不能苛求他在追着皮球跑的时候不要闯入机动车道（BGH VersR 1970，374）。儿童自制木车比赛中一名 11 岁的赛车手并不对赛车组织者承担《德国民法典》第 426 条所规定的连带债务补偿义务，即便他在冲刺时失去对车的控制并撞伤了观众（OLG Karlsruhe VersR 1995，187）。对于在草地上开展的儿童和青少年足球比赛而言，原则上适用由德国足联（DFB）针对有组织的竞赛所设定的足球比赛规则（OLG Düsseldorf NJW-RR 2000，1116）。

146　　　依据《德国民法典》第 828 条第 2 款，未满 10 周岁的青少年对在交通事故中给机动车以及他人造成的损害不负责任。审判实践在此实施了一个目的性限缩，即将规范之内容限缩于目的之后。被假定的是（BGH VersR 2008，701），对儿童过分苛求的情形为摩托化交通中的专门风险。因而，一个玩轮滑板（Kickboard）或骑自行车的青少年，撞到一辆正常停放的机动车，并造成车辆损坏，应依据一般规则承担赔偿责任（BGHZ 161，180）。

147　　　按照规范的目的，这也可取决于违反"主观的个人的注意"。当依据规制任务和规范的目的，某人自己触及特定法律后果时，就属于这种情况。这样，行为人只有做力所能及之事的义务。即适用这样的法则：法不强人所难（*ultra posse nemo*

---

① 因漏电而被电击。——译者根据原案补充

obligatur）。身体的、智力的、情感方面的能力只以既存的范围为前提。这种主观的过失观点使得判决在带有安抚功能的痛苦抚慰金的场合（BGHZ 18，149 - Grosser Senat），在过错和与有过错衡量的场合（《德国民法典》第 254 条），因被扶养人存有违背善良风俗之过错行为而导致其扶养费被扣减的场合（《德国民法典》第 1611 条），以及因可责难的行为不端而导致特留份被剥夺的场合（《德国民法典》第 2333 条），有了用武之地。如果一名 10 岁的孩子鲁莽地骑着自行车闯入街道，基于该男孩的过错，只是例外地考虑将其撞倒的机动车持有人完全免责：一个按照年龄尚未完全融入道路交通的孩童，其严重违反交通规则的行为，必须要从特定年龄的主观状态上特别给予责任（BGH VersR 1990，535）。另外，职业人士，例如医生，必须适用特殊的能力和认识（BGH NJW 1987，1479），因为其在此范围内无须任何自由空间（Freiraum）。

6. 过失与认识错误

过失是一个相对的法律概念，并无任何对过失这一概念的确切定义。它涉及事实构成和违法性。在适用内在注意时，认识错误通常会被避免。不过，在适用正常的内在注意时，对事实前提或法律评价的认识错误也有可能是不可避免的。如果是这种情况，则过失也会被排除。因而，这可存在于医生对于说明义务的范围认识错误之时，如果其以一种情有可原的方式错误地估计了患者知情的需求并对其告知了信息的话。不过，人也不能装糊涂：没有赚钱能力、领取年金及附加补贴的盲人应当设法打听到，在其结婚后其附加补贴会被取消。每个人都有义务弄清楚与自己生活圈子相关的法律规定（Österr OGH ÖJZ 1994，698）。 *148*

帝国法院早先曾经明确地限制了法律认识错误的宽恕性效力。这是沿袭"法律的认识错误有害"（error iuris nocet）这样的法则。例证之一是帝国法院的一个判例（RGZ 156，120）：由于被认定为自残，所以意外事故保险公司错误地拒绝赔付。但是，保险公司对其认识错误须承担责任，因为它对于事故的查明没有展开任何行动。如今，事实构成要件和违法性错误具有同等地位。 *149*

关于排除那些被禁赌之赌徒进入赌场的审判实践如果发生改变，并按照以前的观点允许被禁赌者在赌博机开放期间进入赌场，那么，这里涉及一种可宽恕的法律认识错误（BGH VersR 2008，503 f）。在另外一个案例（OLG München GesR 2006，524）中，涉及一名患有"失外套症候群（apallischen Syndrom）"的病人试图自杀，问题是，此案是否必须诉诸监护法院。由于刑事庭和民事庭的审判实践，在是否总是必须诉诸监护法院的问题上，存有分歧，因而，在此问题上，就出现了不可避免的法律认识错误。 *150*

当然，如果受人信赖的法律见解，在司法诉讼程序中被拒绝采纳，则人们要承受进一步的法律认识错误的风险，即使进入更高的审级。人们必须把程序上的损失 *151*

考虑进去。在法律问题尚未澄清的场合则另当别论。在过去 50 年内，关于声音存储介质的转录，在法律上尚无规制，厂商可以坚持其错误的法律见解——受保护音乐的录制不侵犯创作权，直到联邦最高法院发布一个明确的判例时为止（BGHZ 17，266）。

7. 承继性过错（Übernahmeverschulden）① 与导入性过失（einleitende Fahrlässigkeit）

152　　对过失的评价在大多数情况下是以侵害发生时为评价的时间标准，但也可能以更早的时段为标准。人们承认，在行为人不能掌控的情势下所从事的行为是有过失的。前提是，行为人已认识到这种危险：没有驾照或者处于无力驾驶的状态，但仍然坚持驾车的人，要对驾驶差错（Fahrfehler）承担责任，即使在后来该差错不应归责于他。人们把这种注意违反的回溯性称为承继性过错或导入性过失。法律上的例子包括对自己醉酒的责任，以及民法上的*原因自由行为*（actio libera in causa）（《德国民法典》第 827 条第 2 句）。

三、过失的特别形式

1. 重大过失

153　　人们把加重的过失称为重大过失（culpa lata，gross negligence，faute lourde）。在只有特别低级的错误才会导致某个法律后果的场合下，重大过失被确定为责任的前提条件，如第 680 条紧急无因管理、第 968 条拾得人、第 300 条债权人迟延、第 521 条赠与、第 599 条借用等场合。此外，对公务员以及雇员追偿以及因违反不真正义务（§61 VVG）而对财产保险人免责时也取决于重大过失。

154　　合同法上的责任减轻通常被引入侵权法之中。要不然，责任限制就会落空。即轻过失地损坏了本人之物的紧急无因管理人将会依据侵权法对每一个轻过失承担侵权责任，尽管依据第 680 条他应当享有责任减轻的特权（BGH NJW 1972，475）。同样，依据第 521 条，赠与人因赠与物而给受赠人造成的损害，仅在其有重大过失时才承担责任（BGH VersR 1985，278）。司法鉴定人的责任取决于重大过失（第 839a 条；亦可参见 BAG AP §166 BGB Haftung des Arbeitnehmers Nr. 22）。

155　　按照审判实践，如果满足以下双重公式（Doppelformel），则存在重大过失（BGHZ 10，14）。它的第一部分与故意的嫌疑有关，如果特定情况下每个人都必定会明白的情况未被考虑到。这涉及古老的乌尔比安的格言：non intellegere quod

---

① 刑法上常译作"超越承担过错"。——译者注

omnes intellegunt（连所有的人都知道的事都不知道）（D. 50，16，213，2）。该公式的第二部分，将会考察：行为人是否以不同寻常的程度违背了按（当时）所有的情况所必需的注意。类似地，在《民法典第一草案》第144条第2款中写道："一个正直家父的注意义务被以一种特别严重的方式忽略。"

此双重公式只是由于其宽度和不确定性而在多种适用范围领域内获得适用。实 *156* 质上，当基本的预防措施被疏忽，即俗话说"岂有此理"（dicker Hund）时，就存在重大过失。因此，若存在调查或探询某权利外观的诱因，则对该权利外观的取得缺少善意（第932条）。同样，如果用粗眼的黄麻布袋（gorbmaschigen Jutesack）来装货币包裹，并将其放在普通的飞机货舱中运输，该包裹被偷走了，则可以认为存在重大过失（Schweiz. BGE 93 I 345）。重大过失包含有主观要素吗？不管怎样，当应受责备的个人行为导致法律后果时，特别是针对公务员、雇员、被保险人（确切地说是保险保护）的追偿依赖于重大过失时，都以主观要素为前提。尽管某土地登记法官具有错误，但是如果其个人主观状况对此表示否定，例如，无能力判定法律问题以及其理解该法律状态所需的精神状态有问题，那么他就因缺少重大过失而无须对其主管部门负责（RG JW 24，1977；BGH NJW 1996，2227）。

基于个人原因只针对重大过失的责任特权（Privilegierng）也基于此而被增强，*157* 即过错通常不仅针对侵害，而且针对损害后果。根据联邦最高法院的判决（BGHZ 75，328），那个侵害其同学法益的学生，只在故意或重大过失引起的损害，如医疗手术的范围内，向社会保险机构承担责任（关于 SGB VII 第110条的判决见 OLG Celle VersR 1999，1550）。根据《社会法典》（SGB）第七卷第110条第2款，过错现在只需要"针对导致的保险事故的作为或不作为"。但是，联邦劳动法院现在还认为，只有在对损害存在故意时，义务违反的行为才会导致责任承担（AP § 611 BGB Nr. 122，mit zust. Anm. Deutsch）。当然，保险机构基于公正的考量，可全部或部分放弃其追偿请求权（vgl. § 76 Abs. 2 Nr. 3 SGB IV，dazu Ahrens VersR 1997，1064）。

在保险合同法中，重大过失呈现出一种新的发展。在许多领域，保险的成立或 *158* 保险人的追偿并不依赖于无任何重大过失存在。2008年《保险合同法》（VVG）明确宣称，法律后果的出现取决于过错程度的严重性。按照《保险合同法》所依据的理由，具有决定意义的应是，"在具体个案中重大过失是接近于间接故意，还是出现在与简单过失相交的边界区域"。

2. 具体过失

偶尔，只有主体未尽到在处理自己事务时常使用的那种注意时，才承担合同法 *159* 上和侵权法上的责任。这种"diligentia quam in suis"（尽与处理自己事务同等的注意），适用于股东、配偶、父母对子女、无偿保管人和限定继承人等主体（《德国民法典》第 708 条、第 1359 条、第 1664 条和第 2131 条）。当然，在重大过失场合，上述主体始终要承担责任（《德国民法典》第 277 条），相竞合的侵权赔偿请求权同样受到此过错程度的限制。

160　　按照主观过失理论，自己惯常的注意与主观——个人（subjektiv-individuellen）的注意并不重合。自己惯常的注意包含被打破的旧习（eingerissenen Schlendrian）。因此，仅对具体过失承担的责任是建立在过时的法政策基础之上。在实践中，它需要合乎重大过失的绝对边界。至少加害人须证明，他在自己的事务中所负的注意程度会更低。

161　　在道路交通致人损害场合，审判实践已经不再将责任限制于自己惯常的注意。在道路交通场合，原则上每一种过失都要承担责任。责任限制仅仅涉及财产性事务。在此种立场背后还存在这样的事实，即机动车通常具有责任保险。指导性判例如下：四个人租了一辆机动车，共摊费用。无经验的驾驶员刚刚才拿到驾驶证。他造成了一起本可避免的碰撞事故，并导致其他车辆的副驾驶受伤。社会保险机构就所支出的费用向肇事司机及其保险公司追偿，但后者提出异议，认为对肇事司机尽到了其自身的惯常注意。联邦最高法院并没有在道路交通致害场合适用《德国民法典》第 708 条（BGHZ 46, 313）。这同样适用于仅仅涉及正常婚姻家庭领域的第 1359 条。因此，尽管妻子提起了离婚诉讼，但还是使用了其丈夫的汽车，并造成汽车毁损，那么在这种情况下，妻子就不能援引较低的自己惯常注意（BGHZ 53, 352）。

四、意外事件和不可抗力

1. 意外事件

162　　某种侵害既不是故意造成的也不是过失造成的，我们将此侵害称为意外事件。根据所有人自负其害原则（Sachzuständigkeit），损害由法益所有人承担。过错空无之处，即为意外存在之地。该为过错空无所定义的自由领域不久前也以自己特有的方式被重新诠释。人们不得将一般生活风险通过责任的方式转嫁于他人。

2. 不可抗力与不可避免的事件

163　　不可抗力（vis major, force majeure, act of God）和不可避免的事件都是强度更高的意外事件。更准确地说，不可抗力和不可避免的事件在客观责任场合构成了意外事件，尤其是在危险责任场合。因此，不可抗力是按照客观理论来界定的。必须涉及一个从外而来的事件，即使是高度慎重也不能应对（RGZ 101, 94）。以该"从外而来的事件"就排除了运作过程中的差错。

第十一章 ◀
过错能力与辅助性的公平责任

一、归责和个人的能力

1. 责任能力

归责构建了加害人的意志与侵害以及损害后果之间的联系。可归责性确立了责任的先 *164*
决条件。责任能力是过错责任归责对个人的要求（《德国民法典》第 827 条及其以下条文）。

在立法史上，人们首先求助于刑法上的蓝本，并在概念逻辑上先行一步，例如 *165*
人们说，不会将无意志的行为作为法律上的行为而加以考虑或者表述为否定儿童的
意志能力。法律的表达形式强调了理智要素，但忽视了意愿要素。这可追溯到作为
蓝本的 1871 年《德国刑法典》，以及其渊源即 1810 年《法国刑法典》。这些法律文
本中尚未规定认识到自身的行为存在不法性并且基于该认识而行为的能力。

2. 无责任能力的法律后果

如果引起损害者没有责任能力，则并非任何请求权都会消灭，而是按照公平原 *166*
则来承担责任（《德国民法典》第 829 条）。我们的法律将无责任能力人的责任削减
至公平所要求的标准，这种立场大概保持在国际谱系的中间位置。这个谱系从对精
神障碍者和儿童的完全宽恕，直到无视这些人格特质。

二、无责任能力的类型

1. 儿童

根据《德国民法典》第 828 条第 1 款，未满 7 周岁的儿童给他人造成的损害不 *167*

负责任。排除故意或过失的责任，就如与有过错或自担风险的行为一样。

2. 青少年

168   如果 7 周岁到 18 周岁的青少年在实施加害行为时对责任缺乏识别能力，则不承担责任（《德国民法典》第 828 条第 2 款）。因此，青少年具有有条件的责任能力，它取决于个体的理解力发育情况。如果存在识别能力，则成立完全的责任；如果缺乏识别力，则该青少年无责任能力。降低的责任能力并无预先规定。有疑义时应认定青少年有责任能力，换言之，青少年须承担缺乏识别能力的证明责任。

169   当青少年按照其发育状况知道法律上的责任，且该责任可反映在该当前案例中，则其具有识别力。在此，认识到任何一种法律制裁就足以。与刑法不同，青少年有能力依据该认知来行为并非民法上责任能力的前提。此意志要素仅在过失的框架下予以审查（BGH MDR 1984，40）。

170   按照一贯的审判实践，在涉及青少年的场合，群体过失（Gruppenfahrlässigkeit）必须根据其年龄状况来判定（BGHZ 161，180［184］；关于道路交通的例子：OLG Naumburg NJW-RR 2013，1187［1188］）。因此，这取决于，在智力和情感层面，是否可以期待这个年龄群体中的某个青少年有他种行为。在此领域，缺少意志力、游戏天性、对危险的感觉迟钝等也可能被考虑到。甚至一名 15 岁的青少年都未必总是能够抵挡住游戏兴致的诱惑，例如，当他被别的学生扔掷几乎是绿色的西红柿时，他可能会抓住西红柿并扔回去（BGH LM §828 Nr.1）。同样，12 岁的小伙伴们在玩骑士游戏时，其中一名少年，被同伴投掷过来的木块击中，也是这种情况。虽然因为行为人能够认识到该危险而具有侵权能力。但是他并没有违反与 12 岁年龄的青少年相称的谨慎，即他们无法抗拒那种游戏的诱惑。但是，本案同样可以类推适用《德国民法典》第 829 条的公平责任（BGHZ 39，281；对于 2002 年的债法改革：Steffan，Zur Haftung von Kindern im Strassenverkehr，VersR 1998，1449）。

171   依据《德国民法典》第 828 条第 2 款，一个已满 7 周岁未满 10 周岁的人，就其在汽车、有轨交通工具或悬空缆车的事故中加给他人的损害，不负责任。伴随着改革，一个夙愿终于实现，据此，儿童最早完全达到了 10 周岁时才能够认识到机动化道路交通的特殊危险，并且依据此种认识来行为。只可惜立法者将此认知限定于道路交通，尽管也适用于其他地方。然而，联邦法院对此规定进行了目的性限缩。当不存在因机动化交通的特殊危险而对儿童有任何类型的苛求情形时，则并不适用免责特权。一名玩踢板或骑自行车的儿童，撞到了合规停放的卡车，并造成卡车损坏，应承担责任（BGHZ 161，180）。其中并不区分流动的交通和静止的交通。但是，必须存在因机动化交通进程中的快速性、复杂性或非一目了然性而对儿童的苛求（BGHZ 161，180）。被害人需要举证证明，青少年基于案件情形，并不处于因机动化交通的特殊危险而对儿童的典型苛求情形（BGH NJW 2009，3231；联邦宪法法院原则上在宪法层面肯定了该判决，BVerfG NJW 1998，3558）。

3. 精神病人

如果行为人处于因病态的精神错乱而导致意思决定不自由的状态，那么，根据 *172* 《德国民法典》第 827 条第 1 句，行为人并无责任能力。其中也包括心理明显存在障碍的、持久或暂时的精神或心理变态。不论是思考力的高度障碍，还是意思形成上的高度障碍，均属此列。无责任能力的可能是：精神分裂、抑郁狂躁、因中毒或高烧而引发的幻想状态、低能和白痴等。思考力或意思形成必须决定性地受到影响，仅仅是精神或意志力上的弱化并不足够。因精神疾病而被禁治产与无责任能力接近，但是并非相连。也有可能的是，行为人仅仅是部分无责任能力，例如处于对特定人或野兽的幻想状态。

4. 无意识的人

无意识的人或意识严重模糊的人，同样没有责任能力（《德国民法典》第 827 *173* 条第 1 句）。此处并不取决于如下原因：醉酒、催眠状态、严重的过度劳累或睡眠等，这些都是可能的原因。对于无驾驶能力的血液酒精含量界限并不适用于无责任能力。如同在精神病人场合，此种情况下行为人也有义务证明意识丧失（BGH VersR 1986，1241）。

5. 原因自由行为

《德国民法典》第 827 条第 2 句拓宽了原因自由行为（actio libera in causa）原 *174* 则，据此，当行为人故意或过失地使其对侵害无责任能力时，行为人要对其先前的过错承担责任。此外，在责任法上还适用如下规则：行为人通过精神刺激性饮料或类似物品，例如毒品，使自己陷入暂时的无责任能力的状态，从而造成他人损害的，同样要对该损害承担责任，如同其在过失致人损害的情形下那样。只有当行为人对其陷入这种状态没有过错时，他才不负责任。这条规则设立了一个几乎是不可反驳的过失推定。按照立法者的意思，对于自身陷入危险状态的责任应当被规定。行为人只有在能够证明某人秘密地在其咖啡里投放了安眠药，或是能够证明，医生没有告知其所服用的药物具有迷醉作用时，才不用承担这种责任。第 827 条第 2 句没有扩展至故意[①]；就此而言，这里仅仅适用原因自由行为的一般规则。某个人在醉酒中将其合同伙伴痛打一顿，若合同规定解约须以故意加害为前提条件，则打人

[①] 第 827 条：（第 1 句）在丧失知觉或不能自由决定意志的精神错乱的状况下导致他人损害的人，对该损害不负责任。（第 2 句）其以酒精饮料或类似物使自己陷于此种暂时状况的，就其在此状况下非法引起的损害，以如同其在过失致人损害时的情形下那样负责；其无过错而陷于此状况的，不发生该项责任。——译者注

者不会因《德国民法典》第 827 条第 2 句而遭受对方解约（BGH LM § 827 Nr. 2）。此外，扩张的自由行为在合同法（《德国民法典》第 276 条第 1 款第 3 句）中也有适用。如果一个公司为其工人租了一个棚屋，而一个喝得烂醉的工人故意点燃了这个窝棚，那么，承租人应当因为喝醉的履行辅助人的故意而承担责任（BGH LM § 827 Nr. 1）。此处涉及一个真正的原因自由行为案例。

三、辅助性的公平责任

175　　　　作为纯粹主观性宽恕理由的无责任能力并不自动导致责任的完全免除。相反，加害人在公平（《德国民法典》第 829 条）的框架下仍负有赔偿的义务。依据情况不同，该义务可能全部存在、部分存在或完全不存在。

1. 事实构成的前提条件

176　　　　只有当《德国民法典》第 823 条至第 826 条规定的某种情形存在时，公平责任才会发生。必须存在一种符合事实构成要件的不法侵害。然后必须存在故意或过失。责任仅仅因为以下原因被排除：基于主观根据，责任能力不存在，或是青少年或成年人的群体过失被否认。辅助性的公平责任仅仅因此而产生，即对纯主观理由上的宽恕再次部分地平衡。

2. 公平要求

177　　　　赔偿义务只在根据具体案情、尤其是当事人之间的关系所要求的公平范围内存在。在此，法律没有说损害赔偿（Schadensersatz），而是说"损失补偿"（Schadloshaltung），后者要比完全赔偿更窄。在实践中，依据行为人与受害人的财富关系来确定财产差额（Vermögengefälle）。不过，它只是必要的公平填补的一部分。

3. 责任保险是否需要作价算入财富范围？

178　　　　责任保险是保护财产不被索赔。因此，它应当仅仅是吸纳现存的责任，而不是让责任成立。德国审判实践追随这个基本态度。但是其忽视了被保险人的青少年的特殊情况。按照正确的观点和国际的趋势，无责任能力的人的责任保险，尤其是对于青少年的家庭责任保险的存在是财产客体，因此必须被作价算入财产范围。

179　　　　早前，联邦最高法院虽然没有把责任保险判定为公平责任的基础，但是将其作为计算公平责任范围的依据（BGHZ 23，90）。据此，责任保险提高了已有的公平财产差额（Billigkeitstgefälle），但是它并不会引起公平责任。不过，联邦最高法院后来限制了这种立场，即在仅涉及自愿责任保险时才适用该规则。在一个典型的案例（BGHZ 76，279）中，一名提前退休者在精神病发作期间故意放火，致使其他房屋住户受伤。公平责任请求权源于：在无过错能力的加害人去世后，其财产，即一所小房子，对于其维持适当的生活水平而言不再是必需的。但是加害人自愿的责任保险却并不可导致对数额的承认，否则这可能会超过其财产能力。如果受害人由于强制保险上的危险责任获得了其全部的物质损害，则只有当公平需要超出物质损害赔偿之外对其赔偿非物质上的损害时，才考虑第 829 条上的痛苦抚慰金（BGHZ 127，186）。

4. 公平责任的类推适用

依通说，《德国民法典》第 829 条同样也适用于第 254 条的与有过错规则。这样，如果一个没有责任能力的人或一个青少年加害人由于违反注意共同导致了自己的损害，那么，当公平原则反对完全不计入其无过错地违反不真正义务时，其在一定情形中就不可请求全部的损害赔偿。例如如下情形：极度害怕动物的一位老妇人在一条狗前急促地逃走，该过程中摔断了自己的双腿。在其慌忙逃走过程中存在与有过错，不过由于部分地无责任能力而不全部地计入，而是应在公平框架内部分地计入。其依据为《德国民法典》第 254 条，第 827 条第 1 句，第 829 条（OLG Nürnberg NJW 1965，694）。

180

5. 对于未来公平责任的确定

然而，如果不存在财产差额，则可以提起对未来债务的确认之诉。基于公平的填补义务在以后可能会出现。这一点甚至对于《德国民法典》第 254 条的与有过错也适用（BGHZ 37，102）。

181

第十二章

多数人责任：正犯(Täterschafte)[1] 与共犯(Teilnahme)[2]

一、因果关系、过错和共同责任

1. 共同责任与连带债务

182　　　因果关系和过错是责任法的核心概念。对于有过错的、作为原因上的侵害而言，有因果关系的损害应予赔偿。多人对同一个侵害或损害具有原因性与责任性的情形并不罕见。这样，存在该原则：参与人互不排斥，而是一并负责。多重的责任对受害人来说是更多的担保。但困难一方面在于要避免受害人因多重赔偿获利，另一方面在于行为人内部的责任比例分摊。尽管多人对于同一个侵害或损害都要负责，但受害人仅能获得一份赔偿。基于该理由，多重责任应这样地消除，即引出一个连带债务。同时，如果多数行为人之一被单独或压倒性地考虑，则在行为人的内部关系中还存在调整赔偿的可能性。

2. 以过错替代因果关系

183　　　多个责任人中每一人都可能是完全的原因性的。不过，也有可能出现这种情

---

① 侵权法上的数人侵权理论受刑法共犯形态理论影响甚深，此处"正犯（Täterschafte）与共犯（Teilnahme）"本系《德国刑法典》第 25 条所在小节的标题，本书作者在此加以借用。为求准确对应，这里中译也借刑法上的术语一用（后文类似情形亦作相同处理）。依德国刑法主流见解，刑法上的正犯，包括直接正犯（unmitterbare Täters）、间接正犯（mittelbare Täters）以及共同正犯（Mitäters），不包括同时（正）犯（Nebenäters）；但 Deutsch 教授似赞成同时犯是独立的第四种正犯类型。另外，须注意，本章之下的 Tätersschafte 仅指数人皆为实行犯的情形，即共同正犯和同时犯，不含一个人实施犯罪的直接正犯（单独正犯）和间接正犯。因此，在指涉民法上数人侵权形态时，本书将其译为（狭义的）共同侵权。——译者注

② 在德国刑法上，广义上的共犯（Beteilgte）可分为共同正犯（Mittäters），教唆犯（Anstifer），帮助犯（Beihilfe）。而 Teilnahme 仅指帮助犯和教唆犯，日本、台湾地区以及大陆学界一般将其翻译为"狭义共犯"或"参与犯"，在指涉民法上数人侵权形态时，本书将其译为参与侵权。——译者注

况，即其参与他人的侵权行为，并不是完全原因性的，或者是不确定的原因性的。一个不明确的要求，或者一个在效果中分辨不清的帮助，可能并未完全地或确定地产生效果。依据《德国民法典》第 830 条，不存在的或不确定的因果关系可由共同的过错（gemeinsames Verschulden）来取代。共同行为人（Mittäter）、教唆人（Anstifter）和帮助人（Gehilfen）作为连带债务人对全部损害赔偿负责，其中，其他人的原因份额亦被算在他们身上。

二、同时侵权（Nebentäterschaft）[①]

1. 同时侵权的要件

依据《德国民法典》第 840 条第 1 款，对因一个侵权行为而产生的损害并存地负有责任的多数人应作为连带债务人而承担责任。如果某人酒后驾驶摩托车，并撞上了一辆在黑暗中未开警示灯而停放的车辆，从而导致摩托车后座上的人受伤，那么，碰撞双方属于同时侵权（BGHZ 12，213）。其前提是，每个责任人在损害上都是全部原因的，此外还基于这样的认定：不法地、有过错地实现了导致该损害的事实构成的人，都必须被看做侵权行为的行为人。这是广义的行为人概念的立场。基于这样的背景，同时侵权只应作如下界定：两个或多个人对同一个损害负责。每一个同时侵权人都必须导致了该后果，并对该结果独立自主地承担责任。各参与人可能来自于不同方向，或者相继发挥作用。如果一名行人在相继的年份里先后被客车和货车撞伤，且其易受伤害性（Schadensanfälligkeit，第一次事故）促发了持续损害（Dauerschaden，第二次事故）时，则两个肇事司机是同时侵权人（BGH LM § 840 Nr. 7a；BGH NJW 2002，504）。关于同时侵权关系的规定将所有的共同原因联结在一起，至于各行为人之间是彼此认识还是可能彼此认识，则无关紧要。《德国民法典》第 840 条除了适用于过错责任之外，也适用于危险责任以及其他的客观责任。这一点很清楚地体现在帝国法院 1930 年的一个判决（RG Warn 1930 Nr. 108）中，该案中，一个当时失效的扣押证被执行。同时，被扣押的机动车被不当保管，并受到损坏。根据《德国民法典》第 840 条第 1 款，将会产生国家赔偿责任以及依据《德国民事诉讼法》第 940 条的假扣押债权人的客观责任。国家和假扣押债权人是同时侵权人。

2. 法律后果以及行为人内部关系的平衡

同时侵权承担连带责任，并且内部关系里的追偿也需要调整。同时侵权首先作

184

185

---

① Nebentäterschaft 在刑法上被称为同时（正）犯，按照 Deutsch 教授的见解，属于正犯（Täterschafte）之下独立的一种类型。借用在侵权法上，指的是同时侵权。——译者注

为连带债务人承担责任，亦即，原则上每个人都要对全部债务承担赔偿责任（《德国民法典》第 421 条）。多人负担提高了被害人债权偿付的可靠性。不过，当各个因果关系只是有限地重合时，也存在部分的同时侵权。在不同延伸范围的因果关系场合，可能一部分是连带债务关系，而另外的部分是独立的债务关系。同时侵权人仅仅对自己的行为结果负责，其他人的因果关系并不归责于他（BGH NJW 1988，1719）。

三、共同侵权（Mittäterschaft）

1. 故意的共同侵权

186　　《德国民法典》第 830 条吸收了当时刑法的表述方式，即，当多数人通过一个共同实施的不法行为造成同一个损害时，就存在共同侵权。故意的严重性遮盖了对因果关系可能的怀疑。

2. 过失的共同侵权

187　　通说和审判实践追随刑法理论，共同侵权仅在故意时才构成（BGHZ 137，89）。基于刑罚和责任不同的目的，这并无必要，且只有这样才是合宜的，即人们还将过失的共同作用纳入同时侵权和择一侵权领域。

188　　从责任的功能来看，承认过失的共同侵权不存在任何疑问。必要的是因果关系和过错，过错牵涉因果关系，还抵消了对完全因果关系的些许怀疑。这是共同侵权关系的功能。因此前提是，各行为的共同作用以如下方式呈现——各行为人违反了共同负担的或彼此相关的注意义务。例如，多名建筑工人共同将一根梁木从屋顶扔到街上，但没有核实下面有无行人经过。另一个例子涉及医疗辅助人员的差错，而医生在检查中也没有注意到该差错。如果错误的注射器被递到医生手中，而医生也没有核查就进行了注射，那么，女护士和医生对于病人来说构成了过失的共同侵权。

四、参与侵权（Teilnahme）

1. 教唆

189　　依据《德国民法典》第 830 条第 2 款，教唆人和帮助人等同于共同侵权人。责任法以一个扩大的行为人概念为出发点，希望借助于教唆人和帮助人负全部责任这个规则设计，来消除对因果关系可能的怀疑。如果他人被促使去实施某行为，则存在教唆行为。重要的是，被教唆人的行为动因受到了根本影响，例如银行教唆客户不正当地反对兑现授权（Einzugsermächtigung）（BGH NJW 1987，2370）。教唆从概念上说是一种故意行为。如果是教唆去实现行为构成要件，便已足够。例如，某人说服（überreden）警察违反禁令在公众场合开枪，作为教唆者同样要对被射中的旁观者承担责任（RGZ 166，61）。

2. 帮助

如果某人对行为人提供物质上或精神上的支持，则称为帮助。帮助人在因果关系上的贡献有时候是不清楚的，或者至少不是全部的原因；帮助包括推荐指导、提供信息、放哨警戒等。对于提供——只适用于侵犯专利场合下焊接工艺（Schweiss-verfahren）的——粉末的人，是帮助人，而不是教唆人，因为缺乏行为指定（RGZ 101，136）。按照通说，帮助只能故意地作出。不过，当存在不得提供帮助的义务时，责任法的功能允许承认过失帮助。帮助也可能是在精神上提供支持，一种接近教唆的参与侵权。但他人仅仅出现在违法行为的现场不足以构成帮助行为（OLG Karlsruhe NJW-RR 2013，1180（1181））。如果全体住户违背警察的要求仍逗留在那里，并从房子里面扔出石头①，则全体住户都因为给予行为人精神支持而承担责任（BGHZ，63，124）。同样，若一伙人中的某些人在一台起重机上涂上宣传标语，则该起重机的所有占领者都要承担责任（OLG Celle NJW-RR 1999，102）。②

190

3. 事后的参与侵权（Nachtatliche Teilnahme）

从概念上看，教唆和帮助必须先于行为或与行为同时发生。事后的支持与行为并无因果关系上的作用。不过，事后的参与侵权获得两个保护性法律部分地承认，这两个保护性法律就是《德国刑法典》第 257 条和第 259 条针对包庇罪和窝赃罪的刑事构成要件。不过其保护范围限于对法益新的侵犯，因而不包括之前的先行为所导致的损害。有两个指导性的判例：第一个（BGH LM §823（Be）Nr. 4）案例中，一个已婚男人卖掉了 6 辆偷来的大众汽车，其妻子参与帮助了后两辆车的销售。法院判决因帮助欺诈判定妻子以损害赔偿，不过仅限于后两辆车的损失。第二个案例（BGHZ 8，288）中，一个德国人在上西里西亚③交给两个德国战俘一包现金，这些现金应当在规避波兰人征收的情况下被带去西方。但这两个战俘私分了这包金钱。在刑法上，其中一个人被判犯有侵占罪，另一人被判犯有窝赃罪。二人均被联邦最高法院认定为是侵占这项侵权行为的共同侵权人。

191

① 不莱梅市政府欲清理青少年中心却遭到约一百人在召集下进入该房屋抵制，其中两名警察和警车被砸伤或砸毁。——译者根据原案例补充

② 一伙人为了反对对方核垃圾而闯入堆放地示威，而法院则认为其他人至少提供了精神上的支持。——译者根据案例补充

③ 波兰的一个地区。——译者注

五、择一侵权（Alternativtäterschaft）

1. 事实与功能

192　　民法上最常被适用的有关共同侵权和参与侵权（Täterschafte und Teilnahme）的规则是择一侵权（《德国民法典》第 830 条第 1 款第 2 句）。可选择的各个行为人等同于共同侵权人。前提是，未查明多名参与人中的哪一个通过其行为造成了损害。它必须涉及多人行为，其中任何一人都可能是原因性的，但实际上是其中的这一个或那一个是原因性的。以彼此排斥的因果关系的形式表现的侵犯性的事件，是择一侵权的前提要件。

193　　该规则的主要目的是帮助受害人避免举证不能。由于对受害人的同情超过对行为人的同情，所以，可能的各个原因行为被整合成连带债务关系（《德国民法典》第 830 条第 1 款第 2 句、第 840 条第 1 款）。但与此同时，受害人的请求由于债务人数量的增多而变得更有保障。多个债务人在内部关系中原则上应有结算补偿的义务（ausgleichungspflichtig）。当两个游客将摔炮扔向晚间活动现场中，其中一个鞭炮在第三人的眼睛中爆炸（RGZ 58，357），且不能确定，该摔炮究竟是源于哪一个人时，每个扔摔炮的人都作为连带债务人承担责任。在内部关系上，每个人都应承担一半的责任，因此这很容易令替代原因者承担不确定的因果关系上的责任。

2. 一般性前提

194　　《德国民法典》第 830 条第 1 款第 2 句的前提是，每个参与人都从事了一个行为，如果各参与人的行为与侵害和损害的因果关系并不能因其他人的行为而遭到妨碍，那么该行为令其对整个损害承担赔偿义务。其他人必然同样负责，但同样是不太确定的因果关系。前提是，每个参与人都完全负责，即事实构成符合性、违法性以及客观上有责地作出了行为。不过，如果其中一名选择性的参与人行为合法，也尽了注意义务，那么，他就从可能的因果关系的相互作用中退出。猎场雇员和管理员开枪击中了一名非法捕猎者，后者是在禁猎期被发现在猎区，此案中并不确定，究竟是谁击中了狩猎者，因而不考虑责任问题。猎场管理员的枪支使用是合法的。这样猎场雇员的责任也被取消（BGH LM § 830 Nr. 2）。择一侵权也可适用于推定过错责任场合和危险责任场合。例如，多匹拉马车的马脱缰而逃，其中不知哪一匹马伤害到行人，则各马的饲养人依据《德国民法典》第 833 条承担责任（BGHZ 55，96）。

3. 参与（Beteiligung）的概念

195　　"参与人"是择一侵权的核心概念。审判实践长期要求存在一个事实上一致的、时空连贯的过程，而它是由多个独立的不法行为组合而成，且不法的损害结果就发生在该过程范围内。典型的情形是，行人在两块土地交界处结冰的便道上摔倒，两块土地的所有人同样都没有往雪地里撒沙子（BGHZ 25，271）。不过，联邦最高法院放松了该要求。如果一个行人在同一个夜晚被多辆汽车碾压，无法指出是哪一辆卡车造成了损害，则本案即满足上述要求（BGHZ 33，286）。另一个例子，一名事故伤者在送往医院途中再次受到侵害，但无法查清，该伤害归因于哪一个事故，则同样足矣（BGHZ 55，86）。最后，未成年人在扔石头游戏中有人受伤，则协同作战的那一方全体人员对伤者的损害构成择一侵权（BGH LM §830 Nr. 8）。基于此，涉及时间的、空间的、一致的过程关联这一前提要件被进一步去除。

4. 相继发生的交通事故

如果在道路交通中多起事故相继发生，则通常考虑适用第 830 条第 1 款第 2 句。此外，由于机动车强制保险的存在，多个侵权行为很容易被综合起来考虑。在两辆摩托车碰撞后一名当事人躺在机动车道上，并遭到一辆卡车碾压，本案不能确定该严重伤害在哪一次事故中产生，所以另外一辆摩托车的持有人与卡车持有人承担同样的责任（BGH LM §830 Nr. 12）。如果某人在汽车停车处在夜里可能被多次碾压，那么，即便是最后一辆撞到他的车主也要对原因不明的侵害承担责任（BGHZ 33，286）。如果一名事故受害人在被运往医院的途中由于救护车事故再次受伤，那么，第一次事故的肇事者和第二次事故的肇事者作为择一侵权人承担责任（BGHZ 55，86）。 *196*

5. 受害人不是"参与人"

按照一般的处理方式，择一侵权似乎也必须类推适用与有过错规则。由于结构上的原因，联邦法院始终反对：当受害人可能自己造成了损害时，就无必要对其减轻证明责任。为什么只有拥有完全请求权的权利人在其一方才减轻证明责任，此点仍然悬而未决。"择一因果关系上的侵害人"似乎必须要让自己的份额在内部关系中被计入。如以下这个案例（BGHZ 60，177）所示：一名汽车驾驶员可能在自己有过错的事故后甩向机动车道，并在那里被一辆公共汽车压过。由于机动车驾驶员可能是自己导致了第一次损害，因而他享受不到任何证明责任的减轻。 *197*

6. 择一侵权与相当性

关于相当性和择一侵权二者之间关系的审判实践看起来特别不协调。出发点是这样的考虑：即在有过错地导致第一次事故的情形下，第二次事故的可能性在因果关系上就显得具有相当性。当损害不能清晰地归因于第一次事故还是第二次事故时，第一次事故的肇事者应当负全部责任，对他来说，且不应存在任何可疑的因果 *198*

关系，因为第二次事故也必须归责于他（BGHZ 67，14；72，356）。这个之前设计的思路，其很多理由都没有说服力。不同的参与人彼此之间丝毫没有互相平衡的可能性；如果第一个担保人完全没有被保险，那么，受害人可能会遭受尴尬的损失。例如，设想一下，一个骑自行车的人撞到一名行人，摔倒在道路上，在那里又被一辆汽车碾压。不清楚的是，腿部骨折可归因于未被保险的骑车者，还是归责于有强制保险的机动车驾驶员。如果因为躺在道路上的人再次被车压到有相当性因果关系，就让骑车者单独承担责任，则给予受害人以确定的保障这一责任法的调整任务就遭到失败。

7. 第830条第1款第2句的类推适用

199　　审判实践始终将择一侵权人的连带责任视为例外，并拒绝类推适用。它在两个不同方面经受了考验。一方面，在很难调查清楚的场合，它涉及不清晰的行为效果，例如，令大型集会的众多参与者对那种他们仅仅有可能参与而引发的损害承担责任，此时，《德国民法典》第830条第1款第2句不适用。并没有为了要帮助受害人摆脱在多名参与人各行为贡献之因果关系上的证明困境，而类推适用第830条第1款第2句（BGHZ 89，400）。另一个领域涉及基于市场份额的责任。在美国，当来源不明的物质引发损害，比如多个生产者投入一定限量的某种药品，且在损害上所有的生产者都负有责任，如果生产者不能证明，其药品没有导致该损害，则依据市场份额来认定必须负责的部分（Sindell v. Abott Lab. PharmaR 1981，300）。不能将德国法上关于择一侵权的规则裁剪成此种案例类型。

六、多数人责任的法律后果

1. 连带责任

200　　如果多人系作为共同侵权人（Mittäter）、择一侵权人、参与侵权人或同时侵权人而承担责任，则他们是连带债务人（《德国民法典》第840条第1款）。连带债务关系的规制目的是双重的。在此，人们应当区分外部效力和内部效力。作为外部效力的是强调对受害人处境的改善。现在不是有一个义务人，而是有多个可以行使请求权的对象。基于此，受害人请求权的偿付能力得以提升。内部效力指向内部彼此的负担分配。原则上，各连带债务人要分摊损害。也就是说，他们按照一定比例来承担责任。

2. 连带关系中的追索

201　　按照《德国民法典》第426条，若无其他特别规定，则连带债务人之间彼此负等额清偿义务。如果不能从连带债务人之一处取得其分摊的那份责任，那么，此项责任必须要由其余负赔偿义务的债务人承担。除了第 426 条第 1 款这种原初的赔偿请求权之外，还有第 426 条第 2 款上被转移的请求权。即，只要连带债务人之一对债权人进行了清偿，并可以向其余债务人追偿，那么债权人对其余债务人的请求权转移给了他。

原则上，连带债务人按照人数承担责任。不过，在其内部关系中，彼此也有可能有另外的安排。另外的安排可能是合同或法律明确的规定。如下的审判实践十分常见：类推适用《德国民法典》第 254 条的与有过错之衡量规则（RGZ 75，251）。如此，需要查明，损害是否压倒性地归因于或归咎于这一个或那一个连带债务人。这个衡量结果可能导致，连带债务人中的某一个在内部关系中被免除给付（BGH NJW 1980，2349）。例如，在人们想要在整体上为复数行为人设定一个连带责任，但行为人中既有故意又有过失的场合。特别的问题涉及债权人的"与有原因"（Mitverursachung），这导致了整体衡量与个别衡量的难题（vgl. BGHZ 30，211）。此外，对于多数参与人来说，内部的比例关系也要被确定，此所谓针对本人与辅助人（BGHZ 6，26）或者同一辆车的所有人与驾驶人（BGH，NJW 1966，1262）的责任统一体（Haftungseinheit）或行为份额统一体（Tatbeitragseinheit）。

202

第十三章

责任的免除与减轻：与有过错、自甘冒险、免责条款及一般生活风险

一、与有过错

1. 发展与功能

203 　　如果损害产生时受害人的过错也一起发挥了作用，则赔偿责任以及责任范围要取决于具体案情，尤其是取决于损害在何种程度上主要归因于或归咎于这一部分或那一部分（《德国民法典》第254条第1款）。因此，原则上，受害人的过错要与责任构成性的过错以同样的方式被计入。第254条包含了一个衡平规范：对自己损害共同负责的受害人，如果要求第三加害人给予全部赔偿，则构成法律禁止的权利滥用。

204 　　在罗马法和英国法上，与有过错在过失赔偿（Kulpakompensation）或促成过失（contributory negligence）的场合被发展成为责任排除规则。在19世纪，与有过错时的衡量观念开始获得承认：原则上，与有过失会导致损害分配，只有在存在特殊决定性的与有过错的场合，才会导致加害人赔偿责任的完全排除。如今，与有过错开始容纳社会性元素：在许多欧洲国家，当加害人有强制责任保险时，只有受害人存在重大过失（瑞典）或不可原谅之过错（法国）时，其与有过错才会被纳入考量。

2. 指向自己的过错与不真正义务违反（Obligenheitsverletzung）

205 　　长期以来，理论上一直讨论的一个问题是，在第254条的框架下，所要求的是真正的过错，还是仅仅"对自己的过错"。这种对自己的过错同样存在故意或过失

两种形式。不过，该过错的出发点却是另样的：由于加害自己并非不法，因而不存在任何真正的、指向事实构成之不法实现的过错，而仅仅是一种"针对自己的过错"。

之前关于与有过错的毫无成果的争论，由于违反不真正义务的发现（Reimer Schmidt）而变得无足轻重。因为有了这种发源于保险法上的不真正义务概念，第254条中构成要件和过错之间所欠缺的一环被找出。这种共同作用的过错虽然不涉及违法性，但可能涉及不真正义务的违反。法律义务与不真正义务被明确区分：不真正义务是一个有着较低标准约束力的行为安排（Verhaltensprogramm），它首先为义务人自己利益而设置，其次才涉及第三人利益，在违反不真正义务时虽然会导致权利状态的损失，但不会导致赔偿义务。不真正义务在民法中还有其他的地位，例如《德国民法典》第121条第1款中，在有过错的迟延时，撤销权消灭。在与有过错场合，我们区分两种不真正义务。第254条第1款规定的损害阻止性不真正义务。原则上，每个人都有义务尽到通常的注意，来使自己避免损害。如果他没有这样做，那么，他不能要求第三加害人对其损害承担完全赔偿责任。第254条第2款提及债务人减轻损害的不真正义务，即指受害人没有避免损害或减轻损害。同样，在第三人造成损害之后，受害人也应当采取通常的努力，以便减少损害。那种潜在的损害不能令第三人负担费用。摩托车驾驶员应当佩戴头盔（BGH VersR 1983，440），机动车驾驶员应当系上安全带（BGHZ 74，25；BGH VersR 2012，772），行人必须走斑马线（BGH MDR 1977，485）。但是，如果交通事故导致损害发生，则（在条件许可时）被撞的行人应当自己寻求医生治疗，机动车驾驶员有义务自行修复其汽车，等等。当过错只是法律上推定时，联邦最高法院对与有过错不予考虑（BGH NJW 2012，2425）。

3. 与有过错的结构：事实构成、不真正义务之违反、过错

与有过错也允许一个阶层结构，即事实构成、不真正义务违反以及过错。事实构成虽然存在于一般条款中：第254条只提及损害。每个人因而有义务预防自己的损害或者不让损害扩大。该一般条款也允许从原本的责任法范围内执行更为严格的事实构成上的形式。所以，在第254条范围内同样适用第823条第2款违反保护法的加重责任，就如同依据第829条适用公平责任那样。第254条为事实构成要件符合性建立起责任法上的一个镜像：按照平等待遇原则，加害人和受害人应当受到同等对待。

违反不真正义务（Obliegenheitswidrigkeit）涉及实现了的事实构成。它类似于违法性。不真正义务是弱化了的法律义务，在可归责的侵害场合不真正义务会（部分地）导致事实构成的实现。同样，在不真正义务违反场合，也存在违法阻却事由：正当防卫和紧急避险如同社会相当性一样都可以适用。在正当防卫场合伤害到他人的人，在没有过分激烈的情况下弄伤了自己的手，此时，防卫人可以就其手伤

向加害人索赔，并且此项请求权无须受到任何扣减。故意和过失也会作为与有过错而被考虑到。故意自伤的情形比较罕见；不过，它会作为明知的保护性法律违反而呈现（例如，没有穿上规定的保护服）。过失是与有过错适当的形式。此处也适用客观的过失概念：每个人只有当他为了自己利益保持了交往中被客观期待的注意时，才能就其自身遭受的损害向他人索赔。当然，只要事后存在对双方过错的衡量，那么，主观个人的能力也会被考虑到。由于涉及过错，因而相应的责任能力的规则（第 827 条及以下）也会被适用（BGHZ 24，325）。

4. 共同发挥作用的运行风险

209　　《德国民法典》第 254 条中的"受害人过错"不可从字面上去理解。相反，普遍性观点是，必须把共同作用的运行风险和与有过错等同起来。若受害人自身物的危害可能引发第三人的危险责任，则必须将受害人也视为对其自身利益的一种危害。不是说每一个抽象的共同危害都被计入，而只是法律规定具有客观责任的运行风险，例如机动车持有人、动物饲养人等。关于共同作用之运行风险的计入基于平等对待原则：过错和危险责任是我们责任制度的两大支柱。因而，这二者似乎都应当导致共同责任（Mithaftung）。尽管一开始法院只在危险责任场合才考虑共同作用的运行风险，但如今的一般审判实践认为，运行风险在纯粹的过错场合也必须被纳入考量（BGHZ 6，319）。因而，在机动车持有人事故中，与共同作用的运行风险相对应的 1/4（赔偿额——译者注）通常都会被减去。一个升级的运行风险，例如一个有轨电车的双向停车站台①，则起到双倍的决定作用。如果过错和运行风险同时发生，那么，二者要累积考量。它同时适用于双方：如果驾驶过快的机动车与漫不经心横穿马路的骑马者发生碰撞，则汽车一方的过错和危险与马匹一方的过错和危险都要被纳入考量。

210　　与客观责任相对，当无过错的共同原因（Mitverursachung）并非存在于运行风险现实之中时，它也会被纳入计算。这适用于不可抗力场合下道路交通中的自我牺牲（Selbstopferung）的责任（BGHZ 38，270），或者《德国民法典》第 1004 条的消极不作为请求权（negatorischer Anspruch；如第 1004 条中的所有权人的停止侵害、排除妨碍请求权）（BGH WPM 1964，1103）。

5. 与有过错时的衡量标准

211　　《德国民法典》第 254 条第 1 款的表述，只涉及主要的原因行为（Verursachung），这并不具有代表性。虽然按照今天的主流审判实践和学说，首先涉及主要

---

① 德国城市中的电车轨道站台一般没有保护装置，无电车驶过时即为可通行的街道，而且一般是相对而设立对向站台。——译者注

的原因行为，但是其次取决于归责（过错或运行风险）及其程度（RGZ 1969，57）。主要原因行为被理解为重大危险的现实，它有时候也被称为增强了的相当性。在实践中更重要的是按照归责程度来进行衡量：与故意相反，过失一般不被考虑（BGH VersR 1658，672）；重大过错和升级的运行风险显然地要超过轻过错，不过，这并不完全排斥。从一辆运行中的列车跳下去，这种行为的危害性是如此高的与有过错，以致列车的运行风险退居其次（KG VersR 1976，93）。只要过错和危险责任在当事人一方或双方聚集，则它们都应当被累积考量（BGH NJW 1966，1211）。例如，一个有过失的骑车者撞到了一个同样有过失的机动车持有人，那么，虽然骑车者的与有过错必须被考虑，但对于机动车驾驶员而言，其过错和运行风险则要同时被考量。

6. 与有过错的保护范围

不是说每一个自身过错都会导致请求权的减少，而仅仅是本来可能会降低损害 *212* 的行为。更确切地说，损害必须处于不真正义务的预防范围之内。没有系紧安全带的机动车内乘客的请求权，只在系安全带可能会阻止的损害范围内被减少（BGH VersR 1980，824）。在机动车侧翻事故中，未系安全带可能也不会有影响（OLG Hamm VersR 1987，206）。

7. 法律后果

与公平性规范相应，对于与有过错而言，也不存在固定的法律后果。与有过错 *213* 和共同作用的运行风险可能如此之少，以至于完全不被考虑。但也有可能它们是那样地具有压倒性，以至于它们独自就造成了事故，从而排除了受害人的所有请求权。最后，当它们对于损害发生也发挥了促进作用，但并不算很重要的原因时，它们可能部分地排除请求权，例如排除 1/4 或 1/2 的请求权。在实践中，损害会按照份额分配给一方或另一方，例如 3/4 的损害分配给加害人，而受害人由于只有轻过失或轻度的共同作用的运营风险，只分摊 1/4 的损害。在减少损害之不真正义务的领域，也会考虑主观标准。这样，出现了这样的法律规范，即每个人都应当仍接受可期待的手术来减少损害。此种手术必须是简单的、没有危险的，且不会产生任何特殊的痛苦，并且存有治疗和根本性的改善的前景（BGH VersR 1987，408）。但是，审判实践倾向于对拒绝手术（Operationsverweigerung）持宽恕立场，此处明显涉及高度人格化的因素。至少，在一名手术义务人（受害人）因为其妻子怀孕或者缺乏意愿而没有前往医院时，他获得了宽恕（RGZ 139，135）。

8. 法律政策

与有过错的发展历程，是从早期通过过错赔偿（Kulpakompensation）来排除 *214*

请求权，到现行法上的衡量。该期间，在地平线上已经再次呈现出了严格法上
（strengrechtliche）的界限。在许多欧洲国家，在与有过错导致的损害和受强制保
险覆盖的侵害之间，立法或审判实践已经划出了一道绝对的界限。例如，在瑞典，
只有受害人的严重过错才会被考虑；而在法国，机动车持有人责任中，只有不可原
谅的过错才会被作为与有过错来考虑。基于此，强制保险责任形态中的社会因素开
始发挥作用。如果现实中一个家庭供养人的偶然轻率行为，即其在距离人行横道 50
米的地方横穿马路，然后被一辆汽车撞死，那么，这就将会导致其遗孀和孩子持续
多年每年只能获得 3/4 的扶养费吗？在此，镜像性地机械适用与有过错规则难道不
有点过分吗？在我们看来，按照现行法，可以基于加害人机动车有责任保险这种情
况，而采取有利于受害人一方的倾斜性立场。只要加害人有责任保险——正如机动
车事故场合下始终存在的，受害人就应当仅仅对引发事故的、其自身重大过错承担
与有过错的责任。

二、自甘冒险

1. 发展与理论

215　　　　自甘冒险是一个非法定概念，其要件和法律效果都是不特定的、含糊不清的。
这个词从字面上看意味着，即使某人由于他人过错而遭受损害时，前者也仅仅是承
担自己的风险，而不是承担别人的风险。自甘冒险在不特定的方式上与同意（Ein-
willigung）相近。因此，帝国法院指出，自甘冒险必须是通过需受领的意思表示作
为对侵害的同意而实现的。由此得出，在未成年人场合，必须要有其法定代理人的
同意（RGZ 141，262；145，390）。这样一个建构从两方面来看都是不能令人满意
的，因为首先，自甘冒险的行为人并非对侵权行为的同意，而仅仅是同意接受这个
危险；其次，需要受领之意思表示的这个建构显然是过分要求。

216　　　　同意首先描述的是对受害的同意，然后它是一项违法阻却事由。在自甘冒险场
合，行为人还是抱有这样的希望，即，危险可能不会现实化。这种对危险的同意就
是自甘冒险。它并不能排除侵害的违法性。不过，它阻止受害人就其损害获得完全
赔偿。通过这种方式，如同《德国民法典》第 254 条，它受到 "venire contra fac-
tum proprium（禁反言）" 原则的支持，由此，它在衡平法上也找到了其基础。

217　　　　相应地，德国联邦最高法院在 1961 年对自甘冒险作出了正确指引（BGHZ 34，
355）。为的是让自甘冒险开始具有如下效果：自甘冒险不再被理解为责任排除的依
据，而是类似于第 254 条的与有过错，并置于其衡量之下。与此同时，法律行为的
基础遭到抛弃，自甘冒险开始取决于过错要求，即与按照《德国民法典》第 828 条
的年龄责任能力相应，借此，青少年也有可能自甘冒险地作出行为。

2. 自甘冒险的案例类型

在审判实践中逐渐形成了自甘冒险行为的若干典型的案例类型，即搭乘（Teil-nahme an Fahrten）、参加危险活动以及进入他人土地或他人设施中。新近，参加体育竞赛也被纳入其中。自甘冒险一般存在于危险开始时。它在一定程度上展现的是承继性过错（Übernahmeverschulden），因为后来人们一般几乎不能避免那种危险。先后有三个判决指明了该制度的有效范围。在帝国法院的一个案例中（RG JW 2008，744），一名行人为了抄近路而穿越库藏区，不料跌入一个开口的窖井中。法院认定其自甘冒险，因为其偏离了公共道路，因而他没有任何请求权。在联邦最高法院的一个指导性案例中（BGHZ 34，355），一名职业学校学生在放学后，在没有驾照的情况下驾驶汽车，搭车者遭受到严重损害。由于搭车者事先知道这种危险，因而存在自甘冒险的情形，应当适用第 254 条衡量原则。不过，责任人不可将该危险置于约定之中，如同联邦最高法院的案例（BGH VersR 1959，107）所示：一名记者参加年市，免费搭乘了一个大转筒。[①] 当该转筒变慢下来时，其将自己的上身从旋转的筒壁上推开，并跌了下来。此案中，既非免费搭乘导致责任豁免，又非存在自甘冒险行为，因为记者被告知，推开筒壁不会有任何危险。另外，自甘冒险受到保护范围之衡量的限制：其必须已经实现了一种特殊的危险。在进行骑马追逐运动时，一名骑手被另外一匹马所伤，但该危险状况并不是骑马追逐这种运动所引起，那么责任依然存在（BGH VersR 1992，371）。

218

3. 法律后果

自甘冒险的法律后果是根据《德国民法典》第 254 条原则所进行的衡量。自甘冒险可以如此显著，以至于针对加害人的每一个请求权都会被排除。另一方面，自甘冒险可能由于面对的是高度危险行为或者是重大过错而会退隐，以至于无足轻重。不过，通常情况下，自甘冒险会导致削减损害赔偿请求权。

219

三、免责条款

1. 原则和立法规定

萨维尼（Savigny）将侵权法视为强行法，排除合同上的限制。《德国民法典》第 276 条第 3 款禁止"债务人"事先免除其因故意而导致的责任。尽管明确针对的是合同"债务人（Schuldner）"，但是主流观点将此规定一般化于侵权责任之上，

220

---

① 利用离心力将人贴到筒壁上——译者注

并由此引出一个相反结论（Gegenschluss），即所有其他的责任限制似乎都是被允许的。首先，《一般交易条件法》（AGB）已经宣布，以格式条款方式对重大过失责任的限制是无效的。其次，对于许多危险责任而言，如铁路、电力、煤气以及机动车或航空器持有人的责任，禁止通过合同来免除责任（《赔偿责任法》（HPflG）第7条、《道路交通法》（StVG）第8a条第2款、《航空器法》（LuftVG）第49条之规定）。由于这些赔偿责任限定于财产损害，所以，在2002年之前，一直存在这个奇怪的问题，即对痛苦抚慰金的请求权依然可以通过合同来废除。

2. 通过个别约定的免责条款

221　　　合同自由原则上允许通过合同放弃一种法定的责任。合同也可以通过默示的方式来缔结，例如关于有购买意向者试驾过程中的轻过失（BGH JZ 1980，275），或是运动飞行驾驶员简单的过错——他刚取得驾照不久就带着他人一起飞行（LG Frankfurt VersR 1994，1485）。如果一名承租人因轻过失造成火灾损失，则火灾保险公司的请求权被排除（BGHZ 145，393）。前提是，但书不能针对故意侵权，且要与善良风俗相符。通过责任的合同免除，人们同意的不是侵害，而只是损害发生的风险。免责条款展现的是对未来可能之请求的一种契约性放弃，它通过意思表示来实现，且需要行为能力。尽管如此，滥用仍然不能被排除。在未来的立法规制中，人们应当注意，责任废除只能在交换关系中才能被考虑。也就是说，免责条款不应当是法技术性的附加补充，而是达成一致的合同中的成本要素。新近的审判实践指明了这样一种趋势，即针对安全的基本义务的免责条款是不允许的（BGH VersR 1986，766）。《关于消费者合同中滥用条款的欧盟指令（1993年5月4日）》禁止在补偿规则中对人身损害的责任免除（Haftungsausschlüsse）和责任限制，如果它们没有在特殊的协商中作为条件被提出的话。该指令在德国被转化在《一般交易条件法》（AGB）之中，如今它规定在《德国民法典》第305条及以下。不过，该指令是否被正确地转化，仍有疑问，因为德国的规制仅涉及一般交易条件。但无论怎样，违反欧盟法的责任排除，根据《德国民法典》第138条，即为违背善良风俗并且无效。

3. 一般交易条件下的免责条款

222　　　《德国民法典》第305条及以下对合同责任的免责条款进行了多方面的限制。第309条第7项概括性地规定，对因重大过失而违反合同的损害责任免除或限制并不生效。这也适用于侵权性的加害。此外，以违反诚实信用的方式不当歧视另一方的免责条款也不生效。在一个出人意料的条款中的免责条款同样是无效的（第305c条）。原则上仍有待于确认的是，第305条及以下条款将第276条第3款中故意的责任免责条款的禁止规则拓展到了重大过失（第309条第7项）。借此，还以一种不系统的方式对不仅适用于《一般交易条件法》、而且适用于所有约定（Abreden）

的欧盟指令法（Recht der Europäisch Richtlinie）进行了转化。这越过了第 138 条的规定（违反善良风俗）直接导致无效。医院的责任免除约定违反了工会自治法（Standesrecht），且是违背善良风俗的（第 138 条）（OLG Stuttgart NJW 1979, 2355）。依据第 309 条第 7 项 a 与 b、第 305 条，对马术越障赛中一切责任的免责都是不生效的（BGH NJW 2011, 139）。

4. 通过布告、标牌或印刷字样的免责条款

免责条款不少是试图通过下列方式来作出，即在公共活动场合，通过在牌子上 223
所作的布告，或是通过诸如入场券上的印刷字样，以便拒绝赔偿责任。此类责任排除只有当它成为契约内容时才有效。对此必要的是，该布告或印刷字样为参与人所知悉，并且对此默示地表示同意。对于视力障碍、未掌握足够德语的外国人、限制行为能力人以及不专心者，那样的契约绝不能达成。此外，第 305 条及以下条款对此也适用，据此，意料之外的条款，不合理的不利规定以及对重大过失致害等责任的免除，都不生效。关于正常交往安全的保持，例如游泳池浮标的锚定，组织者不能通过公告来免除自身责任（BGH VersR 1982, 492）。

不过，那样的布告或印刷字样也能够发挥法律行为效果之外的效果。只要它能 224
够包含一个有关危险的提示，造访者在明知活动警告的情形下参加该活动，就可成为自甘冒险行为的引子。与字面意义相反，布告或印刷字样并非总是排除责任，而是在有活动风险提示时转到了自甘冒险领域。

四、一般生活风险

最近 10 年，审判实践开始转至这样的立场：对基于一般生活风险的基本责任 225
的特殊后果进行限制。比如，商店盗窃场合的防卫成本（Verteidigerkosten）（BGHZ 27, 140），和一般管理成本（BGHZ 75, 230），以及受害人在受伤后改换职业的成本（BGH VersR 1991, 1293），等等，这些均不可求偿。在法学文献中，这些都是放在"一般生活风险"的视角下进行总结与研究的。

通过回归相当因果关系或规范的保护范围来解释责任限制，这种企图归于失败。 226
在这里，人们也许不得不将"一般生活风险"作为责任限制的依据。在惊吓损害（Schockschaden）场合，人们还要计算诸如正常的心理承受力（BGHZ 56, 163；93, 351），第三者介入时导致的婚姻解体的风险（BGHZ 7, 30, 29, 65），以及诸如破产申请（BGH JZ 1963, 18）和刑事指控（BverfG NJW 1987, 1929）时的社会相当性损害（sozialadäquate Schäden），等等。当然，也有例外：如果一般生活风险的实现是由故意的悖俗的加害行为所引起，此时则具有《德国民法典》第 826 条上的责任，例如 BGHZ 80, 235（未婚妻书面保证，她的孩子将仅会是其与未婚夫所生）。

第二部分
责任构成要件

第一编

过错责任

第十四章

对法益与权利的侵害：第823条第1款

绪论：2002年《损害赔偿法修正法》

这部法律给法律后果体系带来的冲击最为强烈：痛苦抚慰金请求权扩张至《德国民法典》之外的危险责任构成要件以及合同请求权。前提是人身、健康、自由或性自主权受到侵害。通过对《德国民法典》原第847条的废除，将此法律后果的一般调整纳入现行《德国民法典》第253条第2款之中；任何危险责任构成要件都可对其引用。第249条之中的物之损害的计算亦被改变；在物毁损之后，不再实行维修，而仅仅是对必要的金额进行清算，分摊到维修成本上的营业税不再被赔偿。 *227*

不过，新法同样涉及责任基础。不满10周岁的未成年人在道路交通或轨道交通中非故意致害时，其不仅排除自己责任，也排除对其与有过错的归算（《德国民法典》第828条第2款（新版））。第839a条中引入了司法鉴定人故意或重大过失作出不正确鉴定的责任。借此，之前法律情形中基于第823条第2款与第826条的责任上的差异被消除。由于《德国刑法典》第154条和第163条曾被视为保护性法律，因而在过失导致的不实鉴定场合下，它取决于专家宣誓的司法中立的状况。《德国民法典》第825条也进行了根本性修正。通过胁迫或欺诈而导致的对他人性自决的妨碍，现在将不分性别地引起一个损害赔偿请求权。此条规范先前过时的文本措辞可能已经被废除，因为该加害行为归为对一般人格权的侵害和结合刑法上的保护性法律来适用《德国民法典》第823条第2款已经足矣。不过，应当避免彼此矛盾的错误推论。 *228*

在机动车持有人的危险责任（《道路交通法》第7条第1款）或轨道交通公司的危险责任（《赔偿责任法》第1条第1款）场合，如果机动车事故对其来说是不可避免的，则其责任不再终结（直至《损害赔偿法修正法》生效：《道路交通法》 *229*

第7条第2款，《赔偿责任法》第1条第2款第2句），而是延伸至不可抗力的边界。这种关于"不可避免事件"与"不可抗力"之间责任过滤关系的公开新理解，与现行的审判实践相适应，而不再是历史上的理解。同时，机动车持有人责任的保护范围也扩张至免费乘车的乘客，危险责任的责任限额也被统一到一个提高的标准。在《药品法》（AMG）第84条规定的药品责任中，特定药品与产生的损害之间的因果关系通过推定在确定上变得更加容易（首先发生改变的是：LG Berlin NJW 2007，3582，更完善的则出现在联邦最高法院［NJW 2008，2994：Aufhebung von LG Berlin u. KG m. Zust. Anm. Deutsch]）。

一、事实构成要件之结构

230　　　　《德国民法典》第823条第1款奠立了对利益（Gütern）和权利的保护。对其侵害被引向责任构成要件。在此，法律首先对利益和权利进行了区分：法益即被封闭性列举的生命、身体、健康和自由。因而，利益保护是有限的。法益的数量不能通过类推加以扩大。相反，列举的权利被设置的具有补充能力。法律依据所有权的类型来列举所有权以及其他权利。作为此类其他权利被考虑的是绝对权，如同所有权一样，其享有的保护针对一切人，且其效力范围由法律限定。此类权利有质权、狩猎权以及著作权等。此外，直到权利适用时才知道其构成要件界限的框架权也属于其他权利，如企业营业权和一般人格权。

二、法益（Rechtsgüter）

231　　　　我们把关于人的最重要的生命利益称为法益，它虽然是绝对的，亦即针对一切人而被保护，但其并未被设计为绝对权。因此，它是原封不动的，因为原则上它不可让渡。生命利益从事物性质（Natur der Sache）上说就被赋予给了利益的载体，不能转让给他人。

1. 生命

232　　　　人的生命绝对是最高的法益。在《德国基本法》上它被称为是不可侵犯的（《德国基本法》第2条）。杀害行为侵犯的是生命。对杀害的同意原则上是没有意义的（《德国刑法典》第216条：即使基于请求的杀害也是可刑罚的）。不过，现代医学，尤其是重症治疗已经促成了三种现象，其中无条件的生命保护显得受到限制：一方面是安乐死，另外一方面是患者意愿书（Patiententestament）和患者代理人（Patientenvertreter）。

233　　　　在民法上，帮助自杀也没有任何责任基础，要么是由于缺乏主要加害行为，要么是由于自杀者压倒性的自己过错。不过，对他人施加决定性影响，这种影响若能够引起或促成自杀，那么，实施影响者将被理解为杀害行为的共同侵权人。相反，适当的消极的安乐死是被允许的。倘若一个思维清晰的患者拒绝重症特别治疗（Intensivbehandlung），那么仅仅给患者予以镇定或减轻痛苦药物治疗的医生的行为并无不法。此规则也适用于以下场合：如果所谓的患者意愿书在患者拒绝治疗书之前写就，且（现在已丧失意识的）患者之前并未改变其看法。对此，患者家属能够给予答复。倘若现在丧失意志的患者在人格权上已经设定了一个代理人，那么，其代表患者在医治无望的情形下可以代患者作出限制治疗的决定。在最痛苦的死前状态下，可以为了缓解疼痛而缩短其生命，甚至可以在对患者同意之不可推翻的推定下如此去做。倘若有人希望死去，但是其被与其意愿相反地对待，那么也不存在对其生命的侵害。但是，当无权给予治疗时，可能存在对自由的剥夺或是对人格的侵犯。

2. 身体

身体的完整性也受到基本法的保障。我们把对身体完整性的外来侵犯视作对身体的侵害。但是，"身体"这个概念并没有延伸至与身体持久分离的部分。因此，如果冰冻的精子因过错而灭失，则不存在身体侵害（其他观点见：BGHZ 124，52）。在实际应用中，形成了若干典型的案例类型。例如，一方面，交通事故以及对交往安全义务的违反；另一方面，殴打、体罚以及医疗侵犯。对于有意识的医疗侵犯这一案例类型而言，必须要详细地探究违法阻却事由。 *234*

对未成年人的体罚是符合事实构成的身体侵害。从 2000 年开始，《德国民法典》第 1631 条第 2 款进行了修改，在父母适度体罚的场合，它不再受人身照顾权所保护。基于职责而进行的体罚，例如老师对学生的体罚，或者在无因管理时他人进行的体罚，这些均不获承认。 *235*

医疗手术在法技术上为符合事实构成的身体侵害。每一个入侵性的治疗措施都会破坏身体完整性。为取得违法阻却事由，必须要获得患者或其有权照护者（Sorgeberechtigten）的许可（Zustimmung）。经常，患者的同意是通过患者协助治疗的方式而合乎逻辑地授予的。许可不是法律行为，而是作为同意来排除违法性。因而，它不适用行为能力的精准界限。只要患者按照其心智与习惯的成熟度，能够明白入侵性治疗的意义和影响，并且能够评估其自身的治疗许可，即为已足。一般说来，一个青少年在成年前 1 年就具有许可能力（vgl. BGHZ 29，33）。如果患者已丧失意识，则可以类推适用《德国民法典》第 683 条来探究推定的同意。如果医疗手术是基于一种客观上理解的利益，或者原初患者主观上强调的一种真实或推定意思，则该治疗是合理的。 *236*

只有当患者知道，他在哪一点上给予了同意，这种同意才是有效的。只要患者 *237*

没有这个认识，那么，就必须通过解释向其说清楚。此处涉及有关手术方式的信息，还有入侵式治疗的风险说明。原则上，有关入侵式治疗的典型风险和并非不重要的风险都应当向患者说明。在此相互关系中，常常需要告知病人手术治疗和非手术治疗不同方案下疾病的可能走向。只要风险权衡是必要的，那么诊断就必须对患者公开。在特殊例外场合下，由于患者的危险（癌症诊断）或者近亲属的危险（精神疾病），诊断或期待的进程会对患者保密。相反，一个粗暴的过度说明（Übermaßaufklärung）本身也会构成身体侵害，通常也达不到说明的目的。

238　　如果缺乏必要的患者同意或医生未作说明，则医生要承担治疗失败的风险，即，要因为过错而承担身体侵害的损害赔偿以及痛苦抚慰金的责任。虽然说就此而言也存在人格侵害，但它已被身体侵害所吸收。对于患者同意的存在以及说明义务的履行，医生一方负有证明责任，因为这涉及抗辩（RGZ 68，431）。倘若医生未作说明，那么，他要证明，患者即便知道风险，通常也会同意一项紧急的治疗措施（§630 Abs. 2 S. 2 BGB nF.）

239　　实践中，医生责任的主要领域是由于医生的"技术差错"（Kunstfehler）而导致的过失致人损害。在此，涉及的正是违反医疗注意的行为。技术差错既可以是作为（错误的切口、过量的药物等），也可以是不作为（错误诊断、尽管接收治疗但拒绝出诊等）。差错性（Fehlerhaftigkeit）标示了责任依据，因为患者同意所正当化的仅仅是无差错的行为。

240　　身体侵害也可以是之前的行为所致，即使被侵权人在早前那个时刻尚未出生或尚未孕育这种情形。延伸的事实构成要件满足的可能性同样允许对尚不存在的生命和身体予以保护。所以，在联邦最高法院的一则案例中（BGHZ 58，48），一名怀孕6个月的妇女由于交通事故导致胎儿受伤，法院支持后来出生的这名儿童的损害赔偿请求权。而在联邦最高法院的另一则案例中（BGHZ 8，243），一名妈妈在医院生产前在接受输血时感染梅毒，法院支持了该出生时即带有梅毒的孩子提起的诉讼。

3. 健康

241　　对内在生命进程的破坏、对人的身体内部的物理和心理协同作用的妨害，被视为对健康的侵害。通常情况下，对身体的侵害也会导致对健康的侵害。这样，或称为侵害身体和健康，或者更准确地将侵害健康视为被侵害身体所吸收。这样它们即差不多恰好重叠，且外在的侵害具有优先性。

242　　不过，在一个并非无关紧要的领域，健康损害体现为一个独立自主的事实构成要件。案例类型从中毒到传染艾滋病毒或其他免疫系统变弱（比如因为分发的药物效果过强的或错误的药物所致），到心理恐怖直到所谓的惊吓损害（Schockschaden）。在联邦最高法院审理的一个案件中（BGH NJW 1982，699），涉及对身体健康的损害：该案中，用于注射的溶液遭到杆菌污染。这引起了病人寒战、高烧以及胸闷疼痛。健康损害存在于患者所得的败血病引起的休克，并引起了重症治疗。单纯精神健康受侵害的例子是联邦最高法院的一个判例（BGHZ 56，163）：一名女士遭受到巨大心理冲击，因为有人告诉她关于其丈夫因事故死亡的消息。根据联邦最高法院的立场，当心理冲击超过其近亲属在死亡告知时依据经验所预设的健康受影响的程度，则该妇女存在健康受侵害的情形。只有当根据方式和严重程度，某人遭受的心理创伤超越了这个范围（易受惊吓（Schockanfälligkeit）），其健康损害才受保护。

对健康损害区分身体健康损害和心理健康损害是合理的。身体健康的损害，例 　243
如中毒，是一个被界分过的（abgegrenzter）事实构成，其实现即引起侵害。然而，如果心理健康受损，涉及的则是未被界分的事实构成，此时，违法性必须通过个案衡量的方式来确定。身体健康和心理健康的差异以及对心理健康受损治疗的特殊性，很容易从二者在医学上的可确诊性，以及由此导致的个体差异性后果上得出。

4. 自由

《德国民法典》第 823 条第 1 款所保护的自由是身体上的活动自由（Bewe- 　244
gungsfreiheit）。一般性的行为自由（Handlungsfreiheit），即个人依自己所思而行为的权限，则并不包括；后者毋宁是在一般人格权的框架内受到保护。对身体活动自由的侵害构成了一个封闭的（abgeschlossenen）构成要件。与在刑法上不同，过失限制他人人身自由同样要承担损害赔偿责任。在实践中，主要存在三种案例类型：行为人为了实现其（可能是经济方面或性方面的）目的而关押某人；将精神病人过度地固定在疗养院中（BGH LM §823（Ab）Nr.1）；以违反法治国（rechtsstaatswidriger）的方式促使（有权机关）对某人实施行政拘捕或监管（BGH LM §823（Ab）Nr.2）。

三、所有权和限制性的绝对权

1. 所有权

所有权是《德国民法典》第 823 条第 1 款中唯一提到的绝对的主观权利。所有 　245
权是在物权法的意义上被使用：所有权仅存在于一个物，即"有体物"之上（《德国民法典》第 90 条）。所有权人对于有体物享有广泛的权能，以至于他可以自由处理该物，可以排除他人干涉，并对其进行处分（《德国民法典》第 903 条）。当然，所有权也负有义务（《德国基本法》第 14 条），例如在相邻权的规定中，以及在公害防治中存在的相关内容。所有权的侵害存在不同方式。它可以是剥夺物的占有、影响物的本体、妨碍所有权的功能或是废除所有权人的归属。详列如下。

——物之剥夺：占有构成了所有权的主要权能。如果占有被长久或暂时剥夺，则涉及所有权。不过，在所有权—占有二者关系中，适用《德国民法典》第 987 条及以下条款中的特别规则。

——物之本体的侵害：如果物在实体上受到损害，即毁灭或损坏，那么，作为法律上物之支配性的所有权也受到了侵害。物的损害是所有权侵害的最常见例子，例如道路交通中的机动车碰撞。不动产和动产都受到保护。所以，如果一个经营者令其班车在林中道路行驶，则要对路面损坏承担责任（BGH LM §823（Da）Nr. 5）。同样，当一个化工企业排放的含砷的烟雾造成养蜂人的蜜蜂死亡时，也要承担损害赔偿责任（RGZ 159，68）。

——功能侵害：物的利用和享用是所有权人的进一步权能。当物被与交往期待不相符地开发或利用时，所有权也会因此受损害。对于功能保护而言，公认的期待是决定性的，纯粹主观的评价不在考虑之列。例如，不当的伐木造成架在空中的电线断裂，并致使输电中断，由此导致孵卵器中的鸡蛋腐坏，这构成侵犯所有权（BGHZ 41，123）。同样，内燃机船由于桥梁加固工程被迫长期不能离开一条支流，那么，内燃机船的功能就受到了影响，而非一条驳船不能到达支流边磨坊的使用性能受到影响（BGHZ 55，153）。距离卧室不到几米远的地方经营了一家网球场，这会影响到家庭财产的功能（BGH NJW 1983，751）。当水管里存在一种并不令人满意的、无臭无味的螺纹钻油，且只有通过化学方法才能清除时，那么，这种情况下也存在对水管持久的损害（BGH VersR 1995，348）。

——归属（关系）侵害（Zuordnungsverletzung）：最后，所有权在法律上意味着对物的支配，不得通过废止（Aufhebung）或者妨碍（Beeinträchtigung）物的归属来侵害这种支配。这可能通过所有权或质权的善意取得的实现来发生，就如通过合并或混合等来引起所有权原始取得一样（《德国民法典》第 946 条及以下）。因此，若因为缺乏善意而不能根据第 932 条善意取得时，因自己财产与他人财产混合依据第 948 条而取得所有权的不当使用燃油的取得人，因侵害所有权要承担赔偿责任（BGHZ 56，73；NJW 1996，1535）。相反，仅因轻过失而未能识别出出卖人无处分权的人，则其作为善意取得人行为合法。在此，第 932 条作为特别规则优先于第 823 条第 1 款（BGH JZ 1956，490）。

246　　　　所有权的保护范围在不同方面受到限制。这一点在所有人与占有人关系中体现得尤为明显。如果侵权人占有了某物，而该物所有权受到了侵害，则此时存在所有物返还请求权，且第 987 条及以下条款的规定原则上作为特别规范而适用。第 823 条第 1 款的损害赔偿请求权仅仅在例外的三种情形下才被适用：通过法律所禁止的私力或犯罪行为取得占有的（第 992 条）；他主占有人越权（Fremdbesitzerexzesses），即不法占有人甚至逾越了其想象的占有权，例如从非所有权人处租得房屋的承租

人，在住宅里饲养家禽。同样，买卖合同和工程合同中的瑕疵责任也对侵权上的所有权保护范围有所限制。如果一个建筑物被有瑕疵地建造，则既不涉及土地所有权，也不存在一个对无瑕疵建筑物的所有权（BGHZ 39，366）。这一点同样适用于以下场合：某人取得的无建筑物的土地被他人堆满废料，而该土地的容量改变对后来建造的建筑构成了侵害（BGH VersR 2001，462—电炉残渣）。如果一个物在购买后因设计得有缺陷或因配备有制造缺陷的零件而受损，并存在瑕疵担保责任，那么，只有当损害与物的无价值部分不相重叠时，且该无价值部分因物的瑕疵从一开始内附于该物，则存在侵权请求权。否则就只适用买卖法（BGHZ 86，256；117，183；138，230）。

即使是所有权保留买卖中的物的所有权人，以及担保财产所有权人（Sicherungseigentümer），在所有权受侵害时也有损害赔偿请求权。不过，这种损害赔偿请求会受到范围的限制。只有当还能够对其所有权作价时，他们自己才能提出赔偿请求。当受损物的价值在经济上归他人所有时，他们必须为第三人利益清算损失，或者请求向第三人给付。　247

2. 其他绝对权

《德国民法典》第 823 条第 1 款所保护的"其他权利"首先是那些按照所有权的方式而设计的权利。这个补充性的概念涉及支配权。它具有排他的作用。支配权的对象可以是物，但也可以是无体的利益，例如发明或文学作品，最后还可能是人，例如受到父母照护的孩子。　248

按所有权的方式设定的其他权利首要的是定限物权，可以是用益物权（Nutzungsrechte）（BGH NJW-RR 2012，1048 Rn. 8：限制性的私人的役权涉及远程的天然气输送管道），也可以是担保物权。根本上，役权和质权都排除在所有权之外。一位建筑师，在业主的财产崩塌（Vermögensverfall）时，让人拆掉依据第 94 条已经变成新房子根本组成部分的屋顶，则损害了土地债务债权人的"其他权利"（BGHZ 65，211）。物的先占权，如狩猎权和渔业权，都同等地受到物上的保护。所以，猎场佃租人（Jagdpächter）可以向偷猎者就后者猎获的野兽肉的价值请求赔偿。相反，至于被遗弃的幼崽，只有当野兽总量由于偷猎者的非法捕猎受到威胁时，才在该规范的保护范围之内（BGH LM §823（F）Nr. 10）。　249

作为所有权"本质相同的减损"（wesensgleiches Minus）的期待权，同样受到侵权法的保护。它既针对第三人，也针对所有权保留买卖中的卖方和所有权人。不过，如果其解除买卖合同，并使期待权归于消灭（第 455 条），则其行为合法。此外，所有权期待权人针对物被侵夺、物实体或功能受损、归属等皆可诉诸法律保护（BGHZ 55，20）。　250

占有是一种有严格限定的保护范围的其他权利。只有在物权保护可以达至的范　251

围内，占有才会获得侵权法的保护。此点既适用于责任基础，也适用于责任范围。直接占有人针对妨害者具有侵权请求权。擅自在他人停车场停车并造成拥堵的人，一个停车位的所有人可向陌生停车者请求偿还拖车费用（BGHZ 181，233 Rn. 16 und 19；BGH NJW 2012，528 Rn. 6），如果该费用没有被高估的话（BGH NJW 2012，300 Rn. 20；不动产所有权人不当得利请求权依据拖车公司的拖车费用计算）。工程机械由于两天的道路封锁导致不能投入使用，则工程机械的有权占有人对于参加游行示威者拥有赔偿请求权（BGHZ 137，89）。相对于直接占有人而言，间接占有不适用该规则。某人委托运输企业运送一个租来的物，却在运输途中被损坏，则对运输企业没有任何损害赔偿请求权（Ersatzanspruch）①，因为他作为间接占有人，对于直接占有人没有任何占有保护权（BGHZ 32，194）。

252 　　非物质财产权如专利、实用新型、著作权以及给付保护权（Leistungs-schutzrecht），例如表演艺术家的给付保护权，都属于其他权利。这涉及绝对权，权利人对于无形利益即发明、作品或给付享有一种支配。

253 　　在家庭法上必须区分：父母对未成年子女的照护也是一种其他权利，对其侵害则应承担损害赔偿责任。如果孩子被拐骗，花了很多钱才重新找到他，那么这些都是可以要求加害人赔偿的（BGHZ 111，168）。同样，按照长期的审判实践，婚姻的空间—实体范围（räumlich-gegensandliche Bereich）在侵权上受保护。所以，夫妻一方可以要求另一方不让破坏婚姻的第三者进入婚姻住所，或介入夫妻共同事务中去（BGHZ 6，360；BGH LM § 823（Af）Nr. 2）。按照一贯的审判实践，对于婚姻共同体未受损害的连续性，不存在任何"其他权利"。对此，人们列举了两个根据：第三人不可能侵害源于婚姻的义务，因第三者而导致配偶一方婚姻义务的违反，根本上应适用家庭法来定其法律后果。因此，法院驳回了妻子针对与第三者情妇共同生活丈夫的起诉（RGZ 151，159），同样驳回了妻子对第三者的损害赔偿请求，尽管婚姻另一方因其使得婚姻破裂（BGH LM § 823（Af）Nr. 3）。

254 　　关于第三者所致怀孕的孩子出生所引起的损害问题，审判实践的立场摇摆不定。在《德国民法典》第 823 条第 1 款之下，丈夫不得向妻子主张撤销非婚生孩子的婚生性的费用（BGH NJW 1957，670）。不过，在严重的案例中，丈夫可以依据《德国民法典》第 826 条获得救济：即，妻子欺骗其后夫：只有他才是该将出生的孩子的父亲。则其必须要向其丈夫归还所给的抚养费，因为其行为违背善良风俗（BGH NJW 1981，1445）。

255 　　形成权并非任何"其他权利"，因为形成权没有提供支配，而仅仅是构建性地介入某一个法律关系中。同样，债权原则上既没有为权利人提供针对债务人的支

---

① 这里的损害赔偿请求权专指基于绝对权侵害或占有侵害而产生的侵权性损害赔偿请求权，不包括基于合同产生的违约损害赔偿请求权。——译者注

配，也没有为其提供针对给付的支配。因此，从给付对象和给付人两方面看，债权不是"其他权利"。当然，如果债权属于特定的债权人，则他支配着这种法律关系。他能够主张这种权利，并处分它，并在很大程度上对抗善意取得。债权归属于权利人的财产具有绝对的特质，因而被认定为"其他权利"。不过，这种债权被侵害的唯一方式是，该归属被废除。这只有通过善意取得才有可能，但善意取得在债权场合很少会发挥作用，其主要存在于《证券法》中。

成员权（Mitgliedschaftsrechte）同样可以被视为"其他权利"。这不仅适用于商法中法人上的股份，而且首要适用于体育俱乐部的成员资格。在联邦法院的案例中（BGH NJW 1990，2877），当俱乐部董事会违反规则不让其一个成员参加一项体育比赛时，联邦法院认可了后者基于第 823 条第 1 款的损害赔偿请求权。在此，社团的成员资格是由于一个不实答复而根本上（in ihrem Kern）受到侵害，且还具有针对董事会成员个人的请求权。 *256*

联邦法院对一域名注册并未给予法律保护（BGH NJW 2012，2038）。

四、框架权

联邦最高法院并未将过失的致损行为设定为构成要件：在无侵害之损害（damnum absque iniuria）中并不包括过错行为（actio culpa）。但是这在法律实践中被证实为必要的，特定的，一个明确的构成要件并未述及的过错致损行为必须被课以赔偿义务。判决对此创制了两种框架权，即企业经营权和一般人格权。二者都被视为"其他权利"。 *257*

1. 设立与运营业务权

不当的保护权警告（unberechtigte Schutzrechtsverwarnung）推动了营业权的形成。某生产者基于一个不存在的或范围没有如此宽泛的专利或实用新型，强迫其竞争对手停止生产，该生产者被判决赔偿停产的损失（RGZ 58，24）。据此，一个规范首次获得承认，该规范在过失侵害到一个企业的概括财产利益时，给予受害人一个损害赔偿请求权。 *258*

帝国法院为过失侵害财产利益设定了严格的前提条件：侵犯必须是直接指向一个已设立的、经营中的企业的存续。因此，其保护范围仅限于对现有企业最严重的侵犯。这也导致长期以来，除了不当保护权警告以外，只有联合抵制（Boykott）这一种有实际重要性的次类型。后来，德国联邦法院放弃了存续性要求（Bestandserfordenis），只要满足以下要求即为足矣：企业的某一方面的影响力受到损害（BGHZ 3，270）。 *259*

如今，事实构成要件在于对已设立和经营的企业的直接的或与经营相关的侵犯。今日要求的是经营相关性，取代了不确定和不特定的直接性要求。其对他人或机构的侵犯，或较远的事件，都与经营无关。否则，人或者物的保护范围就牵扯得 *260*

过于宽泛。这样，如果企业所有人或者工作人员被杀或被伤害，那么企业仅仅是间接受损，企业的损害可能存在于因葬礼仪式导致的人力资源不足或运营停摆中（BGHZ 7，30；OLG Hamburg VersR 1967，666）。如果一个挖掘机挖断了电线，由于停电事故导致某企业生产中断，那么，对于生产企业来说仅仅存在一个间接的侵犯，但是直接影响到了电力供应企业（BGHZ 29，65）。如果一个电视节目播放到一个公寓酒店的设施，那么，这并没有侵犯旅行社的经营权，虽然该旅行社对于此设施享有占用权（Belegungsrecht）①（BGHZ 138，311）。在所谓的债务人的私人名录中对企业名称的指称，而该名录作为"债务人曝光台"在网络中可被检索，则涉及经营相关性（OLG Rostock ZIP 2001，793）。

261　　　　对企业营业的侵犯虽然仍是一个开放的构成要件，但是在实践中已经形成了若干典型的案例类型。在此，作一个大略的列举：（1）不当的保护权警告（BGHZ 38，200），当针对竞争对手的客户发出这种警告时，则具有特别严重的后果（BGH NJW-RR 1998，331）；（2）负面评价，例如在商品检测中的负面评价（OLG Celle NJW 1964，1804），或者（保险公司——译者根据原案补充）在机动车责任损害（Kfz-Haftpflichtschäden）进行理赔时对汽车出租人作出的负面评价（BGH NJW 1999，279）；邀请他方进行联合抵制（BGHZ 24，200）；某种真实情况的通告，但他人会从中得出不利的结论，例如将他人列入"支付迟缓"的名单（BGHZ 8，142）；《反不正当竞争法》和其他特别法中对营业所提供保护的扩张，例如混淆危险（BGHZ 28，320）和不公平对比广告——有时甚至在商业竞争之外（如在工会下）（BGHZ 42，210 – ÖTV）。

262　　　　企业的设立与营业权也受到宪法的保护。它位列《德国基本法》第14条所有权保障之下。不过，直到今天仍有争议的是将营业权扩张至自由职业领域和工作职位。按照对固定的财产利益予以有限保护的基本思想，这种扩张似乎应该是有可能的，例如在如下场合：通过职业协会发布令某成员蒙羞的声明，或者通过散布谣言使某人丢掉工作职位。同样，渔业权也作为其他权利而受到保护，免受小艇码头运营的侵害（BGH VersR 2007，1281）。

263　　　　德国联邦最高法院大民事审委会（Grosse Zivilsenat）已经确定（BGHZ 164，1），违法且有过错地侵犯他人营业权应承担损害赔偿义务。对象仍是"不当的保护权警告"，它涉及某卫生保健用品的生产者要求被告不使用某三维立体商标。在诉讼期间，法院裁判被告删除该争议商标。之后在反诉中，营业权的保护获得法院确认。

2. 人格权

264　　　　长久以来，个别人格权基于明确的特别规范而获得承认。具体包括姓名权

---

① Y电视台在一家西班牙酒店拍摄了一名游客对该酒店设施不满意的画面。——译者根据原案补充

（《德国民法典》第 12 条），肖像权（《艺术著作权法》（KUG）第 22 条及以下，BGH NJW 2000，2201—蓝天使），著作人格权（《著作权及邻接权法》（UrhG）第 12 条及以下），以及基于对个别人格权立法类推而产生的生平经历权（Recht an der Lebensgeschichte），即未经许可不得传播他人生平经历，或者只有在涉及当代史中人物时，才可未经许可传播其生平经历，最后还有人物性格权，例如通过隐蔽的心理实验而被伤害，如拍摄他人对一个虚设事故的反应。《德国民法典》第 825 条规定的，通过欺诈、胁迫或滥用从属关系来决定的性行为，作为对人格权侵害的特别实施形式，而成为另外的请求权基础。自 2002 年以来，此构成要件不仅保护女性，也保护男性（例如，关于对孩子的抚养义务），同时还涵盖夫妻间强迫性行为的情形。

　　一般人格权是在较晚的时候才发展出来。对名誉的保护，在《〈德国民法典〉第一次草案》中曾包含过，但是并未被《德国民法典》所采纳。由于立法者的这个决定，审判实践很长一段时间拒绝承认一个含有对名誉进行保护的一般性人格权。当时唯一可行的救济路径是对特别人格权小心谨慎地类推。最后，一位德意志皇帝塑造了两个指导性的判例。俾斯麦（Bismarck）的《思考与回忆》的出版者被允许刊登威廉二世在俾斯麦离任时写的信札。该信件不是文学中的创作成果，因此并不受著作权法保护。信件中的人格权保护并不被承认（KG MuW 20/21，251）。Erwin Piscator 在一个剧本中将威廉二世在舞台剧中描述了出来，威廉皇帝对其提起诉讼并最终胜诉。法院认定本案中存在对肖像权的侵犯。由于威廉毕竟还是一个"当代历史人物"，所以这种侵犯存在正当理由。不过，其形象遭到了歪曲，因而他可以提出不作为请求权（KG JW 1928，363）。 *265*

　　在诉诸《德国基本法》第 2 条并结合第 1 条的情况下，法院从 20 世纪 50 年代开始就长期承认一般人格权。即使在极权时期人格自由发展受到限制的印象下，在侵权法中确认一般人格权也是必要的。一个提议应当在《德国民法典》中规定一般人格权及其界限的建议草案，在 50 年代末曾被提出，但是在媒体的压力下没有进一步的结果。 *266*

　　人格权是对人的直接存在以及对人的个别表现形式，要求他人予以尊重和不予侵犯的权利。一方面由于其事实构成的不可限定性，另一方面由于在现代社会中必须经常容忍人格利益受到影响，因而，一个事实构成要件的标准性概括，加上正当理由的例外检验，这样的惯常规范模式并未被采纳。审判实践逐渐诞生了若干重要判例，如同已经显示的那样，这些关于人格权的判决通常被冠以名称，并被当做法律渊源而引用（"Schachtbrief"，"Herrenreiter"，"Alte Herren"，BGHZ 13，334；26，349；31，308）。这种方式从方法论上来说是合适的，因为从衡平法到严格法，必须通过案件情况之比较建立起案例类型，以便在其框架中与特别人格权的事实构成要件相靠近。 *267*

　　在人格权的承认和制度设计上，审判实践走过了两个重要步骤。在责任成立上 *268*

进行利益衡量，即，一方面是受害人的利益，另一方面是加害人以及社会公众的利益（包括维护正当利益（第824条第2款）），应当在二者之间进行衡量。对他人不利的言论，如果它涉及一个公众认为很重要的事件，则真相的不可证实性并不导致有权禁止该言论（BGHZ 139，95 - IM Sekretär）。将新闻法上之勘误当做读者来信刊登，则是以一种不当的方式涉及解释者的利益，因为其没有传达任何个人的态度（BGHZ 13，334）。① 在报道一个学生社团组织的成员退出时，对事实材料不能如此片面地评价，以至于其他成员的形象变得很负面。该结论是源于法益和利益的衡量（BGHZ 31，308）。此后，在特别严重侵犯人格权或者基于严重过错侵犯人格权的场合，德国联邦最高法院还准许具有安抚功能的痛苦抚慰金请求权。这里将非物质损害赔偿限于《德国民法典》第253条（旧版）明确所述的情形并通过《德国基本法》第2条加以限制已经被视为过时（BGHZ 35，363）。在实践中，基于侮辱和大众媒体中卑鄙的诽谤而提起的实施报复的诉讼已经被限定在刑事诉讼中。根据联邦法院的案例（BGHZ 26，349），所谓的男骑士教义在宪法上是被允许的（BverfGE 34，269）。这种救济不仅是对损害的填补，而且满足了一种需要，以便对遭到破坏的权利安定予以重建，以及对严重违法进行赎罪。上述案件中男骑士就是处于这种情况中，他的比赛照片未经允许被用到了一种壮阳药的广告中。

269 "一般人格权"这种框架权对于法律适用而言同样必须只能通过建构案例类型来把握。不过，案例类型建构不是封闭性的。除了迄今为止的类型外，其他的侵害人格行为也要被确认，即新类型也可能被发展出来。迄今为止，审判实践塑造出如下侵权行为的类型：公开信件、机密记录及电话交谈（BGHZ 13，334 - Schacht② 的书信；BGHZ 24，72 - 医生的医疗证书；BGHZ 73，120 - 被窃听的电话交谈）；在私领域秘密录像（BGHZ 24，200），例如对病床上尚有意识的昏迷病人进行偷拍（OLG Karlsruhe NJW-RR 1999，1699）；秘密地偷录磁带（BGHZ 27，284），也包括对剧院演出的偷录（BGHZ 33，20 - 费加罗婚礼）；在广告中使用他人姓名或肖像（BGHZ 30，7 - Kukident③；BGHZ 35，363 - 人参的根④）；诽谤性的或危及声誉的媒体出版（BGHZ 31 - 308 - 老先生；BGHZ 36，77 - 武器商；BGHZ 39，124 - Ausgemolkene Ziege）；带有签名的肖像伪造（BGHZ 107，384 - Emil Nolde）；虚构对当代历史人物的访谈并传播（BGHZ 128，1 - Caroline）；当代历史人物值得保护的私领域，如果其已隐居的话（BGHZ 131，332 - Caroline）；关于犯罪嫌疑人的新闻报道（BGH NJW 2000，1036）；以及不全面的并因此改变当事人供述内容的新闻报道（BGH NJW 2000，656）。

---

① 本案涉及某杂志将一律师函中的内容刊登到该杂志的"读者来信"一栏中。——译者根据原案例补充
② Schacht 为人名。——译者注
③ 德国一品牌名称。——译者注
④ 此案中广告发布者将一教授的名称误用。——译者注

一个必要且值得期待的发展是从一般人格权转化为特别人格权。只有通过这种 *270*
方式，才会导致封闭性构成要件的建构，此类构成要件的实现会征引出违法性，并
导致证明责任倒置。例如，在私领域秘密录音、秘密录像以及不可证明的真正的贬
损性论断，在今天都已经成为封闭性的构成要件，其实现征引了违法性，证明责任
同时发生转移。只有通过特别人格权的建构，在此领域才能够获得推进特别急迫的
权利安全。在这方面，令人惋惜的是，德国联邦宪法法院偶尔在人格权侵害领域通过
宪法适用来进行个案解释（BverfGE 54，208 – Böll）。从而，从一般到特别（Spezielle）
的过渡被从一般到具体（Konkrete）所取代。这本应当是各级法院的任务。

现实导致了一个的确杂乱无章的领域。联邦宪法法院多次介入并撤销联邦最高
法院的判决。欧洲人权法院的一个判决建立了一个悲观的高峰，它又一次撤销了联
邦宪法法院的判决，以保护"富人与美女"。在这里，主人翁是摩纳哥公主卡罗琳
（Caroline）和殴打她的丈夫。

人格权不仅属于实然的人，而且属于将出生的人和逝去的人。死后的人格权为 *271*
的是对先人的纪念，它会因歪曲的描述而受损（BGHZ 50，133 – Mephisto）。保护
范围原则上和生者一样，如果生者同样不希望如基于利益衡量的器官移植可能性中
得出那样努力的话（LG Bonn VersR 1970，715）。商业利益也受到保护（BGH
NJW 2000，2195 – Marlene Dietrich）。这种持续效力的人格权，如果某人未明确转
移给另外一个人，例如通过信件或遗嘱的方式，那么，这种权利由死者的近亲属来
继承（BGHZ 15，249 – Cosima Wagner）。这种持续效力的人格权是死者让与的权
利，并非其近亲属原始的权能（不过参见瑞士的判例，BGE 101 II 177）。如果死者
将其尸体遗赠给解剖学研究所，那么其近亲属对此不得撤回。

未出生之人的人格权是否被承认仍具有争议。应当承认胎儿对将来的人格具有 *272*
请求权。这在有错误的生命（wrongful life）领域有其作用空间：父母有权通过堕
胎不让严重受损的胎儿降生到这个世界。如果医生违反了其通知义务——医生对该
孩童也有该义务，那么，该医生将因为侵犯了未来的人格权而承担责任（否则的
话，就只有父母有索赔权，孩童没有索赔权，BGHZ 86，240；Osterr. OGH
JBl. 99，593），正如法国最高法院大法官会议在 Perruche 案中作出的判决
（Gaz. Pal. 2007，37 ff.，auch in VersR 2008，995 f.）。

3. 信息自主权

在信息自主权被承认为一种基本权利后，它被作为一种新的框架权加以保护。 *273*
该情形尤其是在医疗数据采集以及基因组分析领域对人进行调查时。未经同意的，
且医学上也不适当的 HIV 病毒检测会侵害到这种信息自主权。同样，未经同意的
基因组分析，例如对涉及劳动保护的遗传病、敏感体质或者为查证血缘关系而进行
的基因组分析，都会侵害到这种基本权，并因此承担损害赔偿义务。

第十五章 ◀

违反保护性法律：第 823 条第 2 款

274 　　过错地违反旨在保护他人的法规，则要承担损害赔偿责任（《德国民法典》第823 条第 2 款）。这涉及一种规范性指引的构成要件，该构成要件由保护性法律补充。旨在为他人提供保护的法规，可能被规定在民法中，也可能在刑法中和公法中。例如，民法上的相邻关系保护（《德国民法典》第 905 条及以下），刑法上涉及财产保护的事实构成（《德国刑法典》第 263 条及以下），以及公法上公害防治［《联邦公害防治法》（BImSchG）］都是用于对他人的保护。

一、保护性法律的概念

1. 法规

275 　　法规是指任何一种法律规范（《德国民法典施行法》第 2 条）。只要在实体法意义上，它是一部法规，这就是必要且充分条件，不管它是宪法，是联邦法或州法，或是一个立法授权的行政法令（Rechtsverordnung）（BGH VersR 1987，1014：SchlH Garagen VO）。习惯法也可作为法规。依据通说，法规必须在违反时既已存在。因此，不可以事后确立习惯法上产生的保护性法律。与之相反，审判实践则探究对规定于第 823 条第 1 款中的交往义务的违反。

2. 旨在保护他人的法规

276 　　法规必须具有民法上的保护特质：它必须保护受害人，因违反该法规所致损害必须属于该规范的保护范围。根据《德国民法典》第 823 条第 2 款的措辞，立法者第一次勾勒出了基于保护目的的现代责任法思想。通过这样的语言表述，该规定经过对保护范围的强调持久地影响了责任的发展。此外，保护性规范之违反还包括了价值法学思想的特别运用，因为赔偿限于被保护的目的。

3. 民法的保护特性（Schutzcharakter）

当一个规范要么自始为民法性的，要么在民法上至少获得了转化并提供侵权保   *277*
护时，我们才称之为保护性法律。当该规范专门或首要旨在保护某唯一群体或群体
中的唯一成员时，保护性法律才存在。但是，即便法律想要首先保护公众，但只要
在保护公众之外也着眼于对个体或特定群体的保护，则仍可作为保护性法律来考
虑。这种目的应当从主观上理解，它不取决于法律所产生的效果，而是取决于拟定
的法规目的。

如果一个法规只追求民法之外的保护目的，或是这样的目的居于绝对首要地位， *278*
那么，它不涉及任何保护性法律。例如，当一个法规首先想要维护国家总体的秩序
时，就是这种情况。一个一般性任务经常会通过一部法规来实现，从结果来看，对该
法规的服从对个体也是有利的。不过，这个进一步的效果并不表明它是保护性法律。

审判实践中的一些例子能够用来阐释这个问题。关于妨碍刑事司法罪（《德国   *279*
刑法典》第 258 条）的禁止性规定保护的应当是司法，而不是刑事犯罪人的受害人
（BGH LM §832 Nr. 6）。针对破坏通信设备行为的刑罚威慑，其公布不是为了保
护个体电话用户或电传用户的利益，虽然他们的通信接口会因为作为交通事故结果
的电线杆的倾倒而发生中断（BGH MDR 1977，655）。伪造文件罪（《德国刑法典》
第 267 条）不是保护性法律（BGH VersR 1987，683），但是，诈骗国家补贴罪
（《德国刑法典》第 264 条）、侵吞社保费罪（《德国刑法典》第 266a 条）等条款却
是保护性法律（BGH VersR 1989，262，VersR 1991，1378）。关于赌场应拒绝本
地居民和贫困人士进入，只包含了针对公众的义务（Osterr. OGH JBI 1977，205）。
不过，如果根据法律的建议，赌客被禁止进入赌场，则另当别论（BGH VersR
2008，503）。禁止的自力救助也是一个保护法：如果一辆汽车未经允许停放在一片
私人的土地上，则可请求拖车费用以作损害赔偿（BGH NJW 2009，2530 Rn. 16
und 19；BGH NJW 2012，528 Rn. 6）。

4. 人的保护范围

如果涉及侵权法一个很明确的保护性法律，那么还有进一步的要求，即请求权   *280*
人属于被保护的人的领域。不存在无所不包的民法保护范围，而仅仅是保护单个的
人或某一个群体的成员——其利益在侵权法上受到保护。例如建筑工人受到如下规
定的保护——如果没有建筑控制许可，不得施工建设（BGH LM §823（Bb）
Nr. 1；《德国刑法典》第 248b 条：未经许可擅自使用他人机动车）。保护的应当是
机动车所有人，而不是交通参与者（BGHZ 22，293）。不得深挖自家土地的规定
（《德国民法典》第 909 条），只保护直接的邻居。如果一块土地被过分挖掘，并且
不仅导致直接的邻居土地受到妨害，而且导致与直接邻地相接壤的其他更远的地块

受损，那么，后者的所有人不在受保护的人范围之内 （BGHZ 12，75），同样，土地的购买人也很少受保护 （BGHZ 103，39），但土地的期待权人属于被保护的人 （BGH NJW 1991，2019）。

5. 物的保护范围

281　　事故和由此而产生的损害必须处于规范的保护范围之内。保护规范不会涉及每一个受损的利益，而是仅仅针对特定的损害而保护受害人。只有该特定的损害产生时，才会负有损害赔偿义务。《植物保护法》旨在保护植物免受农药危险的副作用，而不是保护植物免受植物保护药物效果不足的后果 （BGH VersR 1981，636）。某少年人被违反《青少年保护法》地出售了酒精类饮料，其由于酒后忘乎所以的行为而自伤，并遭受了损害，但是该损害并不属于《青少年保护法》的保护范围，只有那些作为因享用酒精的典型后果的损害才属于该法的保护范围 （BGH MDR 1978，918）。当一个建筑企业违反规范没有封闭一个建筑工地，也没有进行标识，一名未被警告提示的行人由于压力管道爆炸而受伤时，该损害同样不属于该规范的保护范围，因为隔离和标识的义务不是为了预防此类事故 （BGH MDR 1974，745）。

二、保护性法律的类型

1. 抽象的危险规范

282　　如果抽象的危险规范被宣布为保护性法律，侵权法的责任范围就会因《德国民法典》第 823 条第 2 款而显著扩大。抽象的危险规范是行为规范，它要求在时空和内容上有所限定的行为，以便防控立法者预见到的危险。安全规范和道路交通规则是典型的抽象危险规范。当法律规定道路上靠右行驶，或遇到停车指示牌即停车时，基于此即通常被用于公共的道路交通安全。如果这些规范被违反，则违反保护性法律的责任基础原则上便已具备。在抽象的危险规范场合，只要是对于行为规范的违反有过错即为已足 （BGH VersR 1987，1014）。对权利或法益的侵害不需要被预见到。的确，存在保护纯粹经济利益的保护性法律，例如针对诈骗和勒索的规定。由于截短的过错关联——仅指向违反保护性法律的行为，因而，故意侵害行为相对而言更经常地和更快速地被认定。对此可举两例予以证明。第一个例子，如果有人违反《炸药法》，将炸药储存在其地下室，并导致爆炸，那么，由于违反规定的炸药储存，这里就存在一个故意违反保护性法律的行为 （BGH LM §823 （Bf） Nr.4）。第二个例子，如果拖拉机驾驶员没有驾照，违法地碾压了一个骑车者，那么，这里存在故意违反了只有拥有驾照才能驾车这一规定的行为即为责任基础 （BGH LM §823 （Bf） Nr.9）。

2. 具体的危险规范

大量的保护性法律首先禁止的是针对法益或利益的具体危险。对于具体的危险 *283*
必要的是：某人以不被法律或交往观点所允许的形式和方式过度地接近他人的法
益。道路交通中危险行为的禁止性规定（《道路交通法》第 1 条第 2 款）即属于这
里诸如《德国刑法典》中关于过失致人死亡罪、过失伤害罪或故意损坏财物罪的规
定（《德国刑法典》第 222 条、第 229 条、第 303 条）。一般说来，具体危险规范的
保护范围（既涉及人，也涉及物），与《德国民法典》第 823 条第 1 款中的责任范
围相符。如果某人在道路交通中过失地致他人身体受伤，那么，原则上不仅可适用
《德国民法典》第 823 条第 1 款（人身伤害），也可以适用同条第 2 款和《德国刑法
典》第 229 条（过失致人伤害罪）。然而，由于一致的保护范围，依据《德国民法
典》第 823 条第 2 款首先要引入责任法中的具体危险规范之责任，相对于《德国民
法典》第 823 条第 1 款上原生性责任规范之责任，应当居于辅助性的地位。

三、保护性法律的示例类型

1. 安全法规

在制定法中，保护目的的抽象的安全规范越来越具体。《技术性生产资料和消 *284*
费品法》（GPSG）以及《药品法》即为例证。当然，行业协会关于事故预防的规定
并非保护性法律（BGH VersR 1982，501）。不管怎样，在雇主和雇员之间，基于
人身损害的请求权，由于《社会法典》第七卷（SGB VII）第 104 条及以下的规定
实际上被排除。当一个非本企业的人因为违反事故预防规定的行为而受伤害，例如
洞口未进行安全防护，导致有人跌落，则也缺少保护性特征（OLG München
VersR 1976，585）。

2. 道路交通规则

道路交通规则，可能颁布于《道路交通法》（StvG）中，或可能被行政规章制 *285*
定者确定于《道路交通条例》（StVO）或是《道路交通许可条例》（StVZO）中，
也可能通过交通标识来设立，都构成一般性的保护性法律。例如，限速规定（BGH
VersR 1972，558：某建筑工地限速 30 公里/小时）以及靠右行驶规则（OLG Celle
VersR 1981，80）都是典型的保护性法律。就涉及人的保护范围而言，道路交通规
则首先保护交通参与人。例如行人在横穿机动车道时在禁区停留而被车撞伤（BGH
VersR 1983，438），或者被一辆警察的紧急任务车撞倒，该车虽然闪烁着顶灯，但
没有打开警笛，并且不顾停车指示牌继续往前行驶（OLG Düsseldorf VersR 1978，

744）。交通线附近的居民同样也受到保护。例如，某建筑企业第二天要开始在某地点开工，则其门口的禁停指示牌是一项有利于它的保护性法律，但第二天该企业迟了一个小时才能开工，因为有人在那里停车（LG München I NJW 1983，288）。

3. 《德国刑法典》

286   对于刑法规范的保护性特质而言，其取决于，该规范是仅仅保护公法秩序还是也保护私人利益。只有当私法益被该规范明确保护时，才会也存在一个保护性法律。例如，针对侵害生命、身体、所有权和财产的犯罪构成要件构成了对个体的保护。不过，只要司法通道确保不被扰乱，就不存在任何有利于私人的保护性法律。这一点在包庇罪（Begünstigung）、妨碍刑事司法罪（Strafvereitelung）以及窝赃罪（Hehlerei）三个领域的目的差异上体现得特别明显。包庇罪（BGH MDR 1968，573）与窝赃罪是有利于相关个体的保护性法律（《德国刑法典》第257条、第259条）。《德国刑法典》第266条尤其能够在公司法上实现其意义（BGH NJW 1999，2817）。相反，针对妨碍刑事司法罪的规范只体现一般利益。人的保护范围在诬告罪上也受到限制：本条中，受到保护的是嫌疑人，而不是亲属，比如因基于诬告罪的刑事调查而遭受精神崩溃（LG Hamburg NJW 1969，615）。对于在法庭上宣誓的鉴定人，一个过失的不实鉴定的作出并不违反宣誓规范（《德国刑事诉讼法》（StPO）第79条，《德国民事诉讼法》（ZPO）第410条；BGH MDR 1968，398；BGHZ 42，313）。刑法规范对与他人一起违反该规范的人并不发挥其保护目的。如果立法者意图保护某个人，并且在该人并不想要被保护时便施以刑罚，这似乎很荒谬。基于此，《物价冻结法》（Preisstopverordnungen）（BGH LM §823（Bf）Nr.6）以及《货物汽车运输法》（Guterkraftverkehrsgesetzes）（BGH JZ 1964，426）中的固定报酬规定都不是保护性法律。

4. 《德国民法典》

287   民法上的许多规定也被视为保护性法律。这一点在物权法上、尤其是相邻权中表现得特别明显，例如禁止深挖或不被允许的自力救济等规范（《德国民法典》第909条、第858条；BGHZ 12，75；20，169）。

不过，按照长期的审判实践，家庭法上的规范并不包含任何明显的侵权法性质的保护性法律。由于家庭法规范具有的特殊人身属性，家庭法中的法律后果被封闭性地列出（BGHZ 23，215；80，235）。基于此，配偶一方不能因为婚姻破裂或其他有损婚姻的不端行为而向另一方配偶或第三者请求损害赔偿。

5. 工商管理法和社保法

288   《工商管理条例》和《工商管理法》的规定包含保护性法律的情形并不少见。

以这种方式，它们也可以在法律途径中被个人行使。例如，如下即是有利于债权人或竞争者的保护性法律：外国法人在国内开设企业前应当获得政府许可的规定（BGH MDR 1973，1014），或者，关于药物仅能在药店销售的规范。一个卫生用品商店的店主出售可分的（止疼）药片（Spalttabletten），此举违反了保护性法律（BGHZ 23，184）。有时候，属人的责任范围也会被精准描述。例如，雇员社保费被雇主非法扣留的犯罪构成（《德国刑法典》第 266a 条），即为有利于社保享有者的保护性法律（BGHZ 134，304；NJW 1997，133）。不过，雇主或有限责任公司的经理个人也是负有责任的（BGH VersR 1969，637；1981，529）。《有限责任公司法》（GmbHG）第 64 条的破产申请义务并不是保护性法律，因为对于保险费请求权的债权人地位并非基于破产申请义务之迟延，而是基于强制保险的劳动关系（BGH NJW 1999，2182）。倘若一个有限公司的经理没有缴纳社保费，那么，根据作为保护性法律的《德国刑法典》第 266a 条，他将负有侵权责任。另外一个例子，若根据旧有规则，赌场有义务对进入赌场之人是否属于禁赌人员进行核查，但对于在自助游戏大厅的赌博则无须核查，如果法院改变了这一规则，那么在其变更公布之前，赌场可信赖旧有的规则（BGH VersR 2008，503）。同样，当一个昏迷病人的护理人员鉴于在安乐死问题上刑事庭和民事庭与未成年法庭的相反的立场，而未考虑法院的要求时，其也被免责（OLG München GesR 2006，527）。

四、过错

1. 作为过错责任的保护性法律之违反

《德国民法典》第 823 条第 2 款清楚地指明，单纯违反保护性法律并不足以导致责任。违反保护性法律并不会成立任何客观责任或危险责任。根据保护性法律的内容，如果没有过错也可能违反该法规时，则赔偿义务仅仅在过错的场合下才产生。当然，如今只有很少的保护性法律可以在没有过错的情况下被违反。　289

2. 故意和保护性法律

保护性法律可被这样理解，即它只可能被故意地违反。这首先适用于《德国刑法典》中的保护性法律：只有当《德国刑法典》第 253 条（敲诈勒索罪）物的、人的事实构成要件完全满足时，对于通过约定抚养费的形式而实施的勒索行为，才能要求损害赔偿（RGZ 166，40）。此外，源于该法律领域的故意的界定也被民法所接受，例如刑法中对禁止性认识错误采取的过错理论（Schuldtheorie）。在刑法上的强制（Nötigung）场合（《德国刑法典》第 240 条），行为人在良心紧张时可能已有意识，就足以构成行为不法。在现行法上，不法意识不再必要（BGH JZ 1963，　290

218）。不过，在我看来，必须根据客观类型化的注意标准来判别可避免性，因为这涉及损害赔偿（此点在 BGH VersR 1984，1071 这个判例中悬而未决）。

若保护性法律是刑法条款，则也可以用刑法中间接故意（bedingter Vorsatz）的概念。这样行为人对结果采取放任的态度或是对结果是否发生不管不顾，则可以满足间接故意的要件（BGH VersR 2013，160，162）。

291   不过，虽然违反保护性法律可能出于故意也可能出于过失，但特殊的制裁，例如附加刑，有可能只在故意违反时才适用。这样的话，故意要求仅仅对应于特殊的法律后果；而违反保护性法律在过失场合下也是可能成立的。例如，《艺术作品著作权法》第 22 条保护对自己肖像的权利，该法第 33 条规定，对于故意侵犯肖像权的行为有可能适用刑罚，据此，刑事制裁仅仅取决于故意。未经同意过失地展示他人肖像的人，虽然不会遭受刑罚，但仍然会因为违反保护性法律而承担损害赔偿责任（RG JW 29，2257 Nr. 4）。什么时候故意是保护性规范之违反本身的前提，什么时候故意只是特殊法律后果的要求，这需要通过解释来查明。保护范围和拟定的制裁具有决定性意义。

3. 过错关联

292   正如第 823 条第 2 款第 2 句被理解的那样，此处的过错仅仅指向违反保护性法律本身。根据其涉及的是一个抽象的还是一个具体的危险规范，过错针对的是一个纯粹的行为，或是危险的最小化。由于简化的过错关联，在抽象危险规范场合，过失相对容易被认定，甚至故意也会相对容易被认定，因为规范的违反，以及要求的行为没有做到，一般都是可辨认的或被认定，例如超速驾驶的场合。

4. 外在和内在的注意

293   保护性法律所要求的行为表达的是外在的注意。通过抽象的危险规范，规范的制定者自己确定了所要求的行为。不过，对于具体危险规范转换时也适用类似内容，在具体的危险规范时，危险需要具有适当的范围。在保护性法律违反的场合，对于第三阶段，即在过错时，只需要考察内在注意是否被违反。外在注意的违反已经被认定。

294   由于在事实构成要件中采纳的是对外在注意的违反，并且受害人对此项事实负有证明责任，因而，一般说来，在抽象危险规范被违反的场合，内在注意的违反可以（从外在注意的违反）推定出来（BGHZ 116，104）。根据审判实践，当保护性法律被违反时，（作为剩余部分留下的）过错，亦即内在注意的违反，将会被认定。这溯源于外在注意和内在注意的共同作用。按照规范的强度，对表见证明的认可一直可以达到证明责任倒置的程度（最后判例：BGH VersR 1985，452）。

5. 客观过失

对于《德国民法典》第 823 条第 2 款的责任而言，客观类型化的过失即已足 *295* 够。同样，只要刑法上的某个保护性法律被认可，那么，违反客观上必要之注意即会引发责任。与其他一样，可指责性一般也不是法规违反的前提条件，而是特殊法律后果（如刑罚）的要件。所以，帝国法院裁决，当一个房屋所有人违反规定没有为一个采光井安装铁栅栏时，诸如业务上的笨拙、低教育水平、时间仓促以及其他若干基于个人的理由，并不能使其获得宽恕（RG JW 13，373）。

五、违反保护性法律之功能

1. 形式功能

——从主观权利转为客观法：《德国民法典》第 823 条第 1 款保护法益和绝对 *296* 权免受侵害；而第 2 款扩展了这种保护，只要违反客观的法律规范是构成要件现实化的对象。

——改变之特点：第 823 条第 2 款将其他法律领域的保护规范调节到责任法中。从而，这样的规定有助于理性和经济的立法，因为第 823 条第 2 款替换了大量的具体责任构成要件。构成要件限制的任务在保护目的和保护范围两个方面得以实现。

2. 实体功能

——保护对象：私利益。《德国民法典》第 823 条第 1 款仅仅保护列举的法益 *297* 和绝对权，而第 823 条第 2 款却并未列明保护对象。一种少数观点主张，即使在这样的场合下，必须有法益或主观权利受到侵害。多数观点和判决则认为，任何一种私利益都可以作为保护对象。从而，财产在此范围内也获得一般性地保护。但是，就此而言特别需要注意保护范围。

——保护前置：从《德国民法典》第 823 条第 1 款中只可推导出具体的危险性规范，而在第 823 条第 2 款中，经常有抽象的危险规范被考虑为保护性法律。基于此，法益和利益的保护一般会被提前。例如，在夜晚荒凉的道路上，某人驾车超过了最高速度，并在那里撞到了一个难以发现的奔跑着的醉酒者，这种情况下，驾车者因违反抽象的危险规范而承担责任。

——简化的过错关联：在《德国民法典》第 823 条第 2 款场合，过错关联指向保护性法律的违反。如果保护性法律已经禁止了一项抽象的危险，则故意或过失违反该抽象危险规范就已足以导致责任。从而，归责经常会提前到一个较早的时间点。

——过错推定：如果一项要求特定行为的抽象的保护性法律被违反，那么，行为人没有尽到外在注意。此时必要的内在注意之违反就可以推定，以至于加害人必须主张和证明存在若干足以推翻其有过错的例外情形（BGHZ 51，91；BGH NJW 1992，1042）。由于涉及内在注意，行为人也处于更有利的地位去为自己洗脱过错嫌疑。如下的证据即属于此类，即对保护性法律可能的不知情并非出于其自身过失（BGH VersR 1956，158）。

298

——关于损害因果关系的证明减轻：原则上，请求权人要对构成请求权基础的事实承担证明责任。对保护性法律的违反造成了受害人要求索赔的损害，这一事实即属于此类。然而，当损害位于保护性法律的预防范围或保护范围时，人们会在证明标准上迁就受害人一方。根据审判实践，生活经验支持，违反法律是损害的原因。因此，对于因果关系，审判实践要么实行证明责任倒置，要么采纳表见证明（原则性判例，BGH VersR 1985，452）。如果规范同时包含意图避免不明证据情势的内容时，由加害人承担因果关系不存在的证明责任。倘若供水设备的持有人违反《饮用水条例》，没有对水进行任何检验，但水污染物的数值并不清楚，那么，该持有人必须证明，允许的最大值并未被超过（BGH NJW 1983，2935）。审判实践一般会采用表见证明。保护性规范的贯彻会因为这样一种方式的侵害而遭到阻碍，从这样的经验出发，关于违法性关联的表见证明（prima facie）得以完成（BGH NJW 1988，1383：故意伤害（《德国刑法典》第 227 条），以及有严重后果）。对此，有两个例子可供说明。第一个例子，某人骑了一辆借来的、没有车闸的自行车，发生了一起事故，在不能证明损害到底是因为骑车人没有留神引发的，还是因为车子没有车闸造成的时，借用人承担责任。"如果一个法律规定的行为应当降低特定的危险可能性，并且在个案中，既要确证法规被违反，又要确证被竭力避免的危险变成现实，那么，生活经验当然会赞成，法规违反就是损害发生的原因"（BGH VersR 1968，1144）。第二个例子，某人驾驶一辆卡车，由于燃料不足无法继续前行，驾驶员也不能将车准确地停放在路的右侧，并由此最终导致一起碰撞事故，这里又出现这样的问题，保护性法律要预防何种损害，按照审判实践，表见证明支持法规违反作为损害的发生原因（BGH VersR 1969，715）。这两种解决方案中的实际差异在于推翻推定的可能性。在表见证明场合，关于事物发展的其他典型进程之重大可能性已经被表面证据所排除；而在证明责任倒置场合，行为人必须就反证承担完全的证明责任。

第十六章
悖俗致害：第 826 条

一、第 826 条的功能

1. 一般条款与兜底性构成要件（Auffangtatbestand）

《德国民法典》第 826 条包含一个侵权法上真正的一般条款，因为任何以悖俗 *299*
方式故意造成的损失都要被赔偿。因而，它不像第 823 条那样限于对法益、主观权
利的侵害或对保护性法律的违反。第 826 条这样的一般条款面临两个对立的危险：
不确定性或后来的政策调整。一般条款可以如此地不确定，以至于其给法律适用设
定了谜语。相反，在阶层结构的后期阶段，它也可能遭受过分的限制，而这将会扭
曲其基本特征。第 826 条是被侵权人的第二个危险，因为只有故意造成的损害才被
赔偿，而违背风俗的特质又被限制性地解释。所以，第 826 条是一个兜底性构成要
件的结构。

2. 特殊目的：压制功能和发展功能

悖俗与违法性的关系是矛盾的：有时候悖俗被视为比违法性多一些的东西，有 *300*
时候又被视为比违法性少一些的东西。这并不奇怪，因为在不同的适用领域，悖俗
既可以发挥削减违法性的功能，也可以发挥增补违法性的功能。压制功能在用词上
意义明确，即一个形式上的法律地位不得以悖俗的方式加以滥用。悖俗会击败法律
上的权限。这种悖俗提出了特殊要求。例如，如果一个通过隐瞒事实而取得的或违
背诚信获得的判决应当被执行，则存在悖俗。因而，当一个扶养费判决是通过对虚
假资格的确认而作出的时候，这个扶养费判决即遭到了悖俗地滥用（BGHZ 26，
391）。

在发展功能中，悖俗是作为即将成型的违法性而出现的。如果一个行为如此新 *301*

型，以至于这种加害行为还没有被立法者贴上违法性的标签，那么，我们将其诉诸悖俗的情形并不罕见。它要求道德上的反感以及专门的悖俗性之无价值判断（Unwerturteiles der Sittenwidrigkeit），以便宣布这种新型行为是不被允许的行为。这一点在交易上的法律保护中体现出特别的利益。在这方面，对他人成果的滥用（"搭便车"）一般都会被视为悖俗行为，以便以后在法律上被禁止。唱片的复制（RGZ 73，294），在无线电广播中播放歌剧表演（BGHZ 33，20），以及通过无线电广播对小型歌舞演员的演唱进行录制（BGHZ 39，352），等等，这些均系发生过的实例。对时装模特的衣服样品进行仿造也属于悖俗的情况（BGHZ 60，168）。如果一个调研报告包含了一个"口罩"①，即调研者未经主办者的同意就不得发表其调研成果，那么，这违反了《德国基本法》第 2 条第 1 款和第 5 条第 3 款，从而具有悖俗性。

二、第 826 条的事实构成

1. 悖俗行为：定义与基本类型

302　　第 826 条的事实构成首先是一个违背善良风俗的行为。至于违背善良风俗是什么意思，直到今天仍然含义不明。早期，人们将善良风俗或者理解为与道德等同，或者相反，将其理解为社会学意义上的行为规范。帝国法院将这两种立场结合起来，选择"所有公平与正义之思考者的礼仪感"作为标准（RGZ 48，114）。这样一个屡屡被攻击的公式在今天由于可能的误解几乎不再使用（例外是 BGHZ 129，136（172））。② 如果人们翻阅史料，就会知道，上述公式最初使用的是"无信义的"行为这样的表达，而这个词来源于拉丁语"legalis"（正义）。由此，悖俗行为更多的属于法律内的领域，而非法律外的领域。与善良风俗的功能相应，善良风俗要么是文明国家共同生活的基本原则，要么是从利益分析中获得的一种不成文法。法官不需要利用理想人的想象，而是他可以自己说，他认为哪些是绝对正确的。

303　　《德国民法典》在多处使用违法性与悖俗性的相互协作，如在侵权法中第 823 条、第 826 条中所显现的那样。它同样出现在法律行为的无效（《德国民法典》第 134 条、第 138 条），以及当给付的目的被确定为受领人通过其受领违反法律禁令或违反善良风俗时，不当得利的返还请求权（《德国民法典》第 817 条），以及基于国际私法上的保留条款对外国法的不予适用等（原《〈民法典〉适用法》第 30 条）。最后一个规则在 1986 年被一个新的条文（《〈民法典〉适用法》第 6 条）所取代，"悖俗"这种表达被下列表述所替换：当外国法"与德国法的基本原则明显冲突

---

① 比如狗、马的口罩，防止其咬人，此处为禁言的意思。——译者注
② 原文脚注为 BGHZ 129，138（172），系笔误，此处予以修正。——译者注

时——尤其是当该外国法的适用与基本权相冲突时"，该外国法不予适用。从表面上看，法律的基本原则尤其是基本权，取代了善良风俗的位置。需要注意的是，依据《〈民法典〉适用法》第 3 条，该法第 6 条处于欧盟法优先效力的保留之下，但是在目前的规定中，《罗马规章Ⅰ》第 21 条与《罗马规章Ⅱ》使之涉及司法国家的公共秩序（ordre public）。

基本上，有三个基本类型的行为是悖俗行为：欺诈、对他人意志不当施加影响以及对法律地位的过分介入。如果实施信用欺诈或者与他人恶意串通，或者如果某人被胁迫，或者利用其垄断地位排斥某人加入一个对其来说极其重要的社团，这些场合下都存在悖俗行为。该类型化也明显使得《德国民法典》第 826 条近似于《德国民法典》第 123 条的撤销。 *304*

2. 悖俗的主观特征

悖俗行为绝不是单纯的客观事件。只有以某种方式参与到行为之可谴责性的人，其才存在悖俗的行为。根据众多漫无方向的审判实践，应当提炼出如下立场：只要悖俗行为人对给其行为盖上悖俗烙印的情形有认识，即为已足（RGZ 159，227）。只要他已经认识到实际领域，就足够了；一个认识错误，如果可归责于行为人，则不能使其免责。据此，一个复制新款式的人，即便他可能深深地确信其有这个权利，其行为也属于悖俗行为，只要他认识到这是新款并加以抄袭，这就足够了。 *305*

3. 加害行为与保护范围

第 826 条保护每一种利益，既可以是财产权利益，也可以是精神性质的利益。因而，这里的损害不仅仅指财产损失，也包括非财产性损害。例如，某商人转让其生意，以使自己无财产和无收入，从而以此不必实现扶养请求权，在此场合，行为人造成了一项财产损害。参与该转让交易的人，其行为悖俗，从而应当对扶养请求权人损失的生活费予以赔偿（BGH LM §826（Ge）Nr.2）。不过，悖俗行为必须是损害的发生原因，对此，受害人承担证明责任。在一判例（BGH LM §826（Gi）Nr.14）中，受害人并未成功做到这一点：一名银行代理人抛弃了其妻子，并搬去和其情妇同住。一份由其雇主为其订立的人寿保险合同开列了保险单的持有人，即该男子的情妇。后来该男子死亡。其遗孀对该情妇提起诉讼。法院驳回了该诉讼，因为损害并未确定。如下并未获得阐明，立遗嘱人想要令其人寿保险有利于其妻子。而它原本也可能已经进入遗产程序。 *306*

按照早期的观点，《德国民法典》第 826 条并未受到保护范围衡量的限制：欺诈毁灭一切（Fraus omnia corrumpit）。不过，审判实践转而开始在具体的关系中强调人的保护范围。联邦最高法院的一个判例（BGHZ 96，231）具有指导性：因 *307*

滥用增资导致破产延宕的《德国民法典》第 826 条之责任只属于新股的买受人。在破产延宕期间从第三人处受让的老股东，虽然根据企业的形势为此支付了高价，但这些股东不属于该规范的保护范围。不过，《德国民法典》第 817 条第 2 句可以适用的范围，并不受到限制。据此，本身有悖俗行为的受害人没有任何请求权。当存在故意悖俗加害行为时，在请求权减损问题上哪怕是重大过失也没有决定性意义（BGH VersR 1992，106）。

4. 主观要件：故意

308 致害行为必须出于故意。由此获得双重结论：首先，故意只是指向损害，而不是指向悖俗行为；其次，只要行为人对于支持无价值判断的事实情况有所认识即已足够。

309 当只存在间接故意（bedingter Vorsatz）时，故意加害行为也成立。因此，如果行为人预见到损害，并且其在意志里容忍了损害的发生情况，这就足矣。故意致害的高门槛至少降低到了间接故意（dolus eventualis）的水平。这在联邦最高法院的一个判例（BGH LM §826（Gc）Nr. 1）中体现得非常明显。某房屋所有人1944 年由于他人告发而被捕，并因此在空袭中未能抢救其财物以避免燃烧弹的破坏。告发人的损害赔偿义务取决于，他在告发时是否认识到被告发人财物损失的可能性，以及他是否在其意志中容忍了这种可能性。同样，税务顾问由于其签发了不实证明书而对出借方第三人承担责任的情形仅限于，当该税务顾问自我介绍说，此证明书在信贷谈判的场合将会被使用（BGH VersR 1987，262）。

三、案例类型

310 基于大量的悖俗行为方式，判决中已经总结出具体的案例类型，这些案例类型每个都有其自身特色的重点。具体如下：

1. 欺诈

311 欺诈，不论是合同当事人实施的还是第三人实施的，一般都是悖俗的。迷惑、诡诈和两面三刀在道德上是可谴责的，因而在有关法律交往中是不允许的。例如，在汽车销售时将实际行驶公里数通过技术手法调小的伪装行为（BGH LM §826（E）Nr. 2）；当别人询问该票据表格上的签名是否正常时保持沉默（BGHZ 47，110）；银行对客户作出的不正确的答复（BGH LM §826（Gb）Nr. 9）；会计师作出的不当签名的年终财务报表（BGH NJW 1973，321）；在出具服务证明或工作证明时隐瞒关键事项，例如盗窃（BGH NJW 1970，2291）；企业负责人对合同对方违心地作出关于有限公司业绩能力的决定性判断（BGH ZIP 1992，694）；掩盖远期期权交易中的亏损风险（BGHZ 124，151（162））。在有冲突的法律诉讼中具有特殊性，因为法院必须要审查权利状况，且诉讼对方在程序中可以自己充分辩护。仅仅明知自己的诉讼陈述在实体上不正确且对诉讼对方的损失具有间接故意并不足以适用第 826 条；相反，需要补充其他情形（BGH NJW 2003，1934［1935］；2004，446［447］）。

2. 串通损害第三人

在这个欺诈的亚类型场合，不诚实和诱人误解还因密谋因素而被强化：二人或多人联合起来，为的是通过欺骗而损害第三人，例如，与想要贷款的人合谋，为其出具虚假信息，证明其所有权保留的情形已不复存在，但实际上该情形仍然存续（BGH LM §826（Gb）Nr.5）。 *312*

3. 危害债权人

这涉及通过推断的行为实施的欺诈，主要是以如下方式实现——在对一个濒临倒闭的企业给予救援行动的场合，从表面上看，整个运营能力和信用能力都显得维持良好；但实际上，债务人全部有价值的资产被转让给了受到支持的企业。危害债权人就是一个"亚一般条款"，由于其模糊的轮廓，从而使之很难被适用。这体现在如下若干判决中。BGH LM §138（Gb）Nr.5：一个大债权人接管了一个破产企业的全部财产，但后来还是没有令其他债权人获得清偿，后者可以根据《德国民法典》第 826 条要求赔偿。BGH LM §826（Gd）Nr.22：一个银行给予某个破产的公司以贷款，这种情况下，银行不必宣布该信用终止，也不必就该公司目前困难的经济形势通知某个想加入该公司的第三人。另外一种危害债权人的形式是不合时宜的汇款，例如 BGH NJW 1963，1872：一家银行通过向收款人的银行账户发出贷方凭证而执行了一项汇款委托，尽管估计到收款方银行预计快要破产，并且汇款方银行不再相信其重整。另外，悖俗的损害行为可存在债务人通过财产转移的执行妨害场合，即使按照《关于撤销债务人在破产程序之外行为的法》（AnfG）该法律行为是可指摘的（BGH VersR 2000，1553）。① *313*

4. 侵犯个人法律地位

在社会交往中，虽然批评和分析一般具有社会相当性且是被允许的。不过，当然也存在以违反基本权形式侵犯他人的行为。过度追诉或无根据、无理由的声明都属于悖俗行为。这方面有一组典型的判例：BGH LM §826（Gc）Nr.3：1944 年的政治告密；RGZ 78，22：同业公会施加于某个医生头上的坏名声，扩展至他的 *314*

① 意为即使此时存在撤销的抗辩事由，亦可引起第 826 条上的损害赔偿义务。——译者根据原案补充

助理医生；RGZ 72，176：精神病医生还没有对某人进行过一次检查就宣布后者为精神病人。

5. 不当声明

315 原则上，符合事实的声明都可以发出。不过，在特殊情况下，人们应当有另外的考虑，以免出丑。因而，对"真实事件"没有强行性理由与违反礼仪地公布是悖俗的，因为反应将会不恰当。这里有三个判例。BGH LM §826（Gb）Nr.3：一名屠夫告诉媒体，其怀疑其竞争对手的儿子患有口蹄疫；BGH LM §826（Gc）Nr.2：债权人向债务人的主办银行假装打听该债务人分支企业的地址，以向该银行暗示后者所负担的这笔债务；BGH LM §826（Gc）Nr.3：通过通报客观真实的案件情况来进行刑事指控（1944 年对政治制度发表的贬损性言论），这将导致违背"法治国原则"，从而被追究刑事责任。

6. 违背诚信

316 诚信义务意味着义务人与其他法益和利益持有人交往时应特别小心和体贴。如果严重违反诚信义务，则存在悖俗行为。例如，草率地作出一个不真实的专家鉴定（BGH LM §826（Gb）Nr.4），或是违背诚信地利用他人的商业秘密（BGH NJW 1977，1062）。

7. 唆使违约和帮助背信

317 能够侵害债权的只能是债务人，而不是未涉入债之关系的第三人。不过，如果第三人唆使债务人违约，亦即以特别有影响力的方式（例如通过允诺一个过高的对价等）来怂恿债务人违约，则第三人也构成悖俗（BGH NJW-RR 1999，1186）。如果某块土地的第二买受人通过——将使土地所有权人免受第一买受人的请求权——这样的允诺，促使地块的所有权人再次出售该地块，则第二买受人将根据第 826 条对第一买受人承担赔偿责任（BGH NJW 1981，2184）。同样，如果债务人违反诚信义务，而实施帮助的第三人也明知此事，则单纯的帮助违约也构成悖俗。例如，当受托财产被交付给某人用于担保受托管理人的个人债务，且该接收方对此明知（BGHZ 12，308）。

8. 社团事务：职业社团或其他重要社团中的不正当除名、不正当的社团惩戒、不正当的不予入社

318 对德国人非常重要的社团成员资格，有时候涉及显著的职业利益和个人利益。除名、社团惩戒或是拒绝接受，这些如果违反了基本的程序规则，例如没有经过任何法定的听证，则均构成悖俗。不过，在涉及一个职业协会时，如果这些类型的措

施没有实体上的依据，那么，它们同样是悖俗的。下列判决指明了这一点。RGZ 107，386：一名医疗保险组织认可的医生被无理由除名；BGH LM §38 Nr. 3：再次加入职业拳击联合会的申请被不当拒绝，而该联合会作为拳击职业的垄断组织具有接纳的义务；BGH MDR 1980，736：出租车持有人联合会无理由阻止某成员加入呼叫中心。作为补充，《反限制竞争法》（GWB）第 20 条第 6 款亦应遵守。

9. 滥用垄断地位

虽然原则上合同自由居于支配地位，但是，事实上的垄断地位在法律上与惯例上总是会受制于强制缔约。垄断只有基于特别重要的理由才能拒绝缔约，否则，就该垄断构成悖俗。从而，在合同缔结中就存在赔偿。联邦最高法院判例（BGH MDR 1967，985）中的商人组织就处于这种状态，该组织的效力在于，非该组织的成员即被排除在服务点的服务之外。同样，一个供电企业必须和破产管理人缔结供电合同。如果电厂拒绝这样做，则构成悖俗，除非该破产管理人没有支付破产宣告前发生的用电欠款（BGH LM KO §17 Nr. 3）。 *319*

10. 权利滥用

权利滥用是悖俗行为最古老的形式。悖俗行为之抗辩，即罗马法上的恶意抗辩（exceptio doli），是排除权利滥用的选择手段。如今，权利滥用和不被允许的权利行使被融合在一起，且第 242 条和第 826 条都可适用。 *320*

11. 形式上法律地位的不当利用

面对形式上的法律地位，悖俗的压制功能获得了展现的机会。主要的例子是请求交还及不适用通过歪曲事实获得的判决。在此范围内第 826 条足以作为诉讼程序重启的其他理由，而原理由都没有足够的灵活性。在重要的、被严格限定的例外场合下，执行名义的既判力连同执行通知，全部失效（BGH NJW 1999，1257，1258，m. w. N.）。例如：BGH NJW 1964，1672：主张某个认定合同无效的判决是通过欺诈获得的；BGH LM §826（Fa）Nr. 7：一份有关扶养费的判决是通过教唆证人作出虚假证言而骗得的；BGHZ 50，115：债权让与人以及原告的前手权利人的诉讼欺诈。 *321*

12. 劳动争端中严重不公的措施

一次类似于罢工的行动或是罢工本身可能如此严重地违反劳动争端的规则，以至于必须被视为悖俗行为。属于此类型的不仅仅是基本规则（的违反），而且包括能够引发特别不当结果的行为，例如领航员计划好的“按章行事”① （Dienst nach

---

① 即：有规定的就做，无规定的就不做，很消极地工作。——译者注

Vorschrift) (BGHZ 70，277)。

13. 通过违反职业法、行业法或其他特别规则而取得优势

323 善良风俗作为一般条款是一个通向非责任法规则的关口，它在特殊领域设立，但不是任何一种保护性法律。如果违反这些规则是为了获得某些特殊优势，那么在严重违反规则的同时也存在悖俗行为。例如，某人通过按照低于规定的税率进行的支付或是通过诈取公共福利而取得对他人的竞争优势，此时即存在悖俗的优势。同样，无视特殊的职业规则和行业规则 (例如医生或律师的职业条例) 而对顾客或雇员进行引诱，这同样是不允许的。

14. 侵害基本权 (Grundrechten)

324 善良风俗作为一般条款本身在特定范围内吸收了基本权的相关规则，并将其转化至民法中。这也适用于第 826 条。基于此，侵犯他人基本权上受保护之地位的行为，始终是悖俗行为。

15. 有害生计 (Existenzvernichtung)

325 同样，通过过分的利益榨取而掏空一个企业，将其推向破产境地，同时其合作伙伴的生计也受到威胁，此种场合下，满足第 826 条的事实构成要件 (BGHZ 173，246)。

16. 介绍投资 (Kapitalanlagevermittlung)

325a 若银行将高风险的投资模式推荐给客户，例如期权交易 (Optionsgeschäft) 或外国债券 (Auslandsanleihen)，则不当的具体建议可导致故意悖俗侵权的责任。不提及隐藏的佣金 (Vertriebsprovisionen)，投资人对此也不知情，并且这对投资人获得的投资价值有负面影响，则该行为也可构成故意悖俗的侵权 (BGHZ 158，110 (118)；191，119 Rn. 39)；宪法诉讼不能作为判断的理由：BVerG ZIP 2013，2049，两个德国联邦法院的判决都认可合同责任)。秘密退还佣金，并且伪造投资利益的也构成故意悖俗侵权 (BGHZ 170，226 Rn. 22；191，119 Rn. 40：关于合同责任，并且与银行的自有业务相区分)。相关判决几乎没有歧义 (Bamberger/Roth/Spindler § 826 Rn. 73 ff. 很好地对大量案例进行了介绍)。若投资咨询人故意提供了与客观事实不符的推荐，并且其至少对于投资者的损失采取了放任的态度，德国联邦法院 2008 年的一系列判决依据《德国民法典》第 826 条认定责任成立 (只需参见 BGH NJW 2008，1734 Rn. 29：关于欠缺考虑的推荐)。只有在违反说明义务时，银行才需对雷曼兄弟的证书承担责任 (BGH Urt. V. 17.9.2013 - XI ZR 332/12)。《德国民法典》第 823 条第 2 款也不能为其提供依据。因为《有价证券法》第 31 条

以下的行为义务、组织义务与透明义务作为联邦金融服务监管法的一部分并不是保护性法律。

17. 股票经纪人责任

若一个国外的股票经纪人在没有交易模式的情况下，明确且有意识地提供了进 *325b* 入国外证券市场的渠道，则其构成以间接故意参与到国内期权中介对投资者的故意悖俗侵害之中（BGH VesR 2011，750）。若该经纪人知道中介收取客户的费用，并让期权交易实际上丧失获利机会，则可认定存在帮助人故意（BGH NJW-RR 2011，551）。

四、法律后果

1. 不作为与损害赔偿

悖俗行为是被禁止的；存在一项针对它的不作为请求权，或是排除其效果的请 *326* 求权。一个典型的例子是不执行悖俗的、以欺诈方式获得的判决书（BGHZ 26，391；BGH NJW 1999，1257）。此外，悖俗行为人对于故意造成的财产性和非财产性损害承担赔偿责任。在悖俗场合，存在痛苦抚慰金，前提是，存在对人身、健康、自由或性自主权的侵害（第 253 条第 2 款）。

2. 悖俗抗辩（恶意抗辩/exceptio doli）

悖俗也可以作为针对一项请求权的对抗手段，即作为抗辩来运用。可以针对请 *327* 求权人提出如下对抗理由：其行为曾是或现在是悖俗的。依据时间顺序区分当前悖俗之抗辩（exceptio doli generalis）和先前悖俗之抗辩（exceptio doli specialis）。当某人通过不被允许的方式已经获得了权利，例如已经诈取了形式上的法律地位，人们把这种情形称为先前的悖俗。人们用先前悖俗抗辩来对抗通过诉讼欺诈而骗取的判决请求权（Urteilsanspruch）。当前悖俗抗辩是指，利用之前获得的法律地位，而今看来却是悖俗的。一个基本的情形是，权利丧失，比如由于长期不行使，而这种不行使行为已构成义务人期待权利不行使的理由（vgl. BGHZ 26，52）。在这一点上，存在向不允许的权利行使的过渡。

第十七章

交往义务

一、概述

1. 交往安全义务（Verkehrssicherungspfliht）和交往义务（Verkehrspflicht）

328 　　《德国民法典》第 823 条及其下诸条中并未提及交往义务这一概念。该概念在判决中首先发展成对保护措施的不作为，后来也发展为针对作为的责任。人们将交往义务称为《德国民法典》体系中的野生品种；不过，审判实践认为其是对侵权事实构成的必要补充。其标志性的特征"交往"（Verkehr），并非源于《德国民法典》第 276 条，而是源于旧《德国刑法典》第 367 条第 12 款关于轻微违法行为之构成要件（Übertretungstatbestand）。[①] 这些涉及某些场所（Orten），人们能够在那里进行"交往"（verkehren），并且可能对他人产生某种危险。如果说长期以来刑法渊源受到交往安全义务这个词的影响，那么交往义务这一广义的词如今被越来越多地使用。这样的选词是恰当的，因为该义务不仅是安全保护措施，而且可能有其他的措施内容。

2. 交往义务的定位和功能

329 　　关于交往义务的定位和功能，充满了争议。对于一个由审判实践创立的制度来说，这是可以预料到的。人们意见一致的是，在一个现代工业国家，交往义务对于

---

　　① 1871 年颁布的《德国刑法典》第 367 条第 12 款规定在公共街道、道路或广场、庭院，在房屋中和人们惯常出入之场所，让水井、地窖、沟渠、洞口、斜坡未加掩盖或未加防护，以致到了能产生对他人的危险的地步……触犯者处 50 元之罚金。轻微违法行为（Übertretung）这一概念为欧洲大陆法系的一个特色，1871 年德国《帝国刑法典》采取 Übertretung、Vergehen、Verbrechen 三种由轻到重的犯罪行为区分，但是 20 世纪 60 年代末 Übertretung 这一构成要件被拆分到 Vergehen 与行政违法行为中。——译者注

事故责任义务而言具有核心意义。同样确定的是，交往义务扩张了《德国民法典》第823条及以下条款的构成要件对应的责任。在交往义务场合，并不涉及英美法上"侵权过失"的类似构造（v. Caemmerer）；借助交往义务这个名称，其出发点仅仅是指称保护《德国民法典》第823条第1款之法益免受不作为侵犯的保证义务。交往义务一定程度上也遮住了《德国民法典》第823条第1款的软肋，而并没有建立任何其自身独立的构成要件，这一点等同于《德国民法典》第823条第2款的违反保护法。交往义务的发展对于责任和责任法来说具有根本性意义：它导致了责任的显著扩张，因为现在这个针对安全保障疏漏的准一般条款已经建立。但同时，它也存在归责保留：不是每个新的技术保护都需要被立即投入应用。

二、交往义务的理论与实践

1. 违反交往义务之构成要件

谁制造或维持了一项针对他人的危险，则就有义务采取一切适当的且合理的措 *330* 施，以便控制该危险，并尽可能地防范该危险实现。危险的制造或维持可能源于交通的开启、餐厅或运动场所的经营，或是源于某个研究项目，或是通过其他方式产生。交往义务具有一般条款的特征（generalklauselartigen Charakter）。基于侵权法的规定，交往义务自动产生。不过，它也可以由立法或法规直接规定或予以具体化。这里尤其要提到各州《道路法》上有关道路的交往义务，以及经市政法令将撒沙义务向人行道两侧居民的转嫁。

——危险的特征：与交往义务相关的危险，可以是抽象的危险，也可以是具体 *331* 的危险。交往义务最初是作为针对具体危险的义务而创立出来的，第一个判例是有关一个对行人而言既很滑又照明不好的阶梯（RGZ 54，53）。后来人们也要求针对抽象危险采取防御措施，例如不允许在毗邻行车道的一条狭窄的自行车道上逆向行驶（BGH NJW 1958，545）。交往义务虽然常常涉及所有权人，但它并不依赖于所有权。决定性的因素是危险的制造、维持及控制。据此，某项活动危险之实现（如冰球击中观众）的责任将会落到活动组织者身上，而不单单是运动场所的所有权人（BGH NJW 1983，801）。地下施工企业在对公共路面的土方工程施工前必须了解地下管线的存在与走向（BGH NJW 1996，387）。

——措施的必要性：必需的行为旨在控制和防止危险。它包括各种各样的防护 *332* 措施，例如在结冰的道路上撒沙，在溜冰馆内树立有机玻璃墙，遮盖坑洞，以及加固建筑物等。有时候，倘若受威胁的人能够将危险控制在很小范围内，那么作一个提示即为已足。在道路交通中的路牌，在野兽经常出没的小道或是航空交通运输中的指示，或是火车站对乘客作出的有关不经停列车或进站列车的警示，等等，皆为适例。当然，这种提示必须足够清楚，且应表现得比较严肃：写有"小心新打的蜡！"的固定的牌子不会产生任何作用。相关领域公认的技术法规提供了交易观念的要求的依据，就如在德国标准化学会标准（DIN-Normen）所反映的那样（BHG NJW 1997，582（583））。前提在于这些规则没有被废除。

有时候，危险可能非常巨大或不可控，因此不应允许此类风险产生。例如基因技术领域的实验中，存在制造出不明的、致命或致癌的微生物的可能性，因而此举绝对违反交往义务。

333　　——措施的可期待性：交往义务不要求不可能之举。措施对个人而言在经济上必须是可期待的（zumutbar）。因而，不能要求所有权人，在降雪时甚至在夜里就要清除积雪或在路面上撒沙。相反，到了白天他才需要开始做这些事情。在技术标准被升级时，这种措施的可期待性尤其会扮演一个角色。例如，机动车内的防抱死制动系统就是一个需要额外付费的附加配置。不过，在任何时候，当时机成熟时，在旧有技术状况基础之上发展起来的确保安全的装置就成为一种必需配置。当然，措施的可期待性还与危险的大小以及违反交往义务的可能性相关。如果安全措施在经济上是不可期待的，那么无保障的危害行为（ungesicherte Gefährdung）就是不允许的。

334　　——交往义务之违反通过作为还是不作为实现？一般说来，违反该义务的形式是不作为。这是因为，它原来是从保护《德国民法典》第 823 条第 1 款之法益的保障义务中发展出来的。安全措施的不作为，例如地窖栅栏的加固，结冰的人行道上撒沙，或是对锋利的滑雪缆车基座所进行遮护等，没有采取这些措施，都是通过不作为而违反作为义务的典型。此外还有违背不作为义务而构成违反交往义务的情形，即一个违反交往义务的作为，例如创造了一种不可控的危险。

335　　——受保护的利益：交往义务不仅保护《德国民法典》第 823 条第 1 款的法益和权利，也保护特殊的利益。当然，这些利益必须是侵权法认为值得保护的。财产不通过交往义务获得保护。例如，根据审判实践，对于错误的投资建议，仅仅基于合同，如在证券交易所与其客户之间的合同（BGH 70，363），或是在投资顾问与投资者或银行之间的合同，才产生责任。也就是说，所谓的招股说明书责任（Prospekthaftung），在《德国民法典》第 823 条第 1 款之外的其他法律构造中，只有该安全义务被列入《德国民法典》第 823 条第 2 款中的情形时，才会基于违反交往义务而成立。

2. 过错

336　　交往义务的违反构成了过错责任的一个事实构成。也就是说，这样一种保障义务（Einstandspflicht）是以过错为前提条件的。这就要考虑故意和过失。过错关涉的是违反交往义务的构成要件：义务人必须能够对交往义务的存在有认识，同时预见到交往义务发生的相关情境。特别是如果安保的要求提高，以上认知可能就会缺失。如果说 20 世纪 80 年代初拽拉式滑雪缆车的经营者必须为设置在练习滑雪道上的缆车架进行包封的话，一个义务人在 1981 年有可能还无须知道这一点（BGH VersR 1985，64）。如果某交往义务是为了抵抗一种抽象的危险，那么，过错就仅仅指向抽象危险规范的存在和对其违反的行为。从已获认可的事故及其原因分析中必定已经得出了对于未来的结论；该应被遵守的标准是新设置的。一个不可被完全消除的危险——其只有在极其特殊并且较罕见的情境下才会突变为侵权行为，并不需要采取任何保护措施；这样受害人必须自己承担该损害（BGH NJW 2007，1683[1684]：由于停放在桥下的干草车发生火灾导致桥梁损坏）。

如果交往义务在客观上未被遵守，则违反了外在注意。那么，过错检验就只针 337 对内在注意，即对义务履行的认识和可期待性。基于此，在交往义务场合，正如在保护性规范场合一样，若存在事实构成的实现，则存在内在注意均未尽到的推定，并且根据义务的强度，分别采取过错的证明责任倒置或过错推定（BGH VersR 1986，766）。负有交往义务的人必须证明，基于特别的理由，他无须或不能够遵循交往义务。例如，当某个城市安装了相互矛盾的信号指示牌，并且涉及一起碰撞事故时，义务人必须对如下事实承担主张责任和证明责任，他在违反交往义务这件事上不存在任何过错。这要求对某技术状况的证明，而在其中可排除责难性（OLG Düsseldorf VersR 1977，823）。但是，这种责任常常已从秩序法（Ordnungsrecht）中得出：BGHZ 99，249（作为违法举措的"对立的绿灯"（feindliches Grün））。

3. 违反交往义务的案例类型

——道路（Strasse）：谁在道路上参与交通，谁就对交通安全的状况负责。对 338 此有：在一条乡村公路上不存在任何地上铺设，在雨天这会导致机动车道特别湿滑（BGH VersR 1968，1090）。同样，道路上可看出有危险的道旁树应当进行支撑或砍伐（OLG Bamberg VersR 1978，1171：200 年的椴树）。当然，这要视情况而定，例如，大格罗克纳山的道路（Grossglocknerstrasse）就不必完全确保没有碎石块从山上跌落下来（OGH ÖJZ 1979，185）。对于道旁树，一般必须要对其进行外在健康状况的检验，但不是出于预防需要将其完全从道路周边移除（BGH NJW 2004，1381）。对于非常繁忙的街道上的深坑，必须有安全措施。放一个一般性的警示牌是不够的（OLG Jena MDR 2013，91）。

——小路和通道（Wege und Zugänge）：设置或许可了小路或通道交通的人，339 应当负责必要的、可期待的安全。措施的范围取决于交通的危险和预期，尤其是使用人的预期。因而，在人行道上要根据霜冻形态在合理的时间内撒上防滑物（BGH VersR 1970，1130）。"路面湿滑时仅使用撒过防滑物的道路"这样的标语牌并不足以免责（OGH ÖJZ 1969，182）。肉铺每天必须进行多次清扫，以避免顾客在香肠皮上摔倒（BGH VersR 1968，993）。不过，花店的持有人不必令地板经常性地保持干净和干爽，以便让顾客不会因为潮湿的花叶而受到威胁（OLG Hamburg VersR 1972，650）；相反，超市的地板必须要经常性地检查有无散乱的水果和蔬菜残渣（OLG Köln VersR 1999，861）。水闸的占有人在有洪水危险时应当及时开闸放水（BGH VersR 2006，665）。

340　　　——铁路和短途交通：联邦铁路应当留心快速运输、急速下车以及人群聚集的典型危险。当然，这种义务也不得过分扩大，而是必须在可期待的框架内。从而，联邦铁路并不因为启用了缓慢关闭的自动门而违反了交往义务（OLG Karlsruhe VersR 1978，768）。同样，即便早先在一个铁轨转弯处已经发生了一起"全欧快车"（TEE）事故，联邦铁路也不必在极短期限内在所有危险的地点安装 Sifa 系统（Sifa-System）（BGH VerR 1978，1163）。[①] 在涉及固定线路的公共汽车时，光闸装置和空心胶框这样的双层安保系统就已足够，它能够阻断车门的闭合（OLG Nürnberg VersR 1995，233）。

341　　　——体育活动：经营运动场所或举办体育活动的人，应当作出预防相关的危险的举措。因而，某个乡镇应当特别保障其推荐的旅游滑雪斜坡的安全（BGH JZ 1982，293）；飞行活动的组织者应当留意，不要让参加者踏烂他人的土地（BGH JuS 1980，373）；在健身场地上进行的跳坑运动必须是有安全保障的（östrr. OGH JBl. 1980，590）；露天游泳场的经营者必须组织好游泳活动的监管，以便及时察觉到快溺死的游泳者（BGH VersR 2000，984；OLG Koblenz NJW-RR 2001，318）。当然，这里也存在界限：一个网球俱乐部在湿度不大时无须关闭场地，也无须清除矮小的树丛，以免比赛者在其背阴面滑倒（OLG München VersR 1981，887）。如果存在一个正常的行走安全问题时，室内游泳池的经营者不必采取建筑上或操作上的任何预防措施，以预防室内地板上产生水洼（OLG Celle NJW-RR 2000，244）。如果一个游乐园的游乐设备根据其认证证书符合《设备和产品安全法》（2004 年以前是《健康保护法》（GSG））的安全标准，那么、这就说明了该设备在结构上是无瑕疵的，游乐园经营者已经尽到交往义务（OLG Celle NJW 2003，2544）。酒精消费完全不构成跳舞时摔跤的责任基础（OLG Celle MDR 2002，1124）。摩托车赛的组织者必须设立让观众与赛道保持一定距离的安全区（OLG Rostock MDR 2005，394）。在细长的山道上进行山间徒步运动时，共同徒步者的跌落危险不得升高（OLG Stuttgart NJW 2007，1367；第三人被跌落者连带着一起拽落下去，后者没有用缆绳）。在泳池中游泳者可被维持在跳台的跳水区域之外（OLG Stuggart，VersR 2011，1535）。在竞技体育运动中具体要求取决于各个体育类型的具体规则（BGH NJW 2010，537 Rn. 10）。

---

① 即一种会自动刹车的安全控制装置。——译者根据原案例注

在共同参与的体育运动中，必须考虑，是否不存在责任排除的情形（BGH NJW 2008，1591；OLG Nürnberg SpuRt 2008，210：一起划水的夫妇，§§1359，277 BGB）。 *342*

——其他活动：其他活动也必须按照可能性来确保安全进行。在此，合理的安保水平取决于活动的特殊危险、参与人的期待以及他们的认识。因而，迪斯科舞厅内的枪支使用必须受到严格控制（BGH MDR 1978，1013）。销售中心的持有人有义务将散乱的购物车收整好，以防止任何车辆因其而受损（AG Achen VersR 1976，300）。举行狂欢节聚会的大厅木地板不得太滑（OLG Köln VersR 1992，112）。当然，在组织参观工厂的活动中，不需要时刻注意，以不让任何一个参观团成员脱团（BGH VersR 1978，721）。按照官方许可以及符合规定的公告而进行的新船下水，船主对于新船下水所激起的水浪引发的后果同样很少要承担责任（LG Aurich MDR 1975，490）。摇滚音乐会的组织者对于音乐会的过分吵闹所引发的他人听觉受损，须承担责任（BGH NJW 2001，2019），同样，剧院演出中的枪炮声所引发的类似后果也会引发责任（其他观点参见 BGH NJW 2006，610）。在除夕夜燃放焰火的人，可以对焰火的正常功能产生信赖（BGH MDR 1986，42）；异常飞行轨迹不必被考虑到（OLG Brandenburg VersR 2006，1701）。在除夕夜燃放焰火时，对于交往义务的要求应当有所降低，这样的观点并无说服力（OLG Jena NJW-RR 2008，831）。围猎时的枪声并非是受惊的马的骑手的责任理由（BGH NJW-RR 2011，888 Rn. 13）。 *343*

——向公众开放的地点（教堂、墓园、餐厅）：在此场合，应保障经常的使用者及附近居民的交通安全。这取决于交通的方式，例如，由于疏忽，在橱窗前的人行道上允许存在很小的洼处。当然，所要求的措施必须停留在可期待的范围内。一个教会团契在晚秋时节每逢周日礼拜时，对从教堂下来的阶梯要及时清扫湿滑的落叶（OLG Karlsruhe VersR 1978，876）。墓园的所有人应当注意使墓碑不会倒塌（BGH VersR 1968，378；不同观点参见 OLG Brandenburg NJW 2004，2103：墓碑的使用权人的单独责任）。住旅馆时，不得将雪茄烟烟灰和香烟灰放到垃圾箱内，以免造成火灾（BGH VersR 1978，869）。给舞厅木地板打蜡使之光滑，这还没有违反交往义务，然而，打蜡的量分配不匀，或是特定位置打蜡的量不够，使得木地板特别光滑和湿滑，或许就违反了交往义务（OLG Bremen VersR 1972，984）。当然，酒吧老板没有义务雇佣撵走捣乱者的人。他不必对于客人之间发生的刀刺后果负责（KG VersR 1972，157）。雇主对于雇员以正当方式带到企业生产区域的物，例如雇员停放在企业停车场的卡车，负有侵权性的交往义务；但其并没涉及，其他企业在维护保养时应使喷洒的漆雾远离该卡车（BAG NJW 2000，3369）。 *344*

——阶梯、房屋和花园：这一类型中，采取与微量交通相称的安全措施就足够了。在实践中，否定立场的判决占据了大多数。四个台阶的阶梯原则上不要求有扶 *345*

手（OLG Koblenz VersR 1981，559）；花园的占有人不必立刻加固一道脱离了木柱并掉落于与他人花园的边界的铁丝网（OLG Karlsruhe VersR 1980，951）；在住宅正面保留 5 厘米～6 厘米深的沟槽，并没有违反交往义务（BGH VersR 1968，68）。房屋出租人不必将房门的玻璃窗部分更换为防碎玻璃，尽管承租人有一个幼儿（BGH NJW 2006，2326）。相反，如果出租人将这个大厅出租用来进行机动车焊接维修作业，那么有火灾隐患大厅的出租人对于救火时受伤的消防员应承担赔偿责任（BGH NJW 1996，2646）。

346 ——儿童乐园、游乐场：这一类型下的交往义务与年轻人利用这些场地的特殊风险是相应的。在此，必须对可能的滥用加以防控。儿童球赛的运动场要设置保障，以便保证旁边的建筑不会因为皮球而受损，同时也要保证孩子找回皮球时不会受到任何伤害（OLG Hamm VersR 1977，970）。不过，某些危险已被容忍，尤其是在探险游乐场（BGH MDR 1979，45）。如果一名成人从探险运动游乐场的一座桥上跳下来，那么这种场合下不存在任何危险防免的义务，因为这个危险众所周知（LG Hannover VersR 1983，765）。娱乐场所里对孩子开放的牵托式滑雪缆车的经营者不必考虑到，一名成年监管员在缆车运行到半坡停留时紧跟着缆车，以阻止一名 5 岁幼童提前下缆车（OLG Celle NJW-RR 2005，755）。同样，以下要求也是过分的要求——卡丁车游乐项目的经营者必须留意，让游客在开车前把她们的长头发扎高（以免发生意外）（OLG Saarbrücken NJW-RR 2005，973）。

347 ——职业（经营）领域：疗养院的经营者不必完全避免摔倒事故，而是要把住客的行为自由也考虑进去（BGH NJW 2005，1937）。不可过长时间后才将被风吹落的树枝收走，以致成群飞来的树皮虫引发森林灾害（OLG Hamm NJW-RR 2008，265）。非本企业的人员或许必须给予相对于本企业员工更高的保护，对此，首先适用事故预防规章的规定，但是并非凭此决定行为要求（BGH NJW-RR 2003，1459［1460］：锯木厂里被扔的小方木）。如果具有地下管线存在的证据，则地下工程的企业主在挖掘作业前就必须了解地下埋设的管线（BGH NJW-RR 2006，674，Rn. 8）。法律人日历的出版者不得在出版前为了读者的利益对日期进行修正（有争议；对此见 OGH JBl. 2010，300，303）。对铁路运营与基础设施区分的铁路框架改革并不改变铁路运营公司的合同上的与侵权上的义务，即保证进入火车站与站台的旅客的安全（BGH NJW 2012，1083；Rn. 12：关于合同责任）。

4. 滥用

348 物的滥用一般不会引发违反交往义务的责任。不过，如果在物品被不适当地使用时具有危险，并且必须保护使用人或第三人使其免遭物之滥用的损害，则另当别论（BGHZ 139，43［47］——疯狂的蜜蜂）。这里要取决于，人们是否认识到滥用的可能性，而这通常是在第一次通知之后才可能认识到的。如果某药剂师同时向青少年出售硫黄和除草剂——混合后成爆炸物，不料后者因为混合物提前爆炸而受伤，则该出售者对此应承担责任（BGH VersR 1973，32）。同样，很少人允许种植有毒的植物，但他能够认识到，这些植物会被临近牧场的动物吃掉（其他观点，参见 OLG Düsseldorf NJW 1975，739）。人们不得在啤酒瓶中储存氢氧化钠溶液，以免有人因混淆而误喝。"碱液"这样的文字标签还不足够，因为根据经验人们可能不会读到它（BGH NJW 1968，1182）。只有当新研发的溶剂作为麻醉剂的滥用可能性显而易见时，在吸入该溶剂之前才须进行警示（BGH VersR 1981，957）。针对使用游泳池大的滑水管道的风险防范措施必须要考虑到，孩子和青少年倾向于不理会规定和要求而莽撞行事（BGH VersR 2004，657；NJW-RR 2005，251）。

5. 无权使用者的责任

交往义务在属人保护范围上一般不针对未经许可者。一名入室盗窃者在楼梯上 349
摔跤，或者一名被驱逐出花园的人又折返回来并在那里受伤，他们都不享有任何请求权。不过，对于青少年和精神上无法自控的人一般不允许作出缺乏权限的辩解。相反，为了保护他们，甚至存在一种更高的交往义务。因而，一个社区应当妥当树立高压电线杆，以免让一名 9 岁的孩童轻易能够攀爬（OLG Zweibrücken NJW 1977，111）；寄宿学校的经营者有义务确保学生们不会沿着光滑的楼梯扶手进行危险的下滑（BGH VersR 1980，648）；城市社区必须特别保护好施工现场，不会因考古发掘而诱惑到非权利人（OLG Düsseldorf VersR 1977，1011）。

6. 危险提示替代危险预防

在危险不大的场合，对于损害发生可能性的提示对履行了交往义务而言往往就 350
足矣。据此，对于非游泳的蓄水池提示不得进行头朝下地跳水，即已足够（BGH NJW 1980，1159）。不过，更大的危险要求进一步的行动。如果一个乡村道路在一个湿润的天气里特别湿滑，那么，应当采取特殊的施工措施。仅仅竖立"路滑危险"这样的（提示性）标牌还不够（BGH VersR 1968，1090）。同样，啤酒瓶上贴着的"当心生命危险，碱液"这样的文字警示也是不够的（BGH NJW 1968，1182）。停放的火车货运车厢的爬梯，很容易诱使儿童向上攀爬，车厢上闪光的箭头提示并不足以警告高架电线附近存在电弧的危险（BGH VersR 1995，672）。关于电击免责的提示是没有太大法律意义的，最多可以作为行为人自甘冒险的基础。

7. 交往义务的转托、免责证明

交往义务不少是通过合同而由他人承担的。如果义务人由于高龄或不在场而不 351
能履行义务，那么这就是合适的。在不履行交往义务时，原则上只有义务承担者承担责任（BGH NJW 1972，1321）。此外，对于受托付履行交往义务的帮助人来说，难以依据《德国民法典》第 831 条提交免责证据。本人应当准确地教导辅助人（BGH VersR 1969，518. 关于冬季服务义务转移：OLG Hamm NJW 2013，1375），并且必须要特别告知交往义务的履行情况。如果人行道上撒沙防滑义务被转嫁给附近的居民，那么，这种委托经常是建立在市政法令的基础上的土地的所有权人可以将其公法上的义务依据合同委托给承租人。依据典型的规章内容，只有当城镇对此同意时才具有免责效力（BGH NJW 1972，1321（1322）；NJW 1990，111（112））。在事实上的义务转移的场合，将清扫义务简化为监控义务缺乏免责效力（BGH NJW 2008，1440（1441）；OLG Schleswig NJW-RR 2012，1049）。在义务经合同由他人承受的场合，事实上的义务承受对于义务承受者来说是建立了一种义务，而不是具有承担首要的安全保障义务（Primärsicherungspflichtigen）之合同的法律行为效力。安全保障义务的合同承受一般通过道路工程施工人与地下工程经营者之间达成关于土地工程的承揽合同的协议。对于工地的监控义务（场地封锁、照明）则要由道路工程施工人来承担。在委任结束后的安全漏洞往往是争议之处。

8. 撒沙义务

352　　因交通开启或对某空间——实体领域的单纯控制而产生的典型交往义务是在自家土地湿滑时的撒沙义务。在法律规定的撒沙义务的时间内如果发生了滑倒事故，则它表明存在对侵权法上撒沙防滑义务的违反（BGH NZV 2001，78）。在白天，当危险情势发生变化（如防滑材料防滑效果的衰减、天气状况的恶化等），起初虽然已经履行了撒沙义务，但现在仍须重新撒沙（OLG Celle NJW-RR 2003，1536）。

353　　交通线附近的居民对于属于乡镇财产的人行道的责任，并非依据《德国民法典》第 823 条第 1 款。这种责任只可能基于《德国民法典》第 823 条第 2 款以及规定撒沙义务的市政的道路清扫法令来构成（OLG Celle VersR 1998，604；NJW-RR 2003，1536）。这涉及所谓的"警察式的（polizeimässigen）"清扫义务（BGH VersR 1997，311），这在内容上与《德国民法典》第 823 条第 1 款的一般交通安全义务之上的清扫义务（撒沙义务）是一致的（vgl. BGHZ 118，368（373）；OLG Celle VersR 1998，604）。

354　　不同寻常的光滑程度要求特别强力的撒沙防滑措施。仅仅是降低（地面的）光滑度足以满足应有的效果要求，就必须以降低光滑度为目标。不能仅仅因为不可能完全消除危险，义务人就可以无所事事（OLG Celle VersR 1998，604）。当然，如果撒沙从一开始就是无效果、因而是无意义的，例如，强降雨落在冰冻地面上产生"速冻冰"，并将所撒之物覆盖，那么，此时并不要求一定要采取撒沙措施。对于撒沙原本就无意义这样的抗辩，适用很严格的要求（BGH NJW 1993，2802（2803））。

9. 作为公共职责（Amtspflicht）的交往义务

对于公共道路（包括人行道），该道路工程施工人承担交往义务（BGHZ 14，*355*
83 [85]）。从法律和事实上来看，其有能力防御危险。如果成本负担与管理相互分
离，则事实上的维护要取决于事实上道路的管理权限（BGHZ 24，124（130 u.
132 f.））。对于乡镇公路，乡镇负担保障义务（BGH NJW 1967，246（247））。道
路工程的负担则是通过官方对公共交通的捐赠方式解决的。

各个州的公路法已经在公法上设定了交往义务（如《下萨克森州公路法》*356*
（NdsStrG）第 10 条第 1 款）。因此，依据《德国民法典》第 839 条及《德国基本
法》第 34 条违反义务的行为要承担赔偿责任，根据《德国法院宪法法》（GVG）第
71 条第 2 款第 2 项之规定，它对一审法院管辖权产生了影响。各州私下里还指望着
《德国民法典》第 839 条第 1 款第 2 句的辅助性条款。联邦法院已经将这个隐藏的
公共机关免责规定前移，就此而言，该辅助性条款根据平等责任基本原则采取了目
的论限缩（BGHZ 123，102）。但是，对于相近的责任领域，如交通指挥管理义务，
辅助性原则仍然继续存在。

在"职能转让（Organleihe）"场合，即权力机关的一个职能被委托给另一个权*357*
力机关的职能部门来行使，对于赔偿责任，在外部关系上取决于谁实际上使得该危
险状态持续下去，尽管其可应付该危险状况（BGH VersR 2006，803（804））。

三、交往义务的保护范围

只有受交往义务保护的人才能够从交往义务违反中获得请求权。同时，损害也*358*
必须发生于违反交往义务所设定的保护范围之内。就此而言，交往义务的违反与保
护性法律的违反具有相似性。因此，如果一名成年人因一个不安全的楼梯扶手而滑
下来，并受伤，那么，该损害不属于属人的保护范围。一个楼梯扶手只需要保护青
少年不会滑倒（OLG Celle VersR 1983，1163）。如果从双轮摩托车下车时发生事
故，则该损害不属于安全带有缺陷的保护范围（BGH MDR 1977，483）。尽管可以
在人行道上使用滑轮，但只受到如同行人一样的保护（OLG Celle NJW-RR 1999，
1187）。工业垃圾的生产者有责任预防环境危险，但不用基于侵权而承担由城管部
门（Ordungsbehörde）发出的清除垃圾指令而产生的费用（BGH NJW 2006，
3628，Rn. 13）。

四、因果关系的表见（Anschein）

如果某人违反交往义务，则其要对所有由此导致的损害承担责任。按照证明责*359*

任的一般规则，受害人承担因果关系的证明责任。不过，对于受害人来说，如果损害处于交往义务的保护范围，则表见证明将使其受益。如果交通指挥管理正是为了避免这种损害，那么，表见证明会支持如下推论：与交往义务违反相关而出现的损害归因于对交往义务的违反。交往义务人必须要阐明，存在另外一种进程的真实可能性。如果行为人违反撒沙义务这一事实得以确证，那么，这就表明了受害人摔倒与行为人义务违反之间的因果关系。

五、交往义务的体系定位（Einordnung）

360　　　交往义务在对《德国民法典》第 823 条第 1 款的解释时产生。不过，如果观察交往义务的功能，它则与《德国民法典》第 823 条第 2 款（违反保护性法律）在本质上接近。这些与保护性法律一起不仅仅对《德国民法典》第 823 条第 1 款规定的权利和法益进行保护，而且包括利益保护：即克服抽象危险或具体危险之义务的存在；缩短了违反义务的过错关联；违反交往义务则推定违反内在义务；如果损害属于交往义务的预防范围，则存在因果关系的推定。人们可能会夸张地说，交往义务是一个在事故之后被法官所认可的非法定的保护性法律。

六、负有赔偿义务的企业所有人

361　　　侵权法的个人化责任，在交往义务违反场合，没有经过进一步的归责思考，就将"其"责任归于企业所有人。有时在名称上这还被设定为第 31 条上的组织管理者违反组织义务。组织管理的自然人也可能承担个人责任，例如有限责任公司的经理（OLG Stuttgart NJW 2008，2514）。

第十八章 ▶ 生产者责任与产品责任

一、基础

1. 名称与现象学

某个货物（Ware）可能由其制造者（Hersteller）直接销售给最终消费者，也 362
可能分销给中间商；货物制造者的责任，被称为生产者责任（Produzentenhaftung）
或者（按照美国人的说法）产品责任（Produzentenhaftung）。生产者责任这个词反
映出一种生产者（Produzenten）个人主观上的责任，亦即违反了义务。产品责任
与缺陷产品相关，因而体现出一种客观责任。[①]

2. 发展和责任基础

（1）经济背景

生产者责任是 20 世纪的产物。它是工业化对责任法影响的结果。人们越信赖 363
企业内安全的设计和生产，在使用时人们就越依赖生产者保障任务（Sicherung-
saufgabe）的履行。此外，货物的销售在流通环节上还经常以批发贸易和零售贸易
方式实现，其中具体细节经常被保密。制造者责任（Herstellerhaftung）应当揭开
流通环节中的隐秘。

（2）合同责任

如果受害人是制造者的合同对方，或者至少属于合同的保护范围之内，则会涉 364
及制造者的合同责任。合同请求权基础不为与合同无关的人享有。合同性的制造者

[①] 本章之下，制造者（Hersteller）和生产者（Produzenten）同义，制造者责任（Herstellerhaftung）和生产者
责任（Produzentenhaftung）亦同义，中文根据所使用德文的不同而有所不同。——译者注

责任的主要情形见联邦最高法院案例（BGHZ 64，46）：一名理发师常年从某制造者那里批量购进一种头发滋养素。由于其皮肤的过度敏感性，他患上了一种皮肤病，必须放弃其职业。如果生产者有义务指明过敏反应，那么本案中就存在一种合同性的制造者责任。

（3）基于《德国民法典》第823条第1款的侵权责任

365

侵权法的规范同样很少为生产者责任而设置。《德国民法典》第823条第1款中的过错责任作为一般责任条款，在因违反生产者特有的交往义务时会被考虑到，而审判实践通过义务违反之证明责任的转移将此予以了简化。如果存在缺陷，即与安全相关的有违交往的产品状态被确认，那么生产者必须自己要设法脱责，亦即必须阐明其不能预见且不能避免该缺陷。指导性判例见BGHZ 51，91：一名兽医给母鸡注射疫苗以预防鸡瘟。几天之后鸡瘟爆发。病毒并未被充分地消灭。母鸡饲养人对生产厂家有一个侵权损害赔偿请求权，因为生产者并未阐明，对于有缺陷的产品，他没有任何可责难之处。同样，小企业也要承受这种证明上的加重责任（BGH NJW 1992，1039）。

（4）客观责任：《产品责任法》

366

有关合同上的与侵权上的生产者责任自1990年1月1日起就出现了一个关于产品赔偿义务的特别法，即所谓的《产品责任法》，而这基于一个欧共体指令。该法引入了一个至少从名称上看独立于过错的责任，当然，该责任包括了生活费用。[1]责任的起因是产品的缺陷以及消费者遭受的损害。

3. 产品安全法

367

2011年11月8日颁布的《产品安全法（ProdSG）》规制着产品安全上的要求（之前是2004年1月6日颁布的《设备与产品安全法（GPSG）》）。该法转化了《欧共体产品安全第2指令》（2001/95/EG）。该指令已被第596/2009号（欧共体）命令的5.8号附件（VO（EG）Nr.596/2009 Anhang 5.8）所修改。此外第765/2008号（欧共体）命令仍然有效。产品质量法负责事故后的损害填补，并借此间接地设定了事先的有效标准，而产品安全法则更早规定，并谋求安全标准的贯彻实施。一方面，它构成了公法机关监控措施的基础；另一方面，它对生产者应当遵守的各种安全要求作了具体化。基于《产品安全法》第8条的授权基础可以颁布一些规章来确定工作与私人生活中重要的产品的具体标准，例如对于电力设备、机器、玩具、娱乐设施、燃气设备以及电梯等。

368

《产品安全法》第6条规定了消费品流通方面的义务。对于避免损害的必要信

---

[1] 即该法第7条第2款中规定的被侵权人死亡时第三人享有的生活费用（赡养费、扶养费）请求权。——译者注

息，必须告知消费品的使用者。无危险之利用的前提是，生产者着眼于遵循规定的使用和可预见的功能缺陷进行危险分析，并对消费品的老化、折旧和磨损等进行评估。责任人如生产者或进口商必须予以列明。负有责任的贸易参与人必须在进入流通时即组织如何对以后可知的、未来的产品危险作出反应。产品的系列抽样检查必须同样被贯彻，正如对消费者投诉的调查一样。《产品安全法》第 7 条和第 20 条中确定了适用欧共体法规定的"CE-标志"以及"经检测安全合格（GS）"的标志的条件。不安全的消费品必须被召回，必要时可针对迟疑不决的生产者或进口商实行一种官方的强制召回。

《产品责任法》基本上未受影响。在欧盟法上尚不清楚的是，如果生产者已经 369满足了公法上的安全标准，那么它是否以及在何种条件下可以免责。被推崇的观点是，不应该将产品缺陷的存在与这些标准等量齐观，这样在个案中就可考虑严格责任。《产品安全法》为负有责任的经济参与人设定的公法上的义务，将作为第 823 条第 2 款的责任基础而加以考虑，因为《产品安全法》的相关规范或是基于其上而颁布的条例追求一种个体保护的目的。公法上的安全规范表述得越缜密具体，则第 823 条第 1 款，或《产品责任法》上的责任越多地移入第 823 条第 2 款，因为在缺陷概念中至关重要的安全标准就不再由法官法加以确定。例如，如果一家从中国进口生产壁纸糨糊的机器的进口商出于过错而没有对其约定内容与公认的技术规则进行抽样检查，那么，基于此，进口商要对于设备清洗时导致的事故承担责任（BGH NJW 2006，1589 - noch zum GSG）。

欧共体（CE）认证标志和制造商展示的"欧盟—合格声明"（EU-Konformitätserklärung），370是制造商实现基本的安全要求的书面证明，在欧共体内部，这些证明具有担保货物自由流通的目的。因此，一个从欧共体内其他成员国进口产品的进口商，只负有检查相关产品是否具有 CE 标志以及欧盟合格声明的义务。相反，不得依据内国法课予该进口商亲自核验产品是否符合安全要求的义务；如果产品不符合要求，则进口商既不承担刑事责任，也不承担民事责任（EuGH NJW 2006，204，Rn. 53 - Yonemoto）。除此之外，成员国还可以自己规定相关法律后果（EuGH NJW 2006，204，Rn. 58）。

二、基于第 823 条第 1 款的制造者的责任：生产者责任

1. 生产者责任的构成要件

在第 823 条第 1 款中，审判实践确定了因违反生产者特别的交往义务的生产者 371责任的构成要件。其内容是：有缺陷之商品的生产者，如果不能证明它不能够防止该缺陷及其引发的后果，则须对由该缺陷造成的损害负有赔偿责任。

372　　　　——生产者：负有赔偿责任的是生产者。生产者指的是制造出物品最终形态的生产者，产品也可能是由几个部分组成，各部分则由配件供应商提供。顺便提一下，配件供应者也是生产者。进口商以及其他贴上自己标签以自己名义销售他人产品的准制造商，不得被视为生产者。贸易公司一般仅负有监督义务（BGH VersR 1981，779；NJW 1994，517）。生产者责任尊重生产与贸易之间的功能差异。

373　　　　——缺陷：生产者责任的核心概念是缺陷。商品的性能不足被视为缺陷，因此其使用无法符合计划的目的，或使用会给购买者或他人带来危险。也就是说，缺陷是对正常性能的背离。须满足的安全期待原则上要符合《产品安全法》第3条（对此见边码390）（BGH NJW 2009，1699 Rn. 6 - Kirschtaler；BGH NJW 2009，2952 Rn/12 - Airbag）。一个引发损害的天然产品，例如烟草（OLG Frankfurt NJW-RR 2001，1471），并不符合缺陷的概念。

374　　　　——违反义务/过错：侵权性的生产者责任是一种与过错相关联的责任。如果生产者不能认识到或防止缺陷，则其不承担责任。如果一个翻新的飞机轮胎爆炸，而这该翻新的轮胎是按照目前的技术水平来加工制造的，那么，此种场合下不存在过错（OLG Köln VersR 1985，747）。在所谓的研发缺陷（Entwicklungsfehler）场合，责任的缺乏是特别明显的：一个起初合适的产品随着时间推移才会变得有缺陷。植物保护剂就属于这种情况，它会随着病原体的变异而突然变得无效。由于生产者不能预见或防止这种变异，所以它被免责（BGHZ 80，186）。

375　　　　——因果关系与违法性关联：缺陷必须是损害的发生原因。同样，受害人必须属于受保护的人，即受到保护免于遭受特定缺陷的后果。最后，损害必须属于无缺陷要求的保护范围。在鱼饲料掺杂广谱抗生素的场合，由于饲料被没收所造成的损害也属于此类（BGH 105，346）。

376　　　　——证明责任：生产者责任场合下的证明责任被分成不同的等级。受害人对于产品缺陷及该缺陷对损害的影响承担证明责任。不过，他可受益于证明责任减轻。因此，在存在缺陷时，生产者必须从过错角度来免责（BGHZ 51，91；NJW 1999，1028）。这也适用于必备的、但被疏忽的指示说明（BGH VersR 1990，99）。缺陷在损害中的典型影响也将成为表见证明的客体。如果损害典型地属于无缺陷制造或营销的预防范围，那么，该表象将会支持如下法律事实——该损害应归因于该产品的缺陷。这也适用于说明缺陷，不过，经常存在一个事实上的推定，即已遵守了恰当的提示要求（BGH VersR 1992，99；BGH MDR 1999，611：带有安慰奶嘴之奶瓶的制造商没有提示长时间吮吸的危险）。

2. 生产者责任的类型

377　　　　——设计缺陷：产品的设计应当达到交易中所需要的无缺陷。这不单单包括理论上的设计，而且包括在预期条件下的测试。例如，药品在标准实验阶段中必须经历从小型场地实验到临床试验。如果未尽到此等注意，且研发缺陷最终造成损害，则存在责任。所以，折叠凳不得被设计成只有一个固定装置。如果坐凳子的人与凳子一起摔倒，那么，凳子的生产者要对损害承担赔偿责任（OLG Celle VersR 1978，258）。但是，不得提出过分要求；无论如何，现有技术水平确立了责任的边界。例如，某拖拉机偶尔会通过排气管喷射出高温的煤炭颗粒，后者引燃了一片树林，则不存在缺陷（BGH VersR 1971，453）。

——制造缺陷：同样，在产品加工制造时，必须要遵守必要的谨慎。这意味着，应确保生产流程安全可靠。此外，还应当设置最终控制措施。敷衍塞责的产品不应投放市场，因为它会危及顾客和第三人。如果游泳池的电开关有缺陷，并导致油垢起火烧毁，那么这就可能涉及制造工艺缺陷（BGHZ 67，359）。[1] 这同样适用于有缺陷的隔膜切刀（Septum-Meissel），它在交货 7 个月后的一次耳鼻喉科的手术中断裂（OLG Düsseldorf NJW 1978，1693）。[2] 酒瓶的灌装者对于酒瓶没有采取任何防压爆保护措施，因而也是有责任的（OLG Frankfurt VersR 1985，890）。可回收瓶的应用者应当确保这个检验结果，否则它必须证明瓶子的压力安全性（BGHZ 104，323；129，353）。因交易商不可辨识的头发丝般的裂纹而存在的爆裂风险，仅仅属于生产者的责任范围，不得将交往义务的展开扩张至零售商，例如，在炎热夏季，课予零售商一种不切实际的（综合考虑到花费和可能的风险降低措施）冷却义务（BGH NJW 2007，762，Rn. 15）。

——说明缺陷：生产者应当经常在其商品进入流通时给予说明和提示。这些说明和提示应当警示具体的危险。说明缺陷可以存在于没有提示或提示不足中，或者是无法理解的技术德语中（"通过连接板来拉螺丝套管接头"）。速效麻醉剂"Estil"的生产者应当明确说明，在静脉和动脉密集排列处，例如在肘部内弯处，不得使用这种麻醉剂[3]（BGH NJW 1972，2217）。同样，粘固粉清洁剂的生产者应当在装载容器上提示，该物含有酸，该酸还能够腐蚀气态金属（OLG Celle VersR 1985，949）。带有橡皮奶嘴的瓶子的生产者和销售者应当提示，长时间吮吸该奶嘴所产生的危险以及可能有的牙齿损害（BGH MDR 1999，611）。当然，日常危险并不需要提示。例如，烧烤器具的生产者没有义务警告，不得使用燃用酒精往烧烤木炭上浇淋（OLG Koblenz VersR 1981，740）。这同样适用于一个圆锯或切面包机上轻易可见的危险部分，不过，碎纸机上的刀具不应等同视之（BGHNJW 1999，2815）。

——产品监测义务/产品召回：产品的生产者有义务对已投放市场的产品进行观测，对其可能的危险发展予以监测。之后，应当进行可能的产品召回，或者至少应当警告这种危险。例如，这适用于药品或疫苗，但也适用于机动车。防翻车车架

378

379

380

---

[1] 本案中因电开关中的保险丝未被熔断，导致油垢清洁装置中过热，并进而引起油污起火。——译者注
[2] 本案例中医生在做鼻隔膜手术时隔膜切刀的刀尖断裂，落入患者的肺中。——译者注
[3] 本案中该静脉注射的麻醉药因疏忽被注射进动脉中，导致患者上臂严重淋巴反应而被截肢。——译者注

部件①的生产者在揭示可能的缺陷后，有义务在新的安装指南中明确提醒正确的安装方法（BGH VersR 1986，653）。消极的监测和积极的监测有所不同，在前者，只是必须对用户的投诉问题进行核验；而在后者，其以获取与分析的目的来搜集信息，并推动构建对此合适的营运组织机构（BGH NJW 1994，517；NJW-RR 1995，342；OLG Frankfurt NJW-RR 2000，1268）。

381　　　如果制造者不必对已交付产品的使用者有所反馈，那么，通过消极的或积极的信息收集对已投入流通的产品进行监测，对于这些使用者来说，是没什么价值的。在产品投入流通之后，生产者的提示义务转为警告义务，但是如果警告并不足以保护使用者，则并不限于警告义务。这样就存在召回义务和改进义务（BGHZ 179，157 Rn. 11 ff. -Pflegebetten＝JZ 2009，905 m. krit. Anm. Wagner）。《产品安全法》中的公法上的产品安全权位于赔偿责任法之外；行政机关可以对不安全的产品课予生产者以召回的义务。一般而言，生产者并不会消极等待此种行政命令。如果商人或商业性使用人（"经济参与者"）采取召回措施，那么，在召回成本和改进成本分摊上，这种召回义务的判断就间接地等于赔偿救济途径。这也适用于主制造商与加工出危险配件供应厂之间的关系。有争议的是，最终产品的购买人是否可以根据侵权法要求免费的产品改进。联邦法院拒绝了通过侵权法上的生产者的赔偿责任来变相地实现合同上的等值利益（BGHZ 179，157，Rn. 19）。

382　　　——保障产品免被滥用或破坏：原则上，产品生产者没有义务保障其产品免于被滥用或破坏。只有在有一个明显的抽象危险或特定提示的场合，此类义务才存在。因而，有毒物质的生产者应当用一个对儿童安全的容器来包装，并且应当配以警示。如果公开出售的止疼药有被掺毒的危险，则制造商有义务使用那种上面标有"它们是未拆封"标记的包装。

3. 生产者责任的保护范围

383　　　——效用：商品的缺陷可能是，商品所包含的安全危险变成现实；除了该附随的缺陷之外，也可能是商品的使用受到妨碍，或者变得不可使用。典型的药品虽然无害，但却并无疗效。而只有当药品产生副作用和交互作用时，《药品法》（AMG）第 84 条的危险责任才会派上用场。至于效用问题是否属于缺陷责任的保护范围，对于一般的基于过错的生产者责任来说，这取决于最低的交往期待和商品的类型。如果消费者是基于产品假定的效用而购买它，如购买胶水、疫苗或消毒剂等场合，则这些商品的生产者要对产品的无效用承担责任。如果胶水不粘（BGHZ 50，200），疫苗缺乏免疫效用，或消毒剂根本不能降低感染，则这些商品的购买和应用就完全达不到既定目的。此时，应当令生产者承担责任。

---

① 在翻车时防止车厢变形以保护乘客的支架，主要用于跑车与拉力赛的车中。——译者注

——商品买卖合同对于买方的保护：某设备的购买者亦可追究因配件的设计缺 *384*
陷或加工制造缺陷而产生的生产者责任。当然，这种责任必须要和买卖合同的瑕疵
担保责任区隔开来。只有超出该物因缺陷而自始就无价值的损失才可被赔偿。侵权
责任并未被《给付障碍法》修正。例如，它适用于如下场合，一辆卡车由于其有缺
陷的油门拉线，而导致一场追尾事故（BGHZ 86，256），或者，由于糟糕的排油管
设计，而导致柴油发动机被损坏（BGH VersR 1985，837）。

——诉讼成本：生产者责任的范围可能如此广泛，以至于它允许顾客就诉讼成 *385*
本提出赔偿请求。如果商品有缺陷，并且买主被判定停止使用，则买主可以要求生
产者赔付诉讼费用（OGH JBl. 1983，253）。

三、产品责任法

1. 作为共同的欧洲法的产品责任

基于欧共体理事会 1985 年的一项指令，《产品责任法》（PHG）从 1990 年开始 *386*
生效。以这部法律履行了将欧共体指令转化到国内法的义务。同样的转化在所有的
欧共体成员国业已完成。该指令在非欧共体成员国也都作为典范而被关注。

2. 责任基础

产品上的缺陷所导致的损害后果会产生损害赔偿义务。这一不依赖于过错的责 *387*
任基础有如下具体要件：

——产品：每一个动产都应当被视为产品，即便它是另外一个物的组成部分， *388*
例外情况下也包括电能。例如，电压过高导致电器损坏。农业上的、尚未进行初次
加工的天然产品（例如用带骨头粒的碎肉做的切巴契契①，LG Kleve NJW-RR
2011，1473），以及猎物，依据《产品责任法》第 2 条，均被排除。

——生产者：制造最终产品、原材料或半成品的人，具有赔偿责任，同样还有 *389*
在产品上贴上标记自称为制造人的人（《产品责任法》第 4 条）。准生产者（Quasi-
Hersteller）以及进口商也负有责任。准生产者是，经过经营者同意将其名称贴到
产品或产品的外包装上的企业（BGH NJW 2005，2695）。当不能查明产品的生产
者，并且在一个月内未指出其供货商，则该出卖人也要承担赔偿义务。以此来打击
对产品实际生产者的身份进行遮掩的行为（BGH NJW 2005，2695［2697］）。不得
进一步扩大供货人的责任（EuGH NJW 2006，1409，Rn. 34 u. 37 - Bilka）。当生产
者系多人时，则作为连带债务人承担责任（《产品责任法》第 5 条）。所谓的组装

---

① 德语为 Ceovapcici。该表达源于塞尔维亚语。切巴契契是流行于欧洲东南部地区的一种肉卷。其原材料为肉
沫，经过烤制而成。——译者注

者，即将不同的他人产品组装成一个独立的产品的人，也是生产者。然而，如果组装只需要简单的操作，且无须专门器械，就是一个外行都可以胜任，那么，该组装的经营者不是生产者（OGH ÖJZ 2007，288；平板玻璃和桌子底座）。按照《产品责任法》承担责任者的范围由欧共体法最终加以确定（EuGH NJW 2006，825，Rn. 35 - O'Byrne/Sanofi Pasteur）。

390 　　——缺陷：如果一个产品不能提供一种合理期待的安全，则该产品存在缺陷（《产品责任法》第3条）。对此取决于所有情形，特别是现状、被预期的用途和该产品进入流通的时间。此外，还有危险的大小（BGH NJW 2009，1669，Rn. 8：蛋糕中的樱桃核可被容忍；BGH NJW 2009，2952 Rn. 18：汽车的防撞气垫）。基于客观可知的危险认识标准已被设立（BGHZ 181，253＝NJW 2009，2952，Rn. 27 f.：安全气囊；BGH VerR 2013，469 Rn. 9：热水设备）。建材市场中提供的自己安装的产品，必须要与家政人员的安全期待相符（Rn. 12）。无视安装指南的违反专业安装并不受保护（BGHZ VersR 2013，469 Rn. 14）。

391 　　受害人必须在诉讼程序中主张和证明产品缺陷、损害、因果关系以及作为请求权相对方的产品生产者身份（BGH NJW 2005，2695（2696）-烧烤炉点火器）。

3. 请求权人

392 　　如果产品缺陷致人死亡、或致身体或健康受损，或者致使物毁损，则受害人对由此遭受的损害可要求赔偿（《产品责任法》第1条）。在物损场合下，必须有缺陷产品之外的物被毁损，而且物必须是为私人使用或消费而选定或选用。在此，《产品责任法》表明了它是一个极其明显的消费者保护规则。纯粹经济损失不获赔偿。在《产品责任法》被排除时则考虑第823条第1款上的生产者责任（比如漏油的油桶一案，OLG Saarbrücken，NJW-RR 2013，271）。

4. 免责事由

393 　　根据《产品责任法》第1条第2款的列举，如果产品生产者阐明了有关产品责任的一系列免责依据，并在有争议时予以证明一些免责事由，则生产者的赔偿义务将被排除。免责事由列举如下：

　　——尚未投入流通的产品；

　　——缺陷在商品投入流通之后才产生，例如瓶子的制造和装填并无缺陷，只是在运输途中才变得不安全；

　　——并非为了出卖或销售而制造产品；

　　——缺陷源于强行法的规定（实体法意义上的法规，而不是德国标准化协会标准（DIN-Normen））；

　　——缺陷不可认知：此项责任排除依据使得按照《产品责任法》必须承担的责

任接近于过错责任。具体而言，它取决于，按照生产者将产品投入流通时的科学技术水平，该缺陷是否可以被认知（《产品责任法》第 1 条第 2 款第 5 项）。因此，所述的是关于安全期待的内部谨慎。如果某个电器发出有损健康的辐射，但在该电器投入流通时这种辐射尚不可知，那么，这个证明即已完成。该规定的目的在于，排除基于发展风险的责任。正因为如此，责任排除仅涉及设计缺陷，而不涉及制造缺陷（BGHZ 129，353）。

5. 责任范围

依据《产品责任法》，不仅财产性损害可获得赔偿，从 2002 年起，根据《产品责任法》第 8 条第 2 句，还存在痛苦抚慰金。此外，受害人的与有过错或可被归责的与有原因，也将被考虑。责任的最高限额是 85 000 000 欧元。在物损场合，受害人自我负担的金额是 500 欧元。　**394**

6. 时间界限

请求权的消灭：在产品投入流通 10 年后，请求权归于消灭，除非已提起诉讼。当产品脱离生产者安排的制造进程，并进入市场营销进程时，产品即视为投入流通。它也适用于生产者将产品移交给其营业地在国外的 100％控股的分销子公司（EuGH NJW 2006，825 Rn. 27 u. 30 - O'Byrne/Sanofi Pasteur）。　**395**

时效：请求人知道或应当知道有损害赔偿义务、缺陷以及赔偿义务人后 3 年过时效。　**396**

7. 竞合

《产品责任法》作为特别法与以下法律规定存在多重竞合。　**397**

——民法的和特别法的产品责任：根据《产品责任法》第 15 条第 2 款的规定，此时存在请求权竞合，亦即同时可考虑两个责任基础。欧洲法院对欧共体指令第 13 条（即《产品责任法》第 15 条第 2 款所转化的欧共体法规范）作如下解释：当责任涉及隐藏的缺陷或基于其他根据的过错时（EuGH NJW 2006，1409，Rn. 47 m. w. N. -Bilka），且这些规定同样接受了《产品责任法》上的责任严格程度时（EuGH EuZW 2009，501，Rn. 30 - Moteurs Leroy Somer），则并不会排除国内法上的合同责任和非合同责任。而且，对于那些不能适用《产品责任法》的经济参与者，民法和其他特别法也可以令其承担责任。当《产品责任法》在一些方面减轻责任时，例如在生产者方面，侵权法却使得这种责任继续行进。如果自己承担的数额被消除，或者超越了责任最高限额，则要探寻民事责任法的规定。

——药品责任：依据《产品责任法》第 15 条第 1 款，药品责任专门留给《药品法》来调整。鉴于此，《产品责任法》偏离了《欧共体指令》第 13 条，据此，　**398**

1985 年存在的特别责任规定依旧保持原样。这一点在下列场合特别有意义，即药品不是令患者受损害，而是令第三人受损害，例如，患者在药品的影响下进行危险驾驶。就此而言，《药品法》第 84 条并不适用；因此，尽管《产品责任法》第 15 条存在法条指引，但本案仍属于《欧共体指令》第 13 条规定的情形。该规定允许在本案中根据产品责任规定来确定责任。但是，《药品法》于 2002 年被修正。至于《药品法》第 84 条第 2 款与第 84a 条是否与《欧共体指令》中的第 13 条相符，则基于联邦法院的申请由欧盟法院进行判断（《欧盟工作方法协定》第 267 条）（BGH VersR 2013，904，Rn. 6）。

399 ——基因技术之事件：包含在基因技术上被改变之生物体的产品，或者由基因技术上被改变之生物体组成的产品，并不属于《基因技术法》（GenTG）上的责任，而是属于一种更严格的产品责任（《基因技术法》第 27 条第 2 款）。这也尤其适用于农业天然产品的责任，而且，依当时科学技术水平不可能发现产品缺陷这样的辩解，在此场合下也会被排除。在基因技术产品场合，产品的研发缺陷同样不能免责。

400 ——合同法：2002 年德国债法改革中的时效法修正，对于（买卖）合同请求权和侵权请求权的竞合并非不生影响。第 199 条第 1 款的时效期间和第 438 条第 1 款第 3 项的时效期间相互偏离。从而，"持续扩大的"损害（Weiterfresser-Schadens）这样的问题，仍然持续存在。

四、药品责任

401 《药品法》第 84 条对药品的研发缺陷和生产缺陷规定了危险责任，对于指示说明缺陷规定了过错责任（具体可见边码 588 以下）。如果一个药品在符合规定的使用时（比如没有超剂量服用安眠药）引发了有害后果，并且其有害性超过了目前医学知识的合理程度，同时该后果是因为药品的研发或制造领域的原因导致的，那么，药品的生产者要对该损害承担赔偿责任。合理性必须以药品投入流通和致害的时间点为基准来评判。注射疫苗后出现的罕见过度反应并不属于这里所称的有害后果，因为这种结果并非由疫苗研发和制造过程中的原因所致（OLG Celle VersR 1983，1143）。损害的出现作为服用药品的结果，这一事实的查证（责任），应当借助于《药品法》第 84 条第 2 款勉强可理解的推定来减轻（Dazu BGH NJW 2008，2994 m. Anm. Deutsch-VIOXX）。如果药品投入流通时所给予的服用说明与当时的医学知识不相符，则同样存在责任。供紧急场合下（如哮喘发作）服用的某种药品，关于该药品服用过量的危险也必须给予明确警告（BGHZ 106，273）。

402 针对利用基因技术制成的药品也存在药品责任。同样，就此而言，立法者也规定了《药品法》第 84 条框架内的救济渠道（《基因技术法》第 37 条第 1 款）。

第十九章 ◀
言论侵权：第 824 条及一般规则

一、言论侵权的特殊性

1. 作为概括总结的言论侵权

作为多个构成要件概括总结的"言论侵权"，所涉及的是通过作为交流手段的语言或者符号而对他人予以贬低的特性。当第三人发表言论时，该权利给予任何人以真实和适度上的保障。因此，对于不真实或过分的言论，每个人都受到保护。此外，免受纠缠不休的摄影记者（"狗仔队"）跟踪具有独立的意义。 *403*

2. 保护利益：个人信誉、商业信誉以及私领域

诋毁性言论可能涉及作为人格权保护利益或名誉的个人领域。如果言论涉及商业领域，则商业性的声誉、商誉（goodwill）或者信誉（Kreditwürdigkeit）必须被视为受保护的利益。一个侵犯个人信誉的例子见联邦最高法院案例（BGHZ 37，187）：一名女士声称，一所学校的校长在一个国际教育培训中向其求婚。有损商誉的典型例子是某个专家的判断，某个公司提供的空调就是一个"垃圾"（BGH JZ 1966，28）。 *404*

口头言论不是言论侵权唯一的侵害形式。发布照片，特别是在娱乐媒体上（Yellow Press），图片本身或者相应的文字说明都可能产生负面影响。其中，对他人全部生活进行暗中监视的摄影记者，其等候伺机抓拍并迫使想避免负面报道的受害人持续性地自我控制，这种影响更强烈。该摄影师的观察利益被限缩在这种图像报道可能会被限制的标准范围内。 *405*

3. 事实断言与价值判断

事实断言和价值判断之间的差异对于言论侵权而言具有根本性意义（BGHZ *406*

132，13（21）；BverfGE 82，272；NJW 1996，1529），因而此问题曾被联邦宪法法院复审过（BVersfG NJW 2012，1643，Rn. 35 mwN）。它们在可允许性和证明上受到区别对待。价值判断是意见自由的表达，当然，其边界止于不客观的和虚假性的评论（"卑鄙之人"，OLG Hamm NJW-RR 1995，1114）。虚假的评论主要限于对私人生活的评论。其主要是对人的诽谤（BVerfGE 93，266（294）；BVerfG NJW 2003，961 [962]；2012，1643 Rn. 40）。准确的判断性言论原则上可允许的，因为它是真的。例外只存在于悖俗侵害领域。事实断言可以进行真实性证明。如果相关当事人因所述的事实在受到有法律效力的裁判时，即作出了真实性的证明（《德国刑法典》第 190 条第 1 句）。这条规则在民法上同样适用（BGH VersR 1985，1143），如同《德国刑法典》第 186 条的证明规则，该规则将真实性的证明责任归于发表言论者（BGHZ 132，13）。

407　　　相反，价值判断，不管是不是可能基于事实断言而作出的，它既不可能被证成也不可能被证伪（关于事实判断和价值判断的混合与界限，OLG Nürnberg NJW-RR 2003，40 - 虐待动物的行为大量存在；BGH NJW 2002，1192 - 出版补贴："Käse-Vergleich"）。基于此，通过价值判断的诋毁构成了一个未被限定的要件，其违法性必须被专门确定。与此相反，不真实的事实判断是一个限定了的要件，其首先需要通过由此引起的反驳或对正当利益的维护的准则来抗辩。联邦最高法院的一则判决（BGH MDR 1967，753）包含了一个例子：一个名为《机会》的瑞典影片，在德国以《Birgit Malmström 之夜》为其预告标题稍微删减后投放到影院。不过，在一次访谈中，片方承认，该影片有"大量删节"。尽管该事实断言不正确，但相关诉讼仍然被驳回。影片名称和影片内容之间的矛盾即招致存在缺漏的猜想。联邦最高法院一判决（BGH NJW 1968，644）则指明了价值判断的边界：某画报将一个对 Jackie Onassis 的报道作为原创性报道登出。针对其竞争对手对该报道系伪造的指责，画报不得称该指责是"不真实的、恶意的和轻率的"。该判决表明，即便是在价值判断场合，有关许可性的衡量必须在考虑事实基础的情况下作出。

4. 正当利益之维护

408　　　从法益的非绝对性和对人格和企业经营适当干预的必要性中，可以得出维护正当利益这一违法阻却事由（《德国刑法典》第 193 条、《德国民法典》第 824 条第 2款、《反不正当竞争法》第 4 条第 8 项）。法条规定：在履行调查职责之后所作的错误判断是允许的，只要是以此来维护正当利益。所维护的利益可以是自己的利益，就如在诉讼主张中的那样。同样，接收人的利益也能够正当化一个虚假主张，例如其以一种正常交往的方式被警告要提防某人。也存在一种公共利益，如媒体所维护的公共利益等。例如，某周刊可以在药物一栏将所谓的"蜂窝组织炎疗法"报道称为药物滥用（BGH MDR 1969，651）。不过，这种事实判断不能逾越所维护的利益

（OLG Koblenz NJW-RR 2008，1316［1317］：被性侵孩子的祖父母对嫌疑人的雇主予以指责）。这样，人们不得将判断说得天花乱坠（BGHZ 132，13［24］＝NJW 1996，113-职业杀手）。相反，判断人必须要符合调查义务。这是一个注意义务，且根据所维护利益的不同而不同。如果测试中某个商品被给予了负面评价，那么，必须对它进行准确的检测。而在一个纯粹的报道节目中，该义务有所减轻。如果对一个无电地毯清扫机报道为，它会将每片地毯弄碎，若电视台向一个家庭经济师作了咨询，那么即足以达到违法阻却的效果（BGHZ 1967，94）。

在最亲密的家庭范围或在其他特别受信赖的人之间所发表的言论受到《德国基本法》第2条第1款的保护（BverfG NJW 1995，1015）。　*409*

5. 肖像保护

对被临摹的人保护适用该规则，即仍作为1907年通过的《关于艺术作品的著作权法》（KUG）余存的规则，而该法为现行《著作权法》（UrhG）两个原型法之一。《关于艺术作品的著作权法》第22条将肖像作为特别人格权予以保护，依据该条，传播或出版他人肖像原则上必须取得被临摹人的同意。其中对于当代史中的肖像画而言，《关于艺术作品的著作权法》第23条打破了该基本规则。当然，此处也不得侵害肖像本人的正当利益。第823条第1款所建立的一般人格权发挥着补充性作用。判决所遵循的是一梯进式的保护计划（BGHZ 171，275，Rn. 9 - Winterurlaub；BGH NJW 2012，762 Rn. 8f. -Vernissage；BGH NJW 2012，763 Rn. 23 - Inka Bause；BGH NJW 2012，3645 Rn. 26 - Comedy-Darstellerin；BGH NJW 2013，2890 Rn. 10 - Eisprinzessin Alexandra；BGH NJW 2013，3029 Rn. 7 - Teilnemerin an Mahwache）。当代事件的概念借助真正的大众信息利益使得肖像刻画的正当化成为可能。那些关涉公众的利益，媒体应在言论自由和新闻自由所保障的自由施展空间内根据新闻学的标准予以判定，在此，娱乐性稿件也不应被排除在外（BGH NJW 2008，3134，Rn. 15 f. ，23 - Heide Simonis；NJW 2008，3138，Rn. 14 ff. -Sabine Christiansen；NJW 2008，3141，Rn. 25 - Caroline Ⅲ；Zur Abwägung von Art 10 EMRK und Art. 8 EMRK bei Bildberichterstattung EGMR NJW 2012，1053 Rn. 108ff. ）。关于配图报道方面的人格权保护则还有区分（BVerfG NJW 2011，740 Rn. 52；2012，756 Rn. 19）。　*410*

二、与人相关的出版物

1. 侮辱和恶意诽谤

针对侮辱和恶意诽谤的刑法规定，被视为保护性法律（《德国民法典》第823　*411*

条第 2 款，《德国刑法典》第 185 条及以下）。谁要是主张了一个不能证明为真的事实，或者实施了一项侮辱行为，那么，他就要承担损害赔偿和痛苦抚慰金的责任。判断者就其言论真实性证明的责任仅仅在为了维护正当利益这项例外时才是可接受的，且要依据宪法的界限。如果医生对于女病人是否有性侵犯这项事实真伪不明，那么，起诉者不必因《德国民法典》第 823 条第 2 款及《德国刑法典》第 186 条而承担任何赔偿责任（BverfG NJW 1987，1929）。

2. 人格权

412　　　如上所述，一般人格权作为《宪法》上的其他权利而被保护（《德国基本法》第 2 条第 1 款；《德国民法典》第 823 条第 1 款）。民法上的一般人格权比《德国基本法》第 2 条第 1 款所保障的宪法保护范围要大，后者须依《德国基本法》第 1 条第 1 款来解释。这种差异体现在死后人格权上，死后人格权在《德国基本法》第 2 条第 1 款中并无依据。该违法性是通过法益和利益衡量实证地加以确定。《欧洲人权公约》（EMRK）第 8 条也规定了人格权保护（Zur Wortberichterstattung EGMR NRW-RR 2011，981；NJW 2013，768；2013，771）。由此得出欧洲人权法院对于人权的法律保护可能性，并由于德国联邦宪法法院和欧洲人权法院（EGMR）不同的利益衡量结果而产生判决冲突的问题（zur Bereinigung EGMR NJW 2004，2647，Rn. 72 i. V. m. NJW 2005，2480；BverfG NJW 2008，1793，Rn. 52 f. ，67 ff. ）。

413　　　在媒体中，人格权可因言论而受侵害，例如通过一篇报道指责某位天主教牧师与一名已婚妇女关系亲密（BGH VersR 1988，405），或通过照片也可能实施类似侵权。平常人越来越遭受到一项新的威胁，即对其个人的评价在网络中被传播。在网络上的意见表达具有了耻辱柱效果（Prangerwirkung），而并不像稍纵即逝的话语——哪怕它出现在当天出版的报纸上，网络上的意见表达若未超越虚假评论的边界，则必须容忍。囊括众多相关的言论从网络中的债务人名册（BverfG MMR 2002，89）直到学生对教师的评价（BGHZ 181，328 - spickmich. de）。

3. 对集体的侮辱

414　　　原则上只有自然人和法人才会受伤害。倘若某个群体遭受到诋毁，那么，只有当某个个体明确作为该群体的成员出现时，才会赋予该个体以请求权。此外，该群体必须是同类的，必须体现出一个特别的保护利益。对于确认犹太人被迫害的命运已被肯定（BGH VersR 1980，44），但某杂志将女性作为纯粹性发泄对象这一表述却并未被确认（LG Hamburg NJW 1980，56）。

4. 断言（Behaupten）和传播

415　　　言论侵权的行为要件是断言和传播，即发表自己的观点或者传达别人的观点。

不赞同所传播的他人言论并不引起免责，除非传播者仅仅是引用，以便表明自己的态度。源自第三方信息（新闻报道、访谈、通讯社的信息等）需要在最低限度的核实之后再传播（BverfG NJW 1999，1322 ［1324］-Helnwein；NJW 2007，2686 - Porsche-Aktionär）。反问可以充当一个虚假问题，从而传播一种微妙的发言内容，例如《画报》的新闻大标题写成 "X 和卡罗琳同床？他在《花花公子》杂志的访谈中明显有歧义地作了回答"（BGH NJW 2004，1034）。

言论必须被解释，以探究其客观的意思。在此，它要取决于读者、听众或观众可知的语言内容；个别语句可能 "有言外之意"（BGH NJW 2006，601，Rn. 14 u. 16 - Erzbistum）。当言论有多义时，联邦宪法法院要求基于法律后果不同而进行有区别的解释：如果受害人不仅请求事后的制裁，比如损害赔偿，而且要求撤回或更正，那么，当不能排除一个合法之意义上的解释时，对其应当不在违法的解释意义上对争议言论进行解释，以免发生吓阻性的效力（BverfG NJW 2006，207，Rn. 33 - "IM-Sekretär" Stolpe；NJW 2006，3769（3773）-Babycast）。相反，言论者可以通过如下方法以避开指向将来的不作为请求权，即他明确地作出表示，并澄清，法律上的分析是基于哪一个表示内容（BverfG NJW 2006，207，Rn. 34）。从而，联邦宪法法院对于它提供给联邦最高法院的 "选择理论" 又进行了限缩，即便在消除影响请求权方面并不足够宽泛。通过对解释的让步来谋求目的实现是不妥的；相反，依据表意人的理解能力来确定过错特征似乎完全足够。 *416*

怀疑性报道是被允许的（BGH NJW 2000，1036）。它涉及一个真实性尚未可知的事实。这里需要一个告知读者可能存在免责情形的完整报道（BGH NJW 2006，601，Rn. 19）。言论者必须以合理的方式来检验所发表言论的正确性，并将其认知情况准确地传递出去（BverfG NJW 2007，2686（2687））。单纯的流言蜚语不得传播（OLG Brandenburg NJW-RR 2002，1269）。为了有效地保障权利，司法程序中的言论不受禁止（BGH NJW 2012，1659 Rn. 7，有争议的判决）。 *417*

5. 调查之注意义务

调查研究涉及注意义务，且一般针对查清事实基础。因此，言论者不能直接地依赖第三方，但是可以信赖官方机构的公告（BGH NJW 2013，790 Rn. 30 对国安行为数据的怀疑报道）。言论侵权包含风险责任的因素，其责任不可推卸给第三方。基督教民主联盟（CDU）必须指出，在选举手册中登载的人同意了那些不能直接适用于德国社会民主党（SPD）成员的措施（BGH NJW 1980，994）。一个出版了可能诋毁荣誉的书的出版社，不得基于其已经聘请律师作出内容审查来免责。该义务应由该出版公司的机构自己履行（BGH NJW 1980，2810）。该注意义务不仅涉及违法性判断（具有防御请求权的后果），而且涉及作为损害赔偿法律后果之前提要件的过错。 *418*

三、商业性的言论侵权

1. "信用危险"；法律基础的划界

419
对一项虚假事实故意地作出断言，而该断言可危害他人的信用，则《德国刑法典》第 187 条可作为保护性法律对此加以规制。《德国民法典》第 824 条正是依赖于此法律规范，如同法条所指示的那样（"也［auch dann］"）。该条文还将危害信用的保护扩展到过失 d 的不实断言，并将构成要件扩展到"对经营和持续发展有其他不利影响"。这实际上可总结为对经济利益的保护（vgl. BGH VersR 1989，298），或是对经济声誉的保护（BGH NJW 2006，830，Rn. 93 - Kirch）。

420
第 824 条的构成要件要求一个不真实的事实断言，从而作为不实言论的一个亚类而呈现。因此，价值判断和真实的事实断言不在此列；它们属于第 823 条第 1 款的企业保护之下（BGH NJW 2006，830，Rn. 93 f.-Kirch；BGH NJW 2011，2204，Rn. 9 und 13 -信用评价）。这样，经济资信机构作出了"大量的支付迟延"和支付方式"缓慢并拖延"这些陈述被视为价值评价（BGH NJW 2011，2204 Rn. 11，mit 17）。在企业保护分析中具有绝对意义的是，有关市场相关因素的（依据相关事实基础作出的）市场参与人信息的尽可能高的标准对竞争能力具有意义（BVerGE 105，252 ［265f. ］/Glykol；BVerfG NJW-RR 2004，1710（1711）- gerlach-report；BGH NJW 2011，2204 Rn. 20 f. ）。此外，在《反不正当竞争法》的特别侵权法规范中还存在另外两个请求权基础，即该法第 4 条第 8 项规定的，保护企业免遭有害交易的虚假事实判断的侵害（所谓"诽谤"），以及第 4 条第 7 项规定的，保护企业免遭轻视性或诋毁性的真实事实判断以及评价的侵害，这些都是一些不诚信的商业行为。《反不正当竞争法》规定的责任比一般侵权法的责任更严格，在这个问题上，尽管德国联邦宪法法院在"贝纳通判例"（Benetton-Rechtsprechung）中引发了一些疑虑，但两种法律责任严格程度不同，还是被确定下来（dazu Ahrens JZ 2004，763（765 f. ））。媒体和电视的言论，若纯粹追求传播的目的，而没有为了打击其他企业而为某一个企业作任何编辑过的广告，则此时，该言论只受到《德国民法典》的规制。

2. 收益损失

421
被指称的或被传播的事实必须是涉及受害人本人，或者至少与他有紧密联系。某人不正确地报道，某城市教堂打算以管风琴代替电子管风琴，报道人并没有侵害相关行业的市场领先者（BGH NJW 1963，1871），不过，影评人却可能侵害对影片享有独家发行权的发行商（BGH VersR 1989，298）。同样，某汽车品牌制造商

极少有可能会因为关于该品牌的二手车的虚假报道而受到侵害（BGH VersR 1964，1268）。通过这样的审判实践，第 823 条第 1 款场合下关于侵害营业之"直接性"的类似要件，被引入《德国民法典》第 824 条中。倘若人们不要求任何直接的关联，而是认定"反射性"的相关性也足够满足条件，那么，不当判断的风险就会涉及得过于宽泛。当然，不要求受害人必须在电视报道中被点名，而只要信息接受者圈子的一部分从个案情况可以推断出受害人的身份即可（BGH NJW 1992，1312）。受害人也可能是一个法人（vgl. zu § 823 Abs.1 BGH NJW 2006，601）。

断言必须是不真实的。虚假的断言是不真实的，但是，对那样一种可能性的不恰当的怀疑或者猜测，至少当信息接受者认为它像一种断言时，这也可能构成不真实的判断。此外，歪曲性的或者误导性的比较也可能构成不真实断言（BGHZ 42，210：贸易联盟的业绩与其成员的业绩进行比较）。断言必须可被证实为"违背真相"。很好理解，侵害人不用证明其所言为真实的，相反，受害人必须证明对方言论的不真实性（BGH MDR 1974，921：海因里希·布吕宁（Brüning）总理的回忆录）。 *422*

损害赔偿责任以过错为前提。依据第 824 条，过失仅仅针对不真实情形。导致信用与经营损害的情形只需客观存在即可。此外，还存在违反第 824 条第 2 款上的信息义务上的过失；行为人必须在合理的范围内检验信息的真实性。 *423*

3. 正当利益的维护

对于非明知的虚假信息，《德国民法典》第 824 条第 2 款规定了维护正当利益这一特殊的违法阻却事由。它是维护正当利益这种一般违法阻却事由的亚类型，其用于保障意见自由和自由地执业。若行为人已经尽到了客观典型的注意但仍不能发现这种不真实性，则不是每一个不真实的断言都应当导致损害赔偿义务。相反，维护一种正当的自身或他人利益的人，基于其具有主观上的违法阻却事由而享有特权。当然，前提是，他已经尽了调查义务，同时，根据断言的严重性以及所维护利益的等级，这种调查义务可能有不同的强度设计。 *424*

4. 商品检验

商品检验是指，一个独立的机构，如商品检验基金会对一个或多个商品进行有关质量的检测对比。商品检验涉及一个事实确定，它最终要在打分评比（推荐或劝阻）中表达出来，它也可能缩写为"测试指南"。不过，价值判断是决定性的，审判实践一般不将商品检验置于第 824 条之下，而是将其置于第 823 条第 1 款的企业保护之下（BGHZ 65，325 -滑雪绑带；NJW 1987，2222 -混合肥破碎机；NJW 1997，2593 -电脑打印机）。不过，此处的事实表述若涉及带有可客观化内容的产品属性，则应视为例外（BGH NJW-RR 2002，1679）。这种"一般—例外关系"对于 *425*

国民经济上的工具而言并没有什么说服力，国民经济上的工具应该基于客观化的、事实上的评价来实现市场透明。至于一个检测结果是否体现为符合事实的最终结论，联邦法院按照第 823 条第 1 款对此检测进行控制。这种检验测试必须是中立地、客观地和有经验地实施（BGH NJW 1997，2593）。在商品检验时必要的谨慎以有资格的检测员、遵循工人的检测程序和对产品进行广泛全面的检测为前提，且由此得出的结论必须应用到商品最终评价中。评价的事实基础必须被谨慎地设定；因而，在价格比较时，不得将听起来相近的超市①都拿来对比（BGH VersR 1986，368）。虽然，检验者有评价的自由空间（BGHZ 65，325 -滑雪绑带）。但是，只可基于详细的和可重复性的检测来作出判断；不得基于一次性事件来作出某种否定性的价值判断。故而，不得基于唯一的一次刹车失灵就指称整个系列的某汽车不合格（OLG Celle NJW 1964，1804）。

5. 真正的事实断言

426　　　　商业性的事实断言在何种程度上可受到第 823 条第 1 款的抑制，这并不清楚。联邦最高法院（第 6 民事审判庭）和联邦宪法法院，针对维尔茨堡一名大学教师进行的一项关于企业年报的学术研究（可供公众查阅），认为构成对经营者的侵犯，且属于非意见表达自由和科学自由范围内的侵犯——人们已注意到对企业保护的背离（BGH NJW 1994，1281，1282；BverfG NJW 1994，1784）。这些判决得到了法律批判性的吸收（so auch XI ZS，BGH NJW 2006，830，Tz. 100 - Kirch）。

四、法律后果

1. 防御请求权

（1）不作为、排除妨害

427　　　　对于因反复表达或即将首次表达的言论而产生的紧迫的将来危害进行防御，要比立法单独设计的损害赔偿请求权更加重要。不作为请求即服务于此。同样指向将来的，还有对于持续扩散的干扰源请求予以排除，特别是通过借由适当的和必要的措施而发出的庄重的声明来抵消原有言论的影响。长期以来，这两种法律后果在法律续造中被承认。撤回也具有排除妨碍的效用。与之相比，相关人虽然能够通过在报纸上刊登的相反意见或者使用媒体法上相关应急措施来实现公开地反击，但仅仅是自己意见的表达。按照法院的指令所实施的判决发布（判决态度、判决的理由），这样的排除妨害手段尽管在德国原则上已取得共识，但并未被实施。不作为和排除

---

① 本案原告是 12 家商号中含有 "G" 字母并联合组成经销团队的商事企业。——译者根据原案例注

妨害（包括一切手段）均不以过错为要件，而只要求有违法性的判定。民法典第 1004 条的标准，虽然联邦最高法院经常会援用，但在类推适用时其实是可有可无的，因为这种法律续造并非建立在个别类推的基础之上。

（2）撤回和有限的撤回

只有在被反对的言论情形中涉及已被承认的或已被证明的不真实的事实断言，　*428* 才可以要求发表言论的人绝对地撤回。倘若诋毁性判断的真实性尚未被证实，但这已满足恶意毁谤的要件（《德国刑法典》第 186 条及《德国民法典》第 823 条第 2 款）（BGH NJW 1996，1131（1133）-Lohnkiller），那么，如果不管怎样都判令言论者撤回其言论则似乎太过分。也许该判断的确是真实的，只不过缺乏有效的证明手段而已。因而，在实践中，只考虑判决有限的撤回。基于此人们会认为该判断并非是公正地作出。当然，对于指责的真实性，也可能不存在任何可靠的线索（BGHZ 69，181），事情也可能不只是发生在当事人的个人之间（BGHZ 37，187 - 婚约）。如果原先存在的维护正当利益之违法阻却事由在有了更清晰的事实认知后被取消，也要考虑到撤回（BGH JZ 1960，701）。

撤回应当是有效的，但其实施并不可令人蒙羞（vgl. BGHZ 89，201 f.）。有争　*429* 议的是强制执行的方式：《德国民事诉讼法》第 887 条使代履行（Ersatzvornahme）成为可能，第 888 条则以高度人身性的行为为前提，这在《德国基本法》第 2 条第 1 款上是毫无疑问的。如果不真实的事实判断出现在某画报的封面，那么，关于撤回（的声明）也必须发布在该封面上。印刷的安排必须是适当的，要能够达到让读者产生注意的程度应当与遭到反对的判断性言论所引发的注意程度相当；但是其必须还要为提示其他期刊内容留有足够的空间（BGHZ 128，1 - Caroline；BverfGE 97，145［152 ff.］＝ NJW 1998，1381 - Caroline und van Almsick）。这样的规则也适用于相反陈述的印发（BverfGE 97，145（152 ff.））。

（3）报纸公告

为了降低言论侵权的损害，经常要求作出立刻的行动。因此，判决已经允许受　*430* 害人刊登反驳性的报纸公告，只要该公告在内容上是适当的。加害人必须赔偿作为损失的报纸公告费用。因而，含酒精之牙膏的制造商可以在攻击它的报纸上刊登公告来反击这样的判断——使用该含酒精的牙膏有可能导致在交通测试中引起对酒精的认定（BGHZ 70，39）。

2. 金钱赔偿

（1）财产损害，不当得利赔偿

物质性损失必须被赔偿，此外还包括法律诉讼的费用和自行消除影响的费用　*431*（只要是必要的）。基于过错的损害赔偿请求权是其基础。另外，侵犯性的不当得利返还请求权也要被考虑，此时应当按照拟制的授权许可来计算数额（BGHZ 81，75

（81）-Carrera；BGH NJW 2013，793 Rn. 42 - Playboy am Sonntag）；而对于该请求权，其讨论内容是利润收缴之诉（Gewinnabschöpfung）。

（2）"痛苦抚慰金"

在言论侵权场合，不仅会有财产性损害赔偿，而且可能存在一种针对非财产性损害的金钱赔偿（痛苦抚慰金）（同样见：边码 718）。它应当担负《德国基本法》第 1 条和第 2 条第 1 款的保护任务（BGHZ 160，298）。对此的前提是言论侵权中的严重侵害或重大的过错（BGHZ 35，363；BGH NJW 1996，1131（1135）；BverfG NJW 2004，591（592））。在现实的应用情形中，首要的是在平面媒体或广播节目中对他人人格权的侵犯。如果侵犯他人人格权是故意为了提高报刊发行量和牟利，那么，此时就应当运用预防理念，在关于金钱赔偿数额的判定中要将这种牟利目的作为考量因素之一（BGHZ 128，1 - Caroline I；BGHZ 160，298（302）- Caroline II）。在撤回和金钱安抚赔偿之间还存在一种交互作用：当撤回足够达至效果时，则不存在金钱赔偿（vgl. BGH NJW 1996，1131［1135］；BGHZ 160，298（303）），当然，在出版他人肖像的场合，撤回从一开始就不可能有效果。

第二十章 ▶
网络上的侵权行为

一、现象学

网络是一种媒体，它使得社会所期待的交流成为可能，并积极推动经济上的价 *433*
值创造，但也会滋生违法的行为。引发责任之言论会通过博客和其他网页传播；在
网络平台上可能推销产品，而这些产品可能侵犯了工业和知识产权，如商标或著作
权的特别保护权，或是违反刑法规定，如青少年保护法中的刑法规定。数据上点对
点交换的特殊软件也利于拷贝受著作权保护的作品（如音乐数据，OLG Hamburg
NJW-RR 2006，1054 - Cybersky）。

要找出直接行为人是困难的，它会因为极端的数据保护规则而受阻；关于不作 *434*
为或损害赔偿请求权的诉讼追究经常是没效率的。而针对网络服务提供商的行动则
有望得到更多的成果，没有其居间作用，信息交换和服务交换也不能进行。

二、责任基础

不真实的事实判断或者侮辱性的价值判断在网络上传播，与在传统平面媒体或 *435*
电视上发布这些言论一样，会构成言论侵权（vgl. BGH NJW 2007，2558 -
Rumtrauben）。从而，对此会依据第 823 条第 1 款或第 824 条承担责任。对他人的
价值判断通过网络传播具有与个人间稍纵即逝的口头表达有所不同的性质，即使网
站只是对有限的用户开放，例如仅对学校学生开放的网站，网络还是如同一个现代
的耻辱柱而发挥作用。而且，这种印记还无法"遗忘"，即便是记录表面上被删除。
这有利于通过在暗处隐藏自己的身份来传播侮辱性的言论。因此，利益衡量必须倾
向于信息当事人及其人格权。这也适用于因业务职能而对人发表言论的情形，例如
老师在测试评定中给出的匿名评价。联邦最高法院在"抄袭我"网站

（spickmich. de）一案中（BGHZ 181，328. 此网站主要针对中学生）并未作出充分的评价。数据分析行为可基于《德国民法典》第 823 条第 2 款结合《德国刑法典》第 202a 条承担赔偿责任，须被赔偿的是调查与防御的费用（OLG Celle NJW-RR 2011，1047）。

436　　当在网上销售伪造的名牌商品，如伪造的劳力士时，该商业行为就符合了特别侵权法上的构成要件，例如《商标及其他标识保护法》（MarkenG）第 14 条第 2 款第 1 项（BGHZ 158，236 -网络拍卖 I；BGH NJW 2007，2636 -网络拍卖 II；BGH NJW-RR 2008，1136 -网络拍卖 III）；当在网上销售盗版产品、擅自盗录的音乐会片段或音乐文件时，则符合《著作权法》第 97 条第 1 款的要件；当色情制品的销售商在未经充分的年龄审核即提供色情制品下载服务时，则同时满足《反不正当竞争法》第 4 条第 11 项以及《青少年媒体国际条约》（Jugendmedienstaatsvertrage）的适用条件（BGH NJW 2008，258，Rn. 35 - eBay 出售危害青少年的媒介物）。

三、网络媒体的妨害责任

1. 间接加害人的责任

437　　直接行为人的侵权行为借助第三人的组织化的技术帮助而可能实现：因特网服务提供商创设了网络入口，受著作权保护的音乐之共享是以特殊的数据交换软件为前提的。如果媒介传播者同样可被请求不作为或排除妨害，那么就会有效地对抗此类侵权行为。当网络媒体故意提供支持时，《德国民法典》第 830 条第 2 款规定的责任会受到肯定（边码 149）。不过，如果一个网络拍卖公司，比如 eBay 在其网站上拍卖的物品系接收的第三方提供的伪造商品，则不承担责任（BGH NJW 2007，2636 -网络拍卖 II；NJW 2008，758，Rn. 21 - eBay 出售的危害青少年的媒介物）。审判实践在网络发明前已对侵犯工业和知识产权和广告客户违反法律等此类案例情形进行了处理。

438　　扰乱者（Störer）的法律形象被发展成了防御请求权中的一种特殊的附随性参与行为责任（Beteiligungshaftung）。其依据为《德国民法典》第 830 条第 2 款的反面解释。此种责任取决于直接加害人违法地实施了行为。如果提供"技术 & 组织"帮助服务的网络商不能通过合理的方式合法地监督直接加害人的行为，从而违反了审查义务，那么，该网络商作为非故意行为的扰乱者，实际上是加剧了直接加害人有意制造的违反法律的危险，这种危险加剧构成了扰乱者应承担的一种不依赖于过错之防御责任（ABwehrverantwortlichkeit）的基础。至少，扰乱者在知悉违法性之后，必须采取针对措施，例如将他人网络稿件从其网站上撤下（BGH VersR 2013，771 Rn.30）。在编辑交付的有关订婚或死亡的家庭告示时，如果有值得怀疑

的情形表明这是一个捉弄人的玩笑，或者一个商业告示含有一个误导性广告时（《反不正当竞争法》第 5 条），则该媒体必须审查该可疑情形（第 823 条第 1 款）。

其他人同样会作为网络行为的间接加害人而被讨论。若仅仅因为父母没有关闭他们自己的网络宽带接口就令一个已长大孩童的父母对孩童的著作权侵权行为负责，那么这就走得太远。同样，若令未成年孩子的父母为其侵犯著作权的行为按照第 823 条第 1 款承担责任，也是过分的（a. A. LG München I MMR 2008，619：计算机作为危险物品，为 17 岁学生指导安装的必要性；父亲帮助 17 岁的女儿下载，他的帮助人责任被奥地利高等法院否认，OGH ÖBl. 2008，256. 父母的教导须考虑《德国民法典》第 832 条，参见边码 464）。

2. 作为教义学解释的交往义务之违反

2007 年，联邦最高法院在教义学上将妨害责任恰当地阐明为违反交往义务（BGH NJW 2008，758，Rn. 37 f. -eBay 出售的危害青少年的媒介物；彼处涉及的是竞争法上的交往义务；涉及青少年保护的交往义务，OLG München WRP 2008，1471 -寻找私生子生父的广告）。有争议的是，是否因此应同时准备好这样的途径，即从针对防御请求权的参与人的特殊责任到非故意间接行为的侵害人的共同责任的过渡，而该责任同样构成损害赔偿请求权。这尤其会在特别侵权法上发挥效用，因为共同的侵权行为的全部要件必定不仅存在于直接行为人的个人中，而且存在于间接侵权人中，而按照迄今的审判实践都并非此种情形。

四、责任特权

期刊媒体可能作为单纯的交流载体，对于其顾客广告中的权利冲突，即他人稿件，任何情况下都不得被要求承担责任；否则，时间压力下的媒体工作将会被一种与《德国基本法》第 5 条第 1 款不相符的方式扼杀。媒体自由将通过以下方式予以考虑，即媒体上特殊的审查义务作为建构违法性的特征而被适度操控（详见：Ahrens in：Gloy/Loschelder/Erdmann，Handbuch des Wettbewerbsrechts，4. Aufl. 2010，§ 69 Rn. 73 f.）。

如果网络服务提供者仅仅作为他人信息的输送者（主机和入口服务提供商与因网站内容而承担责任的内容提供商之间存在区别），那么它会被免于过重的责任。对它来说，立法上的特权包括《电信媒体法》（TMG）第 7 条及以下条款（2007 年之前是《电信服务法》（TDG）），其源于欧盟电子商务指令。此外，还适用针对防御请求权的扰乱者的责任（BGH NJW 2004，3102（3104）-网络拍卖 I；BGH GRUR 2011，152 Rn. 26 und 45 -网上的儿童高脚凳；BGHZ 191，19 Rn. 20 -笔形香水）。如果搜索引擎的营运人在自动搜索功能途径中对名称的搜索在使用者的搜

439

440

441

442

索内容上添加消极的搜索补充内容，比如"欺诈"这一概念，那么并不免除其对网站内容的责任（BGH VersR 2013，771 Rn. 20 m. Bespr. Gounalakis NJW 2013，2321 und Körber/Jochheim WRP 2013，1015）。但是，侵权人或扰乱者对侵犯人格权行为扩散的责任限制源于利益衡量，而这对于获得违法性判断是必要的（BGH VersR 2013，771，Rn. 21 und 29）。当运营者获得了举报后，其才必须作出自身的违反性检测。该原则同样适用于为第三方言论提供一个博客空间的网页运营商（BGH VersR 2012，114，Rn. 22 und 24）。欧盟法院（EuGH Rs. C-324/09，GRUR 2011，839 Rn. 119 - L Oreal/EBay）和联邦法院（BGHZ 191，19 Rn. 22ff. -Stiftparfüm）还将此标准适用于商标侵权。

第二十一章

过错推定的特殊构成要件：雇主责任、监管责任、建筑物责任——第831条、第832条、第833条第2句以及第836条以下

一、原则及突破

立法者在《德国民法典》第 831 条及其下几条对特殊构成要件进行了特别规定，对过错实行证明责任的倒置。在过错原则中，通常需要证明加害人存在过错，受害人承担对请求权成立上的构成要件举证不能的风险。无过错属于阻碍权利形成的抗辩事由，即无过错无责任，而在法律上发展到举证责任的倒置这一步正是对这一原则的突破。大家认为该特殊构成要件属于交往义务（Verkerspflichten）的特殊规范，或者将其归为危险责任构成要件。事实上其中也确实包括真正的危险责任构成要件，即第 833 条第 1 句的动物饲养人责任。尽管如此，过错推定的特殊构成要件仍不包括危险责任，而仅仅是将可控的危险与过错证明责任倒置联系起来。这就提出了一个问题，是否和违反交往义务一样，仍然需要说明对方当事人未尽到外部注意，而仅仅是对违反内部注意进行推定。这个问题只能在单个的构成要件中得到解答。和交往义务类似，对过错推定特殊构成要件也适用如下的基本原则：对于属于构成要件中谈到的义务禁止范围内的损害，初步视为是由义务人造成的。

为便于理解，将阻碍权利形成的构成要素视为（积极的）责任前提条件，并以此明确被告需要就哪些要素进行释明和证明。

二、雇主责任（Gehilfenhaftung）[①]

1. 在法律中的位置及类似规定

444 　　《德国民法典》第 831 条规定，当任用他人完成某项事务时，如果此人在执行事务过程中违法对第三人造成了损害，那么雇主对此负有损害赔偿义务。此构成要件从本质上来说属于正犯和共犯规则（Täterschaft und Teilnahme）。第 831 条之所以排在第 830 条之后并非偶然。在 831 条中雇主是为自己的推定过错承担责任也清楚地表明了这一点。

445 　　在其他地方也存在雇主责任。正如第 278 条为履行辅助人承担责任一样，涉及的是雇主代替辅助人承担责任。此时雇主是为辅助人的过错承担责任，但仅仅是在构成请求权基础上的特别法律关系的范畴内承担责任。除此之外，在商法的货运合同（《德国商法典》第 428 条）和运输代理合同（《德国商法典》第 462 条）中，雇主不仅为"自己人"（雇员）的行为承担责任，还为其他人如下属企业的行为承担责任。这些人员的过错并不涉及雇主无过错责任的延伸问题。在反不正当竞争法及某些知识产权法中也包含一些对第三人行为承担责任的规定。这些特殊侵权法上的防卫请求权的对象是因其员工或者（独立）被委托人实施侵权行为而承担责任的企业所有人（《反不正当竞争法》第 8 条第 2 款，《著作权法》第 99 条，《外观设计法》第 44 条）。侵犯商标、商业标识和地理原产地说明时适用同样的规则，且当雇员或被委托人的行为有过错时（《商标法》第 14 条第 7 款，第 15 条第 6 款，第 128 条第 3 款），该规则延伸适用到损害赔偿请求权上，并且不存在免责的可能性。

　　从需为共犯承担责任这一基本理念出发，第 831 条将辅助人的侵权行为与雇主的自身过错责任连接起来。在该双重构成要件中，雇主是为自身的侵权法上的义务违反承担责任。

2. 事务辅助人

446 　　当某人被委以某项事务时，才出现辅助人责任。[②] 这里的事务是指任何为他人所进行的行为。辅助人通常是通过法律行为进行委任的。事实上的安排，如帮邻居建房亦属此种情形。从要听从他人的指挥这点就可以看出是否属于委任。雇主必须随时能对事务辅助人的行为进行限制，或是终止该事务，或是可以决定完成事务的时间和范围（BGH NJW 2009，1740 Rn. 11：代理的急救医生；BGH VersR 2013，

---

①　Gehilfenhaftung 德文原意为辅助人责任，意为雇主为辅助人的行为承担的责任，因此为了便于理解，将其译为"雇主责任"。——译者注

②　即雇主责任。——译者注

203 Rn. 15f)。选任和持续监督的前提是雇主能影响辅助人的行为方式。因此员工属于辅助人；总代理人（Generalvertreter）以及独立执业人员（Selbständig Tätige），只要他们接受他人的指挥，也属于辅助人。因此，当律师疏忽大意对债务人的同名人采取了强制执行措施，那么委托人应该对此承担责任（BGH LM §823［Hb］Nr. 5）。如果委托人将地下工程委托给承包商建设，而将地上部分的建筑工作留待自己完成时，地下工程承包商不属于辅助人，因为委托人没有就具体事项向承包商进行指挥的权力（BGH LM §823［E］Nr. 6）。而当医生加入进来并接手治疗工作后，原本独立工作的助产士就成了辅助人（BGHZ 129，6）。在强制执行中违反义务行为的法院执行人并非申请执行的债权人的辅助人（BGH NJW-RR 2009，658 Rn. 14），同样，在别人生病时临时顶替的送报人也与通常的送报人很少有此类关系（OLG Hamm NJW-RR 2010，242）。

3. 事务的执行

如果辅助人在进行与被委托的任务有内在联系的活动时产生了损害，那么该行　*447*
为就是执行事务的行为。出发点是辅助人的义务范围；和辅助人的任务有关的行为都在该范围之内。拆迁人员出于疏忽将不应该拆迁的建筑物部分纳入了拆迁范围（BGHZ 11，151），或者看管人将建筑木材扔向嬉闹的顽童，却击中了其他人（BGH MDR 1955，282），这些都发生在事务的执行中。雇主不需要为事务中的偶发情况承担责任。这些无代理权的行为（ultra-vires-Handlungen）最典型的例子就是盗窃和偷开（机动车），前提是不存在阻止该行为的特别义务。被委托的出让人骗取金融贷款以及司机违反禁令让熟人搭顺风车（BGH NJW 1965，391）属于偶然事件（见 OLG Hamm NJW-RR 2010，454：节日庆祝后巡回表演者的助手实施的性犯罪行为）。当应该阻止盗窃发生的看护人监守自盗，或者没有阻止盗窃，就属于事务的"执行"（BGH NJW 11，151）。

4. 违法加害

辅助人应当满足一般或者特殊侵权行为的所有构成要件。对此《德国民法典》第　*448*
831条指向第823条及其后。此外还要求存在"具体的违法性"（RG Warn. Rspr. 2009 Nr. 98），也就是必须存在相当的因果关系以及特殊的主体资格。在违法性和主观构成要件问题上，辅助人本身需要承担责任。但是雇主承担责任并不以辅助人的过错为前提。对客观的无过错行为，也就是恰当的行为，即使雇主自己进行这些行为都不用承担责任，那么不适用《德国民法典》第831条（BGH NJW 1996，3205）。

5. 免责证明

推定任用他人作为事务辅助人的雇主，在选任以及监管、提供工作原料或者指　*449*

挥工作（如果有的话）时存在过失。法律允许雇主证明自身没有违反义务或者其义务的违反未对他人的权利造成侵害。当辅助人在他的任务范围内代表了企业，从而获得了和企业机关（《德国民法典》第31条）类似的地位，此种情况就得与《德国民法典》第831条区别对待，不能适用免责证明（BGH VersR 1996，469），而适用《德国民法典》第823条第1款的直接责任。

存在以下几种免责证明：

450 ——选任和定期监管中的注意：只要辅助人造成了违法加害，都推定雇主在选任和监管时存在瑕疵。事务辅助人需要满足哪些主体资格由他的义务范围以及具体情况决定。比如主任医生可胜任长年的全套义务履行（BGHZ 1，383）。雇主不需要审查，他聘请的建筑企业是否拥有足够的资金以及是否投了责任险（BGHZ 12，75）。需要做的事情越危险，对辅助人的要求就越高。是否尽到了注意的关键时间点是选任之时，《德国民法典》第831条选取的也是这一时间点。此后就要求对辅助人进行持续的监管。如果火车司机已经发生过越道岔、闯红灯并撞死调度员的事故，后来又造成了另外的事故，那么他就没有得到充分的监管（BGH LM BGB § 832［Fa］Nr.5a）。

451 大型企业中所谓的多层的免责证明有时也得到了认可。根据司法判例，在企业运营的每个阶段都可以通过选任和监督新的事务辅助人实现责任的让渡。比如地主雇佣管家，而管家也可以再聘用雇员，此时就可以存在两次的免责证明（BGHZ 4，1）。过度的免责证明引人反思，在今天的司法实践中已经难觅踪迹了。

452 ——劳动资料和指挥中的注意。在现代技术社会中，任用辅助人加入工作中通常以辅助人团体协作并听从指挥为前提。比如为了防盗特别设立了监管人员，那么这里就存在指挥的义务。损害通常也可能由辅助人手上的劳动工具造成。那么根据具体情况可能得出，相关工具设备不合格或者存在瑕疵。根据司法实践必须存在支持该种可能性的依据。而（调查汽车事故的）警察对某类汽车的不良印象就足以作为依据了（BGH VersR 1953，117）。由于施工而导致麻醉设备不能正常使用同样也能引起证明责任的倒置（OLG Hamm VersR 1980，585）。

453 ——疏忽行为的无关紧要性：第二个免责事由是，即使在选任、监管、指挥以及提供工作材料时尽到了应有的注意，损害也会发生。这就推翻了对过错关联（Verschuldenszusammenhang）的推定。可以通过如下两种方式推翻相关的推定。首先，雇主可以证明，即使委托其他的、谨慎筛选并实施了监管的第三人来完成该事务，损害也会发生。这里也考虑到了假定的原因。在联邦最高法院的一个判决（BGHZ 12，94）中，电话线的电杆倒在了马路上。当邮局的巡视人员像假定的其他谨慎选任的人员那样进行了巡视，那么就实现了免责证明。其次，雇主可以证明，即使在选任中尽到了现实可行的注意也会导致同样的结果，也就是说：即使在选任时尽到了应有注意，也会任用该事务辅助人。铁道安全监员犯有容易晕厥的毛病，即使在知晓这个毛病后他仍然可能适合做辅助人（BGH LM BGB §831［Fa］Nr. 6）。

　　——如果是假定的疏忽之外的其他疏忽引起了损害的发生，那么不能免责：根 *454* 据司法判例，并不需要推定有瑕疵的选任、监督和指挥与损害之间存在完全的过错因果关系。这清楚地展示了向危险责任的靠拢：雇主不仅要承担对事物辅助人行为解释不清时的风险，而且要承担他因疏忽产生的另类影响所带来的风险。帝国法院在其判决（RG JW1920，492）中更是清楚地表明了这一点。此案中，由于电车司机的疏忽导致了事故的发生。免责证明在不存在监管瑕疵这一点上就遭遇到了失败，因为在过去该电车司机一贯将电车开得飞快。因此，司机的疏忽并不在于将电车开得飞快。

6. 严格责任中的免责证明

　　当雇主涉及更严格的责任，尤其是在过错推定时，那么就存在更强的过错推 *455* 定。司法实践对此正确地增加了免责证明的难度。不能通过对辅助人进行免责证明的方式使严格责任迅速目的落空。这适用于：

　　——产品责任：因在货物生产过程中的瑕疵造成了损害，那么生产者必须释明并证明事务辅助人不可能造成这样的瑕疵。在烟花爆炸案中，烟花因为在生产过程中存在瑕疵从而引起了爆炸，法院正是这样判决的（BGH NJW1973，1602）。

　　——交往义务的移转：通常情况下，交往义务由产生或者控制危险的人员负 *456* 担。在无明显理由（如年事已高或者不在当地）的情况下将该义务交由第三人履行的（如将喷洒防滑物的义务交由他人履行），要求对义务履行人进行严格的监管（BGH LM §823（Eb）Nr. 2）。

7. 保险和免责请求权对第831条的限制

　　对于法定的雇主责任，由于存在免责的可能性，因而该责任在很大范围上变得 *457* 越来越不实用。只要企业责任险的范围既能涵盖雇主又涵盖雇员，那么通常情况下免责都会目的落空。当辅助人自己需要承担责任时，那么免责证明无论如何都是毫无意义的。此种情况下，由保险公司代替免予承担责任的雇主对辅助人的行为承担责任。另外，只要雇员不是故意的，那么雇员对于雇主享有免责请求权（BAG NJW 1990，468；NZA 2002，612）；即使对于义务违反方面的故意，雇员也可能享有免责请求权，因为这里的故意必须指向损害的发生（BAG NJW 2003，377（379））。而对于重大过失需要根据具体情况进行个案衡量。在根据《德国民法典》第254条的衡量中以前要求的工作的危险指数是一个重要的考量因素（BGH NJW 1994，856）。和过时的《德国民法典》第840条第2款的文字刚好相反，雇主必须代替雇员承担责任。（雇员对雇主的）免责请求权通常使得雇主根本不会认真考虑怎样去免责（参见边码 775）。

8. 合同承担

458　　根据《德国民法典》第 831 条第 2 款，对于通过合同代替雇主承担选任、监管、指挥及创造条件的第三人也适用同样的推定责任。前提是要存在有效的合同，仅有无因管理是不够的。一个例子是联邦最高法院的判决（BGH VersR 1960，371）：主治医生为处于其监督和管理之下的护士的行为承担责任。

9. 第 823 条第 1 款的监管义务

459　　除了《德国民法典》第 831 条外，雇主还可能根据第 823 条第 1 款直接承担责任。根据一般侵权法雇主就负有安全保障义务，这其中也包括任用雇员的情况。雇主的直接责任一方面宽于，另一方面又窄于第 831 条的替代责任。一方面引起责任的雇主的行为不仅仅包括选任、监管、指挥及创造条件。另一方面又必须证实雇主违反了义务并且存在过错关联。

10. 第 831 条的类推适用

460　　对于第 254 条，也就是与有过错，也适用侵权法上的雇主责任。按照一贯的司法判例，在合同外责任领域，对于被侵权人的辅助人也可能根据侵权法规则产生与有责任（BGH NJW 1979，973）。

461　　根据《德国民法典》第 990 条，如果占有人在取得占有时不是善意的，那么占有人对物的遗失以及毁损承担责任。如果占有是通过占有辅助人获得的，那么对此事实行为司法判决一贯类推适用《德国民法典》第 831 条。不过这里并不适用证明责任的倒置（BGHZ 16，259）。如果占有辅助人在获得占有时有权自主决定是否占有，那么无条件类推适用《德国民法典》166 条的被代理人责任（BGHZ 32，53）。

11. 法律政策

462　　将雇主责任作为雇主的推定过错责任来进行处理并不能让人满意。人们指责到，这样的安排使得雇主经常能够得到免责和开脱，并且在程序上使得关注重点向雇主对雇员的选任和监督这一问题转移。1967 年的改革草案建议，应当模仿《德国民法典》第 278 条，规定雇主无条件为雇员的过错承担责任，从而替代《德国民法典》第 831 条。这是个非常实用的解决办法，已经得到了英国和法国法的采纳。存疑的是，责任替代义务是否仅适用于经营行为，还是也适合于私人家务？如果这样人们又会犹豫，是否偏离《德国民法典》第 831 条，由受害人承担辅助人过错证明不能时的风险。

三、监管责任

1. 监管责任的构成要件

根据《德国民法典》第832条第1款第1句，原则上对于未成年人或禁治产 *463*
人的不法加害行为通常由其照料义务人承担责任。义务人包括父母、监护人、照
料人以及根据《德国民法典》第832条第2款通过合同承担了监管实施之人，如
疗养院和寄宿学校的所有权人（BGH NJW 2013，1233 Rn. 12 f.）。而仅仅是事
实上承担了监管之人，如邻居和爷爷奶奶则不在此列。被监管人必须和《德国民
法典》第831条中的辅助人一样，在相当因果关系上违法地实现了侵权行为的构
成要件。

2. 免责证明

根据《德国民法典》第832条第1款第2句，监管义务人可以通过释明他尽到 *464*
了应有的监管义务或者即使在尽到了监管义务时损害也会发生，从而避免承担责
任。鉴于在当今社会中，父母都得上班，对子女通常管得比较宽松，对父母免责证
明的要求就要低些。当然他们也不能完全不管不顾。何种的监管措施为必要则因危
险的种类以及被监管人本人的不同而异（年龄、特定与性格）（BGH NJW 2009，
1952 Rn. 8；2009，1954 Rn. 8）。诸如弓箭等危险游戏是应该被禁止的，并且监管
人应该监督禁令是否得到了执行。另外，父母应当确信，小孩无论是在技术上还是
情绪上都能有效掌控具有危险性的玩具。父母不能简单地将步枪交给未成年子女，
却不警告即使是在开玩笑时也不能瞄准他人并扣动扳机（BGH VersR 1962，157）。
即使父亲（在小孩把玩弓箭时）把弓箭砸烂了，当再次看到弓箭时，父亲也应该再
次告诫小孩不能玩耍弓箭（BGH FamRZ 1964，505）。对于特殊危险，监管义务人
的注意范围也相应扩大。当禁治产人怀疑他被女邻居跟踪，为了防止侮辱行为的发
生，可能需要更换居所（BGH LM §832 Nr. 8）。无论如何也不能随便将打火机放
在桌子上，被无人看管的四岁小孩找来玩耍（OLG Düsseldorf VersR 1992，
310f.）。不需要教导一个六岁的小孩不得参与玩火（BGHZ 111，282），但是要求
密切监管一个十岁大的孩子玩火的不良癖好（BGH NJW 1996，1404；以及 NJW
1997，2047）。一个17岁的少年，如果没有事先已知的行为乖张怪癖的毛病，那么
只需要很少的监管就足够了（OLG Celle FamRZ 2000，1214：除夕节自制的鞭炮发
生爆炸）。应当给玩迷你高尔夫的7到12岁的小孩说清楚击球的动作可能引起的危
险（OLG Frankfurt NJW-RR 2008，975）。父母必须教导一个正常发展的孩子参加
网络赌博的违法性并禁止其参与（BGH GRUR 2013，511 Rn. 21f. -Morpheus）。

3. 基本问题

465 　　《德国民法典》第 832 条法律政策上的意义是值得怀疑的。根据法律规定，负责监管执行之人不应该一直都要承担特别的责任。以前《德国民法典》第 832 条背后隐藏的理念是：以家庭的财产为小孩（或者其他被监管人）的行为承担责任。现在这一功能已经由于通过责任保险而进行的损害的分配而不复存在了。因此这条规定应该取消。

466 　　经常谈到的"父母应当为子女承担责任"这一说法本身是不正确的。《德国民法典》第 832 条包含的是过错责任；父母只对自己的推定过错承担责任。他们既不为子女的行为，也不为子女的过错承担责任。

四、动物监管责任

1. 家畜饲养人责任

467 　　《德国民法典》第 833 条第 1 句的危险责任因为 1908 年增加的第 833 条第 2 句的规定而仅限于所谓的奢侈动物。虽然事实上的法律关系自那时起已经改变，但是该责任优待与《基本法》第 3 条第 1 款并不冲突（BGH VersR 2009，1275 Rn. 5 f.；Fortsetzung des Verfahrens durch OLG Schleswig NJW-RR 2011，1398）。根据《德国民法典》第 833 条第 2 句，如果以服务动物饲养人的行业、职业活动或生计为目的的家畜（Haustier）产生的危险对他人造成了损害，那么动物饲养人仅对推定的过错承担责任。农业上的动物无论如何都算家畜。至于其他哪些动物属于家畜范畴则视饲养目的而定。安保公司的警卫犬服务于职业活动，但是私人的看门狗则不服务于职业活动。如果只养一只猫就够用了，但一农民却养了很多只猫，那么这些猫就不是服务于他的职业活动（LG Ravensburg VersR 1986，823）。蜜蜂不是家畜（RGZ 141，407；158，391）。

468 　　这里允许双重的免责证明。当动物饲养人在监管动物时已经尽到了交易上必要的注意或者即使尽到了必要的注意时损害也会发生，那么就能推翻对过错或者过错关联的推定。当牧羊犬因为没有听从牧羊人的口哨而跑到了行驶的摩托车前，如果该牧羊犬已经通过了牧羊犬资格测试，那么就视为达到了免责证明的要求（BGH LM §833 Nr. 2）。动物监管责任的根据在于推定（监管义务人）违反了监管义务。一家畜在逃跑后造成了损害，那么饲养人必须证明，在动物逃跑这一点上他不存在过错（BGH JZ 1966，30）。

2. 动物看管人责任

469 　　根据《德国民法典》第 834 条，如果以合同承担了动物看管的实施，那么动物

看管人承担同样的过错推定责任。

五、建筑物责任

当建筑物的典型危险通过倒塌或者脱落实现时，根据《德国民法典》第 836 条 *470* 以下建筑物占有人应承担责任，根据《德国民法典》第 838 条建筑物维护义务人应承担责任。这些规定属于抵抗重力影响的特殊交往注意义务。责任义务人是《德国民法典》第 836 条第 3 款的自主占有人，《德国民法典》第 836 条第 2 款规定的与现有占有人一起担责的先前的自主占有人，《德国民法典》第 837 条的建筑物或构筑物的他主占有人，以及《德国民法典》第 838 条因合同承担起维护义务之人。

1. 构成要件

首先是要有建筑物或者与土地相连的构筑物发生倒塌以及建筑物或构筑物构成 *471* 部分出现脱落；并因此使得他人受伤或者他物受损。最后还需要倒塌或者脱落是由建造时有瑕疵或者管理不善引起的。

建筑物，也就是房屋，以及房屋的废墟和构成部分，如瓦、阳台、电梯或者为 *472* 了建设而临时搭建的脚手架（BGH NJW 1999，2593；OLG Stuttgart NJW-RR 2010，451（452）：工人自行改建脚手架）。构筑物是指根据艺术法则或者经验而搭建的与土地相连的物体。比如墓碑（BGH NJW 1977，1392）、水管（RGZ 133，1）、桥梁以及用螺丝固定的淋浴间（BGH VersR 1985，666）；而倒在河床上抬高水位的断桥（BGH NJW 1961，1670）以及从屋顶滑下来的积雪（BGH NJW 1955，300）则不是。重力必须没有得到足够的抵抗。积极的行为，如拆迁公司的拆迁则不在《民法典》第 836 条之列（BGH NJW 1979，309）。

建筑责任的危险时刻体现在倒塌或者脱落时。这必须是由于建造时存在瑕疵或 *473* 者管理不善引起的。但这并不必须是唯一的原因，也可以是与其他原因一起引起的。其他原因可以是气候，如强风（BGH NJW 1999，2593（2594））的影响，但非常规自然现象如地震或者战争的影响则不在此列。洪水属于正常的自然现象。经过一段时间后，即使非常规现象的影响也应当通过维护措施予以消除。比如当一座房子被炸弹轰炸得只剩下了山墙，那么不发生《德国民法典》第 836 条的责任。但如果该山墙经年暴露在日晒雨淋下最终倒了，那么就属于管理不善（BGH LM §836 Nr. 4）。

受害人仅需释明并证明构筑物的客观瑕疵以及该瑕疵与损害发生的关联（BGH *474* NJW 1999，2593）。

2. 免责

《德国民法典》第 836 条仅将事实上已经尽到了注意列为免责证明。当占有人 *475*

让人排除了可知的毛病并且也做好了其余的养护工作时，就算达到要求了。司法判例对此通常都订立了更严格的标准。当被炸弹炸毁的墙壁倒在了一家商店上，义务人仅仅委托了建筑师去排除已知的缺陷并不能将他从义务中解脱出来（BGHZ 1，103）。即使繁华街道上的一处房屋遗址一直都处于监管之下，但如果它在强风暴中轻易就倒塌了，那么也是缺乏静力学上的检测（BGH LM §836 Nr. 5）。应当对能引起危险的缺陷进行定期的控制性检查，比如每年都晃一晃墓碑（BGH NJW 1971，2308）。

476   根据通说，占有人应当享有第二种，也就是通常的免责证明方式：即使占有人尽到了交往上应有的注意损害仍会发生时，占有人免予承担责任。如果即使进行了定期的检查也发现不了纪念碑将会倒塌，那么未进行检查以及纪念碑的倒塌不成为建筑物责任的原因。

第二十二章

公职义务的违反和国家赔偿责任：《德国基本法》第34条、《德国民法典》第839条

一、体系及发展

1. 公职责任和国家赔偿责任

公职责任所涉及的是公务员在其职责范围内的违法过错行为，《德国民法典》第839条。根据《德国基本法》第34条，基本上该公职责任都由国家承担。相对于公职责任而言国家赔偿责任涉及的范围更广。比如说国家赔偿责任还涉及对征收、牺牲（Aufopferung）以及与之并列的征收性和准征收性的干预的赔偿。只要谈到"国家"，那么就是指具有主管当局资格的公法组织，不具有国家特征的社区也包含在内。

2. 从公务员责任到国家赔偿责任

《德国民法典》的立法者从个人责任的思路出发，规定公务员本人对自己的错误行为承担责任。在《德国民法典》中不存在国家赔偿责任，仅在第839条中规定了公务员责任。直到宪法中，最初是魏玛帝国《宪法》第131条，其后是《德国基本法》第34条，才原则上将公务员责任让渡为国家赔偿责任。只有在故意或重大过失时才得以根据《德国基本法》第34条第2句实施的对公务员追索仍然得到了保留。

3. 《国家赔偿责任法》

1981年的《国家赔偿责任法》被联邦宪法法院宣布违宪和无效。它本来打算

对国家赔偿责任进行统一规定。其基本原则在今天仍然值得关注。违法地对基本权的侵犯将导致客观责任的产生；其他公职义务的违反则导致以过错推定为基础的损害赔偿，在此只要违反了义务就意味着未尽到外在注意。如果参与的是私法上的交易，即在违反交往义务时，如在运输中，在医生或牙医的治疗等，那么适用正常的过错责任，由受害人承担证明责任。不过国家公务员和雇员不承担直接责任，而是由主权机关替代他们承担责任，并在他们存在故意或者重大过失时可以向他们进行追偿。1994年联邦获得了国家赔偿责任领域的竞争性立法权限，《德国基本法》第74条第1款第25项。但是联邦从来没有进行过新的对《国家赔偿责任法》的立法尝试。民主德国的《国家赔偿法》在德国统一后在原民主德国的州内作为州法有限制地继续适用（BGHZ 166，22）。

二、违反公职上的义务之责任

1. 作为空白构成要件之《德国民法典》第839条的公职义务的违反

480　　尽管《德国民法典》第839条仅使得公务员以及经由《德国基本法》第34条使得国家负有赔偿义务，但它仍包含侵权法上的又一个一般构成要件。《德国民法典》第839条的构成要件与第823条第2款的保护性法律的违反有许多可比较之处，因为公职义务这一要素同样意味着需要参引其他法律。正如保护性法律一样，公职义务因为必须是"对第三人所负"，所以也就具有了私法意义上的导向。公职义务既可能是保护私人权益免受具体的也可以是免受抽象的危险的侵害。最后，和保护性法律中一样，对义务违反中的证明也可以进行简化。只要确认未尽到外在注意，比如在进行特定行为时违反了公职义务，那么就推定存在过错。若该公职义务是为了防止某一特定损害的发生，如果损害发生了，那么就可以认为，损害是违反公职义务所引起的，除非能够释明其中发生了非典型现象。

2. 公务员的构成要件

481　　《德国民法典》第839条的个人责任涉及的是国家法意义上的公务员；公共服务中的工作人员为其私法上的行为根据《德国民法典》第823条及其后承担责任，为其主权（公务）行为，只要其例外地不属于《德国基本法》第34条所规定的情况，根据《德国民法典》第839条承担责任。而对于《德国基本法》第34条上的国家赔偿责任则适用责任法意义上的公务员概念；只要是承担"被委任的公共职责"就满足公务员的概念，即使是行政辅助人员，比如（协助交警）帮助低年级小学生安全过马路的引路员也属于公务员范畴。所谓的被授权企业（即被授权完成公共事务的私人企业）也行使主权功能。法官也是这条规定意义上的公务员。对公证员适用自有的责任规定，即《联邦公证员条例》第 19 条，该条规定也是以《德国民法典》第 839 条为蓝本制定的。救护事业可以根据州的公法进行组织，因此根据公职责任的基本原则，急救医生本人不因治疗失误而对病人承担责任（BGH NJW 2003，1184 betr. Bayern）；急救医生的服务作为救护事业的一部分是和门诊部门的急救服务和待诊服务相区别的，因为后两者是由合同医生（与法定保险公司签订合同得到授权的医生）协会以及医师工会组织的，以便于协调非上班时间医生的坐班。

3. 公职义务之违反

公职义务构成了公务员公法上的行为框架。这些义务通过法律以及服务和管理条例得以确立。它们也可能源于一般的公务员法上的基本原则。　*482*

对于公职责任来说尤为重要的是，公务员原则上负有避免《德国民法典》第　*483* 823 条及其后意义上的侵权行为的义务（BGH VersR 2013，1191 Rn. 13：Hochschleudern von Steinen bei Mäharbeiten am Grünstreifen einer Bundesstraße）。致人死亡、身体伤害、物的损害，违反沉默义务发布的无权发布的公告通知或者其他信息导致的人格权伤害，以及对保护性法律的违反或者公务员的悖俗行为无论如何都属于对公职义务的违反。除了实体法上的行为规则外还存在关于行政行为的形式以及职权范围和程序方面的规则。公职义务不仅来源于本国法，也可以来源于原始的和次生的欧盟法。在第 839 条范围内适用第 832 条、第 833 条第 2 句与第 836 条上特殊的证明规则（BGH NJW 2013，1233 Rn. 24）。

以不体面的方式将囚犯拘禁在看守所里也可能意味着对职务义务的违反（BGH　*484* NJW-RR 2010，1465，对 OLG Hamm NJW-RR 2008，1406 的再审判决，适用 BVerfG NJW 2006，1580 的基本原则；更多信息见：BversG NJW-RR 2011，1043）。国家不可基于公共刑事程序费用扣押囚犯的金钱赔偿请求权（BGH NJW-RR 2011，959 Rn 8），相反，抵销是允许的（BGH VersR 2009，1664 Rn. 10）；阻止报偿目的是一个禁止的权利（第 242 条）行使。

4. 公职义务的保护目的及保护范围

公职义务必须是对第三人所负。公务员在履行活动时不仅需要维护国家和公共　*485* 利益，还需要照顾到个人的利益。比如冬季为了防滑而在大街上撒防滑材料同样也有利于自行车骑行者（BGH NJW 1965，100），而对缆车的验收并不是为了缆车运营商利益着想（BGH NJW 1965，200）。这里的个人也可以是公务员的同事，比如警察在违规卸载武器时伤及的同事（BGHZ 34，375）。在制订建筑规划时，要注意健康的居住和工作关系这一要求也涉及了该规划区域的未来居住者（BGH NJW 2000，427）。此外，个人所遭受的损害必须是处在公职义务的保护范围之内。也就是说公职义务之所以得到确立就是为了防止该损害的发生。并不为牛奶商服务的欧

盟市场组织 "Milch" 的检查义务就不满足这一要求（BGH VersR 1986，1084）。如果公诉机关对于保险欺诈的起诉被认为是无理的，那么就应当对由于扣留保险金所造成的财产损失进行赔偿（BGH NJW 2000，2672）。

5. 过错

486　　对公职义务的违反只有在公务员存在故意或者过失的情况下才导致损害赔偿请求权的产生。值得注意的是，公务员应尽的注意以普通公务员的客观标准化的行为为衡量标准。公务员个人的特殊性无论是在公务员责任还是在国家赔偿责任中都不予考虑。法律认识错误也属于开脱理由（BGH VersR 2011，796 Rn. 1336）。根据旧的司法实践，州法院或者州高等法院等的合议庭经谨慎审核后认为争议行为是合法的，即使后来确认该争议行为违反了公职义务，法院也不存在过错（BGHZ 187，286＝NJW 2011，1072 Rn. 36）。对此联邦最高法院曾多次允许了例外情况，比如公诉机关申请逮捕令缺乏理由，但事后刑事庭在"快速通道程序"中又认为确实存在重大的作案嫌疑（BGH NJW 2004，332（333））。

三、责任的例外

1. 次位性

487　　根据《德国民法典》第 839 条第 1 款第 2 句，公务员只有过失的，仅在受害者不能以其他方式获得赔偿时，才能向公务员请求赔偿。根据一贯的司法判决，该公务员个人责任的特权条款对国家赔偿责任同样适用。国家赔偿责任的次位性让人觉得有失体面，因此未被《国家赔偿责任法》采纳。

488　　得向第三人要求赔偿损失所基于的事实范畴必须和公职责任的范畴一致（BGHZ 31，148）。违约行为或者侵权行为所产生的向第三人的请求权就属于这种情况。比如公立医院的私人收费医生可以不用为手术治疗失误承担公务员责任，因为医院的所有者根据合同或者侵权法承担了责任（BGH NJW 1985，2189）。"才能请求（公务员赔偿）"文义上是指，如因被请求权人没有财产而导致其实现颇有困难的请求权不在考虑范围之内。近来，对因次位性而进行的免责的解释越来越严格：比如由于同等对待交通参与人原则，在道路交通中（BGHZ 68，217）以及在违反道路交通安全义务时 BGH VersR 1980，282）就不适用次位性原则。对自己投保的疾病，保险公司所享有的请求权也不适用次位性原则（BGH DB 1981，472）。

2. 法律救济手段的优先

489　　此外，根据《德国民法典》第 839 条第 3 款，受害人故意或者过失地怠于使用法律上的救济手段避免损害的,不产生赔偿义务。该规定包含与有过错的特殊规则。人们不能在使用第一个可支配的救济手段并指望得到赔偿后就裹足不前,而应当对于公职义务的违反穷尽所有的法律救济手段。法律救济手段不仅包括上诉和复审,还包括其他法律救济手段,比如针对行政行为提出异议以及向行政法院提起诉讼(BGHZ 15,305,不作为之诉)。当然这里要求存在过错。过错取决于对受害人所属的交往圈子所要求具有的审慎和注意程度(BGHZ 113,17,25)。原则上国家公民能够信赖公务员向他所做的教导和解释,不需要公民比公务员更加聪明(BGHZ,同上)。如果向土地注册处提交的申请上错误地包括"撤回"字样且和会引起纪律申诉(Aufsichtsbeschwerde)的公职义务的违反毫不沾边,则不存在过错(BGHZ 28,104)。

3. 审判法官的特权

根据《德国民法典》第839条第2款第1句,如果在裁决诉讼事务时违反了公职义务,仅在该行为属于犯罪行为时方产生损害赔偿义务。根据《德国民法典》第839条第2款第2句,仅在拒绝或者迟延时可以例外(对此见:BGH NJW 2011,1072 Rn.11:加快程序进程),而将有争议的声称作为无争议处理时则不属于例外情况(BGH LM § 839 [G] Nr.5)。该特权的作用在于维护以及支持实体上的法律效力。当事人不能在打输官司并穷尽所有的法律救济途径之后继续没完没了地向法官提起损害赔偿。这里的犯罪行为首先是《德国刑法典》第336条规定的枉法。当然也包括其他的犯罪行为构成要件。该特权仅国家任命的法官——也包括陪审员——才能依法享有。而对于仲裁员则通过对仲裁合同进行补充解释的途径进行相同处理(BGHZ 15,12)。法庭所作出的任何使得由起诉或者控告所引起的诉讼关系在本审级得以终结的意见都是"对诉讼事务的裁决"。这里看重的不是裁判的形式要件,比如关于《德国刑事诉讼法》第349条第2款的驳回上诉以及第153条中止程序的决议都属于"对诉讼事务的裁决"。此外,在声明诉讼主要争议已经得到解决后,法院根据《德国民事诉讼法》第153条作出的关于诉讼费用负担的裁定也属于对诉讼事务的裁决,因为它使得诉讼关系在本审级得以终结(BGHZ13,142)。临时保全措施如临时吊销驾驶证(BGHZ JZ 1964,771)则不是裁决。除法官的特权外,法官与检察官的决定仅仅在其不可替代性上受到审查,以避免伤害到决定者的独立性(BGHZ 187,286 Rn.14;OLG Naumburg VersR 2013,1263(1264))。

490

4. 责任限制

只有根据法定授权方能对公职责任进行限制。通常,社区在公法上的利用关系中通过规章,比如通过污水排放规定(BGH VersR 2008,119(120):由于错误安装的下水道使得污水倒流)而限制其责任则通常不属于获得法定授权的情况。

491

四、国家赔偿责任和个人责任

1.《德国基本法》第 34 条之责任

492　　根据德国《德国基本法》第 34 条，只有当某人行使国家或者国家机关委托的公职时所产生的责任才由国家或者国家机关承担。这里是以责任法上的公务员概念为基础的，而不取决于行事的公务员是否为技术意义上的公务员。得到授权自主完成公法上事务的私人也属于此意义上的公务员，比如仲裁员、狩猎巡视员、肉类检验员、得到官方认可的鉴定人、小学生引路员、受联邦国防部委托治疗士兵的私立医院的医生（BGH NJW 1996，2431）等。其要么是主权管理行为，要么是以公法行为方式进行的事实主权管理行为。任一聘用职能行使者的国家机关都具有赔偿义务。如果公职机关不存在，比如混合的集体委员会，则被委托执行该具体任务的公职机关承担赔偿责任；在违法的秘密决定情形下，多个实体机关可能承担一个连带责任（BGH VersR 2011，796 Rn. 19）。

493　　对于纯粹的财政管理以及以私法形式实行的公共管理行为不适用国家赔偿责任。比如在一块当地土地的强制拍卖程序中，市长以社区保证的方式对本市的竞拍人提供强制执行法院所要求的担保，从而损害竞拍对手使得本地竞拍人拍得土地成为可能，因此影响了私人竞争，这里由于选用了私法上的手段因而被视为私法交易行为（BGH JZ 2001，97 m. krit. Anm. Ossenbühl）。

494　　医院中医生的治疗行为通常构成私法行为。在州精神病医院的封闭空间里治疗病人属于公共任务，即使该治疗不是由于政府的安排而是出于病人的同意（BGH VersR 2008，778）。公共医疗服务中的专职医生比如在出具考试不能的证明时，就属于公权行为。

2.《德国民法典》第 839 条之公务员个人责任

495　　只有当《德国基本法》第 34 条不适用时才考虑公务员的个人责任。国库行为以及私经济行政（即以私法形式进行的主权行为）就属于这种情况。该规则同样适用于对收费标准有专门规定的公务员，如对建筑物新建烟囱和供暖设施的验收以及定期检测（BGHZ 62，372）的烟囱清扫工。自负盈亏的公职医生也属于这种情况，他们同样享有将病人转到其他医院或者医生的特权（BGH VersR 1983，244）。

五、在适用欧盟法时的司法错误

496　　如果各成员国的最高审判法院在适用欧盟法时不正确，那么成员国可能因此承担损害赔偿责任（EuGH NJW 2003，3539［3541］，Rn. 33，50 - Köbler；NJW 2006，3337（3338），Rn. 30f. -Traghetti del Mediterraneo；对于穷尽原始权利保护参见 EuGH Rs. C-445/06 Rn. 60 ff. ＝ EuZW 2009，334 - Danske Slagterier，之后还有 BGHZ 181，199 Rn. 23 ff.；公务员以访谈的形式发布的影响经济的言论责任 EuGH EuZW 2007，480 - AGM-COS. MET）。出于法官功能的特殊性以及法律的安定性的考虑，对违反欧盟法的裁判的责任承担属于例外情况。但欧盟法院在判决中通过其他手段大大扩展了内国法所确定的例外情况。

对欧盟法的违反必须是明显的。明显性通过具体案例中的要点来确定，诸如被 　*497* 违反的法规的明确性和精确性、违反的故意性、法律错误的可原谅性，以及可能的欧共体机构的意见和对《欧盟工作方式条约》（AEUV）第 267 条第 3 款的请示义务的违反（EUGH NJW 2003，3539，Rn. 55；EuGH NJW 2006，3337，Rn. 32，43）等。被违反的法规必须以赋予个人权利为目的，并且法规的违反和损害之间要求存在直接的因果关联（BGH NJW 2003，3539，Rn. 51）。

明显的违反不仅涉及对实体法上以及程序法上的欧盟法规则的解释，还涉及事 　*498* 实评估和证据评估，即关于举证责任、证据的证明力、允许的证据种类的规则以及对事实进行法律认定所遵循的规则的适用（EuGH NJW 2006，3337，Rn. 39）。如果内国法对法院的违反需要具有何种性质或者达到何种程度才能引起国家责任确立了标准，比如要求法官行为具有故意或者重大过失，那么不能因此提出比明显违反这一要素得出的要求更严格的条件（EuGH NJW 2006，3337，Rn. 44）。民法典第 839 条第 2 款第 1 句的裁判法官特权在此受到欧盟法的修正。能够得到赔偿的损害也包括丧失的可得利益（EuGH EuZW 2007，480，Rn. 95）。

第二十三章

专家因出具错误的司法鉴定所承担的责任

一、《德国民法典》第 839a 条制定之前责任基础的历史发展

随着法院对相关专家的委托并不能在诉讼当事人和专家鉴定人之间建立特殊的法律关系，因此鉴定人对鉴定中可能出现的错误并不需要向诉讼当事人承担合同上或者准合同上的责任（BGH LM Nr. 1 §832（Fc）BGB：在血型检测时实验室助手搞混了检验血液）。原则上只可能出现侵权责任。

法院委托的专家通过制作鉴定一般并不承担公法上的任务。鉴定人的行为和法院的司法行为之间的关联还不够紧密。因此，即使在法院和法院鉴定人之间的关系具有公法性质时（BGHZ 59，310；BGH NJW 2003，2825（2826）），法院委托的鉴定人也被排除在《德国基本法》第 34 条、《德国民法典》第 839 条的公职责任之外（BGHZ 59，310 [315f.]：在做鉴定准备检查时伤害了原告；NJW 2003，2825 [2826]）。

可能出现的责任是《德国民法典》第 823 条第 1 款，当该条所列的或者司法判例所认可的权利或者法益受到了鉴定人的侵害。原始的财产损害，比如由于鉴定而遭受的债权的丧失，并不能获得赔偿。医生在鉴定书准备阶段所做的医疗检查中的医疗失误所造成的健康伤害（BGHZ 59，310（316）；BGHZ 62，54（62））、由于错误的鉴定导致的剥夺自由（如参见 OLG Nürnberg NJW-RR 1988，791ff.：具有重大过失的错误的医生鉴定，建议原告以前工作的乡镇管理机关立即对原告进行收容，由此对原告造成了侵害；OLG Schleswig NJW 1995，791f.：为了预防可能发生的自残或者对他人的危害，以医生的证明为依据按照《精神病防治法》作出的临时收容措施）以及人格权伤害则属于应当赔偿的。一份草率作出的支持对被鉴定人采取收容措施的错误鉴定，即使随后未导致收容措施的产生，也构成对被鉴定人人

格权的违法侵害，因为鉴定所带来的不确定性给被鉴定人所带来的侵害并非是无足轻重的（BGHZ NJW 1989，2941（2943））。

当专家鉴定人通过错误的鉴定仅对一方诉讼当事人的财产利益产生了侵害，他也可能根据《德国民法典》第 823 条第 2 句被要求承担责任。然而具有争议的是，究竟是什么保护性法律使得责任得以成立。如果鉴定人宣誓了（《德国民事诉讼法》第 410 条），那么他作出了不正确的鉴定就违反了《德国刑法典》第 154 条（伪誓）、《德国刑法典》第 163 条（过失伪誓），或者《德国刑法典》第 154 条第 2 项（引用先前的鉴定人誓言作出的错误保证），根据主流观点，这些法规属于有利于诉讼当事人的《德国民法典》第 823 条第 2 款意义上的保护性法律（参见 BGHZ 42，313（318）；BGHZ 62，54（57））。因此，发誓了的鉴定人对轻微过错引起的财产损失也承担责任。会竭尽所能制作鉴定的保证，再加上附加的证明鉴定人是"公家委托的并宣誓了的"鉴定人的鉴定印章，也不能视为和所发的誓言（《德国民事诉讼法》第 410 条第 2 款）有何关联。印章只是表明一般的发誓（OLG Oldenburg VersR 1989，108（109）；OLG München VersR 1984，590）。《德国民事诉讼法》第 410 条（BGHZ 42，313（317）；BGH NJW 1968，787（788）《德国刑法典》第 79 条；BGHZ 62，54（57））以及《德国民事诉讼法》第 407a 条（OLG Rostock OLG-NL 2001，111（112））不具有保护性法律的特征。《德国民事诉讼法》第 411 条第 1 款第 2 句不构成有利于诉讼当事人的保护性法律，因此诉讼当事人不能因鉴定人迟延作出鉴定书而向他主张权利。

502

不少人对宣誓过的错误的鉴定书的责任的相关司法实践提出了批评，1977 年民事诉讼法委员会对这些批评进行了研究，注意到了鉴定人誓言的重要性有所上升。委员会认为，宣誓并不是排除对鉴定书的证明力的怀疑的有效手段并且从法律政策上看完全应该被摒弃。事实上，宣誓并不是责任构成的合适标准。仔细看来责任构成要件尚未得到满足。一方当事人因为不正确的鉴定所遭受的损失正是由于鉴定人宣誓的特殊证明力所引起的，这样的观点原则上是需要否定的。从法律事实上来看只有在例外的情况下才需要进行宣誓，因此可以想见，宣誓所引起的责任的适用范围是很窄的。如果肯定了司法鉴定人对非故意的错误鉴定承担责任的法律政策上的必要性，那么司法解决方案中出现的事实上的责任区分就是恣意和毫无计划的。

503

二、法律政策上的问题：责任的恣意性、专家鉴定人的豁免

由于在责任构成要件上的区分存在恣意性，因而迫切需要有法律对鉴定人责任作出规定。此外，为了减轻其责任风险从而鼓励鉴定人参与鉴定的积极性，为了增强鉴定人的内在独立性，为了避免已经裁决了的法律纠纷再度陷入损害赔偿的旋涡

504

中去，以及为了贯彻如下理念：鉴定人制作鉴定是为了完成作为国家公民应尽的义务，如果完成得不好也不应受到过度的惩罚（BGHZ 62，54（59f.）以及 BGH NJW 1968，767（768）），需要澄清的是：法院鉴定人是否能够以及在多大程度上能够免于为错误的鉴定（鉴定人造成其他损害时无免责特权，参见 BGHZ 59，310 [316]）承担责任。这主要考虑的是司法的功能以及与之相关的公共利益。现行法对于豁免问题给出的答案并不统一。虽然规定有所不同，但都是围绕对过错标准的降低所展开。立法者通过 2002 年的《损害赔偿修正法》在《德国民法典》第 839a 条中为司法鉴定人责任确定了构成要件。该构成要件由于其适用范围的有限性并不会使得其他的请求权基础变得过时。

三、将责任限定为故意或重大过失

505   联邦最高法院在在一则判决（BGHZ 62，54（61））中认为，法院委托的鉴定人只对故意的错误鉴定承担责任；在此案中，被害人由于错误的精神病鉴定被剥夺了自由。联邦宪法法院的观点与之相反：《德国民法典》第 823 条第 1 款规定的是"对任何人都适用的责任"，当然对于鉴定人也同样适用。只要《德国基本法》第 2 条第 2 款所规定的被害人的人身自由权受到了侵犯，那么法院所认为的可以不为重大过失行为承担责任的观点就超过了法律续造的界限（BVerGE 49，304（319ff.））。联邦最高法院认为在轻微过失时得免除鉴定人的责任。联邦宪法法院多数法官认为该做法并不侵犯被害人的基本权利。相应地，稍后的司法肯定了鉴定人须对任何一个故意或者重大过失地侵犯《德国民法典》第 823 条第 1 款的权利和法益的行为承担责任。

506   法律的安定性并不必然需要专门的责任特权。责任特权的主要理由在于其可以保证鉴定人的内在独立性。其主要考虑的是这样可以防止外在因素对鉴定人的鉴定造成不当影响。鉴定人不应当受到这些担心的干扰，即在作出科学鉴定时仍要与受鉴定不利影响的诉讼当事人陷入无休无止的纠纷中从而影响其名誉，以及在做鉴定时就要考虑到将来发生纠纷时自己如何抗辩。在民事诉讼中，鉴定肯定会对一方当事人不利，要么是因为负举证责任的一方当事人凭借鉴定达到了举证的目的（从而对另一方当事人不利），要么是因为鉴定起的作用不大，使得负举证责任的诉讼当事人输了官司。如果从一方诉讼当事人的角度看来鉴定可能是错误的且提起诉讼的门槛很低，那么向鉴定人提起追偿之诉的诱惑就很大，即要么是负举证责任的一方当事人，要么是对方当事人提起诉讼。另一个支持责任特权的理由就是为了避免过度的惩罚。这样，公法上强制鉴定人作出鉴定（《德国民事诉讼法》第 407 条）的要求才会显得平衡。

四、《德国民法典》第 839a 条的扩展

《德国民法典》第 839a 条将责任限制为故意和重大过失。具有争议的是，在判 *507* 断过失时是看主观上重大的应受责备性？还是如民法中的一贯规则那样适用客观的判断标准？

损害必须是由法院的判决引起的。而当诉讼程序是以其他方式结束的，比如通 *508* 过调解、结案声明（当事人宣布纠纷已经得到了解决）或者撤回起诉，那么就排除根据《德国民法典》第 839a 条的责任。如果诉讼代理人未告知当事人此类结案方式的这些附带后果，那么他们可能需要承担责任。此外，鉴定人必须通过其鉴定影响了法院的判决。在承认判决和放弃判决（或者至少在归责关联上）则不存在这样的影响（BGH NJW 2006，1733（1734）对此问题未予以回答）。专家证人的陈述对判决的影响还达不到此种程度。责任只涉及鉴定人本人，不涉及相关的工作人员。如委托的是机构作为鉴定人，那么机构根据《德国民法典》第 839 条承担责任。

赔偿请求权的债权人只能是相关程序参与人。如果专家对物品市值所做的鉴定 *509* 不正确时，强制执行程序中所出售的土地的中标者就属于程序参与人（BGH NJW 2006，1733 [1734]；此前已经存在更宽泛的解释 BGH NJW 2004，3488（3489））；起决定作用的是拍板决定（BGH NJW 2006，1733（1734））。程序参与人的概念仅适用于为之作出鉴定的程序。独立的证明程序以及所属的在其中根据《德国民事诉讼法》第 439 条运用了鉴定书的主诉讼程序被视为一个整体。在根据民事诉讼法第 411a 条对鉴定的运用中，后续程序的当事人不属于程序参与人。

依据《德国民法典》第 839a 条第 2 款并结合第 839 条第 3 款，当受害人怠于行 *510* 使法律救济手段，不发生损害赔偿义务。必要的是，利用《德国民事诉讼法》第 411 条第 4 款并对鉴定提出抗辩且提出补充性问题或者正式的要求提交更多的鉴定的证明申请（BGHZ 173，98，Rn. 8；BGH NJW-RR 2006，1454，Rn. 11）。

第二编
危　险　责　任

第二十四章
危险责任理论

一、发展及功能

1. 历史及命名

危险责任，在立法上最早为 1838 年《普鲁士铁路法》所引入，不久就自成体 系，包括高速责任、能源生产和传输责任、动物风险责任，现在还包括矿山责任、环境污染责任、药品责任以及基因技术责任。"危险责任"这一表述最初由 Max Rümelin 于 1896 年创设，不久就得到了广泛使用。 511

2. 危险责任的功能

谁制造、经管以及利用了过度的危险，那么只有当他承担了危险实现过程中给 他人造成的损害时，才许可他从事这些行为。这就是危险责任的基本原则，即只要将风险转移给了他人就需要对他人的损害承担责任。 512

当允许进行比以往更加危险的行为时，原有的过错责任越来越不能满足其利益 衡平的功能，因此危险责任成为必要。这里必要的注意不以防范危险为目标，而是要对危险进行适当的处理。对于即使进行了适当的处理仍然发生了危险的情况，需要通过特别的法律规则来规定损害的承担问题。 513

很多时候要求对危险责任进行强制保险，比如对机动车责任风险和核能责任风 险的强制保险：《机动车持有人强制保险法》第 1 条及《核能法》第 13 条和第 14 条。即使没有规定强制保险义务，通常也会考虑进行责任保险。所以，客观的危险责任也具有损害分配的功能。 514

即使危险责任起不到真正的预防作用，那么从企业经济意义上来看它也具有这 样的功能。人们也正是这样设想的。只有愿意承担危险的实现对他人的损害性影响 515

之人才能制造并利用这些危险。不愿意缴纳机动车强制责任险保险费的人不能让他开车，因为开车这一行为对他的同胞来说是很危险的。

3. 危险责任的类型

516 ——狭义危险责任：典型的危险责任（动物饲养、机动车运行、能源生产和传输）遵循狭义的危险责任原则。出发点是立法者为之规定了责任的特定危险（机动车危险、能源危险和动物危险）。这里涉及的是与立法者认可的风险密切相关的因果责任。狭义危险责任的特征在于，责任范围和责任原因相适应。侵害和损害必须是属于危险的实现，这也正是法律上引入危险责任的原因所在。自杀者跳上行驶中的汽车的顶棚，将狗作为投掷武器使用，或者一匹马将鼻疽病传染给了其他的马匹，这些情况中特别的危险都没有得到实现。根据《水资源管理法》第 22 条第 2 款，水体责任仅限于典型的危险设施的实现（BGH VersR 2002，1555）。

517 ——广义危险责任：后来又出现了一些客观责任，如产品责任和药品责任，在这些责任中，客观责任的原因正是立法者的动机所在。它们还没有上升到归责关联的高度。与之相应，广义危险责任的责任范围与责任原因并不那么匹配。责任的前提条件是因果关联，而不是导致其成为危险责任的特殊危险的实现。产品责任也包括手工完成的直接向顾客销售的产品，以及小餐馆中食物的烹饪准备（BGH NJW 1992，1039）。

518 ——因果推定责任：在最新的一些法律中出现了危险责任和原因推定的结合。根据《基因技术法》第 34 条，当损害是由经过基因技术改造过的有机体造成的，那么推定损害是由以基因技术工作为依托的该有机体的特性造成的。同样，根据《环境责任法》第 6 条，如果损害是由相关设施造成的，当根据具体的情况判断该设施能够造成该损害，那么推定损害就是由该设施造成的。类似的还有矿山责任，《联邦矿业法》第 120 条。这里责任的原因也是特定的危险。这里由于责任原因已经超出了责任范围，因而就需要存在一个归责关联。也就是特殊的危险必须要得到了实现。然后再根据特殊的理由可以推定，因果关联是存在的。与因果推定相结合的危险责任是我们所知的最严格的责任。

二、危险责任的构成要件

1. 积极要件

519 ——危险：危险责任的主要要素是危险。按照语言习惯来理解危险是可能发生的朝坏的方向的改变。危险可能是人们所认为的（损害）原因。危险责任则将责任与一个正常的状态联系起来，在专业判断看来，该状态中存在很大的造成伤害的可能性。为了引起危险责任，该危险必须是巨大的或者是过度的。与普通的生活风险相比，过度是指危险特别巨大，特别频繁或者特别容易造成伤害，也就是说预料到会有巨大的、频繁的或者与人身密切相关的损害。

——危险的实现：得到了实现的危险是发生危险责任的主要标志。对此需要对狭义危险责任和广义危险责任进行区分。在狭义危险责任中，危险责任所代表的危险需要得到了实现。而在广义危险责任的构成要件中，只要责任人在危险的范围内活动就足够了。根据《药品法》第 84 条，即使不涉及化学药品的影响，也发生药品责任。手工业者也根据《产品责任法》承担责任。　　　　520

——不存在不可抗力：在绝大多数的危险责任构成要件中，不可避免的事件或者不可抗力一般都能免除责任人的责任。不可抗力，来源于罗马法中的 vie major，在国外也作为 force majeure 及 Act of God 得到了认可，是依据客观的形式进行定义的。　　　　521

不可抗力必须是外来的事件，即使尽到了很高的注意也不能预见或者避免它的发生（BGH VersR 1986，92）。正如在法国法中所说的：外因不可归责（cause étrangère non imputable）。有轨电车因为洪水暴发中的大浪而出轨，那么属于外来的原因造成的；而如果是因为轨槽中的金属螺栓引起的脱轨，那么就不属于由外来的事件造成的（BGH VersR 1963，1050）。事实上，不可抗力和不可避免的事件属于与正常运营无关的事件，运营中正常的危险并没有得到实现。在对不可抗力免责并没有明确规定的地方，如《德国民法典》第 833 条的动物饲养人责任中，不可抗力作为免责事由通常也是得到认可的。即动物危险没有得到实现。反之，也存在这样的危险，它们巨大到不可抗力也不能免除其责任的地步，如飞机的坠毁以及高压电线的掉落。两个判决很好地向我们展示了正常的危险和不可抗力可以靠得多近。BGHZ 7，338：小孩的风筝线碰到了高压电线。虽然这里的事件是外来的，但是这种情况并不罕见，因此不属于不可抗力。在联邦最高法院的一个判决中（BGH LM § 1 a HPflG Nr. 2）：有电从高压电线上跳到一根缠绕着铁丝的标语竿上从而造成了损害。这属于不可抗力，因为这是罕见的、不可避免的、在一定程度上不可抗拒的作用。　　　　522

2. 非必要构成要件

和过错责任相反，危险责任不需要一系列的其他责任构成要素。非必要的，但存在也无害的前提条件有：　　　　523

——违法性：危险责任本身是不需要违法性的（BGHZ 117，110 要求养蜂人的动物饲养人责任需要有违法性，而养蜂人仅对推定过错承担责任）。伴随有危险责任的经营活动原则上是被允许的。但是具体的经营活动也可能是违法的。因此危险责任和过错责任也会发生竞合。

524 　　　　——过错：危险责任是不以过错为前提的客观责任。因此责任的门槛降低了。仅仅是危险的实现，而非违反注意义务的行为导致了责任的产生。

525 　　　　——相当性：根据司法实践，侵害（Verletzung）和损害（Schaden）之间并不需要具有相当因果关系（BGHZ 79，259）。而在狭义危险责任中，则要求被规定了危险责任的特殊危险必须在侵害和损害中得到了实现。也就是说，责任成立上的因果关系仅与危险是否得到了实现有关。而责任范围上的因果关系则受相当性（Adäquanz）的影响，因为这里一般危险也会被纳入考量，而相当性的要求是内在于一般危险之中的。和过错责任一样，在责任成立上的因果关系中相当性因果是多余的，而在责任范围上的因果关系中则非多余。人们会考虑到被害人的特质，比如是否有过敏反应。这里重要的不是特殊的危险，如动物危险，而在于与其他责任的一般性区分。

526 　　　　——正犯与共犯（Täterschaft und Teilnahme）：只要涉及的是对他人行为的归责或者通过主观要素对不明因果的平衡，那么《德国民法典》第 830 条就不适用于危险责任。司法实践认为择一侵权（Alternativtäterschaft）也适用于危险责任，《德国民法典》第 830 条第 1 款第 2 句。当不能确定，究竟是几辆汽车中的哪一辆碾过了躺在地上的人或者几匹马都有可能损坏了汽车，那么所有的车主或者饲养人作为连带债务人一起承担责任（BGHZ 32，286；55，96）。

527 　　　　——责任能力（Zurechnungsfähigkeit）：危险责任是客观确定的。因此，不能适用主观性的免责条件如缺乏责任能力。在判断某人是否属于饲养人或使用人时，有时可能需要考虑年龄因素，比如小狗是送给未成年人的。

三、危险责任的引入和类型

1. 法律保留和类推禁止

528 　　根据通说，立法者必须通过法律的形式引入危险责任（BGHZ 54，332；55，229）。按顺序有如下引起的危险责任：铁路、飞机、电线、高压管道、核能风险、药品、矿山损害、产品生产、基因技术以及环境危险（最早的是 1871 年普鲁士王国《赔偿责任法》，最晚的是 1991 年《环境责任法》第 1 条）。其他至少同样危险的行为方式如跳伞、赛艇活动或者射击武器的使用不适用危险责任。

529 　　司法实践也拒绝将现有的危险责任进行类推适用。比如不能将铁路责任适用到将滑雪者拉上山的索道设施上去（BGH NJW 1960，1345）。一般也不会在水管破裂时类推适用天然气和电力管道责任（BGHZ 55，229）。之所以要严格限制危险责任的适用，是因为即使在工业社会，危险责任也是被当做过错责任的例外情况。此外，责任义务人可以通过为相关的风险事先购买保险的方式来为可能的责任做好准备。对危险责任适用枚举原则。

2. 危险的类型

最初引入危险责任是为了应对火车、汽车或飞机所带来的高速。随后对大型能源的采集和运输，如对核能设施、高压线或者高压管道都规定了危险责任。最后，动物饲养和野生动物损害也成为该客观责任的规制对象。药品风险和基因技术一样也会导致危险责任。此外，立法者也为矿山损害和环境污染规定了危险责任。 *530*

四、通过最高限额对责任进行限制

危险责任通常都有最高额限制。只有少数的构成要件能够保障不受限制的物质损害赔偿，如动物饲养人责任和水体责任，《德国民法典》第 833 条，《水资源管理法》第 22 条。在 2002 年的《损害赔偿修正法》制定之前对于危险责任通常是没有痛苦抚慰金的。唯一得到承认的例外是《德国民法典》第 833 条第 1 句。因为将危险责任限定为物质损害的立法原因，即：至少保障一部分的损害能够从危险的制造者处得到补偿，现在已经不存在了，因此立法者在将痛苦抚慰金从《德国民法典》原来的第 847 条（技术性地）移到第 253 条第 2 款时对法律状况进行了修正。在社会国家中，受害人的损害通常都能由社会保险经营者、雇主以及（或者）服务接受者承担。也就是说，危险责任的主要作用在于：对于事先向被害人进行了支付的保险经营者或者雇主以及服务接受者进行赔偿。在利益衡平功能中，通过赋予请求权使得能够因为人身伤害获得痛苦抚慰金，这已经成为人身保护的一个主要特征。由于过去的立法赤字，为了获得痛苦抚慰金，责任追究程序不仅应当在危险责任的角度下，而且应当在过错责任的角度下展开。 *531*

五、危险责任的改革

现行法有更新的必要。有人建议，要么创设一个危险责任的一般条款，要么创设一个可以类推适用的一般构成要件。尤其存在争议的是，是否仅有危险设施才能引起危险责任，还是人的行为（比如高台跳水）也能引起危险责任。此外，让不可抗力排除所有的责任似乎显得过于陈旧和呆板。不可抗力可以像与有过错一样加入到考量中去。 *532*

第二十五章

动物危险引起的危险责任：
动物饲养人责任和狩猎责任

一、动物饲养人责任

533   动物饲养人责任是唯一规定在《德国民法典》中的危险责任，《德国民法典》第 833 条第 1 句。通过这一规定，立法者将共同法（Gemeines Recht）中责任以动物的价值或者动物本身为限这一过时的客观责任转化为符合现代要求的新形式。该责任保障了不受限制的损害赔偿以及补偿功能中的痛苦抚慰金。当存在不可抗力，如动物被雷击中时，那么动物的危险没有得到实现。

1. 动物

534   危险责任涉及的是不被视为家畜或者虽然属于家畜，但不是以服务饲养人的职业活动或者生计为目标的动物的饲养人。这就是通常所说的奢侈动物。对于可能的"多用途"动物主要看为它确定的主要功能是什么（BGH NJW-RR 2005，1183；骑马场中的狗）。与流行的观点相反，微生物和细菌，当它们被饲养时，也就是在实验室中培育或者保持活性时，也属于动物。通过这种方式，与动物接触的特殊的危险形式，即制造和保有微生物，被规定了必要的危险责任（不同观点见 BGH NJW 1989，2947）。

2. 动物饲养人

535   为了自身利益饲养动物之人须为相应的危险承担责任。通常情况下动物饲养人就是动物所有权人；但所有权并不是成为饲养人的必要条件。仅仅需要相关人为了自身利益对动物具有产生影响的可能性就足够了。这涉及一个理想性的单位，其为了履行章程中为残疾人进行骑马治疗而饲养马匹（BGH NJW 2011，1961 Rn. 8）。

动物饲养人也可以是复数，并作为连带债务人承担责任。饲养要求对动物产生的影响要具有一定的时间跨度。暂时保管并照料别人走失了的小狗以便查清失主之后归还之人不属于饲养人（LG Düsseldorf VersR 1968，99）。执行扣押的法院强制执行人也不是动物饲养人（OLG Hamm VersR 1966，237）。但将跑到家里来的别人家的狗照料了差不多半年之人可能属于饲养人（OLG Nürnberg VersR 1978，1045）。如果肉类批发商的牛从屠宰场中挣脱跑到了街上并袭击他人，那么批发商也属于饲养人（OLG Düsseldorf VersR 1983，543）。

3. 动物危险

正是因为动物行为的不可预知性才会要求动物饲养人承担客观责任。因此，动 *536* 物危险就成为该客观责任的核心概念。动物危险由动物的种类决定。比如狗的危险是冲击或者咬人，马是撞击，大象是其体重，美洲驼是吐口水，老虎是袭击的担忧。危险并不需要来自动物的攻击，比如站在街上不动的牧场牲畜或者躲避狂奔中的狗（OLG Oldenburg MDR 2002，1010）也能制造危险。一般要求动物的行为不能是条件性反射，必须是"随性的"。只要在动物行为中存在动物危险，那么其行为就是"随性的"；但这并不要求对动物进行驯化。在人引导之下的动物不再发生动物危险这一观点是不正确的。人类正是通过训练动物来从动物危险中获得好处。不论训练与否动物危险都会得到实现，并且通过训练还进一步放大了该危险。

新近的司法判决中关于动物典型危险的例子有： *537*

——狗咬（OLG Stuttgart VersR 1978，1123），但完全被麻醉了的狗不算（OLG München VersR 1978，334）；

——公狗与母狗交配（BGHZ 67，129），不过母狗饲养人对其动物危险也有一半的共同责任；

——动物跑出牧场阻碍道路交通（OLG Köln MDR 1973，582）；

——动物死在了马路上，尸体一直未被人搬走（OLG Celle VersR 1980，430）；

——斗兽挣脱链子跑到街上并与汽车相撞（Cour d'appel Nimes GazPal 80 Jur. 374）；

——骑士从不熟悉的马匹上摔下来（BGH JZ 1982，294）；

——学骑马的女学员在奔驰中被摔下来（BGH NJW 1999，3119）；

——信鸽与（体育用）引擎飞机的发动机相撞（OLG Hamm VersR 2004，1014 附带的批评性评论 Pfab VersR 2006，894）；

——马车倾倒（BGH NJW 2006，416 Rn. 7）。

4. 自甘冒险

对危险责任来说，自甘冒险通常（其他观点见：BGH NJW 2013，2661 *538*

Rn. 11：只存在于严格限制的故意实施一个增高危险的例外情形中）都属于绝对免责事由。在此节关系中"马上的骑士"起着特别重要的作用。《德国民法典》第833条没有为爬上动物并从动物背上摔下来之人作出例外规定。与一直以来的司法实践相反（BGH VersR 2006，416 Rn. 11 ff.：仅《德国民法典》第254条），主流观点值得认同，即马上的骑士属于自甘冒险。既然骑上马，就有被摔下来的风险。如果真的摔下来了，那也没什么好惊讶的。拉伦茨认为，在此限度内饲养人责任应从目的上进行限缩，无论如何应当承认：对于自甘冒险应当排除动物饲养人的责任。仅在故意对巨大的动物危险进行展示的例外情况下司法实践才对拉伦茨的观点表示认可，比如骑士为了展示其高超的骑术而向动物饲养人索要马匹（BGH VersR 1974，356），参加具有特殊危险的骑术竞技（OLG Frankfurt VersR 1981，935），非骑艺不精的骑士退场时（KG VersR 1986，820）或者马匹被暂时寄存在骑士处，但骑士主要为了自身利益而擅自使用该马匹（OLG Celle VersR 1981，663）。饲养人若是免费将马匹寄放在骑士处的，则这里的利益状况就要求：类推适用《德国民法典》第834条的动物看管人责任，骑士必须承担他不具有与有过错的免责证明（BGH VersR 1992，1145）。马匹长达数周放在购买意向人处以便进行考查，可根据《德国民法典》第599条将其视为适用责任限缩的借用合同（OLG Düsseldorf VersR 1998，1385）。

5. 特别规定

539 　　根据《德国民法典》第830条第1款第2句，对饲养人的危险责任适用选择因果责任，比如三辆马车的马被孩子们所惊，其中的一辆马车给一辆汽车造成了损害（BGHZ 55，97，OLG Koblenz MDR 2013，406："穿越马场"；OLG München VersR 2012，1267（1268））。当多个动物的危险同时纠缠在一起时，适用《德国民法典》第840条第1款（OLG Saarbrücken NJW-RR 2006，893：多个饲养人的马匹一起堵塞了道路交通）。与有过错通常是减轻责任的事由（Schild "chien mechant" Franz. Kassationshof Dal. Sir. 68，351；OLG Schleswig NJW-RR 2004，382；dichtes Passieren eines Pferdes；OLG Koblenz VersR 2003，1317）或者在例外情况下构成免责要素（BGH VersR 1968，797：铁匠师傅错误地处理马匹；OLG Düsseldorf NJW-RR 2006，93：安顿造成交通拥堵的马匹；OLG München VersR 2002，1165：未经许可且明知有狗而进入他人住房）。在两个动物相遇时被害人的自己动物饲养人责任要受到限制（OLG Rostock NJW-RR 2011，820（821））。

6. 其余动物危险的兜底构成要件：过错责任

540 　　当动物危险没有发挥时，就回归到《德国民法典》第823条及其后的过错责任。回归过错责任的必要性取决于人们将《德国民法典》第833条解释得多宽。司法实践通常将"动物"和"动物危险"解释得很窄，因此经常回到过错责任，比如在人的引导下的动物行为。除此之外也会回到过错责任，通常是违反交往义务（OLG Frankfurt NJW 1985，2425）。比如大学进口的蜜蜂身上带着的螨侵袭了蜂群，那么大学为此承担责任（OLG Frankfurt NJW 1985，2425）。同样，牙医在治疗病人时使病人感染了乙型肝炎，牙医需承担赔偿责任（OLG Köln NJW 1985，1402）。

二、野生动物损害责任

1. 野生动物损害的危险责任

以前规定在《德国民法典》第 835 条，后来由《联邦狩猎法》规定，狩猎权利 *541*
人对野生动物损害承担责任。根据《联邦狩猎法》第 29 条，当有蹄科野兽、野兔或者野鸡损害土地以及土地的构成部分，尤其是土地上生长的植物及还未与土地分离的产品时，产生野生动物损害。根据州法可扩大得赔偿的损害的范围。对于狩猎合作社，社员根据他的土地面积所占比例承担责任。野地里的野兽损失被排除（BGH NJW 2010，1068 Rn. 9f.）。对于依据第 249 条及以下诸条来计算损害而言，其取决于不动产与其组成部分（第 93 条、第 94 条第 1 款）的价值是否减少，或者该自己权利客体的植物是否只是伪组成部分（第 95 条）（BGH NJW 2011，852 Rn. 14f.）。依据《联邦狩猎法》第 34 条第 1 句，一周的除斥期间是为了更快且无争议地确定损失（BGH NJW-RR 2010，1398 Rn. 10）。

2. 狩猎损害

在从事狩猎活动时给土地所造成的损害不属于危险责任。根据《联邦狩猎法》 *542*
第 33 条第 2 款，对于滥用的狩猎活动产生的损害仅能依据过错要求承担责任。当然，狩猎权利人也为狩猎看管人和来参加狩猎的客人的过错承担责任。

第二十六章 ◀

高速导致的危险责任：铁路、汽车和航空器

一、轨道运营企业责任

1. 轨道交通或者悬挂式铁路

543

根据《赔偿责任法》第 1 条，轨道交通或者悬挂铁路运营企业根据危险责任原则对损害承担责任。轨道交通或者悬挂式铁路是指联邦铁路、窄轨铁路、有轨电车、齿轨铁路以及运载滑雪者上山的滑雪索道。而拖拽滑雪者的索道则不是。

2. 运营危险

544

企业为铁路运营中的典型危险承担责任。这些危险来源于高速、刹车的远距离、人群的拥挤、大量乘客上下车时的笨拙和焦躁。但无论如何都要求涉及的是轨道的典型危险。在以下这几种情况中运营危险没有得到实现：乘客在上车时失去平衡、摔倒在台阶上；一列火车停靠在站台，狂风大作，火车站的自行车车棚被撕碎，碎片被大风卷起穿过车窗击伤坐在车上的乘客（OLG Frankfurt VersR 1978，966）。而当乘客被其他候车的乘客挤到一边去了，或者从台阶上摔到路基上情况则有所不同。当乘客的手被列车过道上的门夹住时（OLG Stuttgart VersR 1977，383），或者由于列车晚点且站台上的车厢标识牌和车厢不符，乘客在匆忙寻找车厢时撞到了站台上的行李推车（OLG Hamm VersR 1978，64），或者喝醉后从行驶中的火车窗爬出（OLG Nürnberg NJW-RR 2012，542（544），但该案同时也需适用《德国民法典》第 254 条与有责任的规定），铁路危险得到了实现。当铁路建设企业负责为新建铁路定线且面临两个同类的危险责任时，责任也可能对铁路运营企业有利（BGH VersR 2004，612）。

3. 侵害以及损害

轨道企业为死亡、人身和健康伤害及物的损害承担责任。根据《赔偿责任法》　*545*
第 9 条责任范围是有所限制的：比如对于死亡或者人身伤害每年定期金最高限额为
36 000 欧元，对物的损害最高限额为 300 000 欧元。根据《赔偿责任法》第 7 条，
责任不能通过协议予以变更或者免除。

具有争议的是，当损害存在于危险的范围之内时，对于损害中的运营危险的作　*546*
用是否作出事实上的推定。这里指的是一个可以通过其他非典型的发展进程进行推
翻的表象。比如距离铁路 100 米的森林发生了大火，那么来源于蒸汽机车头的火源
危险似乎就是引起火灾的典型危险。但出于特殊原因出现了其他的火灾原因，那么
这个表象就被推翻了（BGH VersR 1969，637）。

4. 免责事由

根据《赔偿责任法》第 1 款第 2 句，不可抗力排除危险责任，比如从外面抛进　*547*
来的物体砸中了乘客的头部（BGH VersR 1987，781），或者自杀者被风抛向了站
台（OLG Hamm NJW-RR 2005，393）。不得以车上的技术设备运行正常为由排除
责任（OLG Frankfurt VersR 1986，922 -从奔驰中的列车上摔倒）。保管接收的或
者运输的且不是乘客随身携带的物品时发生的损害不引起赔偿义务，《赔偿责任法》
第 1 条第 3 款。

二、机动车持有人责任

1. 发展

机动车持有人的危险责任从 1909 年就存在了。今天它的法律依据是《道路交　*548*
通法》第 7 条。根据《机动车强制保险法》第 1 条，持有人有义务缔结责任保险合
同。根据《机动车强制保险法》第 3 条，受害者享有向保险机构的直接请求权。该
规定可追溯到由法国提议的一项欧盟指令。机动车持有人责任具有重大的社会功
能：作为强制保险的危险责任能够保障受害人能得到最起码的照料。由于不可抗力
的免责、与有过错的计算以及赔偿最高额的限制该危险责任并不能完全履行其社会
功能。它只能提供最低的保障，而更高的赔付需以机动车驾驶人的过错为前提。
《关于机动车强制保险的欧盟指令》（最后：RL 90/232/EWG v. 14.5.1990）致力
于高效的彻底的受害人保护，但是却将强制保险涵盖的损害范围委托给成员国国内
法（危险责任、过错责任）（EuGH NJW 2007，2029 Rn. 32f. -Farell；EuGH NJW
2011，2633 Rn. 31f. -Carvalho）。在被侵权人因与有过错引起的交通事故情形中，

该范围并不不合理地受到限制（EuGH NJW 2011，2633 Rn. 38 - Carvalho）。

2. 构成要件：机动车持有人

549　　根据《道路交通法》第 7 条，机动车或者拖车的持有人负有赔偿义务。持有人是指为自己的利益而使用机动车并且对机动车具有支配权之人（BGHZ 116，201 [205f.]；NJW 1997，660）。所有权人一般是持有人，但所有权并不是成为持有人的必要条件。将机动车短时间放到他人处并不改变持有人的地位。而通过融资租赁合同将机动车租给他人较长一段时间，在租赁期间承租人是唯一的持有人（BGH VersR 1983，656）。多人共同使用一辆汽车的，即使每个人分不同时间段使用，在他人使用该车时，未使用车之人也同样属于持有人。

3. 构成要件：机动车运行中

550　　机动车的运行危险首先体现于它的速度以及刹车距离。由于机动车交通越来越繁忙，司法实践也有所调整，不仅是运动中的机动车，就是位于道路交通中的静止不动的机动车也被认为是危险的。比如停在高速公路上不动的汽车比城里面行驶中的汽车危险多了。即使不发生接触，也可以存在机动车运行中的事故，比如摩托车在超越长牵引车的时候摔倒（BGH NJW 1972，1808），或者在狭窄的地下车库中需要急转弯回避障碍物（BGH VersR 2005，992）。受害人汽车的运行风险在其行使请求权时须归责于其自己（BGH VersR 2013，1013 Rn. 20（st. Rspr））。

551　　当载人汽车不靠自身动力在洗车设施中被牵引前行时（KG VersR 1977，626），或者当建筑工程车在封闭的建筑工地行驶时（Öster. OGH JBl. 1972，539），不属于机动车的运行。载重汽车使用它的发动机加油或者将饲料喷进储仓，不属于机动车的运行（BGH NJW 1978，1582；VersR 1975，945）；而防滑物喷洒车喷射防滑物品时则属于机动车的运行（BGHZ 105，65）。停好的载人汽车被人点燃，火焰窜到其他汽车上，这里就缺少必要的归责关联，因为这里的损害并不是由为了保障交通而由《道路交通法》第 7 条规制的特殊的机动车危险的作用引起的（BGH VersR 2008，656，Rn. 12）。当一个事故当事人在追尾事故后想检查车辆，并在结冰光滑的车道上滑倒时，也应当适用上述情形（其他观点见：BGH VersR 2013，599 Rn. 16）。

552　　静止的交通也作为机动车的运行在司法中得到了认可。由于轮胎故障停在高速路上的汽车引起的撞车事故（BGH VersR 1969，668），以及为了保障抛锚的汽车的安全而放置的警示啤酒箱引起的撞车事故（OLG Köln VersR 1978，771）都引起抛锚车主的责任。而正常停靠在私人停车位上的汽车则不算（OLG Karlsruhe NJW 2005，2318）。

4. 责任的免除事由

在 2002 年不可避免的事件被排除在免责事由之外。此后根据《道路交通法》第 7 条第 2 款仅不可抗力可以免责，即：与运营无关的、来自外部的由不可抗拒的自然力量或者第三人的行为引起的事件。该事件不能由人的判断和经验事先预知，即使尽到了最大的、根据具体情况可期待的注意也不能通过可承担的经济手段予以预防或者防止其产生损害，并且也不能因为其发生的频繁而予以容忍。因此，危险责任完全与过错考量无关。 *553*

偷开车（《道路交通法》第 7 条第 3 款）的，即在机动车持有人不知情也不愿意的情况下使用持有人的车辆，同样能排除持有人责任。如果机动车持有人由于自己的过错使得他人获得使用车辆的可能性，比如忘了把车钥匙拔下来，那么除了偷开车人外，持有人也承担责任。此外，对于最高时速不超过 20 公里的机动车，以及《道路交通法》第 8 条规定的车辆运营从业人员，比如司机或者负责车辆检测的作坊师傅（OLG Stuttgart VersR 2004，68），也不适用危险责任。如果受害人是由机动车运输的，在 2002 年后即使运输是无偿的也适用危险责任。根据《道路交通法》第 8a 条，在有偿的商业化人员运输如出租车运输中，不能对人身损害赔偿责任进行限制。当在公共道路交通中约定举办了一个禁止的机动车飙车时，则存在一个自担风险的责任排除行为（其他观点见：OLG Karlsruhe NJW 2012，3447 (3448)）。 *554*

5. 机动车驾驶人责任

根据《道路交通法》第 18 条，机动车驾驶人和持有人一样承担责任，除非驾驶人能够证明损害不是由他的过错引起的。也就是说，驾驶人只承担过错推定责任。 *555*

6. 责任范围及直接请求权

对机动车责任有最高额的限制。根据《道路交通法》第 12 条，造成死亡或者人身受伤害的，持有人责任的最高额是 500 万欧元；有偿的商业化运输且受害人达到 8 人的，责任限额有所提高。此外，运输危险物品的，责任限额也有所提高（《道路交通法》第 12a 条）。对于装甲车引起的事故则没有最高额的限制，《道路交通法》第 12b 条。 *556*

比较特殊的是，根据《机动车持有人强制保险法》第 3 条被害人对机动车保险公司拥有直接请求权。因为机动车持有人和驾驶人也承担责任，所以对保险公司的直接请求权就构成法定的债务加入（Schuldbeitritt）。根据《机动车持有人强制保险法》第 3 条第 2 项，机动车持有人、驾驶人和保险人作为连带债务人承担责任。 *557*

在内部关系中，根据《机动车持有人强制保险法》第 3 条第 9 项，正如合同中所规定的，通常都是由保险公司单独赔付。在实践中，机动车车主、驾驶人和保险公司通常都是被一并起诉的。这样做对受害者的好处是：作为诉讼当事人的持有人和驾驶人不能作为证人出庭作证，而只能在更严格的条件下以诉讼当事人的身份进行陈述。

三、航空交通中的责任

1. 法律渊源

558　　　国内法的规定有 2007 年 5 月 7 日的《航空交通法》（BGBI. I S. 698）以及后续修订性或者补充性的几个欧盟条例。对于国际航空运输适用 1999 年 5 月 28 日的《蒙特利尔公约》（BGBI. 2004 II S. 458），该公约及其他相关规定于 2004 年 6 月 28 日在德国和其他欧盟成员国生效。对于未批准该公约的国家则继续适用（旧的）《华沙公约》。2002 年 5 月 13 日的（欧盟）2027/97 号条例（ABI. EU Nr. L 140 S. 2 v. 30. 5. 2002）援引《蒙特利尔公约》，并扩大其适用范围，对于欧盟范围内的成员国间的旅客和行李运输以及欧盟的飞机在欧盟范围外的飞行也适用。

　　　需要明确对如下两个责任进行区分，即：为非参与航空交通之人适用的危险责任，为乘客等承担的、有赔偿限额的过错推定责任。对于将《华沙公约》作为欧盟法组成部分来解释则是由欧盟法院负责（EuGH NJW 2010，2113；2013，845）。飞机乘客因航班取消或严重迟延的请求权则依据（欧盟）261/2004 号条例（对此见：EuGH NJW 2011，3776；BGH Urt. V. 24. 9. 2013 - X ZR 129/12 und-X ZR 160/12）。

2. 航空器持有人的危险责任

559　　　—航空器：根据《航空安全法》第 1 条第 2 款，飞机、直升机、飞船、滑翔机、动力滑翔机、自由气球和系留气球、滑翔伞、降落伞、遥控飞机以及航空体育设备都被视为航空器。根据司法判例，由载人汽车用绳索拖拽升空的悬挂式滑翔机（OLG Koblenz VersR 1981，988）属于航空器；而翼展一米重 250 克的飞机模型则不是，只被视为儿童玩具（OLG Düsseldorf VersR 1973，826）。

560　　　—"航空器运营中的事故"：根据《航空交通法》第 33 条，死亡、人身和健康伤害、物的损坏是由航空器运营中的事故引起的，这正是对非参与航空交通之人承担危险责任的原因所在。这其中不仅包括航空器坠毁或者部件脱落引起的损害，还包括低空飞行的直升机惊扰了坐骑（LG Arnsberg VersR 1976，395），以及低空飞行的喷气式飞机对机动车驾驶员的噪音刺激及引起的心肌梗塞（BGH NJW 1982，

1046；OLG Schleswig NJW 1989，1937）。

　　—不适用不可抗力：航空器持有人不能主张不可抗力。鉴于航空器以特殊的方 *561*
式利用了自然界要素，从外而来的事件就不能得到承认了。

　　—责任范围：对责任范围是有所限制的。自 2002 年始可主张痛苦抚慰金。根 *562*
据《航空交通法》第 37 条第 2 款，责任的最高限额是 60 万欧元每人或者 3.6 万欧
元每年。（欧盟）785/2004 号条例第 7 条及《航空交通法》第 43 条规定了强制保险
的义务。最低保险金额根据允许起飞的最大重量分不同等级，其数额按照《航空交
通法》第 37 条第 1 款的责任数额进行确定，前提是其没超过第 2 款规定的最高限
额。根据《航空交通法》第 42 条，对《航空交通法》第 33 条所保护的人员根据
《德国民法典》第 823 条及其后或者产品责任法的责任不受影响。

3. 持有人或者航空运输承运人的对内责任

　　对于乘客、运输货物及旅行行李按照航空运输合同依据《蒙特利尔公约》及 *563*
（欧盟）2027/97 号条例承担责任。但由于它的适用范围极其狭窄，只有在非常少
的情形下才承担责任，如非欧盟运输商在德国境内的飞行线路中，以及热气球的观
光之旅或者双座降落伞的跳伞（OLG Brandenburg NJW-RR 2004，314）；《航空交
通法》第 44 条及其后。

　　基本原则可归纳如下： *564*

　　—过错推定责任和危险责任：依据《航空交通法》第 45 条，当航空运输承运
人不能证明它及它的工作人员采取了一切能够采取的措施以防止损害的发生或者当
时不能采取这样的措施，在发生人身伤害时，依据危险责任和过错责任按照不同的
最高限额发生赔偿义务。仅对人身伤害承担责任，对于因邻座的乘客趁女乘客睡熟
时进行的猥亵行为所产生的精神伤害，正如英国上诉法院对《华沙公约》第 17 条
所判决的那样（Morris v. KLM Royal Dutch Airline ［2001］3 WLR 351），不承担
责任。检测"准飞行员"是否有进行飞行员培训的潜质时不属于运输的情况（BGH
VersR 2005，801）。行李损害按照《航空交通法》第 47 条计算。

　　—最高责任限额：即使是国内运输，最高限额也是以国际货币基金组织的特别
提款权作为结算单位进行计算的，这就需要将它换算为欧元（2013 年 10 月 25 日 1
特别提款权等于 1.12362 欧元）。

　　—2002 年后可主张痛苦抚慰金：《航空交通法》第 36 条第 2 句、《德国民法典》
第 253 条第 2 款。

　　—过错责任的限制：合同上的或者侵权上的请求权仅能在《蒙特利尔公约》及
《航空交通法》第 47 条及其后的法定范围内主张。

第二十七章

能源开发导致的危险责任：能源设施及核能

一、常规能源：电力、煤气、蒸汽等

1. 设施效应责任

565　　根据《赔偿责任法》第2条第1款第1句，如果电力、煤气、蒸汽或者液体从输电设施和管道设施中或者从生产这些能源或者材料的设施中发挥出效应，损害了一定的法益，那么设施的所有者对此承担责任。在出现死亡、人身伤害和健康伤害以及物的损害时产生赔偿责任。设施指的是高压线、输送管道、水压设施、远程供暖设施，并且不仅包括传输这些能源和材料的设施，还包括生产设施。挖掘机挖到了在建筑外面的煤气管道，并因此撕裂了建筑内的煤气管道，引起了爆炸，那么需要为爆炸造成的损害承担责任（OLG Hamm VersR 1986，922）。费解的是，对于能源生产设施，比如发生爆炸的电厂却不需要承担责任。另外，发电厂的冷却塔中的水蒸气飘到旁边的道路上凝结起来，并使得道路结冰，对因此而发生的事故也不需要承担责任（BGH VersR 1985，641）。如果材料流进公共污水设施中，产生化学反应并释放出毒气，那么须对这些材料的物理或者化学效应承担责任（BGH VersR 2008，1214，Rn.8：硫化氢；BGHZ 164，324（326f.））。

2. 无效应的设施责任（状态责任）

566　　根据《赔偿责任法》第2条第1款第2句，当这些设施的存在导致了上述的权利或法益的侵害，且侵害和电力、煤气、蒸汽或者液体的效应无关，那么产生过错推定责任。因此，只有当不能证明设施在造成损害时处于正常的状态中时，才产生责任。设施正常是指符合公认的技术规范且保持完好。例如，在电线杆倒塌以及变电站爆炸时需要承担责任。下水管道盖缺失时也要承担责任（OLG Celle VersR 1992，189）。

3. 责任的排除

根据《赔偿责任法》第 2 条第 2 句，对于仅用来传输信号和声音的设施，如电 *567* 报和电话设施，不适用这里的损害赔偿责任。此外，当损害是在建筑物内发生的，且是由位于建筑物内的设施引起的，或者损害是在处于设施的所有人占有的土地上发生的，也不发生损害赔偿责任。乡镇的排水系统运行正常，因污水回流而给与排水系统相连的房屋造成损害的，不需要进行赔偿；不需要对排污系统按照百年一遇洪水的标准进行建造，即使从和这里的责任存在竞合关系的《德国民法典》第 839 条结合《德国基本法》第 34 条公务员责任的视角下考虑亦是如此。当能耗设备或者类似设备被毁或者通过这些设备造成了其他损害，也不需要承担责任。最后，根据《赔偿责任法》第 2 条第 3 款第 3 项，当损害是由不可抗力引起的，也不产生损害赔偿请求权，除非损害是由输电线落下来造成的。当电线杆被击中因而将电线一并拖下来就属于此种情形（BGH VersR 1988，1150）。

4. 范围

根据《赔偿责任法》第 5 条及其后，设施所有者的客观责任在范围上与铁路企 *568* 业责任受到的限制是一样的。

二、核能

1. 核设施责任

根据 1960 年《巴黎原子能公约》（PÜ）（BGBl. 1975 II S. 957，以及后来的补 *569* 充）结合《原子能法》第 25 条，对于因核燃料、核产品、核废料、核材料引发的核事故造成的生命、健康以及财产损害，核设施的所有人应承担无过错赔偿责任。根据《原子能法》第 25 条第 3 款——严于《巴黎原子能公约》，在武装冲突和恐怖袭击中也承担相同责任，只不过对此例外的有着国家豁免义务（staatliche Freistel-lungsverpflichtung）的总额限制（现在是 25 亿欧元），《原子能法》第 31 条第 1 款。《原子能法》第 25 条第 2 款将该责任扩张到核材料的运输。对固定的核设施以及核燃料、放射性产品和核废料的运输的严格责任是排他性适用的。这属于责任的导向问题，该责任排斥其他责任权利，包括故意伤害所产生的请求权。《原子能法》第 25 条及其后的规定补充了《巴黎原子能公约》。

2. 占有人责任

不属于《巴黎原子能公约》和《原子能法》第 25 条规制的情况被《原子能法》 *570*

第 26 条的兜底性构成要件所吸纳。据此，核裂变材料、放射性材料以及产生电离射线的设施的占有人需承担责任。如果占有人和他的工作人员尽到了所有的注意，且当损害不是由建造保护措施中的错误、不是由设施失灵引起的，那么属于例外情况。比如，当再加工设施的运营者的工人从工作区域偷偷将含钚材料带出去放在一住宅内并造成了辐射，因此产生的损害由运营者承担（参见 OLG Karlsruhe NJW-RR 2006，1167，在考量时涉及《原子能法》第 25 条并适用《德国民法典》第 823 条第 1 款）。根据《原子能法》第 26 条第 4 款，其他的例外情况有放射性材料在医疗上的应用以及对危险的容忍。

3. 责任范围

571　　责任范围据《原子能法》第 28 条及其后确定。根据《原子能法》第 29 条第 2 款，过错侵害时可主张痛苦抚慰金。《原子能法》第 25 条第 1 款、第 2 款的责任是没有限制的。根据《原子能法》第 13 条第 3 款，责任义务人必须提供 25 亿欧元的最低财务保证。不可抗力不属于免责事由。

第二十八章

水质改变、采矿及工业环境污染导致的危险责任

一、水的生理学特性的改变，《水资源管理法》（WHG）第 22 条

1. 通过严格责任以保护环境

与其他环境保护构成要件不同，对水质适用严格的危险责任。根据《水资源管 *572* 理法》第 22 条，对改变水的物理、化学及生物学特性的，承担无限额的损害赔偿责任，并且对纯粹经济损失也应予以赔偿。

2. 行为责任

根据《水资源管理法》第 22 条第 1 款，因向水中投入、排入物质或者以类似 *573* 方式引起水的物理、化学或者生物学特性恶化给他人造成损害的（BGHZ 103，129），对此应承担赔偿责任。我们称之为行为责任。因为对于其他的行为只有在存在过错时才负有损害赔偿责任，所以这个构成要件属于异类。

3. 设施责任

用于生产、加工、储存、堆放、运输以及转移物质材料的设施的所有人对于这 *574* 些物质进入水域，引起水的上述特性的有害变化，应根据《水资源管理法》第 22 条第 2 款承担责任。用导管与小溪相连的农业设备清洗场也属于设施（BFH VersR 2002，1555）。不可抗力属于免责事由。但农民没有将废料保存好使得洪水将粪堆冲入小溪，致使溪中他人饲养的鳟鱼死亡则不属于不可抗力（BGH VersR 1986，92）。因第三人滥用设施造成损害的，设施所有人也无须承担责任（BGH VersR 2002，1555；施放植物保护剂；乡镇排污系统则不同）。

4. 水责任的案例类型

575　　——工业企业：工厂通过污水排放——有意或者无意，最为典型地满足了危险责任的构成要件。至于污水是通过乡镇下水道还是直接排向河流及地下水则无关紧要。对此有两个经典案例：一是由于抽水机渗漏使得一家工厂的有毒溶液进入下水道并排向河流中，使得河中饲养的鳟鱼大量死亡。对此工厂须根据危险责任承担赔偿责任（BGHZ 62，351）。二是矿井水被排放到乡镇下水道中，其中所含的有害成分使得下水道中污水的水质发生了不利的改变并继续排向河流中，从而使得原来从河中取水的企业不能再从河中取水，因此损害了该企业。这里也成立危险责任（BGH NJW 1981，2416）。由于发生事故使得化学药剂进入河流，那么沿河城市因为所做的必要的水质化学分析而导致的纯粹经济损失也可以得到赔偿（BGHZ 103，129）。

576　　——乡镇：通常由乡镇运营污水设施。因而乡镇有义务采取措施以确保水、地下水、河流等的水质不发生改变。比如当乡镇知道家庭污水通过私人阴沟排往沟渠中，那么乡镇需承担责任（BGH VersR 1976，43）。将经过澄清但仍然贫氧的水体排入河中导致鱼儿因缺氧而窒息死亡的，需要承担责任（BGH VersR 2003，254）。责任也可由不作为引起，比如乡镇没有采取措施阻止粪肥进入污水系统（BGH NJW 1976，291）。但仅仅因为单纯的因果关系使得有害物质进入水体则不存在必要的有目的的行为。喷洒的防滑盐渗入地表水中进而到达地下水就属于这种情况（BGHZ 124，394）。

577　　——运输车辆：油罐车和油轮属于《水资源管理法》第 22 条第 2 款的设施（BGH VersR 1967，374）。油罐车倾倒或者油轮与其他船舶碰撞使得油进入地下水系统或者运河中，发生（油罐车和油轮）持有人危险责任。对于油轮，联邦最高法院正是如此判决的（BGH VersR 1969，925）。油轮发生油料泄漏的，油轮卸载栈桥的所有权人不承担责任（BGH VersR 1980，280）。油罐车和家用贮油罐属于两个独立的设施（BGH VersR 1993，1155）。也可能同时产生燃油供货商的依《德国民法典》第 823 条第 1 款的过错责任。

二、矿山损害责任

1. 责任基础

578　　根据《联邦矿业法》（BBergG）第 114 条，因采矿活动或者采矿作业造成人死亡、身体或者健康受损以及物的损害的，需进行赔偿。但该请求权仅适用于外部损害；不适用于矿山工作人员以及采矿设施。矿山损害发生时的企业所有人以及矿山权利人作为连带债务人负担赔偿义务。根据《联邦矿业法》第 115 条及第 116 条，在内部关系中原则上由企业所有人承担责任（对此见：BGH VersR 2011，1319 Rn. 12 ff.）。根据《联邦矿业法》第 120 条，在地下探矿或者采矿活动的影响范围内，通过降低、挤压以及扒开矿场表面或者通过裂缝造成损害，且该损害从其类型来看属于矿山损害，那么推定损害是由采矿活动引起的。通过这样的矿山损害推定使得矿山损害赔偿请求权更容易得到实现。

2. 责任范围

该危险责任的范围是有限制的。对于死亡及人身伤害，最高赔偿额为 60 万欧　*579*元。而对于物的损害，除土地之外，仅赔偿该物的市场价值。从《联邦矿业法》第 117 条第 1 款援引《德国民法典》可以得出，2002 年后可主张痛苦抚慰金。

三、环境责任

1. 权利基础、与公法的区分

通过《环境责任法》（UmweltHG）设立了私法上的责任。同时还存在与之互　*580*补的基于欧盟指令的 2007 年《环境损害法》（USchG）。《环境损害法》属于公法上的环境秩序法，并且与《自然保护法》、《水保护法》和《土地保护法》等特别法相对应，在一定程度上构成了环境秩序法的总则部分。环境损害法不包括私人遭受的个人法益损害，而仅仅包括生态损害。自然人或者法人在其经济活动中对环境造成了损害且需承担责任的，尽管该责任受到不可抗力的限制，公权力机关对此应当采取必要的秩序法（警察法）上的预防措施、损害限制措施以及整改措施。具有民法上的意义的是，根据《环境损害法》第 9 条第 2 款，作为连带债务人承担警察法责任的多个事故责任人之间就责任费用进行分摊。这和具有相同内容的《土地保护法》（BBodSchG）第 24 条第 2 款的规定是一致的。

2. 责任基础

根据《环境责任法》第 1 条，该法附件中所列工业设施的所有权人应就由该设　*581*施的环境影响造成的人的死亡、人身和健康伤害以及物的损害承担赔偿责任。前提是，损害是由环境影响造成的，即通过物质材料、震动、噪音、压力、辐射、气体、蒸汽、热能及其他现象扩散到土地、空气和水中引起的。责任成立上的因果关系是双重的：首先必须由设施引起对环境的影响；然后环境影响造成了侵害。不仅需要对事故承担责任，对于得到主管机关许可的正常运营所引起的后果也要承担责任。

582　　　　　《环境责任法》规定的设施责任补充了其他条文所规定的责任，并与这些责任并行不悖（《环境责任法》第18条）。设施是指诸如固定的经营场所、仓库等固定设施以及机器设备、车辆及与设施在空间上或者作业技术上存在关联的辅助设备。在《环境责任法》的附件中列出了96类设施，其范围从机动车到木材防护剂的生产等不一而足。

583　　　　　与矿山损害责任类似，通过推定使得请求权更容易得到实现：如果设施适宜造成损害，那么推定损害是由该设施引起的。设施必须一般地适宜造成此类损害且必须存在具体的可能造成损害的（时间、空间和天气）情事（OLG Düsseldorf NJW-RR 2002，26：机动车上的铁锈，有嫌疑的高炉辐射）。根据《环境责任法》第6条，当设施的运行符合规定，即专门的运营义务得到了遵守且未发生运行故障时，不适用推定。

584　　　　　责任义务人是设施的所有人。当设施不再运行时，则运行停止时的设施所有人为责任义务人（《环境责任法》第2条第2款）。

585　　　　　根据《环境责任法》第8条以下，为了方便追究环境责任，被害人对设施的所有人及者相关主管机构享有知情请求权。该请求权的前提是，存在支持"设施造成了损害"这一假设的事实。反过来，被要求进行披露信息的设施所有人也对受害人和其他设施的所有人以及主管机关享有知情请求权。

3. 责任范围

586　　　　　仅对因死亡、身体及健康伤害以及物的损害造成的损害产生环境责任。根据《环境责任法》第5条，当设施的运行符合规定，物的损害轻微或者其损害程度基于地理关系是应当容忍的，排除物的损害赔偿义务。当损害是由同一个环境影响造成的，责任限额为8 500万欧元。根据《环境责任法》第13条第2句可主张痛苦抚慰金。根据《环境责任法》第16条第1款，环境损害造成物的损害的，即使排除妨害的费用超过物的价值也必须进行。不可抗力可以免责（《环境责任法》第4条）。

第二十九章

药品生产和基因技术导致的危险责任

一、药品责任

1. 生产者责任的背景

正如所有产品生产者对于其产品承担责任一样，药品的生产者也对产品研发、指导、生产以及监督中的缺陷承担责任。即使存在药品责任的特别法律规定，该过错责任也同样得到了保留。根据《产品责任法》第 15 条，适用《药品法》时则排除《产品责任法》的适用。 587

2. 研发缺陷和生产缺陷

根据《药品法》（AMG）第 84 条第 1 目，因使用药品致人死亡或者给身体或健康造成重大伤害的，企业主负损害赔偿责任。如果药品在正常使用时（未超剂量使用）具有致害作用，就医学知识来看其致害作用超过了合理的程度，且是由研发或者生产阶段的原因造成的，那么成立赔偿义务。这涉及的是药品的副作用以及与其他药品的共同作用，这些作用超过了需治疗疾病的适应征和严重程度的可承受范围。头痛药不得引起脱发，对癌症的化疗却可以。《药品法》第 84 条是立法者对沙利度胺（Contergan）灾难的反应。在它的致畸作用被发现之前，沙利度胺一度被作为特别无害的催眠剂使用（参见 LG Achen JZ 1971，507）。对接种疫苗的过度反应并未能纳入该条规定之下（OLG Celle VersR 1983，1143）。 588

立法者特意未将药物不起作用纳入危险责任中来。从许多适应征的不确定性及药品对不同病人的作用也不同的角度来看这是可以理解的。但有些药品是必须具有预防作用的，比如疫苗和消毒剂。此种情况下应当将危险责任扩展到药品的无作用上。但今天，无效的疫苗只有在存在过错时才引起责任的发生。 589

3. 说明缺陷

590　　　根据《药品法》第 84 条第 2 目，如果损害是由不符合医学知识的药性描述或者使用说明引起的，同样产生损害赔偿责任。这里与其说是危险责任毋宁说涉及更多的是过错责任，因为是否符合医学知识显然是以药品投入市场这个时间点来看的。如果背离了科学的标准，那么通常都是存在过错的。如下以《德国民法典》第 823 条为基础的判决就属于这种情况（BGH NJW 1972，2217）：短效麻醉剂"Estil"只能进行静脉注射，应避免和动脉发生任何接触。生产商没有特别清楚地指出，该药剂不能注射进靠近动脉的静脉中，被视为说明缺陷。在非常紧急的情况下用药时，应当对用药进行更加清楚的指示（并不仅仅在患者说明中）（BGHZ 106，273：哮喘发作时气雾剂的用量）。

4. 因果关系、信息披露义务

591　　　可以推翻的因果推定能够让如下的结论更加容易得出：某种药品引发了具体的健康损害。《药品法》第 84 条第 2 款排除了在存在多个能够引起损害的药品时生产者之间相互推诿责任的情况。根据《药品法》第 84 条第 3 款，由制药企业承担释明和证明责任：药品致害作用的原因不存在于研发和生产阶段。缺陷范围要求（das Fehlerbereichserfordernis）就成为否定赔偿请求权的要件。此外，不应迫使药品使用人承担过高的释明责任，这会使得药品损害责任的规定目的落空（BGH NJW 2008，2994：止疼药 ViOXX）。当病人已经服用某药，并基于此提高了危害健康的特殊风险——比如在一个受艾滋病毒感染的血液制品中，此时是否适用表见证明，联邦最高法院至今仍未确定（BGH VersR 2010，627 Rn. 17）。《药品法》第 84a 条保障了知情请求权，这使得被害人能获得构成请求权的事实的相关信息，从而出现了改善承担释明义务的原告的诉讼地位的发展趋势。（具体参见边码 398）

5. 责任范围

592　　　药品责任的范围是有限制的。根据《药品法》第 88 条，对一个损害事故的最高责任限额为 60 万欧元，对一个供应商的多个损害事故的责任限额为 1.2 亿欧元一次性赔偿金或者每年 720 万欧元的定期金。《药品法》第 87 条第 2 句规定了痛苦抚慰金的支付。其他法条规定的责任不受影响（《药品法》第 91 条）。比如对于被污染的血液制品根据《德国民法典》第 823 条第 1 句承担责任（参见 BGHZ 163，209：艾滋感染）。

593　　　制药企业需以保险的形式建立赔偿准备金。根据《药品法》第 88 条和第 94 条，赔偿准备金的范围以法定的最高额为准。通过建立所谓的制药池（Pharmapool）以保障赔偿准备金，即通过一系列保险公司以民法上合伙的再保险共同体

（die Rückversicherungsgemeinschaft）的形式承担风险。第一个 600 万欧元的损害由制药企业的保险公司自行赔付。600 万欧元到 1.2 亿欧元之间的损失由制药池赔付。

对于药品的临床试验必须提供事故保险的保护，对于每个被测试者死亡或者对 594 永久丧失劳动能力的情况必须准备 50 万欧元的赔偿金。如果已经支付该笔金额那么可以从损害赔偿请求权中做同等数额的抵扣（《药品法》第 40 条第 3 款）。

二、基因技术法

1. 法律发展

对于技术引起人们忧虑，立法者在 1990 年就开始以首部《基因技术法》（Gen- 595 TG）予以规制。由于该法官僚主义的泛滥和国际交流的不畅使得很快就对它进行了修订。现在适用的是 2006 年 3 月 17 日的《基因技术法》（GenTG，BGHI 2006 I S. 534）。该法调整的是在基因技术设施上进行的基因技术工作以及通过基因技术改造的有机物的释出及上市（das Freisetzen und Inverkehrbringen）。

2. 许可的必要性

《基因技术法》第 7 条第 1 款根据基因技术工作风险的高低和风险定位的不同 596 而将其分为四个不同的安全等级。与之一一对应规定了不同层级的公法上的安全预防措施。根据《基因技术法》第 23 条，如果其行为需要罗伯特-科赫-研究所（das Robert-Koch-Institut）的许可，且得到了不可撤销的许可，那么就排除私法上的防卫请求权（die Abwehransprüche）。《基因技术法》第 36a 条细化了《德国民法典》第 906 条相邻权上的防卫和补偿请求权（die Abwehr-und Ausgleichsansprüche）并明确何时存在重大妨害。

3. 责任

根据《基因技术法》第 32 条，由于基因技术工作产生的有机物的特性而造成 597 死亡、人身和健康伤害或者物的损害的，其后果必须通过危险责任进行补偿。没有规定不可抗力属于例外情况。对于科学上不可预见因而不可控制的风险也需要承担责任。

《基因技术法》第 34 条规定，如果此前某类经由基因技术改造过的有机物曾经 598 造成过法益侵害，那么推定该有机物的特性与法益侵害之间存在因果关联。对于非物质损害也需要赔偿。多个行为人需要承担特殊的参与人责任（《基因技术法》第 36a 条第 4 款）（对此见：BVerfGE 128，1 Rn. 259，274 und 286 ＝ DVBl. 。2011，

100）。能分清份额的，每个行为人按照份额对侵害承担责任；否则由所有行为人作为连带债务人共同承担责任。被请求权人是开展基因技术工作的、将基因技术改造有机物析出及将含有该种有机物的产品投入市场的基因设备的运营人。

599　　根据《基因技术法》第 37 条，服用具有许可义务的药品排除《基因技术法》第 32 条危险责任的适用。这种情况适用《药品法》和《德国民法典》中的责任。对于其他基因技术工作产品适用《产品责任法》，但存在和《产品责任法》第 1 条第 2 款第 5 项和第 2 条第 2 句有所不同的两点特殊性。其一是即使有主管机构的批准，也不能因为产品瑕疵不能由现有科学技术所发现而对产品免责；其二是对于研发瑕疵也需要承担责任。此外，对于未经加工的天然农产品也需要承担责任。

600　　对于超过责任限额（《基因技术法》第 33 条）的，《德国民法典》第 823 条第 1款的因违反交往（注意）义务的平行责任就具有意义了。基因技术工作的营运人必须依据严格的标准采取所有合理的措施来防止基因技术风险的实现。

第三编
客观上的担保责任

第三十章 ◀

对合法侵害的补偿：私法上的牺牲

一、原则及进攻性紧急避险

1. 牺牲概论

601 　　对于法益的保护不能仅通过禁止侵害以及在已经发生侵害时赋予赔偿请求权来加以保障。相反，法律不仅许可一般的侵害——在更高程度的风险时为之规定危险责任，并且在利益衡量的基础上允许进行个别的侵害。当高位阶的权利与低位阶的权利发生不可调和的冲突时，低位阶的权利必须让位于高位阶权利。比如为了自卫可以抓起他人的棍棒，为了躲避瓢泼大雨可以踏进他人草料棚的大门。低位阶权利一时的退避并不意味着其法益所有人需承担永久的损害。因此源于利益衡量的侵害权（das Eingriffsrecht）必然伴随着特别补偿。这样在结果上又实现了高位阶权利和低位阶权利的同等地位。

2. 进攻性紧急避险，《德国民法典》第904条

602 　　根据《德国民法典》第904条，当为了避开现时的危险而必须侵害他人之物，且侵害人面临的损害和侵害他人的物所造成的损害相比特别巨大时，物的所有权人无权禁止他人侵害该物。但物的所有权人可以要求赔偿因此所遭受的损失。这里，对所有权的保护让位于价值更高的法益，比如人的生命和健康。为了抢救交通事故的受害人可以征用路过的车辆。为了浇灭他人房屋上的大火可以从第三人的井中汲水。《德国民法典》第904条第2句为其补充了独立的责任事实构成。

603 　　《德国民法典》第904条第2句并未规定，当侵害人和被挽救的利益的所有人不是同一人时应当由谁来赔偿损失。是由交通事故的受害人还是由借用路过车辆的好心人来支付清洗汽车座垫上的血迹的费用？根据通说先由侵害人进行赔偿。然后

侵害人可依据无因管理要求被救人返还其支付的赔偿费用（《德国民法典》第 683 条、第 670 条）。少数意见认为只由被救人支付相关赔偿，而为了他人利益行事的侵害人无须承担责任。公正的处理似乎是，让两者都承担责任：一个是基于牺牲的行为（侵害人），一个是基于牺牲的结果（被救人）。在内部关系中无论如何都应当由被救人承担损失，因为救人者是为了他而进行的无因管理，因而可以向他主张返还管理费用（《德国民法典》第 257 条）。无论如何最终都不能由低位阶的权利所有人承担损失。如果被救人身无分文，那么就得由救人者进行补偿了。

当侵害是在一般的紧急避险中发生时，那么相应适用《德国民法典》第 904 条 *604* 第 2 句。弗莱堡州高等法院裁定，将贮藏于瑞士海关仓库中的犹太人流亡财产交给盖世太保的德国仓储人并不因过错而承担责任，但是他必须根据《德国民法典》第 904 条在公平的范围内对被牺牲的财产承担赔偿责任。不能将《德国民法典》第 904 条第 2 句类推适用于非故意的加害，如为了避让打滑的汽车或者不能预见的在高速公路上奔跑的小孩而损害了原本不会损害的他人的车辆（LG Erfurt VersR 2002，454），否则就会超过客观责任的界限（BGHZ 92，357）。

3. 法律后果

对于牺牲造成的损害通常情况下都不需要全额赔偿，而只是对损害进行合理的 *605* 补偿。根据具体案情的不同，合理的补偿要么是包括所有的损害赔偿，要么仅仅是公平的赔偿。因此《德国民法典》第 904 条第 2 句说的是损害的赔偿而《德国民法典》第 906 条第 2 款第 2 句说的是合理的补偿。根据《德国民法典》第 195 条，直接适用或者类推适用相邻权上的补偿请求权的消灭时效是 3 年。

根据司法实践，无须对牺牲进行痛苦抚慰金的赔偿（BGHZ 92，357）。该观点 *606* 根源于相当陈旧的说法，即只有财产性权利尤其是所有权才能成为牺牲的对象。只要认为人身权益也可以牺牲，那么就应当以金钱的形式对痛苦以及其他非物质性苦难进行适当补偿。

二、特别法律规定

除了进攻性紧急避险外，尤其在物权法中还零星地存在一些带有补偿法性质的 *607* 规定，比如：

—物的寻找和取回：《德国民法典》第 867 条；

—追踪飞走的蜂群：《德国民法典》第 961 条及其后；

—越界建筑：《德国民法典》第 912 条；

—必要通道：《德国民法典》第 917 条；

—对根据《联邦污染保护法》（BlmSchG）第 14 条经由主管机关批准的释放污

染的设施的忍耐；

　　——相邻关系法上的不合理的高度污染：《德国民法典》第 906 条第 2 款第 2 句。该赔偿请求权并不包括痛苦抚慰金（BGH VersR 2011，892 Rn. 9）。基于与采矿权人的垂直社会关系中的容忍义务该规范被类推适用于自我牺牲情形中（BGH NJW 2009，762 Rn. 12 ff.）。对于类推适用于严重性侵犯，对此缺少侵权法上的责任条件（例如：射偏的烟火，BGH NJW 2009，3787），在判决中被否定。

　　——国家对财产的合理的强制侵犯，而国家要求相关人作出一个有违宪法平等原则的特殊牺牲，则必须依据没收行为的规则来赔偿（例如：基于警察的特殊权限对合租房的搜查对出租人的影响，BGH NJW 2013，1736）。

三、原则抑或枚举

1. 对物的影响

608　　　尽管只存在个别的关于牺牲赔偿的零散规定，但是这样的呼声越来越大，即对于利益衡量下允许的权益侵害所造成的伤害必须进行补偿。这是值得肯定的。正如对于物来说，法益衡量的违法阻却事由是普遍适用的一样，损害补偿也应当得到一般性的适用。三个司法判决可以展示其范围。案例一（BGHZ 58，149）：在发洪水时，坝基的泥土被冲刷到一农民的土地上，因此农民向大坝的所有权人提起了诉讼。虽然农民应当忍受泥土的冲刷，因为阻止冲刷从经济上来说是不合理的，但法院仍然同意了农民的起诉。在判决中适用了《德国民法典》第 906 条所包含的基本法律思想。案例二（OLG Bremen VersR 1971，277）：一远程供暖管道从城市电车的轨道下面经过，使得轨道路基被抬高了 4 厘米，导致铁轨出现裂缝。法院参照《德国民法典》第 904 条第 2 句判决电车公司享有赔偿请求权，因为它不是为了自己的利益却需要忍受来自地表之下的影响。案例三（BGHZ 113，384）：将所挖的土方堆在相邻的土地上从而形成了冷气湖，对葡萄地里的葡萄造成了损害；类推适用《德国民法典》第 906 条第 2 款第 2 句得出了补偿请求权。

2. 对人的影响

609　　　如果牺牲了人身利益，那么也需要对牺牲进行赔偿。乍看起来这似乎不可能，因为显然只有物才属于低位阶的法益。但事实上有时人身利益也是可以牺牲的。实验者为了对临床检验事故提供保护，需要对药品临床检验的试药者提供试药者保险，其理念正是源于牺牲（《药品法》第 40 条）。其他例子还有：为了丰富器官库而征召皮肤、肢体、眼睛以及其他器官以备不时之需；在电视上呼吁对追捕逃犯进行协助，但所期待的私人的追捕行为伤及无辜（参见 OLG München NJW 1970，1745）。

第三十一章 ◀

自我牺牲

一、表现

自我牺牲（die Selbstopferung）是指为了防止来自于他人的法律所允许的风险 *610*
的实现而作出的自伤行为。最经典的例子是：小孩在高速公路上奔跑，汽车驾驶员
如果不拨转方向盘使得自己受伤或者汽车被毁，那么就必定从小孩身上碾过去
（LG Erfurt VersR 2002，454）。两个典型案例可以显示清楚其问题所在。一辆汽车
打算超过三辆前后相连骑行的自行车，但其中一辆自行车因为他前面的自行车的阻
挡而突然拐向车行道。为了避免撞上自行车，汽车司机紧急拨转方向盘使得汽车冲
进农田导致汽车被毁。联邦最高法院根据《德国民法典》第 683 条判决司机可以根
据自我牺牲获得其所遭受的损害一半的赔偿（BGHZ 38，270）。载人汽车司机为了
避开突然跑上行车道的 3 岁小孩而使得自己受伤汽车被毁（OLG Oldenburg VersR
1972，1178）。法院完全同意了汽车司机的诉讼请求。无论如何这都不能算做汽车
的运行风险。法院认为，作为利益调和、汽车司机只需要承担假如他不拨转方向盘
而与自行车相撞他会受到的损失。在这里该损失几乎为零。其他的例子包括帮助他
人摆脱困境的好心人。他好心地介入事故现场但却——可能由于不明智的举动——
搞得自己受到严重伤害。

二、无因管理引起的责任

根据司法实践和通说，适用无因管理的规定（《德国民法典》第 683 条、第 670 *611*
条）。当载人汽车司机进行了一个非常规的、且会给他自己带去很大危险的拯救小
孩行为，那么他管理的是小孩以及小孩父母的事务（BGHZ 38，270）。其前提条件
是，如果他开车从小孩身上碾过，自己并不根据《道路交通法》第 7 条第 1 款对小

孩承担损害赔偿义务。如果他在碰撞事故中对小孩负有赔偿义务，那么首先他管理的是自己的事务，即为了避免责任的发生。否则司机就是由于源于小孩的危险而拯救小孩。保护小孩免受伤害符合小孩的客观利益；对小孩的拯救也符合其父母真实的或者推定的意思（《德国民法典》第 683 条）。当非常规的救援措施所带来的危险变为现实时就属于（管理）费用：因保护小孩而对造成汽车的损害就属于管理费用，需要由小孩予以补偿。这里涉及的是客观的担保义务（Einstandpflicht）。从2002 年开始，不可抗拒的事件（旧《道路交通法》第 7 条第 2 款）不再成为免责事由，免责事由仅限于不可抗力，对于此种情况适用《道路交通法》第 7 条第 1 款。被误导的、极度不明智的救助不是必要的费用，不符合"被救人"的利益（OLG Stuttgart VersR 2003，341）。也不能将不明智的救助归算到为先前事故承担危险责任之人的头上（区分：OLG Düsseldorf NZV 1995，280）。

三、危险的计算

612   有争议的是，是否需要计算机动车驾驶人的危险份额。一部分学说对此持否定意见。司法中引入了危险共同体规则并削减无因管理费用请求权，比如削减到一半（BGHZ 38，270）。最理想的是，此种情况能类推适用《德国民法典》第 254 条。计算的不是过错或者特殊的运行风险，而是汽车司机在无因管理费用赔偿范围内也需要共同承担的一般的抽象风险，因为被救人客观上也承担责任。

第三部分
责任的法律后果

第一编
对财产损害和非物质损害的赔偿

第三十二章 ◀

损害归责：责任范围上的因果关系以及损害赔偿规范的保护范围

一、责任范围上的因果关系

1. 损害法中的因果关联

正如加害行为与权利侵害（Verletzung）间必须存在因果关系（责任成立上的因果关系）一样，权利侵害必须进一步造成损害（责任范围上的因果关系）。如果根本就不存在损害，那么当然不可能产生损害赔偿请求权，这就是所谓的无损害之侵害（injuria sine damno）。因果关系还意味着引起结果的条件：必须有权利侵害的存在才会有损害发生。换句话说：损害必须是符合自然法则地由权利侵害引起的，而权利侵害又是由加害行为引起的。 *613*

《德国民事诉讼法》第 287 条使得责任范围上的因果关系的确认变得更加容易（比如：BGH NJW-RR 2005，897：此前受伤导致半身不遂，后来又由于交通事故而导致颈椎扭伤）（相关内容可见边码 753 以下）。作为司法鉴定人的专家应当明确，不得以偏离此规定的社会法上的因果要求为标准进行判断。 *614*

2. 相当因果关系

在责任范围的范畴内，即在损害法中，相当因果关系发挥了其固有的作用（参见前面边码 56）。在责任成立中，一般的相当性归责显得多余，因为原本就要考察的对过错的特殊归责提出了更为严格的前提条件。如果发生不利的可能性显著增加了，那么因果关系就显得具有相当性。也就是说必须对可能性进行评判。评判标准以经验丰富之人或者专业人士的判断为准。之所以引入相当因果性是因为"违法肇 *615*

因者原则（versari in re illicita）"① 过于严格，因此需要进行一定的缓和。并不是每个过错侵害或者被规定了危险责任的侵害所引起的损害都需要得到赔偿。那就意味着对出人意料的意外也需要承担责任。因此必须将几乎不可能的损害后果以及绝对不会想到的事态走向认定为不具有相当性从而予以排除。因果关联正是作为排除手段使用的，其自然科学的成分包含对归责（die Zurechnung）的强调。在相当性这个角度下对事实上因果关系的可能性进行评价，如果损害后果不是处于所有可能性之外，就必须对此承担责任。

616　　第三人对于损害形成过程进行了及其异常的不当干涉，就属于在可能性评价中的纯外在的、"意外的"因果关联，从公平的角度看，要求对该因果关联承担责任是不合理的（BGH NJW 2000，947：委托一工匠排除损害，但工匠完全不作为）。

二、损害赔偿规范的保护范围

1. 哪条规范的保护范围？

617　　当我们谈到规则的保护范围（详见边码 118），通常不会特别指出该规则是责任成立上的规则还是责任范围上的规则。也可能涉及构成要件规则，比如禁止伤害他人身体或者禁止损害他人之物的禁令。医疗费用是在身体伤害的保护范围之内，但败诉后附带诉讼的费用则不在该范围之内（BGHZ 24，263）。

618　　但赔偿规则，即要求支付损害赔偿或者痛苦抚慰金的规定本身也有自己的保护范围。只有损害赔偿规则所包括的损害才能成为损害赔偿请求权的对象。比如对于情感利益（das Affektionsinteresse）就不能提供赔偿（BGHZ 92，90）。一般来说是根据两个规则，即构成要件规则和法律后果规则来判断保护范围。

2. 赔偿规范的一般性保护范围

619　　通常情况下，赔偿规则的保护范围根据可能性的观察角度（die Wahrscheinlich-keitsgesichtspunkte），即相当因果性来确定。但在例外情况下，保护范围也包含非相当性的发展进程，比如《德国民法典》第 848 条对窃贼的规定。被偷的物品在窃贼处即使以非常诡异的不大可能的方式被毁，窃贼也必须进行赔偿。

620　　通常情况下，即使有了相当因果关系的限制，赔偿规则的保护范围还是会进一步限制损害赔偿请求权，比如预防损害（Vorsorgeschäden）或者间接损害（Folgeschäden）。只要法律未专门授权进行预防（比如采取诸如安装警报器和监视

---

① 某人一旦从事违法行为，就必须对他的行为产生的所有后果负责。——译者注

器等一般性的防盗安保措施）或者预防并不是特别地与侵害相关，那么小偷无须为这些预防措施承担赔偿责任（BGHZ 75，230）。另外，对于在固有的损害范围之外很远的后果也不需要赔偿，比如在事故发生后私自进行追踪调查，这过度提高了侵权人的风险（BGH LM §823（C）Nr. 32）。

第三十三章 ◀
法定损害赔偿概述

一、损害

1. 损害的定义

621　　损害是指在人的权益上所产生的所有不利。损害构成对被害人的权益状况的不利的改变。受害人遭受的具体的不利应当得到补偿；从方法上来说，这里的损害概念是和主体相关联的（BGH VersR 2005，418（419））。这里的权益既包括财产性权益又包括人身性权益；对它们的侵害会引起财产性损害或者所谓的非财产性损害。损害可以是被毁坏的物、遭受的疾病、治疗身体受伤花费的费用以及由战争的影响所造成的、被剥夺自由之人不可避免的损失（参见 BGH MDR 1951，411）。侵权行为人故意欺骗的，在侵权行为法上联邦最高法院仅保障消极利益（BGH NJW 1998，983）。通过欺诈促使支付用于公共目的的资金的，损害在于公共目的之未达成（BGH VersR 2005，418）。

2. 间接损害和直接损害

622　　损害可以发生在权益自身之上，比如在交通事故中汽车车身被压坏或者行人的腿被折断。这就是所谓的直接损害或者权益损害。损害也可以是由权益侵害发展而来的，比如因支付疾病治疗费用或者维修费用而产生损害。这就是间接损害或者继续扩大的损害（BGH VersR 2012，724 Rn. 8［人身损害作为间接损害］）。两种损害原则上都是同等地可以得到赔偿和必须得到赔偿的。当最初的伤害，如因交通事故而发生的伤害在医院中因医生治疗不当而恶化或者在手术时发生了二次伤害，也属于间接损害。第二次的伤害也能够归责于第一个加害人（OLG Koblenz NJW 2008，3006 m. Bespr. Wertenbruch NJW 2008，2962）。如果接手医生的后续治疗是由于前面治疗的医生的错误引起的，那么后手医生的错误应由前手医生承担责任。当后手医生的错误特别巨大或者其治疗的疾病和前手的治疗不存在内部关联时，才能超越需由前手医生承担责任的界限而由后手医生承担责任（BGH VersR 2003，1128（1130）；2012，905 Rn. 15）。

3. 侵害和损害

根据现行法，原则上只有被害人自己遭受的损失能得到赔偿。被侵害之人和遭受损害之人必须是同一人。从请求权的积极方面来说必须存在人员的同一性。被侵害人之外的其他人员遭受到损害，那么受损害之人由于缺乏请求权基础而不能得到赔偿。音乐家在前往音乐会的路上被汽车撞倒，音乐会的主办方不得要求汽车事故的驾驶人赔偿他的损失，因为他并没有受到侵害：无侵害之损害（damnum sine injuria）。有时在例外情况下会突破侵害和损害之间的人身上的同一性。比如致使被继承人死亡的，需要赔付丧葬费用以及死者近亲属的扶养损害（《德国民法典》第844条）。该项例外对于其他损害则不适用：丈夫在事故中死亡后，妻子的酒瘾更大了，因为丈夫不能再持续地控制妻子饮酒了，该健康损害作为间接损害不能得到赔偿（BGH VersR 1984，439）。经常也会出现因为法定的请求权转移而制造出同一性的情况：雇主、公务员（der Dienstherr）或者社会保险机构对于他所承担的被害人的损害可以根据法定的请求权转移要求加害人予以赔偿（详见边码 764 及其后）。 *623*

被侵害之人如果没有遭受损失，那么他的请求权在内容上就落空了：无损害之侵害（injuria sine damno）。被害人只有在特殊情况中才能例外地要求侵权人对第三人因侵权行为所遭受的损害进行赔偿。法律上和经济上的权限偶然地出现了分离就属于这种情况。在合同之外的责任法中这尤其体现在所谓的不真正免责中（die obligatorische Entlastung）。[①] 经常举的例子是保留所有权的销售。所有权人虽然把物出让并交付给了买受人，但并没有转移所有权，但根据《德国民法典》第 446 条风险已经转移给了买受人。如果物被第三人损坏了，虽然所有权人的所有权遭到了侵犯，但由于风险已经转移了因而没有遭受损害；而买受人虽然遭受了损害，但他不是所有权人。根据不真正免责，被侵害的所有权人可以出于买受人的利益而要求加害人赔付买受人所遭受的损失，也就是所谓的第三人利益情形时的损害清算（sog. Schadensliquidation im Dritttinteresse）。经济上被损害的是第三人。被侵害人（这里的所有权人）可以信托式地主张第三人遭受的损害，但必须将他的请求权转让给第三人或者将收到的损害赔偿转移给第三人（理由：《德国民法典》第 255 条）。 *624*

---

① 亦为不真正风险转移（obligatorische Gefahrentlastung），即如果标的物在履行前因第三人的过错毁损灭失，则在债法上具有所有权转移义务的人可以依据风险转移规则（比如《德国民法典》第 447 条、第 644 条）免责。在此情形下，债务人可以为了承担风险之人的利益向第三人求偿。比如消费者网购情形时的第三人损害清偿。——译者注

二、差异说

1. 财产状况的对比

625　　　根据《德国民法典》第249条，作为损害赔偿应当回复到假设引起赔偿义务的情况未发生时的状况。也就是对侵害发生前和发生后的权益状况进行对比。如果通过对比得出了负面的差额，那么该差额应当作为损害得到赔偿。作为价值中立的计算过程的差异说必须一直都处于规范性的控制之下（BGHZ 98，212，（217）-Großer Zivilsenat；VersR 2005，418（419））。出于简便的考虑，通常不会在比较时将所有的权益都考虑进去，而仅考量被侵害了的权益及该权益侵害的影响，将加害前和加害后的情况两相对比。如果在其他地方可能存在损害的远程影响的，也要将其考虑进来。具体的、有很大可能性可以期待的所失利益（《德国民法典》第252条）就属于此类情况。减轻证明的《德国民法典》第252条第2句构成了这么一个假设，即企业在任何时候都能够将有销路的产品以市场价销售出去，企业后来进行的清仓大甩卖通常并不会减少加害人需要赔偿的损害（BGHZ 126，305（309）；例外情况：BGH NJW 2000，1409）。程序法在《德国民事诉讼法》第287条中减轻了评估的难度，该条规定在建立法官确信时降低了或然性的程度。

2. 确定的损失或机会的丧失

626　　　真实的损失和具体的、可能的所失利益都被视为损害。此外，当今学界还有人要求将康复期待的破灭也承认为损害。主要例子就是医生进行的有过错的失败治疗。一小学生从树上掉下来并伤到了左髋骨，他本来有25％的治愈可能性，但出于过错而未及时治疗，从而使得他终身残疾，如果按照该观点他可以要求赔付25％的残疾损害（参见法国最高法院 Rec. Dalloz-Sirey 81，455 以及苏黎世高院 SJZ 89，199）。根据德国的司法只可能有两种结果：全有或者全无。如果治疗的延迟属于重大错误，那么由医生负责证明即使治疗无误损害也会发生。这样一来通常病人都能得到全部赔偿，因为医生不能提供证据加以证明。如果治疗的延迟不被视为重大错误，那么则由病人承担证明责任，在通常情况下都会输掉官司（BGH NJW 1968，2291）。如果在德国法中除了所失利益和与有过错（das Mitverschulden）的百分比确认（《德国民法典》第252条、第254条）之外也承认机会的丧失也属于损害，那么诉讼的结果将变得不同。法国最高法院裁定在进行效果不确定的手术时的医疗错误属于机会的丧失（perte d'une chance）（对于其他外国判决的概览见：Kadner Graziano ZEuP 2011，171ff），因而需要进行赔偿。由此引起的比例责任由于违反了《德国民事诉讼法》第286条和第287条的有区别的证明程度规则，因而需要立法者制定一条（新的）规则。

三、回复原状

原则上加害人应当通过回复原先的状况的方式对被害人的损失进行赔偿，也就 *627*
是所谓的回复原状（restitutio ad integrum）：《德国民法典》第 249 条第 1 款。法律
不仅保护财产的价值，还保护应当恢复的个别权益，比如健康或者物的完好无损。
这尤其适用于非物质损害。比如恶意毁谤首先应通过撤回毁谤的方式来进行补偿。

四、金钱赔偿代替回复原状

在很多情况下由加害人回复原状是不可能的、不充分的或者代价过于巨大。对 *628*
于这些情况法律根据利益平衡规定了金钱赔偿以代替回复原状。

1. 回复原状不可能或者不充分

根据《德国民法典》第 251 条第 1 款，当回复原状不可能或者对损害赔偿的债 *629*
权人来说不充分时，对于赔偿应以金钱的方式进行给付。如果对他提起的请求权是
以《德国民法典》第 249 条为依据的，那么加害人需要证明回复原状不可能（BGH
VersR 2008，1116，Rn. 14）。如果回复原状涉及第三人的权利，那么回复原状能
否可行则看第三人是否同意（BGH VersR 2008，111，Rn. 19：只有挖掘邻居的土
地后才能回复房屋的稳定性）。不可替代之物如一条狗被毁后，需要以金钱进行赔
偿。根据交易习惯，要求加害人回复原状是不具有可期待性的，比如大衣被元旦前
夜的焰火烧毁了不能要求加害人去寻找一件类似的旧大衣。被害人可以要求金钱赔
偿，但必须对"新旧差额"进行折抵，因为新的大衣显然比旧大衣穿得更久。

2. 人身伤害以及物的损坏

在最常见的两类损害赔偿的情形，即人身伤害和物的损坏中，债权人可以要求 *630*
必要的金钱赔偿以代替回复原状（《德国民法典》第 249 条第 2 款第 1 句）。这样被
害人可以自己着手进行回复原状或者委托自己信得过的人进行回复原状。被害人没
有义务必须将获得的金钱赔偿用来回复原状；他完全可以把它存起来或者另做他
用。不过不得将营业税计算在应赔偿金额之内（《德国民法典》第 249 条第 2 款第 2
句）。这样就任性地将必要费用中的一部分金额分拆出来，而不是再回归到具体的
损害计算（一如立法理由所说的）。该法律状态对于不能找到替代车辆的机动车的
总的经济损失（BGH NJW 2004，1943；2004，2086；2005，2220）同样适用（税
的计算：BGH NJW 2006，2181）。在修理完成后，与预付请求权不同，被害人没

有对实际支出的费用进行清账的义务（BGH NJW 1997，520）。《德国民法典》第 249 条第 2 款规定的消除损害的方式（即金钱赔付）是根据经济性原则对回复原状的替代。被害人在能够期待的范围内并考虑到他的个人实际，原则上应当选择最经济的赔偿方式（BGH NJW 2000，800）（相关内容也可见边码 658）。专家的鉴定费用也属于回复原状的费用，但前提是鉴定是必要的且合目的的（BGH NJW 2005，356；2006，1065，Rn. 5；NJW 2007，1450，Rn. 11）。

3. 不成比例的费用

631　　根据《德国民法典》第 251 条第 2 款，当需要花费与所得相比不成比例的费用才能回复原状的，赔偿义务人可以以金钱的方式对债权人进行赔偿。这里回复原状的不合理（die Unzumutbarkeit）对加害人来说是有利的。回复原状需要花费不合理的过高费用的，比如只有将整个湖水抽干才能找到不小心掉入湖中的戒指的，那么回复原状就显得过于不必要了，仅仅需要支付金钱赔偿就可以了。该比例界限对于机动车修理而言被认为是购买新车价值的 130%（边码 658），但这不可适用于兽医手术的费用（OLG München VersR 2011，1412）。从法律技术上来说，债务人在此范围内享有替代权。在《基因技术法》和《环境法》中存在特殊的规定：对物的侵害同时也造成了对自然或者风景的损害，即使回复原状的费用超过物的价值的（比如土地中的二恶英），也可以要求回复原状：《环境责任法》第 16 条第 1 款以及《基因技术法》第 37 条第 7 款。

4. 期限设定后的金钱赔偿

632　　债权人可以给债务人设定一个合适的期限，要求在该期限内回复原状。带有威胁性质的期限的设定，即期满后将拒绝回复原状，使得改变债务的内容变得可能。期限届满后债权人可以要求债务人只能进行金钱赔付（《德国民法典》第 250 条）。回复原状的请求权就转化为金钱赔偿请求权。

五、损益相抵

1. 原则

633　　损益相抵来自于差异说和禁止获利原则。根据差异说，原则上需要对侵害发生前后的整个财产状况进行相互对比。这样在计算损害时应当将被害人因为侵权行为而获得的利益纳入考量。其余的才能称之为损害赔偿，只有被害人的不利的权益状况才能得到赔偿。如果被害人除了遭受不利之外还获得了好处，那么应当对好处予以抵销。这就是禁止获利原则的作用。

对获得的利益进行抵销的侵权法规则不应执行得过于机械。并不是任何一个由 *634*
侵害而获得的利益都需要进行抵销。比如被汽车撞倒的行人如果购买了意外保险，
那么并不能因他获得了保险赔偿而相应减少赔偿费用。根据司法实践，进行损益相
抵的必要前提是：抵销是合理的；符合损害赔偿请求权的目的以及不能不公正地减
轻加害人的责任（参见 BGHZ 30，29）。

2. 不计入的获利

即使获利和损害的发生是有关的，但很多情况下都不需要计算获利。属于这种 *635*
情况的有：第三人的自愿的支持，比如为受害人进行的募捐所得；保险的赔付
（BGH MDR 1978，568：联邦职员集体合同（BAG）支付给寡妇的死亡慰问金）或
者由于员工发生事故雇主进行的自愿给付；为了减轻损害作用而自己积极行动所获
得的利益；提前获得遗产或者人身保险（BGHZ 73，109）。

第三十四章

人身损害

一、人的死亡

1. 死亡损害

636 　　和美国法不同，根据现行德国法，致使他人死亡本身所产生的损害不能得到赔偿。在英国法中人们称之为错误的死亡（wrong death）。只有在涉及痛苦抚慰金时，缩短对寿命的期待本身才作为损害得到认可（BGH NJW 1976，1147）。原则上来说，死者的继承人所遭受的损害也不能得到补偿，因为他不是受害人。就是死者拥有的进行经营活动获得收益的能力也不属于经营的价值。作为人的价值已经逝去，且是得不到赔偿地逝去（BGH LM §249（Hd）Nr. 15）。

2. 继承人的损害

637 　　根据《德国民法典》第 844 条第 1 款，继承人可以要求加害人赔付丧葬费用。丧葬费必须是合情合理的，所谓合情合理要根据死者的社会关系、宗教信仰以及当地风俗来确定，其中也包括对参加葬礼的亲朋的招待费用。开辟墓地以及树立墓碑的费用包括在内，而维护墓地的费用则无须赔付。

3. 亲属的损害

638 　　根据《德国民法典》第 844 条第 2 款，死者的近亲属因其死亡而不能获得的扶养费可以要求加害人赔偿。加害人以定期金的形式进行赔偿，赔付范围以死者在预期的寿命内应当支付的扶养费为限。法官应当对假如死者不死亡可能发生的扶养关系进行预测说明，由于扶养取决于死亡的扶养义务人的扶养能力，因此死亡的扶养义务人的扶养义务终于死者届满 65 岁的退休年龄（BGH NJW-RR 2004，821）。请求权人仅限于法律规定的被扶养人，即配偶、婚生或者非婚生子女等，但不包括未婚夫（妻）（OLG Frankfurt VersR 1984，449）和非正式的同居伴侣（OLG Düsseldorf NJW-RR2006，1353）。该请求权也包括可期待的从《德国民法典》第845条过渡到第844条第2款的配偶的自然扶养义务（BGHZ 77，157）；干家务活的配偶提供的并不是服务，而是履行其《德国民法典》第1360条规定的扶养义务（BGHZ 104，114）。这里涉及的也是法定义务：第二任妻子被害，那么不考虑对丈夫与前任妻子生的小孩的抚养（BGH VersR 1984，189）。死去的母亲对女儿的家务分担也适用同样的情况（BGH VersR 1985，290）。

从法律政策上看，法定的义务范围太窄了，应当停止现在的做法，这已经引起了人们的期待。一个很好的例子就是由继父抚养的继子（BGH NJW 1967，2007）。如果继父会继续承担继子的教育费用，那么加害人也应当承担这些教育费用。这样才能真正补偿到死者未死亡时的状况。

二、人身伤害

1. 治疗费用

人身或者健康伤害最典型的间接损害就是医疗费用，也包括先前的客观上有意 *639* 义的寻医问药。这其中包括医生和医院费用，也包括到外地看专家的旅途费用。原则上还包括心理上的特定的后续影响（BGHZ 132，341（343）；NJW 2000，862）。对于必要的，但还没有尝试的治疗措施则不能要求赔偿（BGH NJW 1986，1538）。

2. 因人身伤害而增加的需求

因人身伤害而增加的需求也需要作为损害由加害人赔偿，比如购买下肢瘫痪者 *640* 所需要的活动辅助设备、特殊的鞋子及保护性衣物等所支出的费用。这里增加的需求本身已经被视作损害。医生所开出的强化用品，由于经济困难未能获得的，也需要赔偿（BGH LM §249（Gb）Nr.2）。伤者的近亲属对于伤者的护理，比如父母对于受伤的子女的护理，当护理人因为照顾伤者而收入减少，或者护理具有能够客观化的价值，因为如果不亲自护理可以雇佣别人来进行护理，那么近亲属的护理作为增加的需求应由加害人予以赔付；精神上的安慰性关照则不在此列（BGH NJW 1999，2819）。护理费用的计算以可比较的有偿聘请的护理人员的报酬，同时参照自1995年存在的养老保险义务中的家事护理人员的报酬标准（BGHZ 140，39（46））。增加生活的乐趣不属于增加的需求，在计算痛苦抚慰金时可考虑该损害要素（参见 BGH VersR 2004，482：改造适合残疾人工作的载人汽车后为了增加生活乐趣而改造适合残疾人的摩托车）。为了使得受伤的小孩能跟上与他的年龄相适应的学习进度而提供的补课等提升措施属于增加的需求（OLG Bamberg VersR 2005，1593）。

3. 谋生损害（Erwerbsschaden）

641 　　《德国民法典》第 842 条意义上的谋生损害是工资收入上的损失。工作能力本身则没有财产价值。因此，丧失工作能力也不会造成需要补偿的损害（BGH VerR 2013，1050 Rn. 12 f.）。根据《德国民法典》第 843 条，对于谋生损害应以支付定期金的形式进行补偿。对于雇员来说，谋生损害就是工资收入的损失，以及奖金和困难补助的损失。由于雇主继续支付工资以及社会保险的给付，通常情况下不具有独立性的雇员仅对超过社会给付的部分享有赔偿请求权。参加社会保险的雇员的收入损失可按照修正的净工资方法（modifizierten Nettolohnmethode）或者修正的毛工资方法（modifizierten Bruttolohnmethode）进行计算（BGHZ 127，391（394）；VersR 2000，65；NJW 2001，1640（1642））。此外，雇员的进一步请求权可向雇主主张。在追求神经受损视角下，如果事故仅仅是引起被侵权人在追求营业中选择营业的难度，则损害在例外时不会被归算于侵权人（BGH NJW 2012，2964 Rn. 10 [一贯的判决]）。

642 　　独立执业者享有范围广泛的可观的请求权。当伤害严重到独立执业者不得不歇业时，那么他可以要求赔付可期待的收入（BGH LM § 843 Nr. 1）。一般不需要对可期待收入进行总的全部赔付；比如受伤的工厂主不能要求赔偿他的以假设聘用同样的替代劳动力所需要的费用为基础计算出来的劳动力的抽象价值（BGHZ 54，45（52））。对他来说最主要是看利润损失，该损失可以以实际聘用的替代劳动力为依据进行计算（BGH NJW 1997，941）。以事故发生前一年的营业发展和营业结果进行估算；估算时出现的困难可根据《德国民法典》第 252 条以及《德国民事诉讼法》第 287 条解决（BGH NJW 2001，1640）。

4. 被扶养人损失

643 　　男女权利平等得到贯彻执行后，《德国民法典》第 845 条仅仅还适用于在家务或者从业活动中负有帮忙义务的子女。丧偶者不能依据《德国民法典》第 845 条要求赔偿因配偶死亡而不能提供的帮助。但他（她）可以根据《德国民法典》第 844 条第 2 款获得因配偶死亡而不能提供的扶养的请求权，前提是逝去的配偶生前对丧偶者就负有在职业上或者事业上的帮助义务（BGHZ 77，157）。

5. 非法营生

644 　　并不是在人身伤害中所有的从业期待都可以得到补偿，尤其是违法的或者悖俗的营生。按照英国法，由于职业犯罪人的生活是不幸福的，所以其死亡对他的妻子来说并不被视为损失（Burns v. Edmann ［1970］2 Q. B. 541）。而在德国法中主要对于妓女收入的计算存在争议。在联邦最高法院的一个判决中（BGHZ 67，119），一个妓女在一次交通事故中受伤，她能够要求赔偿的收入仅仅是处于正常生活关系中的正常人获得的与其经验相匹配的收入。该司法判决与《妓女法律关系规制法》（BGBI. 2001 I S. 3983）的价值观不一致，或许应当支付所有的收入损失，但对于该收入损失的证明即使有《德国民事诉讼法》第 287 条的帮助也可能找不到足够的支持理由。

第三十五章 ◀

物的损害

一、物的损害的表现形式

645　　与生命、身体及健康不同，物属于财产利益。相对人身利益而言财产利益是可替代的，因此很容易就能得到赔偿。物的损坏的表现形式也是多样的。从物的毁灭到对自己财产的侵犯不一而足。

1. 物的毁灭

646　　当物被毁灭后，需要进行全额赔偿。物的毁灭不仅表现为物质的消灭（木材的燃烧），还表现为变得完全不能使用（汽车残骸）。当物的维修费用高于其维修后的价值的，则视为毁灭。将鱼雷艇模型从支架上取下并让它掉落，使得摔到地上打碎了，那么就属于毁灭了（BGHZ 92，85）。

2. 物的损坏

647　　并不需要完全毁灭物，仅仅通过减损物的使用性能以及物的价值的方式就可以对物产生损坏。拆迁工作扬起的灰尘使得汽车销售商展销的汽车积尘属于对物的损害（a. A. LG Dortmund NJW-RR 2008，471）。物的损坏通常都可以通过维修进行补救。不仅对于机动车存在所谓的经济上的全部报废；对于房屋也可能存在经济上的全部报废，即需要将房屋推倒重建（参见 BGH NJW 2005，1112）。如果树木被损坏了，那么这作为土地的损害可以产生损害赔偿义务。即使土地的销售价值没有发生改变，也可能发生物的价值减损（BGH NJW 2006，1412，Rn. 9 und 16）。当载人汽车撞坏了有轨电车的电线，使得电车不能运行，那么不属于对停运的电车的所有权的损害（BGH NJW-RR 2005，673，Rn. 674）。

3. 物的侵夺

通过所有权将物归属于权利人；所有权人可以要求占有人交还占有物；而作为占 *648*
有人可以直接使用占有物。因此剥夺物的占有就是对物的损害，因为它剥夺了物的占
有人能获得的好处以及对物的使用。通常对于剥夺物的占有可以通过返还该占有物，
也就是通过回复原状的方式回复到原来的状况。发生侵权上的物的剥夺后——该剥夺
也可以通过诱使他人汇款的方式进行，对应予赔偿的款项应根据《德国民法典》第
849 条以及第 246 条计算利息，以便弥补利用价值的损失（BGH NJW 2007，1084）。

4. 贬值损害

物能带来的好处包括利用该物及拥有该物。而对物的拥有反映出从交易往来的角 *649*
度看物的价值。若他人的侵犯使得物的该价值有所减损，比如在事故中严重受损的汽
车即使被修好了也仍然属于事故车辆，它的价值比没有发生过事故的同样状况的车辆
要大为降低，那么就存在贬值损害。物品价值的贬损应当得到补偿。在计算发生过车
祸的汽车的价值时就需要减去它商业价值因车祸而遭受的减损额（BGHZ 35，396）。

5. 生态损害

当受到侵害的物归属于特定的主体，那么环境损害也需要赔偿。赔偿请求权的 *650*
法律依据是《环境责任法》（详见边码 580）或者直接是《德国民法典》第 823 条第
1 款。非归属于特定主体的环境损害可能存在于对特定物种的损害以及对自然生存
空间的损害（《自然保护和风景维护法》第 21a 条），对水域的破坏（《水资源管理
法》第 22a 条），或者是对土地功能的破坏（《土地污染保护和已有污染清理法》第
2 条第 2 款，BBodSchG）。以欧盟指令为依归的 2007 年的《环境损害法》（Um-
weltschadensgesetz，BGBl. I. S. 666）正是致力于对这些损害进行弥补。

二、物的损害和利益

利益是指某物对一个人来说所具有的价值的估量。通过对物的损害使得物的利 *651*
益减损。而损害赔偿则使得利益得到了恢复。有时也会出现问题：

1. 以新换旧

当使用过的物被毁坏，比如一辆汽车被撞坏，一件衣服被烧毁了，在损害赔偿 *652*
时事先就要判断，要求被害人使用侵权人赔偿的旧物是否合理。对此应该按照交易
往来中的观念（Verkehrsauffassung）来进行判断。对于汽车等，不像仅仅供特定
人使用的物（比如衣服），则可以赔偿二手货。如果维修是没有意义的，或者赔付

用过的物品如首饰和衣物等是不合理的，则被害人可以要求赔偿获得新物所需要的费用。但需要减去新旧物之间的差价（BGHZ 30，29；102，322（331）；NJW 2005，1112）。如果不予扣除差价的话那么受害人将会比在物品没有受损时获得更多的利益，因为新东西明显比二手货价值更高、使用时间更长。这和损害赔偿法的禁止获利原则相悖。

2. 增值税

653 在获得替代物或者维修时产生了增值税，那么该税也可以作为损害要求加害人赔偿。其依据为《德国民法典》第 249 条第 2 款第 2 句。对于增值税的计算和转嫁则适用税法的相关规定。

三、对物的价值的赔偿

654 如果物彻底被毁或者维修不划算，那么在被害人交付物的残骸或者物的残值后，加害人需要全额赔偿。如果物具有持续使用价值，比如属于劳动工具或者交通工具，那么赔偿时就要看重新添置该物所需要的价值；而如果属于其他物如艺术品，则看其出让价值。在添置物时原则上应添置具有同样使用价值之物，比如，通过给受害人一笔添置该物所需的金钱的方式。如果船舶模型被毁坏且该模型属于孤本，那么对于损失就不能要求重新添置一件一模一样的船舶模型，而只能要求以金钱的形式对其价值进行赔偿。这里物的价值不是指获取该物所花费的费用，而是要通过与其他具有市场价的类似物品的比较来进行确定（BGHZ 92，85）。

四、维修费用

655 如果物的损害可以排除，那么维修费用就构成间接损失。受害人可以要求加害人支付维修费并自己决定：要么出钱让别人把东西修好；要么觉得物虽然受损了但看着还行就不予维修，而把钱揣进自己腰包；或者干脆自己动手把东西修好。正常的维修风险以及对于修好的可能性、维修费用等预测错误的风险都由加害人承担。第一次维修失败，那么要再次维修的费用也由加害人承担。

五、机动车损害专题

1. 租车

656 租车费用属于《德国民法典》第 249 条第 2 款第 1 句意义上的消除损害的

费用。只能是理智的受害人，即为考虑经济实惠而时刻想着降低损失的受害人支出的费用（BGH NJW 2005，51（52f.）；BGH NJW 2013，1870 Rn. 15）方是必要的。此外，如果所租车辆只需具有与出租车一样的小功率，则经济上的要求就发挥作用；但是可以具有该车持续的可使用性（BGH VersR 2013，515 Rn. 13ff.）。如果所租车辆违反经济上的要求，则可对投入的必要数额请求概括性的用益损失（见边码 660）（BGH VersR 2013，515 Rn. 25）。具有争议的是机动车出租人的"事故赔偿价目表"，因为该价目表的报价要比给自付费用之人的价目表要高。

——保障受害人的灵活性（BGH NJW 2005，51）。

——对于出租人的额外履行（如垫资）按照《德国民事诉讼法》第 287 条对涨价进行估算（BGH NJW 2005，135（137）；NJW 2007，2916；2013，1870 Rn. 15.）。

——全保险附加费是合理的（BGH NJW 2005，1041）。

——受害人对价目表应当货比三家（BGH NJW 2005，1933（1935）；NJW 2006，360（361）；NJW 2007，1124，Rn. 14）。

——在主观损害考量的范围内，受害者仅需进行合理的努力（BGH NJW 2006，1506，Rn. 9）。

——在损害赔偿时出租人负有对跌价风险进行说明的义务（BGH NJW 2007，1447，Rn. 15；NJW-RR 2009，1101 Rn. 16）。

——在个别情况下被害人为了避免涨价的风险可要求加害人预先支付（BGH NJW 1676，Rn. 9；也可以见 BGH NJW 2010，1445 Rn. 11）。

——较低的正常价目表不是按照出租人的要约确定，而是按照被害人所在邮编区域内的主要平均值来确定（BGH NJW 2007，1449，Rn，19），而该值有时也可能通过估算获得（BGH NJW 2008，2910）。租车价格表可供参考，例如施瓦克清单（Schwacke-Liste）（BGH NJW-RR 2011，823 Rn. 7；NJW 2011，1947 Rn. 17）。

2. 维修和重置

受害者可以有两种相互替换的（BGH NJW 2007，67，Rn. 14.）方式回复原状：一是要求加害人支付维修费用；一是要求加害人提供相同价值的替代物（BGH NJW 2005，1108；VerR 2013，471 Rn. 11）。只有维修费用超过合理的比例时（《德国民法典》第 251 条第 2 款第 1 句），才能仅以金钱形式对被害人财产损失进行赔偿。受害人需要考虑，是将受损了但还符合交通安全要求能继续使用的机动车不予维修直接使用；还是请别人修好，并考虑当维修费用在多大范围内超过提供替代物所需费用时，维修才是合理的。对此要考虑受害人对灵活性和完整性的需求。此外还要考虑对残值的评估（对残值的鉴定问题可见 BGH VerR 2010，130

657

Rn. 9）。

658　　　　包含在必要性要件中的经济性要求并不意味着被害人必须为了加害人着想而省钱；他只需要合目的地、在经济上理性地行事，因为他不能从损害赔偿中获利（BGH VerR 2009，1092 Rn. 14 f.；NJW 2012，50 Rn. 6；VersR 2013，471 Rn. 11）。维修费用不得比提供替代物所花费的费用还高出 30%（BGH NJW 2005，1108（1109）。比较时包括增值税 BGH NJW 2009，1340 Rn. 11）。只有当维修车辆是为了受害人能继续使用其已经用习惯了的爱车时，才允许超过该加害人的"牺牲线"。若受害人这样安排——虽然这样的安排本身是允许的：即不修车（BGH NJW 2007，588；VersR 2010，363 Rn. 6；NJW 2011，669 Rn. 8；2012，52 Rn 7.），而仅仅以专家作出的维修费用评估为依据计算可能花费的修理费用，那么不适用上述规则；此种情况下，车辆重置所需费用就是能要求支付的维修费用的最高限额。非专业人士进行的部分维修不能提高最高限额（BGH NJW 2007，2917，Rn. 8）。机动车在达到能安全行驶的标准后必须至少能使用 6 个月以上（BGH NJW 2008，437，Rn. 9；NJW 2008，1941 Rn. 9；2011，667 Rn. 8）。请求权并不是在该期限过后才届期。该期限只是作为被侵害人继续使用事故车辆的特殊固有利益（Integritätsinteresse）的标志（BGH NJW 2009，910 Rn. 13 f.）。在以专家的评估为基础计算可能的维修费用时可以考虑专业汽车品牌维修店的每小时收费标准（BGH NJW 2008，2086；2010，2725 Rn 6；2010，2727 Rn. 6；2013，2817 Rn. 8）。

659　　　　受害人获得替代车辆的，不能扣除增值税，也就是说不能仅考虑专家所说的获得替代物的净值（BGH NJW 2005，2220；2006，285，Rn. 6）。如果受害人对于受损车辆不予维修而继续使用的，在计算可能的重置费用时就需要扣除机动车的残值（BGH NJW 2007，1674，Rn. 6）。通常情况下，在实际重置时只能扣除实际获得了的车辆的剩余价值，比如在购买时把旧车交给汽车销售商回收所能折抵的金额（BGH NJW 2005，357）。但这也可能高于鉴定人估计的数额（BGH NJW 2010，2724 Rn. 10）。

3. 用益丧失

660　　　　私家车的车主可以获赔他因不得使用车辆而造成的用益损失（Nutzungsaus-fallschaden），根据《德国民事诉讼法》第 287 条，该损失可依据相关的价目表进行评估（BGH NJW 2005，277）。旧的汽车以及具有明显损害的职业用车同样如此（BGH NJW 2008，913，Rn. 10），但仅仅是休闲用的房车则区别对待（BGH NJW 2008，1086，Rn. 10）。对于赔偿是有时间限制的（BGH NJW 2008，915，Rn. 6）。仅对车辆损坏到提供替代用的出租车辆这个过渡期间的用益损失进行赔偿。事实上这也实现了对于因不清楚相关费用能否得到赔偿而不敢租车的谨小慎微的"胆小鬼"的同等对待。对于用益损失亦可参见第三十六章第三部分。

4. 商业价值减损

　　商业上的价值减损也能获得赔偿。因为即使受损车辆完全修复了，但大家会在
车辆发生重大事故后担心存在潜在的损害，这就会降低车辆的价格（BGH NJW
2005，277（279）），从而减损车辆的出让价值。

第三十六章

损失计算的特殊形式：需要和费用、家庭规划、用益丧失、目的落空、市场价值、情感价值、许可类比、防卫损害

一、需要和费用

662　　无论在人身伤害还是在物的毁坏中，对治疗或者维修所花费的费用都被视为损害。当治疗或者维修费用已经支出了或者至少需要马上支出，加害人才负有损害赔偿的义务，还是仅有这方面的费用支出的需要就足够了？当医生开出了药品或者要求受害人进行水疗，那么相关费用就应该得到赔偿，无论事实上受害人遵守医嘱与否（BGH LM §249〔Gb〕Nr. 2）。并非只有费用才属于损害，需要本身就属于损害了。如果费用已经支出了，那么就是所谓的因需要的存在而支出的费用。当然需要以及费用必须是由（人身及物的）伤害引起的，即两者间具有相当因果关系且需处于法律规范的保护范围之内。此外，受害人必须意识到，支出是被作为费用来计划的（BGH NJW 1986，1538 - 去疤）。增加的需要，如事故发生后旧疾恶化而需要的强化治疗也属于损害，即使神经错乱是由体质上的精神不稳定与事故共同作用引起的（Österr. OGH JBI. 1988，649，a. A. BGH NJW 1986，779 所谓的老年神经官能症）。

二、家庭规划损害

1. 错误出生（wrongful birth）

使父母负担上法定的抚养义务作为需要也可以得到赔偿。最初提出的疑问是， *663* 小孩究竟是否能被视为损害；不久，普遍接受的观点是，不是出生的婴儿，而是婴儿的需要被视为损害（BGHZ 76，249）。这样的判断首先涉及的是失败的绝育问题，帝国法院很早就在其判决中确定，精神病院中的精神病人与护士生育的婴儿对他来说因需要负担抚养义务故被视为损害（RGZ 108，87）。司法实务原则上认可因负担抚养责任而产生的损害赔偿义务后，开始在范围以及后来在保护范围上对该规则进行限制。与家庭法不同，这里不以家庭的生活设计为标准来衡量损害赔偿；而是适用一般需要条例（RegelbedarfsVO）中的规定（BGHZ 76，259）。如果错误出现在怀孕期间的建议或者终止妊娠的建议上，当母亲不具有人流适应征的，不产生损害赔偿请求权（BGHZ 89，95）。当婴儿生而有缺陷且该缺陷与医生的错误有关，如医生未向孕妇指出基因缺陷，亦得请求增加的需要（BGHZ 86，240）。

特别有意思的是最近的司法判决对规范的保护范围的应用。只有当查明怀孕属 *664* 于治疗的对象时，未期待婴儿所产生的抚养费用才位于被违反的合同的保护范围之内（BGH NJW 2000，1782）。父母由于从医学上来看孕妇适合人流而尝试进行人工流产，但由于医生的过错导致人流失败的，那么按照联邦最高法院的观点不能要求给付抚养费用赔偿，因为这里判断是否适合人流的标准不是从社会的角度进行的（BGH NJW 1985，2749）。同样的规则也适用于如下情况：最初认为存在需要进行人流的特殊情况，但后来社会和经济环境变得对孕妇有利，从事后的观点看来该特殊情况并不足以要求进行人流（BGH FamRZ 1985，1011）。这两个判决引起了人们的思考：很多时候绝育或者妊娠终止的原因无论是从医学的角度看还是从社会的角度看都是统一的，这一说法很多时候仅仅是迷惑人的表象而已。从医学上说适合人流比从社会的角度看适合人流更易被人接受。此外，绝育是值得信赖的，而正是出于这样的考虑总是不断有人进行绝育（手术）。信赖原则修正（规范的）保护范围。事后看法的改变最多能缩小损害的范围，但不能一般性地排除请求权。

上述请求权主要是从违反合同的角度得出的，但也可以从侵权法上得到支持。 *665* 未期待的且违反（医疗）合同继续进行的妊娠是对身体的伤害，这也具有侵权法上的意义。孕妇不需要主张：如果得到了正确、完整的咨询，妊娠本应该被终止的；她只需要主张，如果得到了正确完整的咨询，她会认真考虑是否中止妊娠（参见 BGHZ JZ 1985，331）。法律问题没有因为涉及堕胎的案件而得到简化。一个奥地利最高法院的判决可予以证明。一个母亲在未经协商的状态下，被植入了三个人工受精卵。本来应该是两个的。该母亲由此生了健康的三胞胎。因此，其诉请获得第三个孩子的扶养费用（OGH JBl. 2009，108）。OGH 在判决中认为需要区分出生的是健康的孩子还是残疾的孩子。

666　　　小孩的抚养费用是否构成损害在联邦法院之间存在争议。联邦宪法法院在对是否允许堕胎的判决中同时也表明，从法律资格来看，小孩的存在不属于宪法上（《德国基本法》第 1 条第 1 款）的损害来源。因此，不可能将对小孩的抚养义务视为损害（BVerfG NJW 1993，1751 [1778]）。而联邦最高法院所持观点与之相反。联邦最高法院出于提供损害赔偿的必要性而坚持认为：由于医生的过错绝育不成功的，或者阻碍了进行合法的妊娠终止或者合法的妊娠终止失败的，父母得因负担抚养义务而向医疗合同对方当事人（即医院或者医生）请求赔偿（BGHZ 124，128；最新：BGH VersR 2008，1265，Rn. 12；奥地利：OGH JBl. 1999，593）。联邦宪法法院第一审判庭同意联邦最高法院的观点，不过对于医生责任案的宪法申诉不由该审判庭负责。联邦宪法法院第一审判庭认为，民事法庭作出的在绝育失败以及生育小孩前医生的基因缺陷咨询有错误时医生应承担责任的判决并不违反《德国基本法》第 1 条第 1 款（BVerfG NJW 1998，519）。

2. 错误的生命（wrongful life）

667　　　正如错误的出生（wrongful birth）来自美国法一样，错误的生命（wrongful life）也是模仿普通法中描述死亡损害的概念——"错误的死亡"（wrongful death）。按照今天的术语来看，仅出生的婴儿才因错误的生命向医生、医院及药品生产商主张赔偿请求权，因为只有他是因为诸如对孕妇感染风疹的错误诊断等原因而生而有缺陷。联邦最高法院在其判决中（BGHZ 86，241）否定了婴儿的该项请求权，理由是：既不存在侵权法上的请求权基础；婴儿也不能主张，自己不来到这个世上要比来到这个世界更好。这两个论点本身是自我矛盾的：婴儿因出生而获得的人格权正是在受到伤害时的请求权基础；而声称不出生比出生要好正是损害赔偿请求权的前提条件。联邦最高法院肯定了父母的对增加的需要的请求权。在美国和法国有判决承认了婴儿对实体伤害（materieller Schaden）的请求权，而否定了痛苦抚慰金（Harbeson v. Parke-Davis，656 P. 2 d 483，Washington 1983；französ. Cour de Cass. Dalloz 2001，Jur. 332；dazu Sonnenberger FamRz 2001，1414）。

668　　　上面提到的联邦宪法法院的第一个判决在该领域内产生了极坏的影响。一初审法院在其判决中认为，不仅小孩的抚养费不能被视为损害，连婴儿因具有缺陷而增加的需要也不属于损害（OLG Nürnberg MedR 1994，200）。

3. 错误的受孕（wrongful conception）

669　　　仅仅受孕本身因其对小孩具有极大的风险就能成为责任原因。比如在 Galsgher

诉杜克大学一案中（852 F. 2 d 773）：一个具有严重缺陷的婴儿在出生不久就死亡了，医院错误地告知婴儿父母婴儿不存在基因异常。因此其母亲在第二次怀孕时根本就没有进行羊水检查。结果小孩生下来后又具有严重缺陷。大学对婴儿父母承担损害赔偿责任。联邦最高法院的判决中也达到了类似的结果（BGHZ 124，128）。

三、用益丧失

物的损害还表现为用益丧失，因为通常正是对物的利用体现了它的特有价值。是否用益丧失属于需要弥补的经济上的不利益需要根据交易观念来进行判断（BGHZ（GS）98，212（222f）；BGH NJW-RR 2008，1198 Rn. 7；JZ 2013，894（895）有 Spindler 的评注：网络入口失灵）。这主要取决于它是为了满足人日常生活所需还是服务于更高层次的需要。奢侈品的用益丧失属于一般的生活风险，而不能利用一般种类的消费品则属于可以赔偿的损害。联邦最高法院在其判决中一贯认为，受损的机动车的车主对于机动车维修期间的用益丧失也能得到赔偿。而在此期间车主是否使用替代车辆则无关紧要（BGHZ 40，345；161，154）。而对于机动车之外的其他交易物，联邦最高法院在根据交易观念判定用益丧失能否得到认可时显得非常保守。比如私用运动摩托艇的用益丧失就不能得到赔偿（BGH VersR 1984，142）。联邦最高法院民事大审判庭承认因暂时失去稳定性而不能居住的房屋的用益丧失属于损害（BGHZ 98，212）。但这不适用于纯粹经济损失。原告建造了第二栋豪华家庭房，由于其高昂的造价财政局在计算自住房屋的使用价值以征收相关税收时不是以市场租金为基数，而是以房屋的成本租金为基数。由于税收过高原告不得不忍痛将房屋转租他人而自己得不到使用。对于这种情况原告不能向未进行相关税收说明的税务咨询公司主张用益损失（BGH VersR 1994，823）。

从联邦最高法院民事大审判庭的区分标准可以看出，如果对租用的替用物的持续占有不是服务于被害人的"个人生计（eigenwirtschaftliche Lebenshaltung）"的，重新获得对物的使用所花费的金钱不能获得损害赔偿（如 LG Hildesheim NJW-RR 2007，152 在乐器维修期间业余音乐家租用乐器并偶尔登台演出）。即使某标准对于主张抽象的用益补偿来说是正确的，也不得将该标准不假思索地径自转用到实际花费的费用（的确定）上；判例法所确定的机动车用益的特殊例子（详见§35 V 3）不应成为随意扩展的基点。根据该司法实践，相对于一直都是租用乐器且能随意更换乐器的使用者而言，使用属于自己的乐器之人获得的保护更少。

四、目的落空损害（Frustrationsschaden）

如果人们支出了相关费用，但意外地发生而不能得到主观上已经得到许诺且客

670

671

672

观上得期待的履行，那么这也被视为损失和不利。比如由于侵权行为而不能享受到已经预订且付款了的旅游度假；以及吃完被污染的奶油点心感染上沙门氏菌从而不能参加私人音乐和运动课程。支出了费用却未达成目的是否能被视为损害？理论界对此问题的看法并不统一。可以确定的是，不能因为在支出和侵害之间不存在因果关联而否定目的落空损害。而问题正在于，是否能将支出的未达到目的之费用与损害画等号。

673 　　如果要承认目的落空损害（《德国民法典》第 284 条的价值判断——根据解释——是支持此观点的），那么无论如何都需要存在一个客观的重要时刻，该时刻使得从徒劳无功的支出得出的损害变得可控和可执行。否则就会造成责任义务的扩张，这是相当危险的。因此，只有在目的与责任基础之间存在联系时，未能获得某种可商业化的享受之损害才能得到认可。

674 　　比如为了健康而进行温泉疗养之人在度假疗养地步行时被车撞倒，那么他可以要求赔偿浪费掉了的度假疗养费用。被侵害的客体和度假费用支出的目的是一致的，即都是身体和健康。尽管如此，联邦最高法院在其判决中（BGHZ 86，212）还是否定了该项赔偿请求权，而只允许在计算痛苦抚慰金时对该事实进行考虑，即被害人由于加害行为不能享受到度假和疗养。如果因为侵害其他法益而导致不能享受到乐趣，比如因为汽车被毁而使得度假泡汤，那么不产生损害赔偿义务。联邦最高法院的一个判决（BGHZ 55，146）就是很好的例子：狩猎权利人因事故受伤而整整一年不能参加狩猎。他要求赔偿狩猎、租金、狩猎税、保险及猎区看护等费用的诉讼请求被驳回。从交易往来中人们的一般观点来看不存在损害，因为这里涉及的只是对可长期支配的物品使用的（暂时）中断。事实上身体受伤和狩猎活动之间没有关联。第二栋奢华家庭房的建造者也是如此。建造者不能居住进去，因为财政局计税时依据的不是市场租金，而是高得多的成本租金。建造者起诉税务咨询公司，因为该公司未告诉他关于所谓的自住奢华二房的所得税问题。建造人只能将房子租出去而不能自己住进来。联邦最高法院认为，建造者不能因为未能享受到第二栋房屋而主张用益损失。如果被害人将空闲时间用来清算损失情况从而未得到休闲，那么这里的辛劳不能被视为损害（BGHZ 127，351）。

五、市场价值和情感利益

675 　　市场价值和情感利益是富有弹性的“损害”概念的两个顶点。市场价值的概念来自于税法上的《资产评估法》第 9 条的规定。在该条第 2 款对市场价值进行了定义。它指的是在一般商业交往中根据商品的特性而在出让中可获得的价格。除了非同寻常的或者特殊的人际关系之外的其他所有影响价格的因素都应该考虑在内。民事司法有时也会涉及市场价值（BGH VersR 1975，753；VersR 1981，772）。市场价值有时也会和特定的商业阶段有关，比如市场商业价值（参见诸如 BGH NJW-RR 2003，1344）。市场价值相当于出让价值（BGHZ 14，368（376）；BGH NJW 1991，900）。对于不会考虑出让的物品由于缺乏市场而没有交易价值，不会有市场价值。有时联邦最高法院侵权法审判庭不正确且莫名其妙地将"市场价格（Marktpreis）"和"被毁财产的客观的市场价值（objektiver gemeiner Wert）"区别开来（BGH NJW 1970，1411），在另外一个案件中以"客观的市场交易价值（objektiver gemeiner Verkehrswert）"为基础（BGH VersR 1972，460）。损害赔偿法理论界对该领域内的混乱同样难辞其咎，因为他们不关注"市场价值"的立法定义，时而将其理解为重置价值（Wiederbeschaffungswert），时而将其理解为出让价格（Verkaufspreis）。司法对这个问题也没有投以太多的关注。偏离《资产评估法》第9条的理解只是模糊地指出，据此进行的价值评估将被害人的主观利益与"客观"形式的损害相对照，并且涉及的应该是最低损害（参见 Lange/Schiemann：Schadenssatz，3. Aufl. 2003，§ 6 I）。

情感利益是指不被交易往来中人们的一般观念支持的个人的主观的价值评估。通过这种方式，不具有价值的纪念物能获得重大的个人价值。情感利益由于不存在换算要素不能要求以金钱的形式进行赔偿。如果可能且情况允许（参见《德国民法典》第 251 条第 2 款），当然可以要求回复原状，比如提供相关物品。 *676*

六、损害计算的辅助方法：许可类比[①]、返还违法所得

损害可以表现为丧失的具体的财产收益。我们称之为所失利益（entgangener Gewinn）：《德国民法典》第 252 条。尽管有《德国民事诉讼法》第 287 条但要查明所失利益依然是异常困难的。对于侵犯知识产权，司法发展出了两个计算最低损害的辅助方法：一是许可类比，即根据假定的许可损害来进行类比；二是返还违法所得。未经许可而使用他人受保护的权利的侵权人不应该比购买了授权许可并支付许可费的合法被许可人处于更好的境地。加害人也不能以这样的诡辩来自我开脱，即欲独占市场的权利人是不会将许可授予他人的。大家有时会尝试将这两种方法运用到其他权利基础（Rechtsgrundlage）上去。经 2008 年 7 月 7 日法律（BGBI I. S. 1191）转化的欧盟 2004/48/EG 号《知识产权实施制令》着重指出了损害赔偿法上的特征。与之相应，《专利法》第 139 条第 2 款第 2 句和第 3 句规定，在计算损害赔偿时可考虑侵权人所获得的利益，损害可以以假设侵权人获得使用许可应该缴纳的合理费用为基础来进行计算（同样还有《实用新型法》（GebrMG）第 24 条 *677*

---

① 损害赔偿的一种形式，适用于知识产权法中，特别是著作权法领域。如《著作权法》（UrhG）第 97 条第 2 款第 3 句：赔偿请求权数额可以依据专利侵权人取得许可需要支付的许可费用来计算。——译者注

第 2 款，《商标法》（MarkenG）第 14 条第 6 款，《著作权法》（UrhG）第 97 条第 2
款，《外观设计法》（GeschmMG）第 42 条第 2 款，《物种保护法》（SortSchG）第
37 条第 2 款）。返还非法所得依然可以成为不当得利请求权的内容。

七、防御性损害（Abwehrschaden）

678　　　受害者通常都会积极采取措施防止损害的发生或者至少将损害减到最小。音乐
表演和机械复制权协会（GEMA）建立了自己的监控系统以发现未经授权的音乐表
演。（为了防盗）超市会安装监控器，培训售货员为防盗专员并对抓到盗窃人员给
予奖励。运输企业会预备一到二辆载重汽车以备发生事故时替用所需。在化工厂发
生事故后，胆战心惊的周边居民安装闭气性的大门，以免将来发生事故时再受其害
（可见 BGH NJW 1992，1043）。这里就提出了一个法律问题，这些预防性的防卫费
用能否全部或者部分地作为损害赔偿得到补偿。

679　　　根据通说，只有为了具体地防御直接的、迫在眉睫的侵害而采取的措施才能被
视为损害。照此，超市可要求支付捉贼奖金（每抓到一个查实的店内行窃奖励 50
德国马克），但不能主张监控设备费用（因为不是具体的）和处理盗窃事件的费用
（因为不属于预防）（BGHZ 75，230）。闭气门不能归为上次事故的损害遗留问题
（Schadensposten）；联邦最高法院也否定了《德国民法典》第 683 条、第 670 条的
请求权（缺乏为他人管理事务的要件）（BGH NJW 1992，1043）。该案件尤其明确
了法律适用问题：将必要的措施与因对危险情况的错误估计和主观上的不安想法而
采取的行为区别开来。一般的生活风险或者企业风险也很容易就转嫁给第三人。运
输企业的应急费用现在不再被视为预防损害（BGHZ 32，284），而是部分的在计算
用益损失时得到补偿。然后联邦最高法院从形式上出发否定了在设置应急车辆时的
用益损害（BGHZ 78，812）。因此车主可以一如既往地对设置应急车辆的费用要求
赔偿，即使车辆的设置不是出于他人引起的事故的考虑。

680　　　一个特殊的问题是音乐表演和机械复制权协会（GEMA）的双倍费用问题。联
邦最高法院版权特别审判庭在其一贯的司法中允许 GEMA 向查实的无权使用人主
张双倍费用（BGHZ 59，286）。对于其他权利侵害则不能适用这一规则（BGHZ
97，37 -电影音乐）。侵权人不能只支付假设他在主办活动时申报并支付费用的授权
使用费，因为这样其支付的费用会减去监督成本，从而会损害监管机构的利益。这
里涉及的是总括地正确计算《著作权法》第 97 条第 2 款第 2 句意义上的"合理报
酬"的问题。

第三十七章
非物质损害

一、原则

1. 财产损害

损害（赔偿）法延续了人与财产两种法益的区别。损害包括财产损害（物质损 *681*
害）与非财产损害（非物质损害）两种形式。所谓财产损害是指某人丧失具有可转
让性和可替代性的物质法益。财产损害包括物的损害以及为恢复受损的健康以及身
体而支出的费用。财产损害或者以发生在个人财产上直接的、首要的财产损害的形
式表现出来，如迟延损害以及因接受错误金融咨询而导致的后果；或者以因侵害人
身或财产法益所引起的间接损害的形式表现出来，比如机动车受损后的维修费用以
及身体受到伤害后为恢复劳动能力支出的费用。

2. 非财产损害

非财产损害囊括了所有涉及人但与财产无关的损失。受损害人所遭受的所有未 *682*
导致财产价值减损、未引发费用支出、未消减经济收益的不利益均属非财产损害。
也就是对不能用金钱来度量的个人生活价值内容的伤害，比如以言论损害他人声
誉、对一般人格权的侵害以及对生活感受的其他消极影响等。这类损害的典型特征
是原则上不能以金钱来进行替代：断腿所带来的痛苦与支付 2 000 欧元之间不可等
量齐观。

二、非财产损害的回复原状

对于损害适用《德国民法典》第 249 条确立的原则：损害赔偿义务人须恢复至 *683*

假如没发生引起赔偿义务的情况时的状态。这也被称为回复原状。在回复原状的问题上，财产损害与非财产损害并无不同。对于受损之物应当进行维修或者请他人维修；对于致使他人身体受伤的，应当承担康复费用。很多时候非财产损害的回复原状也是可行的。可以这么说，在诸如人格权损害等很多形式的非物质性损害中，应优先考虑消除对人的损害，以及恢复到人原来的状态：撤回有损名誉的不实陈述，交出和销毁未经许可制作的私人信件复印件和会谈的秘密录音，以及通过整形手术消除对容貌造成的损害均属此类。

684　　　　人身损害的回复原状之路曾异常曲折。帝国法院民事裁判集（RGZ 45，170）：被告违反俾斯麦子女的意愿，在俾斯麦去世后的夜晚闯入福里德里斯鲁①陈放遗体的房间，利用相机的闪光灯拍了一张遗体及周围房间的照片。依当时的（大陆）普通法②（gemeines Recht），交出和销毁照片的请求权并不属于损害赔偿，只能以不当得利为依据。该事件的结果是《艺术及摄影著作权法》（KUG）第 22 条及以下规定了保护肖像的内容。

三、回复原状与金钱赔偿

685　　　　在两类特别重要的案件类型中，受害人享有主张回复原状或金钱赔偿的选择权。根据《德国民法典》第 249 条第 2 句，因伤害人或者损坏物而须赔偿损害的，债权人可以请求必要的金额，以代替请求回复原状。债权人有权主张回复原状的费用，但是并不限于这一请求权。当存在身体损害时，债权人尚可坚持主张法定的回复原状的损害赔偿。债权人的选择权并非建立在别人要求他进行选择的基础上，而是属于债权人的选择权，即可以自由选择自己喜欢的赔偿方式。

686　　　　根据《德国民法典》第 253 条第 1 款，只有在法律规定的情况下，才能因非财产损害而请求金钱赔偿。立法者通过该规定确立了非财产损害金钱赔偿的枚举原则。这些法定情形首先是《德国民法典》第 253 条第 2 款规定的痛苦抚慰金。根据司法实践，对《德国民法典》第 253 条第 1 款的枚举性原则应作如下合宪解释：特别严重地侵害一般人格权的情况同样应承担金钱赔偿的责任（BGHZ 35，363；BVerfGE 34，269）。2002 年《损害赔偿法修正法》（SchÄndG）并未将侵害人格权的赔偿纳入有关痛苦抚慰金的一般规定之中。之所以这样做主要是因为痛苦抚慰金与因侵害人格权而产生的金钱赔偿之间存在概念上的差别，而不是有意将其剔除在外。

---

①　位于俾斯麦的家乡。——译者注

②　区别于 common law，虽然德语意思也是 gemeines Recht（普通法）。Gemeines Recht 指中世纪、近代和现代德语区的罗马-天主教法，该法与从 11 世纪开始在整个欧洲范围内的法教义类似。在德国一些地区，该法一直适用到 1900 年《德国民法典》生效。——译者注

第三十八章 ◀

痛苦抚慰金：责任基础

一、起源与名称

对人身伤害中的非物质损害予以金钱上的公正补偿的规定（《德国民法典》第 687
253 条第 2 款，2002 年前为《德国民法典》第 847 条）可以追溯到很多根源。早在
《加洛林纳刑法典》第 20 条、第 21 条就规定了受非法刑讯逼供者得请求痛苦抚慰
金。《普鲁士一般邦法》将这一请求权的范围限于农民和普通市民阶层。根据《德
国刑法典》第 231 条，刑事法官判决的罚金可以把非物质性损害也考虑在内，在
《德国民法典》第 253 条第 1 款中也给予了民事法官相同的权力。

痛苦抚慰金这一名称起源于非法刑讯逼供，并在当时就已经这样称呼了。瑞士
法上不称痛苦抚慰金而称其为安抚（die Genugtuung），而德国对于"安抚"一词
是在狭义上使用的，即通过痛苦抚慰金（das Schmerzensgeld）额外给予的补偿。

二、构成要件方面的要求（Tatbestandserfordernisse）

1. 法律规定

根据《德国民法典》第 253 条第 2 款，仅在属于侵害身体、健康、性的自我决 688
定以及剥夺自由的情况下，才给予痛苦抚慰金。性的自我决定主要包括《德国刑法
典》第 174 条及以下（例如 OLG Köln VersR 2003，652）以及《德国民法典》第
825 条规定的情形。由此，法益侵犯引起的侵权法具体责任基础的侵权法体系延伸
到了法律后果方面。

从《德国民法典》原第 847 条的表述以及其在"侵权行为"章节中的位置得
出，过去只有当侵权行为作为责任基础时才能产生痛苦抚慰金（BGHZ 52，115；

无因管理不产生痛苦抚慰金）。在 2002 年损害赔偿法修正之后，基于合同、特别法的危险责任、牺牲责任以及无因管理请求权的非物质性损害均可请求金钱补偿。刑事案件的外国嫌疑人因为要在其祖国举行婚礼而不能参加已经确定好日期的审判，但他的辩护人忘了申请更改审判日期，也忘了告诉他如果错过审判将面临怎样的被逮捕的风险，辩护人应对其委托人拘留待审赔付痛苦抚慰金（参见 KG NJW 2005，1284，也属于《德国民法典》第 823 条第 1 款涉及的剥夺自由的情况）。购买了全价旅行的旅行者在预定的酒店沙门氏菌中毒，则可以向旅行的组织者主张痛苦抚慰金（参见 EuGH NJW 2002，1255 - Leitner/TUI，对指令 90/314/EWG 有疑义的解释见：Tonner/Lindner NJW 2002，1475 u. Cornides ÖJZ 2002，821）。在劳动法中，当雇主未防范聚众滋事或者性骚扰时，可承担合同责任。当购买的食物或者饮料中有令人恶心的异物时应予补偿（参见 Hagen v. Coca Cola Bottling 804 So 2nd. 1234（2001）：因在喝了一半的瓶子中发现用过的安全套而精神抑郁）。此处所谓的身体、健康和自由等法益在理解上与《德国民法典》第 823 条第 1 款中的规定并无二致。

689　　　此处有意未将生命列举出来：致人死亡本身并不引起痛苦抚慰金请求权。然而，越来越多的欧洲国家承认，当亲属被直接杀害时，其最近的亲属得请求对这一损失给予痛苦抚慰金（详见下面第三十九章：二、2）。受害人在受伤之后马上失去意识，并在几小时后死亡，且在这段时间内从未恢复意识，也属于可以主张痛苦抚慰金的情形（OLG Stuttgart VersR 1994，736）。

2. 构成要件的扩张：一般人格权

690　　　世纪之交的《德国民法典》立法者有意不将名誉上升为一种需要保护的法益。在基本法的影响下，司法将一般人格权视同《德国民法典》第 831 条第 1 款意义上的"其他权利"（最早是 BGHZ 13，334）。此外，通过法律续造，严重侵害一般人格权和重大过错侵犯一般人格权被归入了修订前《德国民法典》第 847 条（即修订后的第 253 条第 2 款）枚举的法益之列（BGHZ 35，363）。强制性规范的理由在于，必须对侵犯一般人格权的情况施以可感知的制裁。对于严重侵害名誉权的情况，刑法上的保护往往并不充分。侵害一般人格权但又不施以私法上的制裁与《德国基本法》第 1 条及第 2 条的精神不符。但对一般人格权微不足道的侵害并不引发金钱赔付。

691　　　对人格权侵害的金钱赔偿在三个著名案例中得到了确立：男骑士案、人参案和索拉娅案。

　　　男骑士案（BGHZ 26，349）：一啤酒酿造商作为男骑士参与了一项马上竞赛。他端坐马上的照片未经允许被用在了名叫"Okasa"的保健药的广告上。据称该保健药具有壮阳功能。州高等法院根据许可类比判决侵权人支付损害赔偿。联邦最高法院从痛苦抚慰金的角度维持了州高等法院的判决。人参案（BGHZ 35，362）：一名来自奥地利格拉茨市的国际法学者从朝鲜带回了一些人参。后来在一篇科普文章中以及更后来在广告中将其称为著名的人参专家。他要求支付金钱赔偿的诉讼请求得到了法院的支持，因为存在严重的人格权侵害。索拉娅案（BVerfGE 34，269）：在《新报》上发表了一篇以"索拉娅：沙阿①不再给我写信了"为题的纯粹杜撰的独家专访。普通法院判决应当支付金钱赔偿。联邦宪法法院认为所谓的"男骑士说"（即联邦法院在该案——"男骑士案"判决中所提出的观点）是合宪的。联邦宪法法院同时认为：法院的法律续造是无可厚非的；新闻自由在此并未受到过度的限制，对非物质损害的赔偿也不是宪法意义上的刑罚。

在《德国民法典》第253条第2款中对一般人格权只字未提的原因在于：2002   *692*
年《损害赔偿改革法》的立法者意识到，没有能力为此制定一条囊括所有情况的规则。但立法理由表明，立法者希望维持金钱赔偿的实践做法（BT-Drs. 14/7752，24）。在《联邦数据保护法》（BDSG）第8条第2款中对其做了部分规定：严重侵犯人格权的，对于非物质损害应当支付合理的金钱赔偿。金钱赔偿与痛苦抚慰金之间的区别得到正确的强调：通过撤回不当言论、发表更正言论或者签署不再侵权的声明等方式进行的回复原状永远具有优先性；对于还不能得到赔偿的非物质损害才能给予金钱赔偿请求权。对于判给的赔偿总额也不能进行相互比对，因为这在忽视它们的功能差异比如对侵害性的媒体出版物的预防功能时，会给人以这样的印象：即司法实践不太关注对身体的侵害而更重视对危言耸听的报道的受害人的保护。

3. 对人的保护范围的扩张：惊吓损害

如果因为精神上的影响而导致健康受到伤害的，可请求痛苦抚慰金。精神上的   *693*
影响可以由亲眼看到自己的亲人受到伤害或者被突然告知亲人受伤的消息引起。为了更押韵我们称之为"惊吓损害"而非"惊吓伤害"。一般认为惊吓损害被《德国民法典》第823条第1款"健康损害"所保护的法益所涵盖。

惊吓损害的功能还有，使得致人直接死亡的行为人需对死者的遗族负有支付金   *694*
钱赔偿的义务。根据德国法，死者的近亲属不能因为死者的生命受到侵害而享有痛苦抚慰金请求权。但是司法纠正了立法带来的不公，认为这里涉及的不是第三人的损害不能得到赔偿的问题，而是死者的近亲属自身受到了伤害。行为人的侵权行为不仅造成了他人的死亡，还通过该死亡进一步对死者的近亲属的健康造成了伤害。

惊吓损害的原因是来自心理上的，是经由亲属的精神上的易受惊吓性造成的   *695*
（OLG Freiburg JZ 1953，704：母亲看到了孩子的垂死挣扎）。根据一贯的司法实践，只有近亲属在得到噩耗后遭受的负面情绪要高于普通的痛苦以及该噩耗对近亲

---

① 伊朗国王。——译者注

属的打击程度要高于预期，才能主张惊吓损害（BGHZ 56，163；科隆高等法院用亲属这一概念来概括生活伴侣，见：VersR 2011，674（675））。要求存在病理学上明确的健康损害，其严重程度要高于一般的精神上的痛苦（OLG Celle MDR 2008，1101；OLG Naumburg NJW-RR 2005，900）。根据惊吓损害的司法实践，只有相对较少的一部分人群才能因此得到保护，即由于其自身精神上的特殊性（精神的脆弱）因而对失去亲人带来的惊吓伤害尤为敏感之人。这也符合司法的立场，即加害人应如他当初遇见受害人时的受害人状况那样来对待受害者。显然是希望将责任限制在少数几种案例情况中。此点在将该司法判决扩展适用到亲属的胎儿所遭受的损害上体现得尤为明显。在这种情况下也要求，事故受害者是孕妇的近亲属且胎儿因此受到的伤害是严重和持续性的（BGHZ 93，351）。在不能获得痛苦抚慰金赔偿的非法致人死亡的情形中，由于对实质性保护范围的限制，只有少数情况才能获得惊吓损害赔偿。联邦法院拒绝将"惊吓损害"扩展至狗死亡后该宠物主人的"惊吓损害"（BGH NJW 2012，1730 Rn. 8f.）。为了对死亡者的共同责任进行折算（见边码709）。奥地利的判决赞成扩展至极其严重侵权情形上（在紧急生命危险或持续护理需要的具体危险中）（OGH JB1. 2012，593（596））。

696　　诸如救援人员和警察等第三人由于看到恐怖的事故现场或者事故后果而产生的精神上的后遗症也属于对健康的伤害。联邦最高法院认为，只有在某种程度上属于被迫参与事故的直接事故参与者才能获得赔偿，而对于不是事故目击证人的后来者，则否认其受到了精神伤害（BGH NJW 2007，2764：逆向行驶的事故受害人被火烧死）。

三、痛苦抚慰金的功能

根据联邦最高法院民事大审判庭的判决（BGHZ 18，149），痛苦抚慰金有两项功能：补偿功能（Ausgleichsfunktion）和安抚功能（Genugtuungsfunktion）。

1. 补偿功能

697　　痛苦抚慰金具有回复原状的性质，并因此在物质损害场合与补偿（Kompensation）联系起来。在补偿功能中，对于不能以其他方式得到赔偿的诸如痛苦、精神上的折磨、恐惧、毁容及职业或者婚姻前途的减损等非物质的负面影响通过支付痛苦抚慰金进行补偿。尤其在持续性损害或者精神损害中，补偿是在考量痛苦抚慰金时的一个非常重要的因素。因此，受害者能否感受到负面的影响以及是否因精神上的侵扰而不能感受到负面影响都是无关紧要的（BGHZ 120，1）。通过2002年的损害赔偿法修正对危险责任构成要件也规定了痛苦抚慰金的法律后果，由此强化了被害人需要得到补偿这一认识；在危险责任构成要件中，若安抚考量（die Genugtuungsüberlegung）是与责任基础而非理赔行为相关时，则安抚考量不能发挥任何作用。

2. 安抚功能

除了补偿功能外痛苦抚慰金还具有安抚功能（BGHZ 18，149）。"安抚（Genugtuung）"一词来源于瑞士法，和我们的"痛苦抚慰金"是同一概念。安抚意味着，受害人因为受到伤害而获得一笔金钱，但金钱并未达到补偿损害而应当给予的数额。仅仅是安抚的威慑就应当尽可能地阻碍损害的发生并发挥法律的事后预防和惩戒的作用。由公然的权利侵害引起的负面感受也应当得到平息。比如如果医生数日都未关注病人的人体组织上的检查结果，从而使得腹膜炎手术和第二次剖腹术后的拆线进行得太晚，那么给予的较高痛苦抚慰金在安抚功能中得到了体现（OLG Koblenz MedR 1994，405）。

698

3. 安抚的前提条件

因为安抚远损害而近惩罚，因而需要有特殊的前提条件存在。为了展开安抚功能，需要存在一个违法的和——在私法来说被视为例外——应受谴责的行为：必须存在故意或者根据客观个人理论（subjektive-individuelle Theorie）应受谴责的过失。在危险责任中，由于缺乏违法性和过错因而不会引起安抚：详言之，对于以侮辱引起的人格权伤害，安抚功能中的痛苦抚慰金也不应当由保险予以涵盖和赔付。

699

安抚功能会在故意或者过失行为以及因严重侵犯人格权尤其是由大众传媒引起的金钱赔偿中出现；此时它们构成报纸或者电视造成的重大人格权侵害的典型法律后果。对于故意的犯罪行为，如侵犯受害人的性自主决定权，刑事法庭的判决并不能减少安抚的需求（BGHZ 128，117（122）；NJW 1996，1591；对此存在争议，详见边码 724）。

4. 功能的不可区分性

通常情况下补偿功能和安抚功能在痛苦抚慰金请求权中并未得到区分就得到了实现：司法通常拒绝对功能进行分门别类，尤其是不会在赔偿总额中单列出来补偿功能和安抚功能各是多少（BGH VersR 1961，165）。但也不能否认，在普通交通事故中，补偿功能处于中心地位而在名誉保护诉讼中安抚功能占主导地位。虽然部分学者对司法对痛苦抚慰金的功能划分提出了批评，但就实践来看基本上得到了令人满意的结果。其使得考虑过错程度变为可能。

700

四、痛苦抚慰金请求权的可继承性

直到 1990 年，痛苦抚慰金请求权都是高度个人的，只有通过合同得到了承认或者处于诉讼未决状态时①才可以转让和继承。这样的限制性规定在实践中通常会

701

---

① 诉讼未决状态始于原告的起诉书，由法院送达被告。——译者注

导致这样的结果，即在重伤的时候有时会引起非常可怕的时间竞赛：被害人的监护人或者法定代理人会赶紧提起痛苦抚慰金诉讼并力争在原告死亡之前诉状能够到达加害人，因为这样就能产生诉讼未决状态，从而使得痛苦抚慰金可以让渡。后来大家认识到，实践中处于中心地位的补偿性赔偿并不要求具有高度的人身相关性。痛苦抚慰金请求权通常是普通受害人的唯一的或者至少是主要的请求权。因为物质损害由雇主、公务机关（即公务员的雇主）和社会保险承担并可向它们直接主张，所以通常被害人的诉讼主要是针对得不到赔偿的少数剩余物质损害和痛苦抚慰金提起的。因此，立法者取消了对痛苦抚慰金请求权高度人身性的限制性规定。痛苦抚慰金请求权自动获得可转让性和可继承性。痛苦抚慰金请求权自动归入遗产，不以被害人在生前表示出要主张痛苦抚慰金的意思为条件（BGH VersR 1995，353）。

702　　　　一名 17 岁的少女在被人连捅 11 刀后当场死亡，存在可继承的痛苦抚慰金请求权（LG Heilbronn MDR 1193：11000 德国马克）。对于被害人因身体受到伤害而当场死亡的，在衡量痛苦抚慰金时需要对非物质伤害进行整体考量，尤其是需要考虑伤害的类型和严重程度、被害人对伤害的感觉以及身体伤害和死亡之间的时间间隔。如根据个案的具体情况，如果人身伤害相对于立即发生的死亡来说不构成可区分的非物质伤害，而正是该伤害使得从公平的角度来看以金钱进行补偿成为必要，那么可以否定痛苦抚慰金请求权（BGHZ 138，388）。

五、劳动事故中无痛苦抚慰金

703　　　　《社会法典》第七卷第 106 条取消了受伤的雇员和学生针对雇主、同事或者同学的私法上的请求权而代之以法定事故保险的请求权（详见边码 772）。该请求权不包括痛苦抚慰金。将痛苦抚慰金请求权排除在外并不违反《德国基本法》（BVerfG NJW 1973，502；1995，1607；BGH VersR 2009，1265 Rn. 16），因为对受害者的劳动和学校事故保障是如此设置的，使得受害者可以放弃痛苦抚慰金请求权。只有在存在最严重的过错时受害者才能主张过度损害，而痛苦抚慰金可以包含在其中。要将被保险的学校事故与应给予痛苦抚慰金的非过失侵权行为区分开来并非易事。在联邦最高法院的一个判决中（BGH VersR 1992，854），一名 15 岁的学生在离开校车后击倒了一位同学。联邦最高法院认为这涉及的不是学校特别风险的实现问题，因此可以考虑痛苦抚慰金请求权。

704　　　　鉴于痛苦抚慰金的数额越来越高，出现了这样的疑虑：有权获得赔偿之人从事故保险中获得的好处是否大于责任特权带来的弊端？答案是肯定的，因为事故保险经营机构的偿付能力能够得到保障以及它自身在风险共同体中亦享有责任特权。

第三十九章

痛苦抚慰金：责任范围以及责任类型

一、痛苦抚慰金的范围

1. 突出公平的要素

《德国民法典》第 253 条第 2 款的"公平的金钱赔偿"是由一系列不同的要素决 705
定的。联邦最高法院的表述是"在个案中出现的所有情况"（BGHZ 18，149（154））。
首先要考虑的是精神上的折磨以及被损害的法益的层级。此外，致命的伤害、长年的
病痛、痛苦、毁容以及精神面貌上的改变也会决定痛苦抚慰金额度的高低。对高位截
瘫给予最高的金额是值得肯定的。除了考虑伤者的痛苦之外还要考虑加害人的个人要
素，比如加害人的过错以及过错程度。故意加害人当然要比过失加害人支付更多的痛
苦抚慰金。而过失加害人又要比承担危险责任的行为人支付更高的抚慰金。双方当事
人的经济关系也并非无关紧要（BGHZ 18，149，159；LG Dresden VersR 2011，641：
两个骑自行车的人撞在一起，加害人几乎没有经济能力）。富有的加害人更可能需要
支付痛苦抚慰金，而富有的被害人更可能得不到痛苦抚慰金。也要考虑强制责任保
险，因为它属于通过保险费而获得的财产并使得加害人的经济状况变得更加明朗。如
果被害人因为助产士的失误而丧失了知觉，那么她因为人格被毁而遭受到非物质损
害，该非物质损害得要求的不仅仅是象征性的赔偿（BGHZ 120，1）。

在普通的事故构成中通常都会出现如下要素：伤害的严重程度、住院时间、必 706
要的医疗措施的种类和数量、病患的持续时间、诸如瘸腿和视觉障碍等后遗症、对
诸如事故引起的关节炎等病情进一步恶化的担忧等。对于不能预见的将来可能出现
的恶化也可以在判决中对可能的痛苦抚慰金支付义务进行确定。

司法对加害人以及其责任义务保险公司的拖延给付行为施以相应的更高的痛苦 707
抚慰金（OLG Naumburg VersR 2004，1423；NJW-RR 2008，693；OLG Köln

NJW-RR 2002，962；OLG Nürnburg VersR 2007，1137；OLG Saarbrücken NJW 2011，933（936）；OLG Naumburg VersR 2011，1273（1275）；OLG Bremen NJW-RR 2012，92（93））。如果是伤者自己无端挑起的争斗，那么再给予其痛苦抚慰金就不公平了（OLG Frankfurt VersR 2001，650）。

2. 与有过错的计算

708　　根据《德国民法典》第 254 条，对于痛苦抚慰金请求权也要计算受害人的与有过错。受侵害之人负有如下不真正义务：采取所有交往上必要的措施以防止侵害的发生或者在侵害已经发生了的情况下把损失降到最低。《德国民法典》第 254 条属于公平法上的规则，因为当被害人自己对于损害负有与有过错时，该规则禁止向对方当事人要求支付全额赔偿。对于痛苦抚慰金请求权需要计算与有责任的，那么通常在公正规定的范围内计算与有责任。换句话说，一般情况下，在考虑到与有过错的基础上统一确定痛苦抚慰金，而不是先确定痛苦抚慰金再对与有责任部分予以扣除，尽管这样的计算方式在司法实践时有出现。如果在身体争斗中伤者与对方当事人共同挑起了争端，且在争斗过程中伤者有权进行正当防卫，那么即使不引入《德国民法典》第 254 条也会由于缺乏公正而不会给予伤者痛苦抚慰金（OLG Frankfurt/M. NJW 2000，1424）。即使加害人不能因受害人的特殊体质而免责，但是从公平的角度考虑如果受害人体质脆弱那么可适当降低痛苦抚慰金的数额。（BGH NJW 1997，455：先前在腰椎中植入了金属块，在交通事故中机动车轻微碰撞；BGH NJW 2012，2964 Rn. 8：精神脆弱）。

3. 死者的与有过错和惊吓损害

709　　也有可能死者出于过错或者危险也对自己的死亡共同负有责任。当死者已经存在的痛苦抚慰金请求权转移给他的继承人时，也必须计算死者的与有责任。《德国民法典》第 846 条对于死者亲属的扶养损害也作了相同的规定。不过对于死者近亲属的惊吓损害既不能直接适用也不能类推适用《德国民法典》第 846 条（BGHZ 56，168）。亲属并未例外地被允许主张第三人遭受的损害（Drittschaden），而是主张自己所遭受到的侵害。因此类推适用《德国民法典》第 846 条（比如 RGZ 157，12）所需要的法律类似这一要件并不成立，因为《德国民法典》第 846 条主要以受侵害之人和遭受损害之人的相互分立为基础。对于惊吓损害中死者与有责任的计算，联邦最高法院直接以《德国民法典》第 254 条为依据。不仅需要考虑死者自己的与有过错，还需要考虑受惊吓之人所属范围的影响因素（即死者与遭受惊吓之人的亲属关系）对惊吓损害造成的影响。这样就可以避免可能的追索请求权，即被安排承担了全部责任的加害人可以向死者的遗族追索，因为死者同样由于其自身的过错成为其家属遭受的惊吓损害的共同原因。存在工伤事故时，《社会法典》第七卷

第 104 条以下（参见边码 772）所规定的社会法上的责任优待不会延伸至亲属的惊吓损害（BGH VersR 2007，803）。

二、损害类型

1. 死亡

生命并未被列入《德国民法典》第 253 条第 2 款中的法益中去。根据现行法，死 **710**
亡本身并不产生痛苦抚慰金请求权。但对于死者在其受到伤害与死亡之间存在时间间隔的，可以成立非物质损害的赔偿请求权（比如：OLG Bremen NJW-RR 2012，858；故意危险的身体侵害，30 分钟的死亡恐惧）。该请求权成为死者的遗产转移给死者的继承权人。对死亡的恐惧以及对生命预期显著缩短的认识可以显著增加痛苦抚慰金。这样通过对身体和健康两项法益的保护也保护了以该两项法益为代表的生命。

其他国家在死者亲属的痛苦抚慰金的给予方面则规定得大方得多。在法国，死 **711**
者的遗族自己就享有请求权（dommage par ricochet für prèjudice d'affection，也有利于生活伴侣）；在美国，未亡人也享有请求权（由于错误的死亡而产生的一般损害赔偿）。其他规定了亲属痛苦抚慰金请求权的欧盟国家有英国（《致命事故法》A 编 section A Fatal Accidents Act）、瑞典和奥地利（OGH JBI. 2001，660：痛失 8 岁大的小孩，OGH JBI. 2003，118；JBI. 2004，111；JBI. 2004，176；ÖJZ 2005，798：强烈的兄妹感受共同体；OGH JBI. 2008，182. 扩展至极其严重的情形：OGH JB1. 2012，593（596））。在德国，人们试图通过惊吓损害来部分地达到同样的结果。联邦最高法院认为应当坚持惊吓损害与第三人损害的区分。这样也可以避免对悲痛伤害进行评估。

2. 对身体和健康的伤害

对身体伤害和健康伤害进行定义的方式与《德国民法典》第 823 条第 1 款所采 **712**
用的方式是相同的。破坏身体的完整性被视为对首列的法益的侵害。除了其他因素之外，痛苦抚慰金取决于伤害的严重程度以及持续时间和痊愈时间及痊愈机会。健康不仅包括身体机能的相互作用还包括精神机能的相互作用。正如精神上的痛苦诸如惊吓损害会导致痛苦抚慰金，中毒也会因为身体损害而引起痛苦抚慰金。对被传染如艾滋病毒或者狂犬病的忧虑也属于能引起痛苦抚慰金的精神上的不利益（OLG Augsburg Recht 1908，Nr. 2822）。因为出租屋中有石棉而担心以后会得与石棉相关的疾病。痛苦抚慰金不能延伸至这样引起的负面情绪（AA LG Dresden NJW 2011，3106（3107））。铁路公司被判决支付痛苦抚慰金，因为在乘坐城际特快时没有厕所可以使用（AG Köln NJW 2002，2253）；理发师也需支付痛苦抚慰金，因为顾客在做了长效波浪发型后头发出现断裂（AG Köln NJW-RR 2001，1675）或者因为染发失败（LG Berlin VersR 2004，1326），或者在腐蚀性拉直头发后的头发脱落（OLG Bremen NJW-RR 2012，92 [93]）。

3. 侵害自由

713 《德国民法典》第 253 条第 2 款为侵害人身行为自由以及性犯罪的情形提供了痛苦抚慰金救济。为了进行人身确认和酒精检查而将司机滞留在警察局一个半小时被认为属于轻微妨害而不能获得痛苦抚慰金（OLG Koblenz NJW 2000，963）。监禁或者过度地捆绑固定精神病人属于侵害其自由的行为。自由的意思决定并不在该范围内得到保护。或许在这里又必须回到严重侵犯一般人格权的限制性公式。

4. 医疗失误中的痛苦抚慰金

714 —医疗失误：治疗失误或者医疗失误是指治疗医生未遵守相关医疗标准。根据《德国民法典》第 823 条第 1 款，如果医生过错地损害了托付给他的病人的身体或者健康，那么就成立侵权行为。正如其他对身体或者健康的伤害一样，痛苦抚慰金取决于伤害的严重程度、和它相关的痛苦、医生的失误以及其过错程度。对于重大的医疗失误可能发生证明责任的倒置，这样可以使得病人更容易实现痛苦抚慰金请求权。千禧年以来，会带来终身后果的严重损害所获得的痛苦抚慰金得到了急剧的提升。继升到 50 万德国马克（当时欧元汇率 1.955 83）之后，时有 100 万德国马克的痛苦抚慰金出现（LG München VersR 2001，1124），后来获得该数额也并非少数。而随着欧元的引入，由于表面赔偿数字变得更小，数字的魔力使得赔偿数额变得越来越高。一马当先的是药品损害（Medizinschäden）（OLG Düsseldorf VersR 2001，1384：30 000 德国马克；OLG Naumburg VersR 2002，1295：643 000 德国马克；OLG Hamm VersR 2002，1163：500 000 欧元；OLG Bremen NJW-RR 2003，1255：250 000 欧元；OLG Hamm MDR 2003，1291：500 000 欧元；OLG Braunschweig VersR 2004，924：350 000 欧元；OLG Brandenburg VersR 2004，199：230 000 欧元加上每月 360 欧元的定期金；OLG Koblenz VersR 2005，1738：200 000 欧元；OLG Düsseldorf VersR 2007，534：300 000 欧元加上每月 300 欧元的定期金；OLG Nürnberg VerR 2009，71：300 000 欧元＋每个月 600 欧元的定期金；OLG Stuttgart VerR 2009，80：500 000 欧元；OLG Celle VerR 2009，500：500 000 欧元；OLG Jena VersR 2009，1676：600 000 欧元；OLG Koblenz VerR 2010，1452：350 000 欧元；OLG Naumburg VersR 2011，1273：400 000 欧元；KG NJW-RR 2012，920：500 000 欧元＋650 欧元定期金）。交通事故引起的后果中同类项严重损害的赔偿数额也达到了类似的高度（OLG Hamm VersR 2002，1164：50 000 德国马克；OLG Naumburg VersR 2003，332：600 000 德国马克加上每月

750 德国马克的定期金；LG Kiel VersR 2002，279：500 000 欧元加上每月 500 欧元的定期金）。事实上通过这样高数额的赔偿，受害者亲属精神上的护理负担也得到了补偿。除此之外，护理所产生的额外需要也作为物质损害而得到赔偿（参见《德国民法典》第 843 条）。

　　安抚功能只在存在严重过错时才发生。当医生公然藐视患者的权利或者在医学上 715 不具有适应征的干预中存在明显失误就属于这种情况（OLG Düsseldorf VersR 1987，572）。医生数日都不关注病人的人体组织学检查结果，而该结果对于关键诊断至关重要，因此延误了将病人送到大学附属医院，从而延误了必需的后续手术，那么医生就存在需要为之支付更高金额的痛苦抚慰金的过错（OLG Koblenz MedR 1994，405）。

　　一违反告知义务：应当通过说明告知病人治疗如何进行以及可能存在的风险。 716 医疗手术本身是对病人身体完整性的伤害，而告知是取得病人对该伤害同意的前提条件，同时告知也是要顾客承担手术风险的必要条件。如果没有作出说明以及没有取得病人的同意，治疗对病人造成了损害，那么医生因违反告知义务而承担责任。学界少数观点认为，这里只是侵害人格权，不产生物质请求权，只产生痛苦抚慰金请求权，且痛苦抚慰金主要是在安抚功能中因为侵害支配自由而得到保障的。但对于所谓的过度告知，即通过特别的悲观描述使得病人产生了恐惧，也可能因为健康伤害而产生痛苦抚慰金。

　　一般说来，坏的治疗结果以及告知义务的违反中的痛苦抚慰金的数额应和医疗 717 失误一样高。只不过这里痛苦抚慰金的高低完全取决于过错的程度。因为过错而未及时撤回对重大疾病的诊断也会因为给病人带来的恐惧而产生痛苦抚慰金请求权：一位女病人在 1957 年被告知患有骨肉瘤，虽然不久后就查明了并未得此疾病，但直到 1980 年才撤回诊断（OLG Karlsruhe VersR 1988，1134）。

5. 人格权侵犯中的"痛苦抚慰金"

　　因为《德国民法典》第 823 条以及第 253 条第 2 款都未将对名誉的侵害列为痛 718 苦抚慰金的支付对象，所以只有适用基本法才将一般人格权视为其他权利。因为《德国民法典》第 253 条第 2 款以及旧的《德国民法典》第 847 条都只穷举了有限的法益，所以（法院）通过目的限缩的方式打破了可以给予痛苦抚慰金的法益的封闭式列举，并通过合宪性解释将一般人格权纳入其中（BGHZ 35，363；BVerfGE 34，269）。如今，联邦最高法院通过术语使用上的重大转折，即使用"金钱赔偿（Geldentschädigung）"这一术语，抛弃了对《德国民法典》第 253 条第 2 款以及旧《德国民法典》第 847 条的类推适用，而强调该法律后果扩展对《德国基本法》第 1 条和第 2 条保护的回归，并强调与自身痛苦抚慰金的区别；并且对于金钱赔偿来说对受害人安抚的观点居于首要位置（BGHZ 128，1（15）-Caroline v. Monaco；NJW 1996，984；同样 BVerfG NJW 2000，2187）。同时在衡量赔偿数额的时候应强调对媒体企业的预防功能，以防止无所顾忌的不法人格权廉价出售得不到惩戒。此外，在衡量赔偿数额时还要考虑增加发行数量而追逐到的更高的利润，不过不得将该损害赔偿请求权变为被侵权人与媒体企业之间的（因侵权而获得的）利润分成（BGH NJW 1996，984 - Caroline v. Monaco II；BVerfG NJW 2000，2184 认可该司法判决）。在大游行中警察暴力实施的违法剥夺自由行为亦可被赋予金钱赔偿上的保障（BVerfG VersR 2010，820 Rn. 23）。

719 　　为了不对细小的侵害，尤其是还未扩散到大众传媒的侵害都施以痛苦抚慰金，司法要求侵害或者过错严重到需要进行安抚的程度（BGHZ 35，363；161，33 [37]）。涉及的必须是生者的人格权，而对死者名誉的侵害不足以产生痛苦抚慰金（BGH NJW 1974，1351）。必须存在严重的或者有重大过错的对人格权的侵害。而对过世名人的人格权的商业性利用则属于对可继承的一般人格权的财产价值构成部分的侵害（BGH NJW 2000，2195 - Marlene Dietrich；亦见 NJW 2000，2201 - Blauer Engel）。

720 　　联邦最高法院在其判决（BGHZ 35，369）中承认，将痛苦抚慰金限定在"严重行为"中是来源于瑞士法的做法。瑞士法律规定（Art. 45 Schweiz OR），是否给予痛苦抚慰金取决于"侵害以及过错特别严重因此给予痛苦抚慰金是合理的"。在联邦最高法院的一判决要旨中（BGHZ 35，363）变成了"侵害或者过错的严重"。"以及"变成了"或者"。联邦宪法法院认为该判决合宪，但其出发点是"要求存在对人格权范围的重大侵害以及重大过错"（BVerfGE 34，286；新的缺陷 BVersG（Kammer），VersR 2010，820 Rn. 21），尽管存在一系列的误解，联邦最高法院的"或者"解决方案仍然是正确的。或者是对人格权的严重侵害，或者是对人格权的轻微伤害但是该伤害源于特别重大的过错时，都需要支付痛苦抚慰金。

721 　　将海员的照片错误地冠以"因双重谋杀而终身监禁"的标题就属于对人格权的重大侵害（BGH LM § 823 [Ah] Nr. 16）。未做调查就在《星报》上指责法院院长摸了某职员的屁股，那么就存在有重大过错的侵害。为了挽救被害人的性命，警察在调查程序中恐吓扣留人质者、勒索者以及谋杀者，声称如果不予配合将对其进行刑讯逼供，则不属于对他们的严重侵害（OLG Frankfurt NJW 2007，2494（2497））。

三、物质损害兜底功能（Auffangfunktion）中的痛苦抚慰金

722 　　有时物质损害，尤其是通过差异说（即通过侵权行为发生前后财产状况的对比）进行计算的物质损害并不能得到查实。也有可能出现这种情况，被害人所遭受的损害介于物质损害和非物质损害之间。司法偏向于在非物质损害的赔偿范围内进行补偿。过去，越来越多地认为对于使得他人婚姻前景变得暗淡的应当给予痛苦抚慰金。现在，事业前景的暗淡起的作用更大，比如事业上希望成为直升机驾驶员的

愿望不能得到实现（OLG Köln VersR 1992，714）。对于因为身体受伤而浪费掉了度假的，因为担心使假乐趣商业化，联邦最高法院也没有判决给予物质赔偿。但联邦最高法院允许在衡量痛苦抚慰金时，度假泡汤是给予更高赔偿金额的一个考虑因素（BGHZ 86，212）。

在损害介于物质损害和非物质损害之间的，司法更愿意将其归为非物质损害的　*723*
原因在于，这样更能走到公平法上去。这样法院能够将案件的所有情况都考虑进去，在必要时可以给予比有据可查的物质损害少得多的赔偿数额。

四、因刑事判决或追索权而对安抚的减损

在安抚功能中，如果预防和惩罚是痛苦抚慰金的优先目标，那么这些目标可能　*724*
会受到并行惩罚措施的影响。行为人可能被施以刑事处罚（见边码 699）、纪律措施或者面临保险机构提起的高额追索。如果其他惩罚措施具有同样的功能，那么它们就会相互影响。比如在进行后一个惩罚时，需要考虑到以前已经实施了的惩罚，或者前一个惩罚虽然还没实施不过能够确定肯定会给予的。对同一个行为已经施以了刑事处罚的，那么就不能给予全额的安抚功能（OLG Celle JZ 1970，548）。这样可以避免将安抚功能上升为刑事处罚。更确切地说是惩罚的总量不能过度。近来，将安抚与可能的刑事判决连在一起被视为是"错误"的（BGH VersR 1995，351）。其原因在于，痛苦抚慰金并非私人刑罚，而是以补偿损害为目的。如果上升为私人刑罚那么根本就不是安抚了。

很难论证的是，当低收入的加害人面临被害人的疾病保险公司的高额追索请求　*725*
权时的安抚减损问题（OLG Köln VersR 1992，330）。疾病保险公司为了恢复被害人的健康而支付的费用而进行的追索涉及的是物质损害。低收入的加害人虽然会因为追索面临重大的财务负担，但这绝不包含与安抚平行的功能。因此只有在例外的情况下，将会发生的追索才会引起对安抚的减损。

五、对将来的非物质损害的赔偿

如果伤害的未来后果不能得到确切的估算，那么在判决中就要对将来损害的赔　*726*
偿进行确定。这也适用于非物质损害后果。即使未来不确定的非物质损害亦可预见性地纳入有关痛苦抚慰金给付之诉的判决之中（BGH NJW-RR 2006，712，Rn. 7：痛苦抚慰金应包含可预见的未来的发展趋势的整体原则）。对于客观上不能预见的后续结果的发生则不适用这样的规则。对于伤害未来发展的影响可进行事后的清算；首次判决的实体上的法律约束力（《德国民事诉讼法》第 322 条）并不排除作出这样的事后清算。

第四十章

痛苦抚慰金：一次性赔付总额和定期金

一、一次性赔付总额和定期金

727　　对于非物质损害的"公平的金钱赔偿"通常会判决给予一次性金钱数额。一次性赔付总额是痛苦抚慰金的常态。一次性赔付总额尤其适用于无长期后果的伤害以及伤害虽然具有长期后果，但其未来影响是可预见的情形。生活在德国的美国人并不能因为美国的痛苦抚慰金水平更高而要求增加痛苦抚慰金（OLG Koblenz NJW-RR 2002，1030）。如果非物质损害的将来发展并不能得到确定，那么除了判决支付一次性赔付总额外还可以在判决中确定未来的非物质损害赔偿义务。

728　　定期支付形式的痛苦抚慰金，即痛苦抚慰金定期金很早就为帝国法院所承认。根据当今的司法，当一次性金钱赔付不足以满足补偿利益时，在给予一次性金钱赔付的同时通常也会判决支付定期金。对于特别严重的长期损害，如截瘫及大腿截肢，以及由于事故后果摇摆不定而很难预见的，通常会给予痛苦抚慰金定期金。通常定期金的支付时间是直到被害人死亡，但当定期金还不能最终确定时，也可以将其限定为一定的时间段。定期金通常与法院作出的对未来的非物质损害也应当支付痛苦抚慰金的判决相关。定期金的认定以原告的相应诉讼请求为前提（BGH NJW 1998，3411 对此谨慎地提倡）。根据《德国民事诉讼法》第 323 条，当相关关系发生重大变化时可以对痛苦抚慰金定期金予以调整。即使此前不能判决给予"与变化的情况相适应的"定期金，当生活消费指数上涨时，也应该提高痛苦抚慰金定期金（BGH NJW 2007，2475）。

二、合理的赔偿：与其他判决的对比以及通货膨胀

1. 痛苦抚慰金对照表

为了防止合理的金钱赔偿沦为纯粹的恣意，从实践中发展出，法院在确定痛苦 *729*
抚慰金赔偿总额时应参考其他法院的类似判决。法院在判决时需要观察，对于相似
类型及相似严重程度的伤害其他法院判决给付的赔偿数额是多少。对此通货膨胀问
题也起着十分重要的作用。20 年或者 30 年前判决的痛苦抚慰金数额对现在而言不
具有参考价值。而对于 5 年以前的判决，通常需要加上不同数额的通货膨胀附加
费。这样的通货膨胀实践应当得到支持和鼓励。因为这有助于以如今的货币价值为
基础对被害人遭受的非物质痛苦进行补偿。

通过检阅公布的案例以及其发展趋势可以看出，原则上痛苦抚慰金由伤害的类 *730*
型、严重程度及持续时间所决定。受害人的年龄与职业对此也起着一定的作用。痛
苦抚慰金的类型化有时会让人联想到中世纪的赔偿表，在该表中对于不同的受到伤
害的器官规定了不同的赔偿数额。想要避免公正法范围内的完全恣意（"法官司法：
Kadijustiz"），那么就不可能放弃类型化及相互对比。

2. 明确的诉讼请求

将公平的理念转化为具体的金钱数额不仅给法院带来难题，也给诉讼当事人带 *731*
来了困难：原告必须提出明确的诉讼请求（《德国民事诉讼法》第 253 条第 2 款第 2
项），如果提出的数额过高，在判决中只能得到部分的支持，那么原告需要承担部
分的诉讼费用（《德国民事诉讼法》第 92 条第 1 款）；而故意的诉讼请求克制会导
致判决给予的赔偿受限（《德国民事诉讼法》第 308 条）；被告需要知道最坏情况下
他需要承担多少数额的痛苦抚慰金，从而方便进行辩护。司法考虑到《德国民事诉
讼法》第 92 条第 2 款通过如下方式对双方利益进行平衡：不要求原告给出具体的
请求数额，但必须要给出一个最低值（BGHZ 132，341；140，335）。

3. 伤害的要素

在痛苦抚慰金对照表中按照伤害的类型进行分门别类。对照表中包括截肢、手 *732*
臂、眼睛、颅骨及感觉器官。和伤害的类型相关的，则按照出血量、传染、颈椎综
合征（HWS-Syndromen）、淤伤、挫伤、裂伤、刀伤、撕伤、涡伤以及脱臼进行分
类。而和伤害的形成类型有关的，则对照表包括医疗失误、流产、人身限制、枪伤
及强奸等。

4. 类型要素的相互作用

733　　在实践中起决定作用的是损害的不同要素的相互作用。对照表从伤害开始，列出治疗持续时间和劳动能力，其后是被害人的个人和职业，偶尔也会提及持续性伤害，最后是特殊情事。加害方的严重过错以及被害方的与有过错就属于特殊情事。对于加害过程以及个别治疗进程的特殊性也要进行说明。

第二编
防卫请求权：不作为及排除妨害之诉

第四十一章 ▶
消极措施：现象及理论

一、权利保护及违法性

734 损害赔偿的义务构成事后保护；它使得违法的过错行为的后果变得像没有发生一样，即消除其不良后果。损害赔偿规则具有损害承担和损害预防的不同层级的目标。但预防永远优于补偿。因此事前阻止侵害和损害的发生属于应当优先考虑的利益。损害赔偿请求权属于压制性措施，但法律需要发展出预防性措施。为响应此种需要，司法以《德国民法典》第 12 条、第 862 条第 1 款以及第 1004 条为基础发展出了应对迫在眉睫的侵害的不作为请求权以及应对具有持续侵害影响的排除妨害请求权。此两项法律后果又被归入防卫请求权这一上位概念之下。此类防卫请求权在知识产权法（《著作权法》第 97 条，《外观设计法》第 42 条第 1 款，《专利法》第 139 条，《实用新型法》第 24 条，《商标法》第 14 条第 5 款、第 15 条第 4 款及第 128 条第 1 款）和竞争法（《反不正当竞争法》第 8 条第 1 款及《反限制竞争法》第 33 条）等特殊侵权法中也有所规定。对于知识产权，欧共体立法者颁布了 2004 年 4 月 29 日第 2004/48/EG 号指令（ABI. EU 2004 Nr. L 196 S. 16），该指令在德国通过 2008 年 7 月 7 日的法律（BGBI. I S. 1191）得到了转化。

735 防卫请求权与迫在眉睫的不法侵害有关，并不以过错为前提。要么面临直接的侵害，要么已经发生的侵害面临继续的危险。因为对法益的直接威胁或者行为规范面临着违反就足以构成违法性，因此很明显是将防卫请求权与违法性挂钩以保护侵害不发生或者使得已经发生了的侵害不得继续。可通过法院实施的防卫措施是为了阻止迫在眉睫的或者已经发生但有持续影响的侵害的实现。它与《德国民法典》第 227 条的正当防卫属于并行规定，而正当防卫目的在于通过实际行为进行防卫。

二、请求权抑或诉讼

依据《德国民法典》第 1004 条、第 12 条及第 862 条的防卫措施仅仅是不作为 *736* 和排除妨害诉讼中的程序性补救措施，还是此类诉讼的提起须以一定的请求权为依据，在 20 世纪初都还存在争议。就所有权而言，立法者表达出了双重含义。根据《德国民法典》第 1004 条，以侵夺（Entziehung）和扣留占有（Vorenthaltung des Besitzes）之外的其他方式侵害他人所有权的，所有权人有权要求侵害人排除妨害。这表明其属于请求权。但对于事前的不作为，当面临进一步侵害的危险时，《德国民法典》第 1004 条又允许所有权人提起诉讼。根据现在的理解在这两类关系中不仅存在程序法上的起诉权，还存在实体法上的请求权。

根据《德国民法典》第 194 条，请求权是指要求他人作为或者不作为的权利。 *737* 排除将来的侵害属于作为。而通常不作为要求的是消极行为。此类请求权诉讼仅仅是实现所谓的消极请求权。请求权表明的是实体法的一面，比如涉及前提条件、权利主体以及消灭时效等。而诉讼则是为了帮助实体法上请求权的实现。防卫请求权也可以在法庭外得到实现，而无须进入法院诉讼程序。

第四十二章

不作为及排除妨害

一、不作为请求权

1. 保护范围，侵害的危险

738　　《德国民法典》第823条及以下保护生命法益、绝对权以及受保护性法律保障的利益。如果将此处通过赔偿请求权得到的事后保护向前推进，那么侵权法所保障的所有法益、权利和利益将受到免受不法危害的保护。当面临关押时，或者其邻居打算在其土地上建造一条道路，以及商业利益面临不正当竞争的危害时，可以起诉要求不为侵害行为（不作为）。尤为奇特的是，起诉他人要求不得在将来对自己的身体进行侵害（LG Salzburg JBl. 2000，801）。通常认为请求权基础是《德国民法典》第1004条的类推适用。虽然根据《德国民法典》第1004条第1款第2句的字面意思，只有面临进一步的侵害时，才能获得不作为请求权，但司法实践进一步认为，首次面临侵害时也应当予以保护。

739　　正如正当防卫一样，不作为请求权以存在直接的迫在眉睫的侵害为前提。这就是所称的侵害的危险（Begehungsgefahr）。法学者同样不具有看穿未来的目光。因此必须以证据为依据进行推测。如果已经发生了一次侵害，那么该情事就属于支持发生新的侵害的情况。此种情况下我们将侵害的危险称为"重犯危险（Wiederholungsgefahr）"。尽管和已经发生了的事实相关联，但不作为请求权仅仅是为预防将来发生的侵害所准备的。当面临威胁之人感受到首次侵害的威胁时，人们称之为"初犯危险（Erstbegehungsgefahr）"。该危险必须要发展到迫在眉睫的侵犯的程度，遥遥无期的准备以及发表的意图并不构成初犯危险。如果作出了不作为的判决，那么就排除了被起诉的被要求不得作为的债务人的行动可能性。只有当超过了侵害的危险的阀值时，而不是仅存在（排除妨害请求权的）债权人的不安揣测时，债权人才能为其行动自由而斗争。在实践中通常只有从此前已经发生过的侵害才能推论出可能面临同类型的进一步侵害；为了便于权利的实现通常推测存在再犯的危险（BGH NJW 1998，1391；在人格权保护、竞争权、商业权利保护以及著作权领域存在一贯的司法）。即使在超越《德国民法典》第1004条的客观适用范围时该请求权也能够得到保障，且不以过错为前提。

2. 法律后果

不得为危害行为及其他违法行为。不作为请求权以特定行为——如未经批准经过他人的土地或者即将发行毁坏他人名誉的出版物——的不发生为目的。不能够要求不为概括描述的行为，比如不得危害财产或者权利。对于不得作为的行为需要有一个具体的描述。对不作为的强制只能是间接的，即根据《德国民事诉讼法》第890条对违反不作为判决的行为进行处罚。 740

二、排除妨害请求权

1. 前提条件 741

排除妨害请求权定位于事后措施，但如同不作为请求权一样它所追求的同样是对将来的影响。必要的是，已经存在有侵害。且侵害必须是不法施加的，但不需要存在过错。重要的是，侵害在将来也会继续发生影响。已经完成了的且已经沉淀为损害的侵害，在存在过错时会引起赔偿请求权；不存在和过去有关的因无过错的不法侵害而导致的排除妨害。

2. 法律后果：与损害赔偿的区分

不以过错为前提的排除妨害请求权与损害赔偿请求权两者所要求的都是事后措施。因此就需要对它们进行区分。损害赔偿也是排除侵害所产生的后果，即排除损害。它以有过错的、沉淀为损害的不法侵害为前提。因此根据通说将消极的排除妨害的适用对象限制为侵害的持续影响。只要涉及的是具有持续影响的侵害或者持续更新的侵害源时，那么排除妨害诉讼的目的就是：通过清除现有的和具有持续影响的侵害以阻止将来侵害的发生。比如清走停在自家土地上的他人的车辆就可以作为排除妨害而加以请求。也可以要求将错误登机在失信债务人清单上的名字删除（BGHZ 8，142）。排除妨害请求权的债务人负担的是采取必要措施的义务；措施的必要性取决于为将来计清除侵害源这一目的。排除妨害的一个特殊表现形式就是由侵害人撤回不真实的事实陈述，因此结束持续的名誉损害的状态并因而排除不法妨害（BGHZ 128，1（6）；一贯司法）。 742

3. 排除妨害的费用

743　　　排除妨害债务人自己采取应当负担的措施的，他也应当承担相关费用，诸如委托工匠的费用。如果相关措施不具有高度的人身属性，那么也可以由债务人之外的人员来进行，比如可以由债权人自己或者债权人委托的辅助人来进行。此种情况下其内容就限定为费用负担。如果作出了排除妨害判决的，债权人可以要求赔付费用并因此被判给一定的费用赔偿。在其他情况下就必须为费用赔付寻找实体法上的请求权基础。司法实践中适用的是无因管理（《德国民法典》第683条及第670条）或者不当得利，但其路径并不明确。不过现在越来越多的人认为，应当在排除妨害请求权中去寻找费用赔付的请求权基础，排除妨害请求权本身应当将费用赔付包括在内。

4. 名誉保护的特殊问题

744　　　排除妨害请求权对于侵害人格权有着特殊的意义。对此应作出区分：对于形式侮辱（Formalbeleidigung：即侮辱最主要不是来自于言辞的内容，而是来自发表言辞的方式或者特殊环境）及对别人的评头论足（Werturteil）从其性质来看不适用排除妨害（BGHZ 10，104）。赔礼道歉是高度个人化的行为，法律不可能强制加害人张开嘴说出赔礼的话来。对他人的评头论足可能是错误的或者不实，但也不可能要求发表评价者给出另外一个评价。而事实判断则不同，它是可以撤回的。如果查明判断是错误的，那么可以判决加害人撤回其事实判断（BGHZ 68，331）。比如声称某人在特定场合进行了盗窃行为，但最后查明是他人所为，那么可以要求加害人撤回其声称。如果侮辱性的言论不能得到证实，那么就出现了所谓的有限撤回（eingeschränkter Widerruf）。行为人有义务声明，他不再坚持他以前的言论（BGHZ 37，187）。要求行为人撤回不能证实为错误的声明对他来说就有点过分了。如果只有双方当事人知道该言论，那么就不能要求行为人作出有限撤回的声明（BGHZ 69，181）。最后，在受害人有理由提出时，可以要求行为人撤销（Rücknahme）错误的言论。代表合法的利益这一正当化理由在时间上是有限制的。例如报道犯罪嫌疑人被判处刑罚，但上诉法院却判决其无罪的，那么犯罪嫌疑人就享有排除妨害请求权（BGHZ 57，325）。原先的以报道形式作出的对被告名誉的合法损害因上诉法院的无罪判决而变得非法。

第三编
诉讼及追索

第四十三章 ◀

证明：释明责任和证明责任、证明程度及评估、强制执行

一、释明责任和证明责任

1. 请求权基础

745 证明责任规则指示法官，对有争议的主张不能证明其正确性时，由何方当事人承担败诉或者对于诉讼的部分问题承担败诉的风险。通常情况下释明责任与证明责任是一致的。释明责任是指必须有说服力地阐释起诉中主张的请求权。根据一般证据规则，请求权成立所依据的事实属于请求权提起人的释明和证明责任。比如因身体或者所有权受到侵害而主张损害赔偿请求权的，需要说明身体或者所有权受到了被请求权人的侵害并因此产生了所主张的损害。对于医生责任病人则需要证明，因为医生所犯的错误而侵害了病人并因此产生了伤害（BGH VersR 1974，1222）。即原告需对请求权承担证明责任。

746 获得证明所需的事实材料有时会遇到困难。因此，为了对事实证明提供一定的帮助，在某些实体法律关系中独立的信息请求权得到了认可，比如患者合同上的病历审阅请求权（BGHZ 85，327 u 339；106，146），以及《环境责任法》第 8 条第 1 款规定的受害人的法定知情请求权（Auskunftanspruch）。其他仍然存在的信息获取困难以及对医学、技术及科学信息的加工困难将通过降低证明标准（so im Fall VIOXX zu 84 Abs. 2 AMG BGH NJW 2008，2994，Rn. 3 m. Anm. Deutsch）以及次级释明责任的方式得到解决。

2. 抗辩

747 权利障碍抗辩（Rechtshindernde Einwendungen）是请求权构成要件，正是由于该要件的否定性特征因而引起释明责任和证明责任的倒置：被请求权人承担相应

责任。通常法律会以这样的形式对抗辩作出标识：将其表述为规则的例外。比如在人身伤害等封闭性构成要件中，加害人必须就违法阻却事由作出证明，比如他是属于自卫或者基于被害人的同意而进行加害行为的。同样的规则也适用于对所有权侵害的同意，比如通过缔结承揽合同（BGH NJW-RR 2005，172：在木材学校中委托挖掘木本作物）或者通过处理交通事故（OLG Koblenz NJW-RR 2006，95）等方式。如果加害人认为，即使他忠实地履行了自己的行为，损害也会同样发生，比如即使医生对病人充分地履行了告知义务，手术也会失败，那么加害人需要就他所主张的假设事实承担证明责任（BGH VersR 2005，942：在甲状腺手术中因为超过了事先约定的切除范围而导致声带麻痹）。因为法律规定，原则上超过 7 周岁的自然人——《德国民法典》第 818 条第 2 款第 2 句规定的对机械化公路交通的危险的判断除外，具有责任能力，所以加害人需释明自己不具有责任能力（《德国民法典》第 827 条及第 828 条）。如果出现了违反交通义务的情况，比如在大白天人行道湿滑，那么道路安全义务人应当证明，由于意外情况使得防止危险发生的安全措施未能到位，比如突降暴雨使得已经施撒的防滑物品没有起到应有的作用（参见 BGH NJW-RR 2005，1185）。

对请求权基础的法律推定可以改变证明责任。比如根据《德国民法典》第 831 **748** 条及其后的规定，雇主、监督义务人、动物饲养人及看管人以及土地的占有人必须释明，他已经尽到了交往中必要的注意义务，或者即使尽到了必要的注意损害也会发生。缺陷商品的生产者也可以通过说明它没有违反义务从而得到免责（BGHZ 51，91）。如果当事人参与了斗殴，且在斗殴中有人重伤，因而根据《德国民法典》第 823 条第 2 款结合新《德国刑法典》第 231 条的抽象危险构成要件需要由他承担责任，那么当事人必须证明伤害不是由他的行为造成的（BGH NJW 1999，2895）。

3. 释明责任和证明责任的倒置

有时和一般举证责任规则不同，释明责任和证明责任由对方当事人承担，比如 **749** 要证明的事实完全发生在对方当事人的控制范围之内，或者证据材料位于对方当事人的控制之下。过错的主观构成要件就属于第一种情况：受害人需要释明加害人过错地违反了保护性法律（《德国民法典》第 823 条第 2 款），而行为人需要证明他尽到了内在的注意义务（BGH VersR 1968，594）。公正原则也能引起证明责任的倒置。如果医生犯下了严重的医疗失误，那么他需要释明，即使没有发生医疗失误也会发生这样的情况并产生同样的损害后果。如果妇产科医生忽视了新生婴儿皮肤发黄的情况，没有考虑到其父母可能患有溶血症，因此未能及时进行换血，那么医生就必须释明，即使及时换血了，新生婴儿也会遭受严重损害（BGH VersR 1970，544）。如果违反了进行医疗诊断及相关诊断结果的保管义务，那么可以得出需要进行及时治疗干预的积极的诊断结果（BGHZ 132，47；NJW 1999，860 及 862）。将先前留在手术伤口中的医用棉球起出并销毁（BGH VersR 1955，344），并且在医疗记录上作出不真实的记录，就是影响物证的典型例子（BGH NJW 1978，2337）。这些诡计的不利后果由医生承担，可以引起证明责任的倒置。在由排放引起的健康侵害中，如果有害物质的排放量超过了行政规定的上限，那么在确定有害物质与健康损害之间的因果关系时可以减轻证明责任（BGH NJW 1997，2748；BGHZ 92，143，-化铁炉）。

4. 表见证明

750　　　经验也会对举证产生影响。根据生活常识，存在如下典型的现象链条（Ge-schehnisketten）：从开始就可以推断出其结果，以及反过来从其结果就可以反推到引起该结果的时刻。这些现象的典型性可以通过所谓的表见证明减轻举证的难度。有了这些生活经验的帮助在评估证据时就可以把缺失的具体的证据补齐了（BGH NJW 1988，79）。受害人只需要说明：其损害后果可以追溯到一定的行为是符合生活经验的。比如机动车撞上了路边的树就是开车开得太快或者不谨慎的表见证明（BGHZ 8，239）。有时根据事情发生的数量也能推断出事情的性质。比如一个牙医的许多病人都患上了乙肝，且牙医本人也是乙肝患者，那么就能得出病人的乙肝是在牙医的行医过程中被传染的这一初步结论（OLG Köln NJW 1985，1402）。此外，通常从行为规范的违反可以推出，行为规范所预防的结果的发生是由行为规范的违反所引起的（BGH VersR 1964，1082）。如果有人在结冰且未施撒防滑材料的街道上摔倒了，那么可以假定，这是由违反防滑义务所引起的。最后，要求保护性法律所要预防的危险必须是在事故中得到了实现。当人群将栏杆遮住了时，如果有人在台阶上摔倒，那么就不能将未按照规定给栏杆装上扶手作为摔倒原因的表见证明（BGH VersR 1986，916）。

751　　　可以通过说明存在很大的反常过程的可能性而动摇表见证明。比如损害后果也可以通过其他方式引起。如果病人在医院与开放性结核病患者住在一起之后患上了骨结核，那么这就是他在医院中受到了传染的表见证明。如果病人可能在住院之前就已经患上了结核病，那么就能动摇表见证明从而推翻先前的证据状况（BGH NJW 1969，553）。当不能确保存在损害后果时（比如通过鉴定人的鉴定），那么通过表见证明不仅会动摇举证，还会输掉举证，从而彻底地丧失该证据（BGH NJW 1998，79（81））。

二、普通证明程度

752　　　根据《德国民事诉讼法》第286条，法庭在考虑庭审的所有情况及可能的证据调查结果的基础上根据自由心证对当事人所主张的事实是否真实作出判断。当当事人的主张能够根据法院的观念以一定程度的确信得到确认，并能排除合理怀疑，那么举证完成（BGHZ 53，245［256］-Anastasia；BGH NJW 2008，1381（1382））。如果不能达到，则举证未完成。

三、损害评估

就上述证明标准而言，允许对损害的成立以及损害的范围作出例外，但对于是否发生了侵害则不允许作出例外。根据《德国民事诉讼法》第 287 条，当当事人对损害是否成立以及损害的高低有不同意见时，应降低对当事人阐释（Parteivorbringen）和证明程度（Beweissmaß）的要求。此时，法院根据自由衡量作出决定。法院可以不经举证而作出决定并对损害进行估算。但在对损害进行衡量时必须要占有足够的事实材料。允许对损害进行自由估算的原因在于，要具体证明损害及损害的大小非常困难，从而使得在法院的举证耗时很长。不得通过提出更高要求的方式弃用对被害人可能的职业发展的预测，因为使得受害人遭遇预测评估困难的原因正是位于加害人负责的范围之内（BGH VersR 2000，233）。

根据《德国民事诉讼法》第 286 条，对于一直延续到首个否定性评价的责任成立的举证，要求法官达到完全确信的证明程度。相反，对于责任范围的举证，也就是对损害、责任范围上的因果关系以及责任范围的举证，则可以由法官依据事实对损害进行估算。在《德国民法典》第 823 条第 1 款中，法益侵害属于责任成立的范畴，而后果影响则属于损害的范畴。根据《德国民法典》第 287 条可以对损害进行总的计算，比如对报废的机动车以及对于受害人劳动能力的未得到使用可以确定一定的费用标准。在不同的侵权构成要件中，经常都会将责任成立上的因果关系与责任范围上的因果关系搞混，这会让人对证明标准产生误解（例如 BGH NJW 1996，3009（3010））。

四、优先强制执行

根据《德国民事诉讼法》第 850f 条第 2 款，在强制执行中因故意侵权行为产生的请求权优先。有利于强制执行债务人的扣押保护将受到限制；与《德国民事诉讼法》第 850c 条不同，这里只需要为债务人留下必要的生活费（对此见：BGH NJW-RR 2011，706 Rn. 9）。故意行为必须在审判程序中就得到确认，因为审判程序将会导致执行名义（Vollstreckungstitel）的产生（BGH VersR 2012，195 Rn. 7）；但是无时效的确认之请求权可以事后被赋予（BGH NJW 2011，1133 Rn. 9 und 16）。

753

754

755

第四十四章 ▶
消灭时效和权利失效

一、消灭时效

756 　　因过错责任、危险责任及牺牲责任而产生的请求权都存在消灭时效的问题。2001 年的债法改革将以前《德国民法典》第 852 条的侵权消灭时效规则上升为一般消灭时效规则并在《德国民法典》第 195 条及 199 条中确定下来。普通消灭时效是 3 年，自知道请求权成立的情况及知道被请求权人起。当然，如存在消灭时效的特别规定，则特别规定优先。根据《德国民法典》第 204 条，起诉及同等行为引起消灭时效的中断。临时禁令程序以及《德国民事诉讼法》第 485 条及其后规定的证据保全申请也能引起消灭时效的中断。

1. 侵权请求权的消灭时效

757 　　3 年的消灭时效适用于《德国民法典》第 823 条及其后的所有请求权，当然也包括第 829 条和第 833 条的公平责任和动物饲养人责任。此外，还包括准否定性的不作为请求权和排除妨害请求权。当请求权成立且请求权人能够行使请求权时，消灭时效从成立当年的年末开始起算，结束于 3 年后的 12 月 31 日。并不要求请求权必须表明具体的请求数额，因为从原因上看，对于权利的行使来说仅仅是确定存在赔偿义务就足够了，而不需要知道具体的赔偿数额。对于不作为请求权，消灭时效不是从请求权成立时开始起算，而是自侵犯行为发生时开始计算（《德国民法典》第 199 条第 5 款）。而侵犯行为是指引起侵害的风险的威胁行为，至于威胁是从以前已经发生过的侵犯还是从首次侵权征兆中得出的则在所不论。

758 　　当请求权人或者其法定代理人知道损害的存在及赔偿义务人后消灭时效开始起算。当被害人抱着一定的成功的希望根据其知道的情况能够向特定的加害人采取行动时就可以开始计算消灭时效了（BGH NJW 1999，2734），当然应当知道加害人的姓名和住址（BGH NJW 1998，988）。对于唾手可得的情况被害人是应当知道的（BGH NJW 1999，423；2000，953）；因为重大过失而不知道的，消灭时效也开始起算（《德国民法典》第 199 条第 1 款第 2 项）。社会保险运营者因向其成员支付保险金而获得对侵权人的追索权的，以其追索部门知道相关情况为准，而不以保险金支付部门知道相关情况为准（BGH NJW 2000，1411；2012，1789 Rn. 9；2012，2644 Rn. 10）。在特殊情况中，如果法律状况特别复杂以及不确定，那么可以不开始计算消灭时效（被强迫劳动的工人向其前雇主的请求权消灭时效不开始计算（OLG Stuttgart NJW 2000，2680））。

　　不用考虑是否知道或者由于重大过失而不知道相关情况，因生命、身体、健康　**759**
或者自由受到侵犯而产生的损害赔偿请求权的消灭时效是 30 年，其余的损害赔偿请求权的消灭时效为 10 年或者 30 年。

　　由于消灭时效很短，因而很多时候如果正在进行的和解谈判意义重大。因此　**760**
《德国民法典》第 203 条第 1 句规定，如果双方就损害赔偿的支付进行谈判，那么谈判期间中止消灭时效的计算，直到一方当事人拒绝继续进行谈判。这也适用于与加害人保险公司进行的谈判（BGH VersR 1984，441）或者在医师公会调解处进行的程序（BGH NJW 1983，2075）。对未进入"沉睡"状态的谈判的中断必须要清楚明白无误地表示出来（BGH NJW 1998，2819）。根据《德国民法典》第 205 条及其后也能中止消灭时效。除了此类消灭时效的中止之外还要考虑不被允许的权利行使。如果加害人通过其行为，比如通过暗示很快就会支付损害赔偿而诱使受害人未能在消灭时效内及时提起诉讼，那么加害人不得以消灭时效已过为抗辩（BGHZ 9，1）。

2. 竞合

　　很多时候，侵权行为引起的请求权会和诸如合同或者危险责任等法律关系产生　**761**
的请求权一并主张。此外，它还会与《反不正当竞争法》（第 11 条）上的特别侵权请求权以及工业产权保护和版权保护等特别权利保护（BGHZ 138，349（351 f.）- Mac Dog）中的请求权发生竞合。对于此种情况原则上各请求权独立计算。每个请求权原则上按照各自的相关规定计算消灭时效（BGH NJW 1998，2282（2283））；只有存在强制性理由时才会考虑不同请求权的相互吸收（BGHZ 116，297（301））。通过将侵权法消灭时效规则上升为一般消灭时效规则使得以前的很多问题从根本上得到了解决。少数合同上的短期消灭时效有时可以根据法律目的运用到侵权请求权上。如果为特定法律关系规定了短期消灭时效以维护权利状况的明确性以及法律安定性，那么对于侵权请求权也适用该短期消灭时效。诸如《德国民法典》第 548 条规定的由于出租物的损害引起的出租人与承租人关系等合同关系中的短期消灭时效就属于这种情况。如果不将侵权法请求权的消灭时效缩短到和合同请求权的短期消灭时效一致，那么合同请求权的短期消灭时效对于承租人来说是毫无意义的，因为通常情况下即使短期消灭时效已过侵权法上的请求权仍然是存在的（BGHZ 71，175）。1998 年的运输法改革为合同外请求权以及《德国商法典》第 439 条（货运合同）、第 463 条（货运代理合同）以及第 475a 条（仓储合同）中的合同请求权规定了统一的消灭时效，从而为以前的法律争议画上了句号。如果雇员违反对雇主的竞业禁止义务，且雇主对雇员的损害赔偿请求权不是以《德国商法典》第 61 条第 1款，而是以《德国民法典》第 826 条为依据，那么该请求权的消灭时效仍然依照《德国商法典》第 61 条第 2 款进行计算。

二、不被允许的权利行使

1. 特别规定：《德国民法典》第 852 条、第 853 条

762　　　根据《德国民法典》第 852 条，赔偿义务人通过侵权行为使得受害人蒙受损失而自己取得利益的，在侵权行为引起的请求权消灭时效届满后，赔偿义务人也依照有关返还不当得利的规定负有返还义务。因欺诈而获得的土地债务（Grundschuld）在 3 年消灭时效届满后也必须返还。根据《德国民法典》第 853 条，侵权人因自己实施的侵权行为而取得对受害人的债权的，即使该债权的废止请求权消灭时效已经届满，受害人也有权拒绝履行。通过串谋使得他人承担了债务的，即使该债权的废止请求权 3 年消灭时效已满，债务承担人也不需要履行债务。这两条特别规定是对不允许的权利行使基本原则的体现。

2. 权利失效概论

763　　　对于侵权行为适用如下原则：如果请求权的行使与《德国民法典》第 242 条的诚实信用原则相冲突，那么不得行使该请求权。人们将之称为不允许的权利行使。其前提条件是：该请求权是通过违法行为取得的；或者存在特殊的情况，尤其是已经经过很长时间都没有行使权利且不能再期待权利人会再行使权利的，使得权利的行使变得不被允许。《商标法》第 21 条对因侵犯商标、企业标识以及作品名称（如电影名和书名）而产生的特别侵权法上的请求权规定了特殊的权利失效构成要件。

第四十五章 ◀

追索：私立保险公司、公立保险机构、雇主、公职机关

一、个人损害和社会损害

1. 雇主等的损害承担

责任是指由他人承担风险或者承受已经发生了的损害。责任的主要目的在于将 764
损害由受害人移转给责任义务人。如果损害已经移转给某一集体承担，那么责任的
此项功能将得不到发挥。当一个更大的单位（公职机关、雇主、公立保险机构、私
立保险公司）因为至少承担了部分地对受害人的照料而遭受的损失就是所谓的社会
损害。根据 1985 年的《受害者赔偿法》（OEG），如果公民因为国家未提供足够的
保护而成为故意暴力犯罪的受害者，并因此遭受健康损害，那么可以要求国家进行
赔偿。间接受害者在一定范围内也受该法的保护（参见 BVerfG NJW 2003，3691：
不适用于非婚同居；BSG NJW 2004，1476：离异的遗孀遭受的惊吓伤害）。

社会损害引发了一系列的问题。首先出现的问题是，更大的责任承担单位介入 765
后侵权人能否也能从中受益？答案是否定的：通常情况下受害人对侵权人的请求权
会按照法律的规定移转给雇主以及保险公司等。第二个问题是，能否将受害人和承
担责任的社会单位作为侵权法上的同一主体进行处理？尤其是法律规范的保护范围
以及与有过错的抗辩等是否以及在多大程度上能一并移转给社会单位。当侵权人和
受害者之间存在特殊关系时，（保险公司等）对侵权人的追索可能会得到排除。最
后一个问题是在追索时的优先权问题：比如因为与有过错的原因，社会单位只对受
害人支付部分的损害赔偿从而也只获得对加害人的部分追索权，此时受害人还可以
向加害人主张部分的损害赔偿请求权，这种情况下是社会单位优先追索还是受害人
优先向加害人主张权利？或者他们按照比例同时主张权利？

2. 侵害和损害的纠缠

766 　　通过雇主等对损害的承担，使得遭受侵害之人与承担损害之人不是同一个主体的困境成为常态。不过这个问题在社会损害领域不是那么严重，因为受害者对侵权人的请求权按照法律的强制规定自动移转给承担损害的社会单位，例如《对节假日和雇员生病情况的工资支付法》（EFZG）第 6 条（1994 年前是《工资继续支付法》第 4 条）、《社会法典》第十卷第 116 条以及《公务员法》。根据《德国民法典》第412 条、第 404 条，从其本质来看，法定债权让与的前提条件是通过追索不能要求加害人支付属于受害人本身的东西。发生工伤事故的，职业协会本身就向雇主和同僚享有独立的追索权，而雇主在社会上是紧密结合在一起的。根据《社会法典》第七卷第 110 条，只有在存在故意或者重大过失的情况下且在社会适当性的范围内社会保险机构才能进行追索。

二、私立保险公司的追索

767 　　根据《保险合同法》第 95 条，若被保险人向第三人享有损害赔偿请求权，当保险公司向被保险人赔付后，该损害赔偿请求权转移给保险公司。如果被保险人获得两次损害赔偿，即既从保险公司处又从加害人处获得赔偿，那么就违反了私立保险法上的禁止获利原则。这里适用一致性原则：只有当保险公司对被保险人的赔付是和被保险的损害有关且足够涵盖损害的范围，那么被保险人对第三人的赔偿请求权才转移给保险公司；除此之外的其他请求权仍归被保险人所有。根据《保险合同法》第 86 条第 1 款第 2 句，对请求权让与的实现不得损害被保险人的利益，所以被保险人拥有所谓的优先求偿权（Quotenvorrecht）。比如被保险人因为存在与有过错因此向加害人只拥有要求赔付一半损害的请求权，保险公司只会向被保险人赔付一半损害，此时被保险人向加害人拥有的赔偿请求权优先于保险公司的追索权，而保险公司啥都得不到。此外，《保险合同法》第 86 条第 3 款还进一步确定了家属特权：被保险人向其家庭成员的损害赔偿请求权不会转移给保险公司，除非其损害是由该人员故意造成的。这样法律就禁止了支付循环的出现：家庭成员过失地给被保险人造成损害的，如果保险公司能向家庭成员追索，那么最后该追索费用还是得由家庭或者生活共同体承担，这样就丧失了保险赔付应有的功能。因此应当防止被保险人（因为支付追索费用）而承受间接的负担。由于其巨大的社会作用，《保险合同法》第 86 条第 3 款的法律思想还被运用到其他法律关系之中。比如该法律思想同样适用于公务员法。如果公务员所遭受的事故是由其家庭成员的过错引起的，公职机关（即公务员的雇主）不得根据《联邦公务员法》第 87 a 条向公务员家属追索（BGHZ 43，72）。

三、社会保险机构的追偿

1. 职业协会的固有追偿请求权

对于工伤事故（概念见：BSG NJW 2010，1692 Rn. 13 und 16）和学校事故有 *768* 职业协会提供保险。其资金全部来源于雇主或者公共资金。除了法定的侵权请求权让与（《社会法典》第十卷第 116 条）（详见边码 522）之外，对于法定事故保险，《社会法典》第七卷第 110 条还规定了固有的追索请求权（对于发生在 1997 年 1 月 1 日之前的事故见《帝国保险条例》第 640 条）。对于故意或者重大过失的加害行为，也就是需要严厉谴责的行为，职业协会可据此向加害人追索。这是职业协会所固有的追索（BGHZ 154，11［18］），也就是说，这里不发生法定的请求权让与。该规定不仅体现了补偿的理念，还有预防和教育的考虑（BGH NJW 2006，3563，Rn. 9）。

《社会法典》第七卷第 110 条第 2 款对该追索权有所限制：出于公平的考量，*769* 尤其是考虑到加害人的经济关系，社会保险机构应部分或者全部地放弃对加害人的赔偿请求权。社会保险机构负有进行此类考量的义务。在考量时出现的失误可由民事法庭予以更正（BGH VersR 1971，1167）。联邦最高法院在一个重要判决中还对该追索进行了进一步的限制（BGHZ 75，328）：只有在故意或者重大过失不仅涉及侵害本身，还涉及特定的损害后果（一如《德国民法典》第 826 条）时，才允许进行追索（同样见：BGHZ 154，11（13）；BGHZ VersR 2008，1407 Rn. 9；2012，724 Rn. 14）。比如一学生抓住另外一个学生的头发拖过整个教室，使得该学生头皮血肿住院达数周，只有当施暴的学生故意想造成这样的严重后果，或者由于重大过失没想到会造成这样的后果时，社会保险机构才能向施暴学生追索。只有极其粗暴的行为才属于这种情况。

最后，该请求权的数额——根据《社会法典》第七卷第 104 条被排除了的—— *770* 最高也不能超过民事法庭可能判决的损害赔偿请求权的数额。可能的损害赔偿请求权的计算并不与职业协会对受害者的赔付保持事实上和时间上的一致，而是包括可能的痛苦抚慰金在内，对于该痛苦抚慰金，即使《社会法典》第十卷第 116 条规定行业协会享有追索权，行业协会也不拥有请求权（BGH NJW 2006，2363，Rn. 16）。

2. 社会保险机构的追偿

（1）法定让与、一致性

只要社会保险机构和社会服务提供者向受害者负有赔付义务，那么他们就根据 *771*

债权的法定让与获得对加害人的请求权（《社会法典》第十卷第 116 条）。侵权人不应该因为被侵权人获得了社会保险而免除赔偿责任，但被侵权人也不应该获得双倍赔偿（BGHZ 155，342（349）；BGHZ NJW 2012，3639 Rn. 14）。在社会保险赔付与损害的类型之间必须存在事实上和时间上的一致性（一贯的司法判决，BGHZ 140，39（42）；BGH NJW 2006，3565，Rn. 5；NJW-RR 2009，455 Rn. 12；NJW 2012，3639 Rn. 8）。法定让与的发生并不以保险机构的事先赔付为前提（BGH NJW 2011，2357 Rn. 8）。对于非全额的赔偿请求权适用区分规则：如果受害人遭受的损害高于保险赔付的限额（如在危险责任时），受害人享有优先求偿权，也就是说，受害人因剩余的未得到赔付的损害优先于保险机构的追索权向加害人主张。如果受害人因为自己的与有责任（如与有过错）而不能就全部的损害主张赔偿请求权，那么能主张的请求权与实际损害之间的差额由社会保险机构与受害人共同分担。这是所谓的相关理论（relative Theorie）的观点。比如当受害者负有 40％的与有责任时，那么让与给社会保险机构的请求权应作相应扣减也就是社会保险机构受让 60％的请求权。以前由司法判决类推适用旧《保险合同法》第 67 条第 2 款（现在是第 86 条第 3 款）发展而来的家庭成员特权（BGHZ 41，79）也在法律中（《社会法典》第十卷第 116 条第 6 款）得到了认可（对此见：BVerfG NJW 2011，1793；2011，3715；OLG Stuttgart NJW-RR 2011，239（240））。

（2）通过事故保险保护进行的责任替代

772　　　根据《社会法典》第七编第 104 条及其后（以前是《帝国保险条例》第 636 及 637 条），通过责任限制排除了因法定让与而产生的追索（对于痛苦抚慰金请求权的结果见边码 703）。该追索排除不仅有利于支付费用的企业所有人（对于企业所有人可见 BGH NJW 2008，2916，Rn. 14）和加害人的同事，在学生和幼儿园学员遭受的法定保险事故中，如果加害人为其同学，还有利于该加害人（OLG Celle VersR 1999，1550）。根据《社会法典》第七卷第 106 条第 3 款，当多家企业的被保险人临时在一个工作场所工作并组成了一个风险共同体时，也适用追索的排除（BGH NJW 2008，2116，Rn. 12；2011，449 Rn. 14；2011，3296 Rn. 7；2011，3298 Rn. 12；VersR 2011，1567 Rn. 9；2013，460 Rn. 10；2013，862 Rn. 13；OLG Karlsruhe MDR 2012，1413（1414）：在球队比赛中伤到职业球员）。与学校有关的事故也可能发生在学校建筑物外的场所，只要该场所与教学活动存在空间上和时间上的密切关联（BGH VersR 2008，1407，Rn. 12 u. 20；NJW 2009 681 Rn. 21：扔雪球案）。对于被保险人的亲属或者遗族因遭受惊吓伤害而获得的痛苦抚慰金请求权不得排除（BGH VerdR 2007，803，Rn. 8）。工作场所的欺诈不适用《社会法典》第七卷第 105 条第 1 款（BAG VersR 2008，1654 Rn. 85）。对于发生在来自于欧盟成员国外的雇员身上的事故能否进行责任免除取决于对社会保险机构的赔付进行规定的欧盟成员国的法律规定。根据《社会法典》第七卷第 108 条，对于具体的保险情况是否属于法定的事故保险则由专业协会或者社会法庭进行判断，且该判断对于民事法庭也具有拘束力（BGH VersR 2007，1131，Rn. 15 ff.；VersR 2008，820，Rn. 10；NJW 2009，3235 Rn. 11；VersR 2009，1265 Rn. 11；2013，862 Rn. 9）。

对于公务员的职业事故也存在相应的责任限制，因为在发生事故时，公务员能　773　够从雇主（即公职机关）处得到赔付（对于联邦公务员：《公务员保障法》第 46 条第 1 款第 1 句；参见 BGH NJW-RR 2004，234：办公楼楼梯结冰而引起的事故；BGH NJW 2013，2351：因为一名士兵的过错，一个联邦公务员遭遇交通事故）。

四、雇主和公职机关的追索

《对节假日和雇员生病情况的工资支付法》（EFZG）第 6 条（1994 年前是《工　774　资继续支付法》第 4 条）以及《联邦公务员法》第 87a 条也规定了债权的法定让与。只要雇员或者公务员得到了雇主的赔付，且赔付的目的与加害人应支付的损害赔偿请求权的目的一致（即存在所谓的一致性），那么得到赔付之人对第三人的损害赔偿请求权转移给雇主。如果因为存在赔付最高额限制或者因为受害者的与有过错导致受害人得不到完全赔付，那么受害人因剩余的未得到赔付的损害而对加害人所享有的请求权优先于雇主的追索权（即受害者的优先行使权），这样个人损害就优先于社会损害。旧的《保险合同法》第 67 条第 2 款（现在是第 86 条第 3 款）规定的家庭成员的特权也得到了司法的类推适用（BGHZ 43，72）。

追索并非问题，但是基于合同（第 280 条）和侵权（第 823 条第 1 款）的责任　775　限制却的确减少了经营行为中雇主对劳动者的原始损害赔偿请求权。赔偿范围被依据过错程度和全部情形而按位阶排列（同样见边码 457）（BAGE（GS）78，56＝NJW 1995，210；BAG NJW 2011，1096 Rn. 14 und 17f.）。

参考文献^① ◀

Bamberger/Roth，H，Kommentar zum Bürgerlichen Gesetzbuch，3. Aufl. 2012（zit.：Bamberger/Roth/Bearbeiter）

Brox，H. /*Valker*，W. -D.，Allgemeines Schuldrecht，37. Aufl. 2013

Brox，H. /*Valker*，W. -D.，Besonderes Schuldrecht，37. Aufl. 2013

Bruggemeier，G.，Haftungsrecht：Struktur，Prinzipien，Schutzbereich，2006

v. Caemmerer，E.，Wandlungen des Deliktsrechts. Hundert Jahre Deutsches Rechtsleben，Festschrift zum hundertjahrigen Bestehen des Deutschen Juristentages，Bd. 2，1960

Deutsch，E.，Allgemeines Haftungsrecht，2. Aufl. 1996

Enneccerus，L. /*Lehmann*，H.，Recht der Schuldverhältnisse，15. Aufl. 1958

Erman，H.，Handkommentar zum Bürgerlichen Gesetzbuch，13. Aufl. 2011

Esser，J. /. *Schmidt*，E.，Schuldrecht，Bd. I，Teilband 1，8. Aufl. 1995；Teilband 2，8. Aufl. 2000

Esser，J. /*Weyers*，H. -L.，Schuldrecht，Bd. II，Besonderer Teil，8. Aufl. 2000

Fikentscher，W. /*Heinemann*，A.，Schuldrecht，10. Aufl. 2006

Geigel，R.，Der Haftpflichtprozess mit Einschluss des materiellen Haftpflichtrechts，26. Aufl. 2011

Heck，P.，Grundriss des Schuldrechts，1929

Jauernig，O.，Bürgerliches Gesetzbuch mit Erlauterungen，15. Aufl. 2014（zit. Jauernig/Bearbeiter）

Keuk，B.，Vermögensschaden und Interesse，1972

---

① 考虑到本书参考文献的内容对普通读者意义不大，故而列出原文，并未译出，仅提供给具备德语阅读基础的读者与正文注释相互对照和参考之用。

Kötz，H./*Wagner*，G.，Deliktsrecht，12. Aufl. 2013

Kupisch，B./*Krüger*，W.，Deliktsrecht，1983

Lange，H./*Schiemann*，G.，Schadensersatz 3. Aufl. 2003

Larenz，K./*Canaris*，C.-W.，Lehrbuch des Schuldrechts，Bd. 1：Allgemeiner Teil，15. Aufl.（2013）；Lehrbuch des Schuldrechts，Bd. 2：Besonderer Teil，1. Halbband，13. Aufl. 1986）；Lehrbuch des Schuldrechts，Bd. 2：Besonderer Teil，2. Halbband，13. Aufl. 1994

v. Liszt，F.，Die Deliktsobligationen im System des BGB，1898

Medicus，D./*Petersen*，J.，Bürgerliches Recht，24. Aufl. 2013

Medicus，D./Lorenz，S.，Schuldrecht I，Allgemeiner Teil，20. Aufl. 2012；Schuldrecht II，Besonderer Teil，16. Aufl. 2012

Mertens，Der Begriff des Vermögensschadens im Bürgerlichen Recht，1967

Michaelis，Beiträge zur Gliederung und Weiterbildung des Schadensrechts，FS Siber （1943）185

Münchener Kommentar，zum Bürgerlichen Gesetzbuch，Bd. 2，Schuldrecht，Allgemeiner Teil，6. Aufl. 2012；Bd. 5，Schuldrecht，Besonderer Teil III，6. Aufl. 2013

Palandt，O.，Bürgerliches Gesetzbuch，72. Aufl. 2013

Planck，G. Kommentar zum Bürgerlichen Gesetzbuch，Bd. II，Recht der Schuldverhültnisse，4. Aufl.，1. Halfte，Allgemeiner Teil（1914）；2. Halfte，Besonderer Teil（1928）

Rabel，E.，Die Grundzüge des Rechts der unerlaubten Handlungen，Deutsche Landesre ferate zum 1. Int. Kongress für Rechtsvergleichung（1932）

Reichsgerichtsrütekommentar（RGRK），Das Bürgerliche Gesetzbuch，12. Aufl. Band 2 Teile 5 und 6，1989

Schlechtriem，P/*Schmidt-Kessel*，M.，Schuldrecht，Besonderer Teil，7. Aufl. 2014

Siber，H.，Grundriss des deutschen Bürgerlichen Rechts，Bd. II，Schuldrecht，1931

Soergel/Siebert，Bürgerliches Gesetzbuch，1. Bd. 12，Schuldrecht 10，13. Aufl. 2005

v. Staudinger，J.，Kommentar zum Bürgerlichen Gesetzbuch，§§ 241 – 243 （Bearbeitung 2009），§§ 249 – 254（Bearb. 2005），§ 823 A-D（Bearb. 2014），§§ 823 E-I，824，825（Bearb. 2010），§§ 826 – 829，ProdHaftG（Bearb. 2009），§§ 830 – 838（Bearb. 2012），§§ 839，839a

（Bearb. 2012），§§ 840 – 853（Bearb. 2014）

v. Tuhr，A.，Der Allgemeine Teil des Deutschen Bürgerlichen Rechts，Bd. II，1914 ff.

Weyers，H.-L.，Unfallschäden，1971

Wussow，W.，Unfallhaftpflichtrecht，16. Aufl. 2014

Rechtsvergleichend:

v. Bar, C., Gemeineuropäisches Deliktsrecht, Bd. 1 (1996), Bd. 2 (1999)

Bünger, K., Schadensersatz (Inhalt und Umfang), in: Rechtsvergleichendes Handwörterbuch VI, 1938

Fleming, J. G., Law of Torts, 10. Aufl. 2011

Hausmaninger H., Das Schadensersatzrecht der lex Aquilia, 5. Aufl. 1996

Koziol, H., International Encyclopedia of Comparative Law, Vol. XI Torts
Österreichisches Haftpflichtrecht, Bd. 1, 3. Aufl. 1997

Markesinis, B. S., The German law of torts, 4. Aufl. 2002

Markesinis, B. S., *and Deakin's*, S. F., Tort Law, 7. Aufl. 2012

Oftinger K., Schweizerisches Haftpflichtrecht, Bd. 1, 5. Aufl. 1995

Oftinger, K. /*Stark*, E., Schweizerisches Haftpflichtrecht, Bd. II 1 – 3, 4. Aufl. 1987 – 1991

Prosser, W. L. /*Keeton*, W. P., Law of Torts, 5. Aufl. 1984

内容索引 ◄

词汇右侧数字系指本书的边码

---

① ff.，系指"及以下若干边码"；f.，系指"及下一个边码"。——译者注

译后记 ◀

在初次拿到这本德国侵权法经典著作时,我们从未想过,全书翻译完的时间点竟然落到了 2015 年 9 月。今日社会,每个人都有无数个理由感叹自己很忙。由于一再耽搁,当初拿到这本书的版权是第 4 版,之后翻译的是第 5 版,最后又根据最新的第 6 版作了补充。

能够容忍译者一拖再拖的人,除了出版社的编辑老师之外,首推这套丛书的主编李昊教授。李昊师兄,先后于北京大学、清华大学和社科院法学所攻读硕士、博士学位以及从事博士后工作,经历堪称辉煌。也正是因为社科院法学所的这一层关系,鄙人有幸称其师兄。或许这也是李昊师兄当初放心将这本书交给我们翻译的重要原因之一。

作为译者,我们还要郑重感谢本书译稿的校对者德国哥廷根大学和慕尼黑大学民法专业的刘志阳博士。刘志阳博士不仅德文功底深厚,而且态度非常严谨。他先后三次校对,最大限度消弭了初译中的错误。可以说,没有他的辛勤付出,这本书也不可能以现在的样貌呈现在读者面前。尤其需要指出的是,本书第 6 版新增内容为刘志阳博士所译,凡是新增部分均以译者注的形式作了标明。

在本书翻译过程中我们除了询问多伊奇(Deutsch)教授本人外,还咨询过在哥廷根大学主攻因果关系方向的张敏博士,就民诉方面的问题咨询了在哥廷根大学求学的台胞戴宝成,就德语难题咨询了马普所比较法研究所研究员、南京大学与哥廷根大学中德法学研究所老师 Privatdozent. Dr. Knut Benjamin Pißler, M. A. (Sinologie) 和南京大学—哥廷根大学法学研究所学生 Alexander。另外,我们还要感谢清华大学刑法专业的博士后周维明先生、南京大学民法专业的博士生姜海峰先生以及在华东政法大学任教的张传奇博士,他们对于译稿也提出了宝贵的意见和建议。

多伊奇教授是德国侵权法研究领域的领军人物,这本侵权法著作是其代表作,简明扼要却绝不遗漏要点,语言平实通俗却绝不缺乏理论深度,当之无愧为德国侵权法经典著述。当然，作为顶尖学者，多伊奇教授也有自己独特的学术语言风格，尤其是在研究侵权法时对刑法术语的借用上，他有自己鲜明的个人特色。关于这一点在书中也以译者注的形式在相关部分给予了必要的说明。

依个人有限的翻译经历，我认为德文专业翻译是最考验人的。这不仅是因为德国人惯常的严谨表达方式，而且是因为德语独特的语序结构。过度忠实于原文，就会产出让人抓狂的中文译文；过于注重中文表达习惯，又会让译者陷入发挥过多的自责中，诚属两难。至于这种平衡到底有没有把握得比较好，只能留待读者去检验。本书第一章至第二十章的初译由叶名怡博士完成，第二十一章至第四十五章的初译由温大军博士完成；刘志阳博士对全书译稿进行了校对；之后，再由两位译者对全书予以审阅并最终定稿。虽然历经这么多次的检查，但错误肯定在所难免。所有的错误由译者负责。有任何意见或建议，欢迎给我们来邮。叶名怡的邮箱：12107636@qq.com，温大军的邮箱：1410780897@qq.com。

叶名怡　温大军

2015 年 9 月 20 日

图书在版编目（CIP）数据

德国侵权法：侵权行为、损害赔偿及痛苦抚慰金：
第 6 版/（德）埃尔温·多伊奇（Erwin Deutsch），（德）
汉斯-于尔根·阿伦斯（Hans-Juergen Ahrens）著 . --
北京：中国人民大学出版社，2022.5
　　（外国法学精品译丛）
　　ISBN 978-7-300-30533-2

　　Ⅰ.①德… Ⅱ.①埃… ②汉… Ⅲ.①侵权法-研究
-德国 Ⅳ.①D951.63

中国版本图书馆 CIP 数据核字（2022）第 060005 号

外国法学精品译丛
主编　李　昊

德国侵权法
　　——侵权行为、损害赔偿及痛苦抚慰金（**第 6 版**）

［德］埃尔温·多伊奇（Erwin Deutsch）
　　　　　　　　　　　　　　　　　　　　　著
［德］汉斯-于尔根·阿伦斯（Hans-Jürgen Ahrens）

叶名怡　温大军　译
刘志阳　校
傅　宇　校译

Deguo Qinquanfa

出版发行	中国人民大学出版社	
社　　址	北京中关村大街 31 号	**邮政编码**　100080
电　　话	010 - 62511242（总编室）	010 - 62511770（质管部）
	010 - 82501766（邮购部）	010 - 62514148（门市部）
	010 - 62515195（发行公司）	010 - 62515275（盗版举报）
网　　址	http://www.crup.com.cn	
经　　销	新华书店	
印　　刷	唐山玺诚印务有限公司	
规　　格	185 mm×260 mm　16 开本	**版　次**　2022 年 5 月第 1 版
印　　张	22.5 插页 1	**印　次**　2022 年 12 月第 2 次印刷
字　　数	453 000	**定　价**　98.00 元